CEMEG
SAFON UWCH

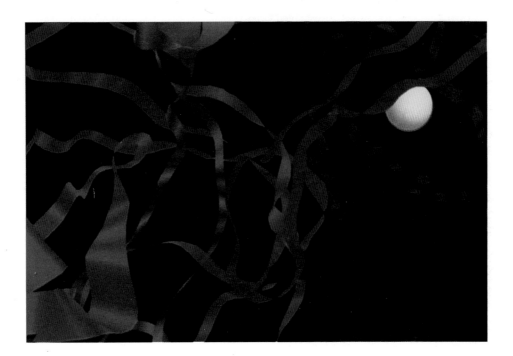

Andrew Hunt

Cyhoeddwyd dan nawdd
Cynllun Cyhoeddiadau Cyd-bwyllgor Addysg Cymru

Hodder & Stoughton

AELOD O GRŴP HODDER HEADLINE

Y fersiwn Saesneg:
A2 Chemistry
Cyhoeddwyd gan Hodder & Stoughton
Darluniwyd gan:
Jeff Edwards a Tom Cross
Cysodwyd gan:
Multiplex Techniques Ltd, Parc Diwydiannol Brook, Mill Brook Road, St Mary Cray, Caint BR5 3SR

Argraffwyd yn yr Eidal ar ran Hodder & Stoughton Educational, adran o Hodder Headline, 338 Euston Road, Llundain NW1 3BH

Cyhoeddwyd yn gyntaf yn Saesneg yn y flwyddyn 2001
© Andrew Hunt

Y fersiwn Cymraeg hwn:
© ACCAC (Awdurdod Cymwysterau, Cwricwlwm ac Asesu Cymru), 2006 ⓑ

Cyhoeddwyd gan y Ganolfan Astudiaethau Addysg (CAA), Prifysgol Cymru Aberystwyth, Yr Hen Goleg, Aberystwyth, SY23 2AX (http://www.caa.aber.ac.uk), gyda chymorth ariannol ACCAC.

Cyhoeddwyd dan nawdd Cynllun Cyhoeddiadau Cyd-bwyllgor Addysg Cymru.

Cyfieithydd/golygydd: Lynwen Rees Jones
Dylunydd: Gary Evans
Argraffwyr: Gwasg Gomer

Diolch i Danny Williams ac Eleri Williams am eu cymorth wrth brawfddarllen.
Diolch yn fawr hefyd i Huw Roberts am ei gymorth a'i arweiniad gwerthfawr.

ISBN 1 85644 882 7

Ymchwil hawlfraint lluniau: Zooid Pictures Limited, gweler cefn y llyfr.

Mae'r llun ar y clawr gan Science Photo Library yn dangos llun cyfrifiadurol o'r ensym trypsin. Mae'r rhubanau'n cynrychioli cadwynau o asidau amino sy'n ffurfio adeiledd protein yr ensym. Ïon calsiwm yw'r sffêr melyn.

Cynnwys

Cydnabyddiaethau

Hoffwn gydnabod yr awgrymiadau a gafwyd gan athrawon a roddodd eu sylwadau ar y cynlluniau cyntaf a'r penodau drafft gan gynnwys John Payne, Deirdre Cawthorne, Carole Fisher a Margaret Shears.

Rwyf yn ddiolchgar dros ben am gefnogaeth y tîm yn Hodder & Stoughton gan gynnwys Ruth Hughes, Suzanne O'Farrell, Lynda King ac Elisabeth Tribe.

Mae cydweithio gyda New Media, cyhoeddwr y ddau CD-ROM adnabyddus *Multimedia Science School* a *Chemistry Set*, wedi ei gwneud hi'n bosib cynhyrchu CD-ROM a gwefan i gyd-fynd â'r llyfr hwn. Diolch yn benodol i Dick Fletcher a David Tymm.

Yn olaf, hoffwn gydnabod fy nyled i'r nifer o athrawon cemeg a chemegwyr y bûm yn cydweithio â hwy tra oeddwn yn cyfrannu at y projectau *Nuffield Chemistry*, SATIS 16-19, a *Salters Chemistry*. Mae ysgrifennu a golygu'r projectau hyn wedi goleuo fy nealltwriaeth o syniadau cemegol ac wedi fy nghynorthwyo i ddod o hyd i ffyrdd i'w hesbonio'n glir.

Andrew Hunt

Adran Un

Astudio Cemeg

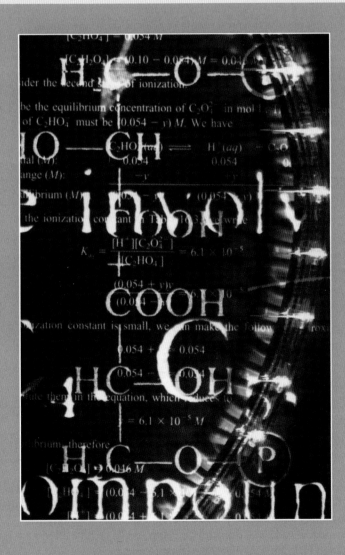

Cynnwys

1.1 Sut i ddefnyddio'r llyfr hwn

Dyma'ch canllaw i ail flwyddyn y cwrs cemeg Safon Uwch. Wrth i chi deithio ymhellach i fyd cemeg, bydd sawl peth yn gyfarwydd i chi ond byddwch yn wynebu sialensau newydd, dyrys wrth i'r pwnc fynd yn fwy meintiol. Byddwch yn datblygu eich map meddwl eich hun o dirlun cemeg ac yn llunio eich cysylltiadau eich hun rhwng syniadau.

Y llyfr

Wedi adran gyflwyno fer, rydym wedi rhannu'r llyfr yn dair prif adran wedi'u dilyn gan adran gyfeirio. Gallwch ddod o hyd i'ch ffordd drwy'r llyfr trwy ddilyn y stribed lliw ar ymyl pob tudalen. Ar dudalen gyntaf pob adran mae tabl yn rhoi'r cynnwys mewn rhestr o destunau byr. Yna ceir tudalen ddwbl i roi argraff gyffredinol o'r prif syniadau yn yr adran.

Mae sawl dolen gyswllt rhwng y testun a'r diagramau a'r adweithiau cemegol, y profion a'r paratoadau y byddwch yn eu gwneud yn y labordy.

Bydd y cwestiynau 'Prawf i chi' yn eich annog i feddwl am yr hyn rydych yn ei astudio. Bydd nifer o'r cwestiynau yn darparu golwg cyffredinol o'r pwnc wrth iddynt ofyn i chi alw i gof syniadau o'r cwrs UG neu o benodau cynt yn y llyfr. Gwiriwch eich atebion ar ddiwedd y llyfr i weld pa mor dda y mae eich dealltwriaeth o gemeg yn cynyddu.

Bydd y tudalennau Adolygu ar ddiwedd pob pennod hefyd yn eich cynorthwyo i weld beth sydd raid i chi ei ddysgu a'i ddeall.

Y CD-ROM

Bydd y CD-ROM sy'n cyd-fynd â'r llyfr hwn yn gymorth i fywiogi eich astudiaethau cemeg a'u gwneud yn fwy pleserus. Dyma'r prif nodweddion:

- cronfa ddata gynhwysfawr o briodweddau'r holl elfennau a chyfansoddion sy'n rhan o gyrsiau cemeg Safon Uwch ynghyd â dadansoddwr data er mwyn arddangos y data,

- tabl cyfnodol rhyngweithiol a fydd yn eich helpu i archwilio patrymau a thueddiadau cyfnodol,

- modelau tri dimensiwn o foleciwlau a grisialau y gellir eu cylchdroi er mwyn edrych arnynt o wahanol onglau,

- fideos byr o nifer fawr o adweithiau anorganig ac organig i'ch atgoffa o'r arsylwadau a wnaethoch yn ystod eich gwaith ymarferol yn y labordy.

Y wefan

Bydd y wefan (www.a2chemistry.co.uk) yn darparu gwybodaeth ddiweddar am ofynion y cwrs ac yn dangos i chi sut i ddefnyddio'r llyfr, y CD-ROM a'r Rhyngrwyd i astudio a dysgu pob modiwl yn eich manyleb.

Gallwch lawrlwytho sioeau sleid o'r wefan. Dyma ddilyniant o lyfr-nodau ar gyfer y CD-ROM yn dangos testunau pwysig yn eich cwrs. Mae'r wefan hefyd yn cysylltu â thudalennau mewn gwefannau eraill ac arnynt wybodaeth ddefnyddiol, meddalwedd a darluniau i'ch helpu i wella eich dealltwriaeth o gemeg ac ehangu eich ymwybyddiaeth o ffiniau'r pwnc.

Mae'r wefan yn cynnig cefnogaeth diwtoraidd – chwiliwch yn yr adran 'Ask Andrew' os byddwch yn wynebu un o'r problemau lletchwith hynny sy'n herio nifer o fyfyrwyr. Hefyd, ceisiwch ateb y cwestiynau 'Prawf i chi' er mwyn rhoi prawf cyflym ar eich dealltwriaeth o'r syniadau allweddol.

Eiconau

Mae dau eicon yn ymddangos yn y llyfr hwn:

D Fe welwch chi'r eicon hwn wrth ymyl nifer o'r ymarferion 'Prawf i chi'. Mae'n dweud wrthych bod angen cyfeirio at y tablau data ar ddiwedd y llyfr, neu at y data ar y CD-ROM er mwyn ateb rhai o'r cwestiynau.

CD-ROM Fe ddewch o hyd i'r eicon hwn ar ddechrau rhai o'r is-adrannau os yw'r CD-ROM yn mynd i fod yn ddefnyddiol ar gyfer y testun.

1.2 Dangos beth rydych chi'n ei wybod ac yn gallu ei wneud

Mae manylebau'r cwrs cemeg Safon Uwch yn cynnwys nodau asesu sy'n dweud wrthych chi a'ch athro beth fydd yr arholwyr yn rhoi prawf arno yn yr arholiadau. Bydd yn rhaid i chi ddatblygu gwybodaeth a sgiliau er mwyn dangos i'r arholwyr eich bod wedi cyrraedd y nodau hyn. Mae'r cwestiynau 'Prawf i chi' yn yr adran hon wedi eu seilio ar gynnwys y cwrs UG.

Gwybodaeth â dealltwriaeth
Ffeithiau, terminoleg, egwyddorion, cysyniadau a thechnegau ymarferol

Yn ystod cwrs cemeg Safon Uwch, byddwch chi'n teithio trwy fyd newydd, rhyfeddol. Byd ac iddo'i iaith a'i symbolau ei hun; byd ac ynddo syniadau newydd; byd lle gall pobl weld newidiadau annisgwyl, lliwgar. Mae'n rhaid i'r rheiny sy'n gweithio yn y byd hwn ddeall yr iaith, adnabod y syniadau allweddol a phrofi'n uniongyrchol y newidiadau a'r digwyddiadau sydd i'w cael mewn labordai ond na ellir eu gweld mewn bywyd beunyddiol.

Nod allweddol unrhyw fyfyriwr sy'n astudio'r pwnc yw gwybod digon am gemeg i fod yn effeithiol o fewn y byd annisgwyl hwn. Bydd nifer o gwestiynau mewn profion ac arholiadau yn gwirio eich bod wedi dysgu'r wybodaeth sylfaenol hon.

Prawf i chi

Ffeithiau

1 Ydych chi'n gwybod beth sy'n digwydd:
   a) wrth i glorin adweithio â dŵr
   b) wrth i sodiwm adweithio ag ethanol
   c) wrth i hydrogen bromid adweithio ag ethen?

Terminoleg

2 A wyddoch chi:
   a) sut i enwi alcoholau
   b) sut i ddisgrifio adwaith lle bydd y cyflwr ocsidiad yn newid
   c) sut i ddiffinio newid enthalpi safonol ffurfiant cyfansoddyn?

Egwyddorion

3 Ydych chi'n gwybod:
   a) yr egwyddorion sy'n pennu ffurfwedd electronau atomau
   b) y ffactorau sy'n effeithio ar gyfraddau adweithiau
   c) egwyddor Le Châtelier
   ch) sut i gymhwyso deddf Hess i gyfrifo newidiadau enthalpi na ellir eu mesur?

Cysyniadau

4 A fedrwch chi roi enghreifftiau i egluro'r syniadau damcaniaethol hyn:
   a) y gwahaniaeth rhwng adeiledd enfawr ac adeiledd moleciwlaidd
   b) effaith bondio hydrogen ar briodweddau dŵr
   c) isomeredd mewn cyfansoddion organig?

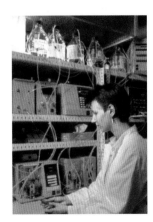

Ffigur 1.2.1 ▲
Defnyddio cromatograffaeth hylif gwasgedd uchel yn ystod dadansoddiad fforensig o sampl o gyffur

3

Dibenion cemeg mewn cymdeithas

Mae'r cyfle i brofi pethau anarferol ac annisgwyl yn rhan o swyn cemeg. Fodd bynnag, mae nifer o bobl yn astudio'r pwnc oherwydd ei bwysigrwydd ymarferol mewn gwyddor bwyd, meddygaeth, fferyllaeth, gwyddoniaeth defnyddiau, y diwydiant cemegol, biotechnoleg ac wrth astudio'r amgylchedd. Mae gwybodaeth am gemeg yn hanfodol i unrhywun sydd eisiau gweithio yn y meysydd hyn.

Mae gan gemegion a'r diwydiant cemegol enw drwg yng ngolwg nifer o bobl. Er hynny, mae dealltwriaeth o gemeg yn hanfodol os yw cymdeithas yn bwriadu delio â materion megis datblygiad cynaliadwy a gofal yr amgylchedd.

Dewis, trefnu a chyflwyno gwybodaeth yn glir

Cytunwyd ar ddulliau o gasglu, trafod ac arddangos gwybodaeth mewn cemeg. Bydd cemegydd llwyddiannus yn deall gwybodaeth berthnasol ac yn gallu ei galw i gof wrth geisio datrys problem neu esbonio newidiadau a welwyd yn digwydd.

Cymhwyso gwybodaeth a dealltwriaeth, dadansoddi a gwerthuso

Bydd yn rhaid i chi wneud tipyn yn fwy na chofio ffeithiau, cymwysiadau a thechnegau.

Esbonio ffenomenau

Mae esboniadau mewn cemeg yn aml yn galw am ddychymyg er mwyn gwneud synnwyr o'r arsylwadau yn nhermau atomau, moleciwlau ac ïonau anweledig. Bydd cemegwyr yn defnyddio diagramau a modelau tri dimensiwn er mwyn egluro esboniadau haniaethol yn well.

Dadansoddi gwybodaeth

Mae'n rhaid i gemegwyr drosi gwybodaeth o un ffurf i ffurf arall er mwyn arddangos y wybodaeth mewn modd sy'n haws ei ddeall. Defnyddir diagramau lefelau egni i esbonio newidiadau egni. Defnyddir graffiau i weld beth sy'n digwydd yn ystod arbrofion sy'n ymchwilio i adweithiau, tra bo hafaliadau cemegol yn crynhoi'r newidiadau yn ystod adweithiau.

Gwneud cyfrifiadau

Mae cydweddu canlyniadau arbrofol â rhagfynegiadau meintiol sy'n seiliedig ar ddamcaniaeth yn help i argyhoeddi cemegwyr bod eu syniadau'n gwneud synnwyr. Fel rhan o'r cwrs cemeg Safon Uwch, bydd yn rhaid i chi fedru cyflawni nifer o wahanol fathau o gyfrifiadau i ddarganfod fformiwlâu, i fesur crynodiadau hydoddiannau, i amcangyfrif cynnyrch adweithiau, i bennu pa mor gyflym a pha mor bell y bydd adweithiau cemegol yn mynd ac i wneud synnwyr o newidiadau egni.

Cymhwyso syniadau mewn sefyllfaoedd anghyfarwydd

Gall cymhwyso syniadau yn llwyddiannus ennyn hyder. Mae nifer o gyrsiau uwch yn cynnwys pynciau am gemeg gymhwysol megis synthesis polymerau, gweithgynhyrchu cemegion pwysig, gwerth meddygol sylweddau fferyllol a natur moleciwlau biocemegol.

4

Asesu dilysrwydd gwybodaeth

Mae'n rhaid i gemegwyr fedru astudio canlyniadau arbrofion, darllen adroddiadau ac ystyried eu casgliadau yn seiliedig ar y canlyniadau. Mae'n rhaid iddynt fedru penderfynu a yw'r wybodaeth yn debygol o fod yn gywir a hefyd a yw'r datganiadau sy'n seiliedig ar y dystiolaeth yn gwneud synnwyr.

Arbrofion ac ymchwiliadau

Disgwylir i chi fedru cynllunio ar gyfer cynnal arbrofion, cyflawni technegau ymarferol yn fedrus ac yn ddiogel, gwneud arsylwadau a mesuriadau tra-chywir a dadansoddi a gwerthuso'r canlyniadau.

Deall y cysylltiadau rhwng gwahanol feysydd cemeg

Disgwylir i chi fedru dod â gwybodaeth, egwyddorion a chysyniadau o wahanol feysydd mewn cemeg ynghyd a'u cymhwyso i ateb cwestiynau a datrys problemau. Mae hyn yn golygu bod yn rhaid i chi fedru defnyddio syniadau ynghylch adeiledd cemegol, mathau o adweithiau, newidiadau egni, cyfraddau ac ecwilibriwa a ddefnyddir yn aml i wneud synnwyr o ymddygiad cemeg organig ac anorganig. Rhaid i chi ddangos y medrwch chi gymhwyso'ch gwybodaeth a'ch dealltwriaeth i ddadansoddi data.

Ffigur 1.2.2 ▲
Paratoi samplau ar gyfer eu dadansoddi mewn sbectromedr màs fel rhan o ymchwiliad i hanes hinsoddol y Ddaear drwy astudio samplau a gasglwyd o greiddiau rhew Antarctica

Astudio Cemeg

Adran un

Adran Dau
Cemeg Ffisegol

Cynnwys

2.1 Cemeg ffisegol ar waith

Mae cemegwyr ffisegol wedi datblygu syniadau a modelau damcaniaethol sy'n help i esbonio pa mor gyflym mae adweithiau'n digwydd, i ba gyfeiriad a pha mor bell. Gyda chymorth y damcaniaethau hyn gall biocemegwyr esbonio newidiadau mewn celloedd byw, gall peirianegwyr cemegol ddylunio gweithfeydd gweithgynhyrchu i roi canran uchel o gynhyrchion, a gall cemegwyr ddadansoddi eu harsylwadau wrth iddynt astudio'r elfennau cemegol a'u cyfansoddion.

Cyfraddau newid

Mae nifer o ffactorau yn effeithio ar gyfradd newid cemegol. Mae'r rhain yn cynnwys crynodiad yr adweithyddion, arwynebedd eu harwyneb, tymheredd cymysgedd yr adwaith a phresenoldeb catalydd. Mae cemegwyr wedi darganfod ei bod hi'n bosib dysgu tipyn yn fwy am adweithiau drwy astudio'r effeithiau hyn yn feintiol. Mae'n bosib wedyn iddynt ddylunio modelau i efelychu'r data a rhagfynegi effeithiau newid yr amodau. Bydd cemegwyr yn cymhwyso'r modelau hyn wrth ddylunio cyffuriau ac wrth fformiwleiddio meddyginiaethau i sicrhau bod cleifion yn derbyn triniaethau sy'n effeithiol heb achosi unrhyw sgil effeithiau. Gall y modelau hefyd esbonio'r niwed a wneir gan lygryddion yn yr atmosffer a helpu cemegwyr i awgrymu dulliau o leihau'r problemau sy'n codi o ganlyniad neu hyd yn oed eu hatal.

Ffigur 2.1.1 ▲
Mae cemegwyr yn defnyddio data a gasglwyd ar uchder uchel wrth ymchwilio i'r twll yn haenen oson yr Arctig. Mae'r gwyddonydd hwn yn Sweden yn gwisgo siwt i'w amddiffyn rhag ymbelydredd wrth iddo archwilio cromen radar. Mae'r radar yn dilyn y balwnau wrth iddynt gludo'r offer mesur i'r atmosffer uwch

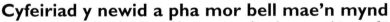

Cyfeiriad y newid a pha mor bell mae'n mynd

Beth sy'n peri i adwaith ddigwydd? Pam mae adwaith yn mynd i un cyfeiriad ac nid i'r llall? Pa mor bell fydd adwaith yn mynd? Ceisio dod o hyd i atebion i gwestiynau fel hyn sydd wrth wraidd cemeg. Mae cemegwyr wedi datblygu nifer o ddamcaniaethau meintiol er mwyn ateb y cwestiynau hyn.

◀ Ffigur 2.1.2
Mae'n hanfodol deall y ffactorau sy'n pennu cyfradd a chyfeiriad newid cemegol er mwyn dylunio gweithfeydd cemegol cynhyrchiol, diogel a phroffidiol. Mae'r wyddonydd hon yn cymharu effeithiau dau gatalydd ar yr un adwaith

Y ddeddf ecwilibriwm

Mae pob adwaith yn gildroadwy, i ryw raddau o leiaf a, gydag amser, bydd pob adwaith yn cyrraedd ecwilibriwm dynamig. Mae deddf sy'n esbonio cyflyrau ecwilibriwm yn ddefnyddiol dros ben ar gyfer astudio adweithiau cildroadwy mewn hydoddiant, megis adweithiau asid-bas. Gyda chymorth y ddeddf hon, gall cemegwyr greu cymysgeddau ar gyfer cynhyrchion meddygol neu gosmetigau sy'n 'pH cytbwys', sy'n golygu eu bod yn helpu i atal eithafoedd niweidiol asidedd ac alcalinedd.

Electrocemeg

Dyfais i gynhyrchu foltedd o adwaith rhydocs yw cell electrocemegol. Er datblygu mathau newydd o gelloedd bach, ailwefradwy, mae nifer o ddyfeisiau electronig cludadwy wedi bod yn bosib, megis cyfrifianellau, ffonau symudol a chyfrifiaduron glin. Mae rhai wrthi o hyd yn chwilio am gell a fydd yn gwneud cerbydau trydan yn wir ymarferol. Mae'r celloedd plwm asid dibynadwy mewn batrïau ceir yn ddigon da i gychwyn y peiriant ond maen nhw'n rhy drwm i fod yn brif ffynhonnell pŵer i yrru cerbydau ond o dan amgylchiadau arbennig.

Ffigur 2.1.3 ▶
Adeiladu cell danwydd polymer solet mewn prawf. Bydd cell danwydd yn cynhyrchu trydan yn uniongyrchol o danwydd ac ocsidydd. Mae hyn tipyn yn fwy effeithlon na chynhyrchu trydan trwy losgi'r tanwydd cyn defnyddio'r egni i yrru tyrbin

Gellir defnyddio systemau o electrodau yn sail i synwyryddion i fesur crynodiad cemegion allweddol yn y gwaed a hylifau eraill y corff. Un enghraifft yw'r synwyryddion y bydd pobl diabetig yn eu defnyddio i fesur crynodiad y glwcos yn eu gwaed.

Mewn egwyddor, gall unrhyw adwaith rhydocs ddigwydd mewn cell. Mae cemegwyr wedi gweld gwerth mewn mesur foltedd ystod eang o gelloedd, hyd yn oed celloedd sydd o ddim gwerth ymarferol fel ffynonellau pŵer. Mae'r data wedi'u cofnodi mewn tabl o botensialau electrod sy'n ei gwneud hi'n bosib rhagweld pa adweithiau rhydocs sydd yn bosib.

Egni a newid

Mae cymhwyso'r ddeddf ecwilibriwm ac astudio electrodau yn ffordd ddefnyddiol o ddadansoddi ymddygiad adweithiau penodol. Fodd bynnag, mae'n ymddangos mai cysyniadau a ddatblygwyd ym maes thermocemeg yw sylfaen yr egwyddorion sy'n pennu cyfeiriad unrhyw newid a pha mor bell y bydd yn mynd. Bydd thermocemegwyr yn esbonio sefydlogrwydd neu ansefydlogrwydd cyfansoddyn a chyfeiriad disgwyliedig unrhyw newid yn nhermau newidiadau enthalpi, newidiadau entropi a newidiadau egni rhydd.

Ffigur 2.1.4 ▶
Technegydd yn defnyddio fflam fawr i gynhyrchu tiwb gwydr mawr. Mae'r siwt lliw arian a'r cysgod llygaid metelig yn adlewyrchu pelydriad ac yn amddiffyn y technegydd rhag gwres y fflam. Beth sy'n peri i'r nwy losgi mor gyflym a rhyddhau cymaint o egni?

2.2 Cineteg adweithiau – effaith newidiadau yn y crynodiad

Astudiaeth o gyfraddau adweithiau cemegol yw cineteg adweithiau. Mae cemegwyr wedi darganfod ei bod hi'n bosib dysgu tipyn ynghylch mecanweithiau adweithiau wrth iddynt wneud mesuriadau i ddarganfod sut y bydd cyfraddau adweithiau yn amrywio gyda ffactorau megis crynodiad a thymheredd. Mae astudio cyfraddau yn feintiol hefyd yn darparu canlyniadau a all helpu cemegwyr i reoli adweithiau.

Mesur cyfraddau

Yn ddelfrydol, bydd cemegwyr yn chwilio am ddulliau o fesur cyfraddau adweithiau na fydd yn amharu ar gymysgedd yr adwaith, fel y gwelir yn Ffigurau 2.2.1–2.2.3. Weithiau, fodd bynnag, mae'n rhaid tynnu samplau o gymysgedd yr adwaith yn ysbeidiol a dadansoddi crynodiad adweithydd neu gynnyrch trwy ditradu fel y dangosir yn Ffigur 2.2.4.

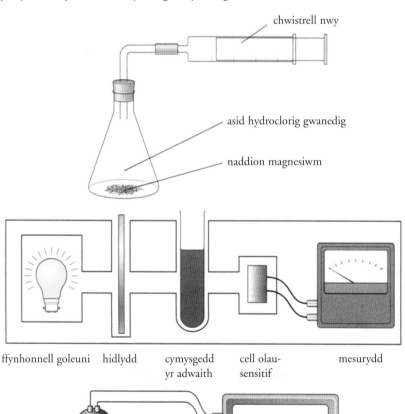

chwistrell nwy

asid hydroclorig gwanedig

naddion magnesiwm

◄ **Ffigur 2.2.1**
Dilyn llwybr adwaith gydag amser trwy gasglu'r nwy sy'n ffurfio a mesur y cyfaint

ffynhonnell goleuni   hidlydd   cymysgedd yr adwaith   cell olau-sensitif   mesurydd

◄ **Ffigur 2.2.2**
Defnyddio lliwfesurydd i ddilyn ffurfiant cynnyrch lliw neu gyfradd defnyddio adweithydd lliw

electrod platinwm   mesurydd dargludedd

◄ **Ffigur 2.2.3**
Defnyddio cell ddargludedd a mesurydd i fesur y newidiadau yn nargludedd trydanol cymysgedd yr adwaith wrth i nifer neu natur yr ïonau newid

Ffigur 2.2.4 ▶

Dilyn llwybr adwaith a gatalyddir gan asid trwy dynnu samplau wedi'u mesur o'r cymysgedd yn ysbeidiol. Atelir yr adwaith trwy redeg y sampl i alcali, yna caiff crynodiad un adweithydd neu gynnyrch ei gyfrifo trwy ditradiad. Tynnir samplau pellach ar ysbeidiau rheolaidd

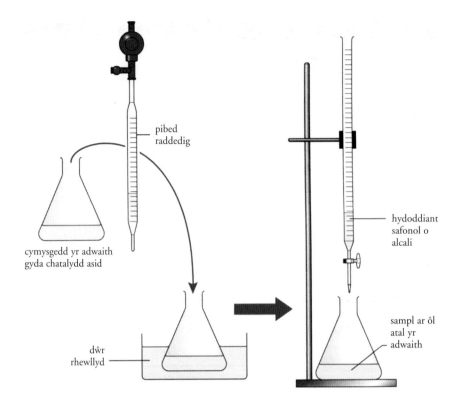

pibed raddedig

cymysgedd yr adwaith gyda chatalydd asid

dŵr rhewllyd

hydoddiant safonol o alcali

sampl ar ôl atal yr adwaith

Mae cemegwyr yn diffinio cyfradd adwaith fel y newid yng nghrynodiad cynnyrch, neu adweithydd, wedi'i rannu â'r amser ar gyfer y newid. Nid yw'r gyfradd yn gyson fel rheol, bydd yn amrywio wrth i'r adwaith fynd rhagddo. Felly'r dull arferol o ddadansoddi canlyniadau arbrofion yw trwy blotio graff crynodiad-amser. Bydd graddiant (neu lethr) y graff ar unrhyw un pwynt yn rhoi mesur o gyfradd yr adwaith ar yr adeg hwnnw.

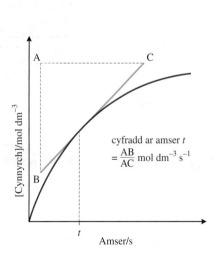

cyfradd ar amser *t*
$$= \frac{AB}{AC} \text{ mol dm}^{-3} \text{ s}^{-1}$$

[Cynnyrch]/mol dm^{-3}

Amser/s

Ffigur 2.2.5 ▲
Graff crynodiad-amser ar gyfer ffurfiant cynnyrch. Cyfradd ffurfiant y cynnyrch ar amser t yw graddiant (neu lethr) y gromlin ar y pwynt hwn

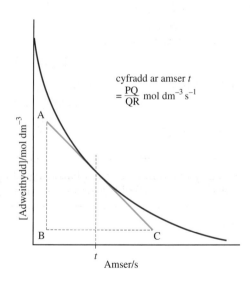

cyfradd ar amser *t*
$$= \frac{PQ}{QR} \text{ mol dm}^{-3} \text{ s}^{-1}$$

[Adweithydd]/mol dm^{-3}

Amser/s

Ffigur 2.2.6 ▲
Graff crynodiad-amser ar gyfer diflaniad adweithydd. Cyfradd colli'r adweithydd ar amser t yw graddiant (neu lethr) y gromlin ar y pwynt hwn

Prawf i chi

1 Gall pob un o'r ffactorau canlynol newid cyfradd adwaith. Rhowch enghraifft o adwaith i ddangos pob un.

   a) crynodiad adweithyddion mewn hydoddiant

   b) gwasgedd adweithyddion nwyol

   c) arwynebedd arwyneb solid

  ch) y tymheredd

   d) presenoldeb catalydd

2 Sut gall y ddamcaniaeth gwrthdrawiadau esbonio effeithiau newid pob un o'r ffactorau **a)** i **d)** yng nghwestiwn 1?

3 Awgrymwch ddull addas ar gyfer mesur cyfradd pob un o'r adweithiau hyn:

   a) $CaCO_3(s) + 2HCl(d) \rightarrow CaCl_2(d) + CO_2(n) + H_2O(h)$

   b) $Br_2(d) + HCO_2H(d) \rightarrow 2HBr(d) + CO_2(n)$

   c) $CH_3CO_2CH_3(h) + H_2O(h) \rightarrow CH_3CO_2H(d) + CH_3OH(d)$

  ch) $C_4H_9Br(h) + H_2O(h) \rightarrow C_4H_9OH(h) + H^+(d) + Br^-(d)$

4 Wrth astudio hydrolysis ester, gwelwyd bod crynodiad yr ester wedi disgyn o 0.55 mol dm^{-3} i 0.42 mol dm^{-3} mewn 15 eiliad. Beth oedd cyfradd cyfartalog yr adwaith yn ystod y cyfnod hwn?

5 Mae'r ocsid nwyol N_2O_5 yn dadelfennu yn nwy NO_2 ac ocsigen.

   a) Ysgrifennwch hafaliad cytbwys ar gyfer yr adwaith.

   b) Os yw'r N_2O_5 yn diflannu ar gyfradd o 3.5×10^{-4} mol dm^{-3} s^{-1}, beth yw cyfradd ffurfiant NO_2?

Hafaliadau cyfradd

Mae cemegwyr wedi darganfod ei bod hi'n bosib crynhoi canlyniadau ymchwiliad i gyfradd adwaith ar ffurf hafaliad cyfradd. Mae hafaliad cyfradd yn dangos sut y bydd newidiadau yng nghrynodiadau adweithyddion yn effeithio ar gyfradd adwaith.

Ystyriwch yr adwaith cyffredinol lle bydd x mol o A yn adweithio gydag y mol o B i ffurfio cynhyrchion:

$$xA + yB \rightarrow \text{cynhyrchion}$$

Bydd yr hafaliad cyfradd ar y ffurf:

$$\text{cyfradd} = k[A]^n[B]^m,$$

lle mae [A] a [B] yn cynrychioli crynodiadau'r adweithyddion mewn molau y litr.

Graddau'r adwaith yw'r pwerau n ac m. Mae'r adwaith uchod yn radd n o ran A ac yn radd m o ran B. Cyfanswm gradd yr adwaith yw (n + m).

Mae'r cysonyn cyfradd, k, ond yn gyson ar gyfer tymheredd penodol. Bydd gwerth k yn amrywio â'r tymheredd (gweler tudalennau 17–18). Mae unedau'r cysonyn cyfradd yn dibynnu ar gyfanswm gradd yr adwaith.

Nodyn

Ni ellir diddwytho'r hafaliad cyfradd o'r hafaliad cytbwys; rhaid ei ddarganfod trwy arbrofi. Yn yr enghraifft hon gall gwerthoedd n ac m yn yr hafaliad cyfradd fod yn hafal, neu beidio â bod yn hafal, i werthoedd x ac y yn yr hafaliad cytbwys ar gyfer yr adwaith.

Cyfanswm gradd yr adwaith	Unedau'r cysonyn cyfradd
sero	mol dm^{-3} s^{-1}
un	s^{-1}
dau	mol^{-1} dm^3 s^{-1}

Ffigur 2.2.7 ▲

Datrysiad enghreifftiol

Mae dadelfeniad ethanal i roi methan a charbon deuocsid yn adwaith gradd dau o ran ethanal. Pan fydd crynodiad ethanal yn y wedd nwyol yn 0.20 mol dm^{-3}, bydd cyfradd yr adwaith yn 0.080 mol dm^{-3} s^{-1} ar dymheredd penodol. Beth yw gwerth y cysonyn cyfradd ar y tymheredd hwn?

Nodiadau ar y dull

Dechreuwch drwy ysgrifennu'r hafaliad cyfradd yn seiliedig ar y wybodaeth a roddwyd. Does dim angen ysgrifennu'r hafaliad ar gyfer yr adwaith oherwydd ni ellir diddwytho'r hafaliad cyfradd o'r hafaliad cemegol cytbwys.

Rhowch y gwerthoedd yn yr hafaliad cyfradd, gan gynnwys yr unedau. Yna aildrefnwch yr hafaliad i gyfrifo k. Gwiriwch fod yr unedau yn gywir ar gyfer adwaith gradd dau.

Ateb

Yr hafaliad cyfradd: cyfradd = k[ethanal]^2

Amnewid: 0.080 mol dm^{-3} s^{-1} = $k \times$ (0.20 mol dm^{-3})^2

Aildrefnu: $k = \dfrac{0.080 \text{ mol dm}^{-3}\text{s}^{-1}}{(0.20 \text{ mol dm}^{-3})^2}$

Felly: k = 2.0 mol^{-1} dm^3 s^{-1}

Prawf i chi

6 Mae cyfradd dadelfeniad deu(bensencarbonyl) perocsid yn radd un o ran y perocsid. Cyfrifwch y cysonyn cyfradd ar gyfer yr adwaith ar 107°C os yw cyfradd ddadelfennu'r perocsid ar y tymheredd hwn yn 7.4 $\times$ 10^{-6} mol dm^{-3} s^{-1} pan fydd crynodiad y perocsid yn 0.02 mol dm^{-3}.

7 Mae hydrolysis yr ester methyl ethanoad mewn alcali yn radd un o ran yr ester ac yn radd un o ran ïonau hydrocsid. Ar dymheredd penodol mae cyfradd yr adwaith yn 0.00069 mol dm^{-3} s^{-1} pan fydd crynodiad yr ester yn 0.05 mol dm^{-3} a chrynodiad yr ïonau hydrocsid yn 0.10 mol dm^{-3}. Ysgrifennwch yr hafaliad cyfradd ar gyfer yr adwaith a chyfrifwch y cysonyn cyfradd.

Adweithiau gradd un

Mae adwaith yn radd un o ran adweithydd os yw cyfradd yr adwaith mewn cyfrannedd â chrynodiad yr adweithydd hwnnw. Caiff term crynodiad yr adweithydd hwn ei godi i'r pŵer un yn yr hafaliad cyfradd.

$$\text{Cyfradd} = k[\text{X}]^1 = k[\text{X}]$$

Mae hyn yn golygu bod dyblu crynodiad cemegyn X yn peri i gyfradd yr adwaith ddyblu.

Y dull hawsaf o ganfod adwaith gradd un yw trwy blotio graff crynodiad-amser ac astudio'r amser a gymer y crynodiad i haneru. Ar dymheredd cyson bydd hanner oes adwaith gradd un yr un peth pa le bynnag y caiff ei fesur ar graff crynodiad-amser.

Ffigur 2.2.8 ▶
Amrywiad crynodiad adweithydd wedi'i blotio yn erbyn amser ar gyfer adwaith gradd un. Mae graddiant y graff hwn ar unrhyw bwynt yn fesur o gyfradd yr adwaith. Mae'r hanner oes ar gyfer adwaith gradd un yn gyson, felly bydd ei werth yr un peth pa le bynnag y caiff ei ddarllen oddi ar y gromlin. Mae'n annibynnol ar y crynodiad cychwynnol

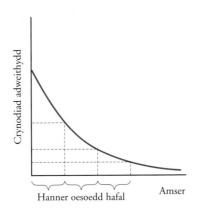

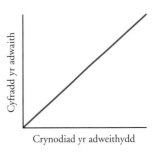

Ffigur 2.2.9 ▲
Amrywiad cyfradd adwaith gyda chrynodiad ar gyfer adwaith gradd un. Mae'r graff yn llinell syth trwy'r tarddbwynt, gan ddangos bod y gyfradd mewn cyfrannedd union â chrynodiad yr adweithydd

Prawf i chi

8 Mae'r data yn y tabl yn cyfeirio at ddadelfeniad hydrogen perocsid, H_2O_2.
   a) Plotiwch graff crynodiad-amser ar gyfer yr adwaith dadelfennu.
   b) Darllenwch nifer o hanner oesoedd oddi ar y graff a dangoswch mai adwaith gradd un yw hwn.
   c) Tynnwch dangiadau at y gromlin yn eich graff ar bum gwahanol grynodiad er mwyn canfod graddiant y gromlin ar bob pwynt.
   ch) Plotiwch graff o gyfradd yn erbyn crynodiad gan ddefnyddio'ch canlyniadau o **c)** ac felly cyfrifwch werth y cysonyn cyfradd ar dymheredd yr arbrawf.

Amser/s	$[H_2O_2]$/mol dm^{-3}
0	20.0×10^{-3}
12×10^3	16.0×10^{-3}
24×10^3	13.1×10^{-3}
36×10^3	10.6×10^{-3}
48×10^3	8.6×10^{-3}
60×10^3	6.9×10^{-3}
72×10^3	5.6×10^{-3}
96×10^3	3.7×10^{-3}
120×10^3	2.4×10^{-3}

Adweithiau gradd dau

Bydd adwaith yn radd dau o ran adweithydd os yw cyfradd yr adwaith mewn cyfrannedd â sgwâr crynodiad yr adweithydd. Mae hyn yn golygu y caiff term crynodiad yr adweithydd hwn ei godi i'r pŵer dau yn yr hafaliad cyfradd. Dyma ffurf symlaf yr hafaliad cyfradd ar gyfer adwaith gradd dau:

$$\text{Cyfradd} = k[X]^2$$

Mae hyn yn golygu y byddai dyblu crynodiad X yn cynyddu'r gyfradd bedair gwaith.

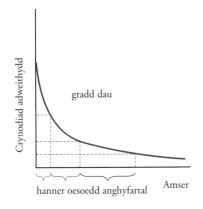

◀ Ffigur 2.2.10
Amrywiad crynodiad adweithydd wedi'i blotio yn erbyn amser ar gyfer adwaith gradd dau. Nid yw hanner oes adwaith gradd dau yn gyson. Mae'r amser a gymer y crynodiad i ddisgyn o c i c/2 hanner yr amser a gymer y crynodiad i ddisgyn o c/2 i c/4. Mae'r hanner oes mewn cyfrannedd wrthdro â'r crynodiad cychwynnol

13

Prawf i chi

9 Mae cyfradd yr adwaith rhwng 1-bromopropan ac ïonau hydrocsid yn radd un o ran yr halogenoalcan ac yn radd un o ran yr ïonau hydrocsid.
   a) Ysgrifennwch yr hafaliad cyfradd ar gyfer yr adwaith.
   b) Beth yw cyfanswm gradd yr adwaith?

10 Daw'r canlyniadau yn y tabl o astudiaeth ar gyfradd adwaith ïodin gyda llawer gormod o hecs-1-en wedi hydoddi mewn asid ethanoig.
   a) Plotiwch graff crynodiad-amser a dangoswch nad yw'r hanner oes yn gyson.
   b) Defnyddiwch eich graff i gyfrifo cyfradd yr adwaith ar nifer o wahanol grynodiadau.
   c) Defnyddiwch eich canlyniadau o b) i blotio graff a fydd yn cadarnhau mai adwaith gradd dau yw hwn o ran ïodin.

Amser/s	$[I_2]$/mol dm^{-3}
0	20.0×10^{-3}
1×10^3	15.6×10^{-3}
2×10^3	12.8×10^{-3}
3×10^3	10.9×10^{-3}
4×10^3	9.4×10^{-3}
5×10^3	8.3×10^{-3}
6×10^3	7.5×10^{-3}
7×10^3	6.8×10^{-3}
8×10^3	6.2×10^{-3}

Nodyn

Mae unrhyw derm wedi'i godi i'r pŵer sero yn hafal i 1. Felly $[X]^0 = 1$.

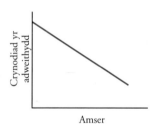

Ffigur 2.2.11 ▲
Amrywiad crynodiad adweithydd wedi'i blotio yn erbyn amser ar gyfer adwaith gradd sero. Mae graddiant y graff hwn yn mesur cyfradd yr adwaith. Mae'r graddiant yn gyson felly bydd y gyfradd yn aros yr un peth er bod crynodiad yr adweithydd yn disgyn

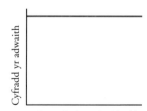

Ffigur 2.2.12 ▲
Amrywiad cyfradd yr adwaith gyda chrynodiad ar gyfer adwaith gradd sero

Adweithiau gradd sero

Ar yr olwg gyntaf, mae'n ymddangos yn rhyfedd iawn bod y fath bethau'n bodoli ag adweithiau gradd sero. Bydd adwaith yn radd sero o ran adweithydd os na chaiff cyfradd yr adwaith ei heffeithio gan newidiadau yng nghrynodiad yr adweithydd hwnnw. Mae cemegwyr wedi medru esbonio adweithiau gradd sero yn nhermau mecanweithiau'r adweithiau hyn (gweler tudalen 19).

Mewn hafaliad cyfradd ar gyfer adwaith gradd sero, caiff term crynodiad yr adweithydd ei godi i'r pŵer sero.

$$\text{Cyfradd} = k[X]^0 = k \text{ (cysonyn)}$$

Mae cyfradd adwaith ïodin gyda phropanon ym mhresenoldeb asid yn radd sero o ran yr ïodin.

$$\text{Cyfradd} = k[\text{propanon}]^1[\text{ïon hydrogen}]^1[\text{ïodin}]^0$$

Wrth i ïodin adweithio gyda llawer gormod o bropanon mewn gormod o asid, yna crynodiad yr ïodin yn unig fydd yn amrywio'n sylweddol tra bydd crynodiad y propanon a'r ïonau hydrogen yn aros yn gyson o ran eu heffaith. O dan yr amodau hyn, dyma fydd yr hafaliad cyfradd:

$$\text{Cyfradd} = k'[\text{ïodin}]^0$$

Pennu graddau adweithiau

Y dull mwyaf cyffredinol o bennu gradd adwaith yw'r dull cyfradd gychwynnol. Seiliwyd y dull hwn ar ddod o hyd i'r gyfradd yn union wedi i'r adwaith gychwyn. Dyma'r unig adeg pan fydd y crynodiadau i gyd yn hysbys.

Bydd yr ymchwilydd yn paratoi cyfres o gymysgeddau gyda phob un ond un o'r crynodiadau cychwynnol yr un peth. Defnyddir dull priodol i fesur y newid yn y crynodiad gydag amser ar gyfer pob cymysgedd (gweler tudalen 9). Defnyddir y canlyniadau i blotio graffiau crynodiad-amser. Yna darganfyddir y gyfradd gychwynnol ar gyfer pob cymysgedd drwy lunio tangiadau i'r cromliniau ar y cychwyn a chyfrifo'u graddiannau.

Datrysiad enghreifftiol

Defnyddiwyd y dull cyfradd gychwynnol i astudio'r adwaith:

$BrO_3^-(d) + 5Br^-(d) + 6H^+(d) \rightarrow 3Br_2(d) + 3H_2O(h)$

Cyfrifwyd y gyfradd gychwynnol o bedwar graff a blotiwyd i ddangos sut roedd crynodiad $BrO_3^-(d)$ yn amrywio gydag amser ar gyfer gwahanol grynodiadau cychwynnol yr adweithyddion.

Arbrawf	Crynodiad cychwynnol BrO_3^-/mol dm^{-3}	Crynodiad cychwynnol Br^-/mol dm^{-3}	Crynodiad cychwynnol H^+/mol dm^{-3}	Cyfradd gychwynnol yr adwaith/mol dm^{-3} s^{-1}
1	0.10	0.10	0.10	1.2×10^{-3}
2	0.20	0.10	0.10	2.4×10^{-3}
3	0.10	0.30	0.10	3.6×10^{-3}
4	0.20	0.10	0.20	9.6×10^{-3}

Beth yw
a) yr hafaliad cyfradd ar gyfer yr adwaith,
b) gwerth y cysonyn cyfradd?

Nodiadau ar y dull

Cofiwch na ellir darganfod yr hafaliad cyfradd o'r hafaliad cytbwys ar gyfer yr adwaith.

Yn gyntaf, astudiwch yr arbrofion lle mae crynodiad y BrO_3^- yn amrywio ond crynodiad y ddau adweithydd arall yn aros yr un peth. Pa effaith gaiff dyblu crynodiad y BrO_3^- ar y gyfradd?

Yna, yn eu tro, astudiwch yr arbrofion lle mae crynodiad y Br^- yn gyntaf ac yna crynodiad yr H^+ yn amrywio tra bo crynodiadau'r ddau adweithydd arall yn aros yr un peth. Pa effaith gaiff dyblu neu dreblu crynodiad adweithydd ar gyfradd yr adwaith?

Rhowch y gwerthoedd o unrhyw un arbrawf yn yr hafaliad cyfradd er mwyn cyfrifo gwerth y cysonyn cyfradd, *k*. Cymerwch ofal gyda'r unedau.

Ateb

O arbrawf 1 a 2: mae dyblu $[BrO_3^-]_{cychwynnol}$ yn cynyddu'r gyfradd ddwywaith. Felly cyfradd $\propto [BrO_3^-]^1$.

O arbrawf 1 a 3: mae treblu $[Br^-]_{cychwynnol}$ yn treblu'r gyfradd. Felly cyfradd $\propto [Br^-]^1$.

O arbrawf 2 a 4: mae dyblu $[H^+]_{cychwynnol}$ yn cynyddu'r gyfradd 4 gwaith (2^2). Felly cyfradd $\propto [H^+]^2$.

Mae'r adwaith yn radd un o ran BrO_3^- a Br^- ond yn radd dau o ran H^+.

Yr hafaliad cyfradd: cyfradd $= k[BrO_3^-][Br^-][H^+]^2$

Gan aildrefnu'r hafaliad hwn a defnyddio gwerthoedd o arbrawf 4:

$$k = \frac{\text{cyfradd}}{[BrO_3^-][Br^-][H^+]^2} = \frac{9.6 \times 10^{-3} \text{ mol dm}^{-3} \text{ s}^{-1}}{0.2 \text{ mol dm}^{-3} \times 0.1 \text{ mol dm}^{-3} \times (0.2 \text{ mol dm}^{-3})^2}$$

$k = 12.0$ mol^{-3} dm^9 s^{-1}

Cemeg Ffisegol

Adran dau

Prawf i chi

11 Mae nwy amonia yn dadelfennu'n nitrogen a hydrogen ym mhresenoldeb gwifren blatinwm boeth. Gwelwyd mewn arbrofion fod yr adwaith yn parhau ar gyfradd gyson nes bod yr amonia i gyd wedi diflannu.
   a) Brasluniwch graff crynodiad-amser ar gyfer yr adwaith.
   b) Ysgrifennwch yr hafaliad cemegol cytbwys a hefyd yr hafaliad cyfradd ar gyfer yr adwaith hwn.

12 Mae nwy hydrogen yn adweithio gyda nwy nitrogen monocsid i ffurfio ager a nitrogen. Bydd dyblu crynodiad y nitrogen yn dyblu cyfradd yr adwaith. Bydd treblu crynodiad y nitrogen yn cynyddu'r gyfradd naw gwaith.
   a) Ysgrifennwch yr hafaliad cytbwys ar gyfer yr adwaith.
   b) Ysgrifennwch yr hafaliad cyfradd ar gyfer yr adwaith.

13 Mae'r data hyn yn cyfeirio at adwaith yr halogenoalcan 1-bromobwtan (a gynrychiolir yma gan RBr) gydag ïonau hydrocsid.

Arbrawf	[RBr]/mol dm^{-3}	[OH$^-$]/mol dm^{-3}	Cyfradd yr adwaith/ mol dm^{-3} s^{-1}
1	0.020	0.020	1.36
2	0.010	0.020	0.68
3	0.010	0.005	0.17

   a) Diddwythwch yr hafaliad cyfradd ar gyfer yr adwaith.
   b) Cyfrifwch werth y cysonyn cyfradd.

14 Mae'r data hyn yn cyfeirio at adwaith yr halogenoalcan 2-bromo-2-methylpropan (a gynrychiolir yma gan $R'Br$) gydag ïonau hydrocsid.

Arbrawf	[R$'$Br]/mol dm^{-3}	[OH$^-$]/mol dm^{-3}	Cyfradd yr adwaith/ mol dm^{-3} s^{-1}
1	0.020	0.020	40.40
2	0.010	0.020	20.19
3	0.010	0.005	20.20

   a) Diddwythwch yr hafaliad cyfradd ar gyfer yr adwaith.
   b) Cyfrifwch werth y cysonyn cyfradd.

2.3 Cineteg adweithiau – effaith newidiadau yn y tymheredd

Bydd codi'r tymheredd yn aml yn effeithio'n fawr ar gyfradd adwaith, yn enwedig adwaith lle caiff bondiau cofalent cryf eu torri. Dyma esbonio pam mae dulliau ymarferol y mwyafrif o adweithiau organig yn gofyn am wresogi cymysgeddau'r adweithiau. Gyda chymorth y ddamcaniaeth gwrthdrawiadau mae'n bosib llunio rhagfynegiadau meintiol ynghylch yr effaith a gaiff newidiadau yn y tymheredd ar gyfraddau.

Damcaniaeth y cyflwr trosiannol

Mae'r cysonyn k mewn hafaliad cyfradd ond yn gyson ar dymheredd penodol. Yn gyffredinol, bydd gwerth y cysonyn cyfradd yn cynyddu wrth i'r tymheredd godi, sy'n golygu bod cyfradd yr adwaith yn cynyddu.

Mae'r ddamcaniaeth gwrthdrawiadau yn esbonio effaith tymheredd ar gyfraddau adweithiau drwy dybio bod newidiadau cemegol yn mynd trwy gyflwr trosiannol. Mae'r cyflwr trosiannol ar egni uwch na'r adweithyddion, felly mae yna rwystr egni neu egni actifadu. Rhaid i foleciwlau'r adweithyddion wrthdaro â digon o egni i oresgyn y rhwystr egni actifadu. Mae hyn yn golygu mai'r unig wrthdrawiadau fydd yn arwain at adwaith fydd y rhai ac iddynt ddigon o egni i dorri bondiau sy'n bodoli a chaniatáu i'r atomau aildrefnu eu hunain i ffurfio bondiau newydd ym moleciwlau'r cynhyrchion.

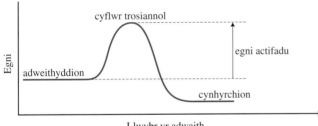

◄ Ffigur 2.3.1
Proffil adwaith yn dangos yr egni actifadu ar gyfer adwaith

Mae egnïon actifadu yn esbonio pam y bydd adweithiau'n digwydd tipyn yn arafach nag a ddisgwylir pe bai pob gwrthdrawiad mewn cymysgedd o gemegion yn arwain at adwaith. Nifer fach yn unig o wrthdrawiadau fydd yn achosi newid cemegol, gan na all moleciwlau adweithio oni bai eu bod yn gwrthdaro â digon o egni i oresgyn y rhwystr egni. Ar dymheredd ystafell, ar gyfer nifer o adweithiau, cyfran fechan yn unig o'r moleciwlau sy'n meddu ar ddigon o egni i adweithio.

Mae cromlin Maxwell-Boltzman yn disgrifio dosraniad egnïon cinetig moleciwlau. Fel y gwelir yn Ffigur 2.3.2, mae cyfran y moleciwlau sy'n meddu ar egnïon sy'n fwy na'r egni actifadu yn fach ar dymheredd o 300K.

Mae'r ardaloedd sydd wedi'u graddliwio yn Ffigur 2.3.2 yn dangos cyfran y moleciwlau a chanddynt o leiaf yr egni actifadu ar gyfer adwaith ar ddau dymheredd. Mae'r ardal hon yn fwy ar dymheredd uwch. Felly ar dymheredd uwch mae gan fwy o foleciwlau ddigon o egni i adweithio wrth iddynt wrthdaro a bydd yr adwaith yn digwydd yn gynt.

Ffigur 2.3.2 ▶
Dosraniad Maxwell-Boltzman o'r egnïon cinetig moleciwlaidd mewn nwy ar ddau dymheredd. Mae'r buanedd moddol yn codi wrth i'r tymheredd godi. Mae'r arwynebedd o dan y gromlin yn rhoi cyfanswm nifer y moleciwlau. Ni fydd hwn yn newid wrth i'r tymheredd godi felly bydd uchder y brig yn disgyn wrth i'r gromlin ledu

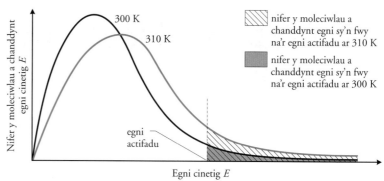

nifer y moleciwlau a chanddynt egni sy'n fwy na'r egni actifadu ar 310 K

nifer y moleciwlau a chanddynt egni sy'n fwy na'r egni actifadu ar 300 K

Effaith newid y tymheredd ar gysonion cyfradd

Darganfyddodd y cemegydd ffisegol o Sweden, Svante Arrhenius (1859–1927), ei fod yn cael llinell syth wrth blotio logarithm y cysonyn cyfradd yn erbyn $1/T$ (gwrthdro'r tymheredd absoliwt).

Gall hafaliad Arrhenius fod ar y ffurf hon:

$$\ln k = \text{cysonyn} - \frac{E_a}{RT}$$

lle mae k yn gysonyn cyfradd, R yw'r cysonyn nwy, T yw'r tymheredd absoliwt ac E_a yw'r egni actifadu ar gyfer yr adwaith.

1 Dangoswch fod hafaliad Arrhenius yn dynodi:
   a) po uchaf yw'r tymheredd, mwyaf yw gwerth k ac felly cyflymaf fydd yr adwaith
   b) mae gan adwaith ac iddo egni actifadu cymharol uchel gysonyn cyfradd cymharol fach.

2 Mae'r cysonyn cyfradd ar gyfer dadelfeniad hydrogen perocsid yn $4.93 \times 10^{-4}\,s^{-1}$ ar 295 K. Bydd yn cynyddu i $1.40 \times 10^{-3}\,s^{-1}$ ar 305 K. Amcangyfrifwch yr egni actifadu ar gyfer yr adwaith.

3 335 kJ mol^{-1} yw egni actifadu dadelfeniad amonia i roi nitrogen a hydrogen yn absenoldeb catalydd, ond ym mhresenoldeb catalydd twngsten mae'n 162 kJ mol^{-1}. Esboniwch arwyddocâd y gwerthoedd hyn.

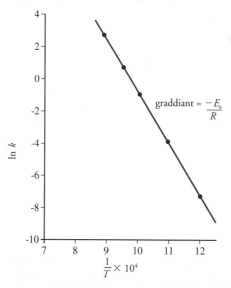

graddiant $= \dfrac{-E_a}{R}$

◀ **Ffigur 2.3.3**
Plot o $\ln k$ yn erbyn $1/T$ ar gyfer adwaith. Gellir cyfrifo'r egni actifadu o'r graddiant. $y = mx + c$ yw'r hafaliad cyffredinol ar gyfer llinell syth lle mae m yn cynrychioli'r graddiant ac c y rhyngdoriad ar yr echelin y. Yma, $c = y$ cysonyn yn yr hafaliad Arrhenius ac $m = -E_a/RT$

Y **tymheredd absoliwt** yw'r tymheredd ar raddfa Kelvin. Mae sero absoliwt tymheredd ar 0 K, sydd tua –273°C.

Y **cysonyn nwy** yw'r cysonyn R yn hafaliad y nwy delfrydol, $PV = nRT$. Mae gwerth y cysonyn yn dibynnu ar yr unedau a ddefnyddir ar gyfer gwasgedd a chyfaint. Os yw'r gwerthoedd i gyd mewn unedau SI, yna $R = 8.314\,J\,K^{-1}\,mol^{-1}$.

Ceir dau fath o **logarithm** mewn cemeg – logarithmau i'r bôn 10 (log) a logarithmau naturiol (ln). Bydd cemegwyr yn defnyddio logarithmau i'r bôn 10 wrth ymdrin â gwerthoedd sy'n amrywio dros nifer o raddau maint (gweler tudalen 35). Mae logarithmau naturiol yn ymddangos mewn perthnasoedd mewn cinetig cemegol a thermocemeg. Maent yn dilyn rheolau mathemategol tebyg i logarithmau i'r bôn 10.

Fel canllaw bras, yn seiliedig ar hafaliad Arrhenius, bydd gwerth y cysonyn cyfradd yn dyblu gyda phob cynnydd o 10 gradd yn y tymheredd ar gyfer adwaith ac iddo egni actifadu o tua 50 kJ mol^{-1}.

2.4 Hafaliadau cyfradd a mecanweithiau adweithiau

Hafaliadau cyfradd oedd y dystiolaeth gyntaf a berodd i gemegwyr feddwl am fecanweithiau adweithiau. Roeddent eisiau deall pam na ellir rhagweld hafaliad cyfradd o'r hafaliad cytbwys ar gyfer yr adwaith. Roedd hi'n ddirgelwch iddynt pam roedd gan adweithiau tebyg wahanol hafaliadau cyfradd.

Adweithiau aml-gam

Roedd sylweddoli nad yw'r mwyafrif o adweithiau cemegol yn digwydd mewn un cam, fel y mae'r hafaliad cytbwys yn ei awgrymu, ond mewn cyfres o gamau, yn allweddol i ddeall mecanweithiau adweithiau.

Anodd yw deall pam mae dadelfeniad nwy amonia ym mhresenoldeb catalydd platinwm poeth yn adwaith gradd sero. Sut gall crynodiad yr unig adweithydd beidio ag effeithio ar y gyfradd? Mae Ffigur 2.4.1 yn rhoi esboniad posib.

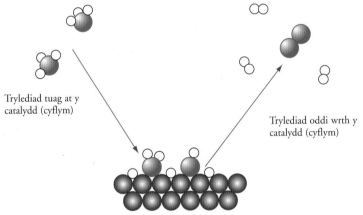

Trylediad tuag at y catalydd (cyflym)

Trylediad oddi wrth y catalydd (cyflym)

Bondiau'n torri a bondiau newydd yn ffurfio. Penderfynir cyfradd yr adwaith gan arwynebedd arwyneb y catalydd, sy'n gyson (pennu cyfradd)

◀ *Ffigur 2.4.1*
Tri cham yn nadelfeniad nwy amonia ym mhresenoldeb catalydd platinwm

Mae amonia'n tryledu'n gyflym tuag at arwyneb y metel a chaiff ei amsugno ar yr arwyneb. Mae hyn yn digwydd yn gyflym. Bydd bondiau'n torri a bydd yr atomau'n aildrefnu i ffurfio moleciwlau newydd ar arwyneb y metel. Dyma'r broses fwyaf araf. Wedi iddynt ffurfio, bydd yr hydrogen a'r nitrogen yn dianc yn gyflym o'r metel i'r wedd nwyol.

Felly ceir cam pennu cyfradd sydd ond yn gallu digwydd ar arwyneb y platinwm. Arwynebedd arwyneb y platinwm, sy'n gyson, fydd yn penderfynu cyfradd yr adwaith. Mae hyn yn golygu bod cyfradd yr adwaith yn gyson cyhyd â bo digon o amonia i'w amsugno dros holl arwyneb y metel. Mae'r gyfradd yn annibynnol ar grynodiad yr amonia.

Hydrolysis halogenoalcanau

Pos arall yw bod yna wahanol hafaliadau cyfradd ar gyfer yr adweithiau rhwng ïonau hydrocsid a dau isomer â'r fformiwla C_4H_9Br (gweler cwestiynau 13 ac 14 ar dudalen 16).

Mae hydrolysis halogenoalcan cynradd, megis 1-bromobwtan, yn adwaith gradd dau yn ei gyfanrwydd. Mae'r hafaliad cyfradd ar y ffurf:
cyfradd = $k[C_4H_9Br][OH]^-$.

Er mwyn esbonio hyn, mae cemegwyr wedi awgrymu mecanwaith sy'n dangos bod y bond $C-Br$ yn torri ar yr un pryd ag y mae'r niwcleoffil, OH^-, yn ffurfio bond $C-OH$.

2.4 Hafaliadau cyfradd a mecanweithiau adweithiau

Ffigur 2.4.2 ▶
Mecanwaith un cam ar gyfer hydrolysis 1-bromobwtan (gweler hefyd dudalen 157)

$$HO \overset{\cdot\cdot}{} \overset{C_3H_7 \quad H}{\underset{H}{C}} - Br \longrightarrow HO - \overset{H}{\underset{H}{C}} \overset{C_3H_7}{} + :Br^-$$

Fodd bynnag, mae hydrolysis halogenoalcanau trydyddol, megis 2-bromo-2-methylpropan, yn adwaith gradd un yn ei gyfanrwydd. Mae'r hafaliad cyfradd ar y ffurf:

cyfradd = $k[C_4H_9Br]$.

Ffigur 2.4.3 ▶
Mecanwaith dau gam ar gyfer hydrolysis 2-bromo-2-methylpropan (gweler hefyd dudalen 158)

$$\underset{CH_3}{\overset{CH_3}{CH_3 - \overset{|}{\underset{|}{C}} - Br}} \xrightarrow[\text{cyfradd}]{\text{cam pennu}} \underset{CH_3}{\overset{CH_3 \quad CH_3}{C^+}} + Br^- \xrightarrow[\text{cyflym}]{OH^-} \underset{CH_3}{\overset{CH_3}{CH_3 - \overset{|}{\underset{|}{C}} - OH}}$$

Mae'r mecanwaith a awgrymir yn dangos y bond C — Br yn torri yn gyntaf i ffurfio rhyngolyn ïonig. Yna mae'r niwcleoffil, OH^-, yn ffurfio bond newydd gyda charbon yn gyflym iawn.

Mae hyn yn dangos yn gyffredinol mai'r moleciwlau neu'r ïonau sy'n cymryd rhan (yn uniongyrchol neu'n anuniongyrchol) yn y cam pennu cyfradd sy'n ymddangos yn yr hafaliad cyfradd ar gyfer yr adwaith.

Prawf i chi

1 Yn y mecanwaith dau gam a gynigir ar gyfer yr adwaith rhwng nwy nitrogen deuocsid a nwy carbon monocsid, mae'r cam cyntaf yn araf tra bo'r ail gam yn gyflym:

$2NO_2(n) \rightarrow NO_3(n) + NO(n)$

$NO_3(n) + CO(n) \rightarrow NO_2(n) + CO_2(n)$

a) Beth yw'r hafaliad cyfan ar gyfer yr adwaith?

b) Awgrymwch hafaliad cyfradd sy'n gyson â'r mecanwaith a gynigir.

c) Beth, yn ôl yr hafaliad cyfradd a awgrymwyd gennych, yw trefn yr adwaith o ran y carbon monocsid?

2 Bydd hydrogen perocsid yn ocsidio ïonau ïodid yn ïodin ym mhresenoldeb ïonau hydrogen. Dŵr yw'r cynnyrch arall. Mae'r adwaith yn radd un o ran hydrogen perocsid, gradd un o ran ïonau ïodid ond yn radd sero o ran ïonau hydrogen.

a) Ysgrifennwch hafaliad cytbwys ar gyfer yr adwaith.

b) Ysgrifennwch hafaliad cyfradd ar gyfer yr adwaith.

c) Beth yw gradd yr adwaith yn ei gyfanrwydd?

ch) Mae mecanwaith a gynigiwyd ar gyfer yr adwaith yn cynnwys tri cham:

$H_2O_2 + I^- \rightarrow H_2O + IO^-$

$H^+ + IO^- \rightarrow HIO$

$HIO + H^+ + I^- \rightarrow I_2 + H_2O$

Pa gam sy'n debygol o fod yn gam pennu cyfradd a pham?

2.5 Y ddeddf ecwilibriwm

Mae pob adwaith cemegol yn tueddu tuag at gyflwr o ecwilibriwm dynamig. Mae cemegwyr wedi darganfod deddf sy'n eu caniatáu i ragfynegi crynodiadau'r cemegion a ddisgwylir mewn cymysgeddau ecwilibriwm. Mae'r ddeddf hon yn un o nifer o ddulliau y bydd cemegwyr yn eu defnyddio i ateb y cwestiynau: 'Pa mor bell?' ac 'I ba gyfeiriad?'. Mae deall syniadau ecwilibriwm yn gymorth i esbonio newidiadau yn yr amgylchedd naturiol, biocemeg pethau byw a'r amodau a ddefnyddir yn y diwydiant cemegol i gynhyrchu cynhyrchion newydd.

Cildroadwyedd ac ecwilibriwm

Mae adweithiau cildroadwy yn tueddu tuag at gyflwr o gydbwysedd. Byddant yn cyrraedd ecwilibriwm pan nad yw'r newid ymlaen na'r newid am yn ôl yn gyflawn, ond mae'r ddau newid yn dal i fynd rhagddynt ar gyfraddau cyfartal. Maent yn diddymu ei gilydd ac ni cheir unrhyw newid yn gyfan gwbl. Dyma ecwilibriwm dynamig.

O dan amodau penodol gellir cyrraedd yr un cyflwr o ecwilibriwm naill ai trwy ddechrau â'r cemegion ar un ochr i'r hafaliad ar gyfer adwaith, neu drwy ddechrau â'r cemegion ar yr ochr arall. Mae Ffigurau 2.5.1 a 2.5.2 yn dangos hyn ar gyfer yr adwaith cildroadwy rhwng hydrogen ac ïodin.

$$H_2(n) + I_2(n) \rightleftharpoons 2HI(n)$$

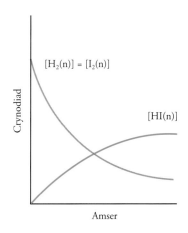

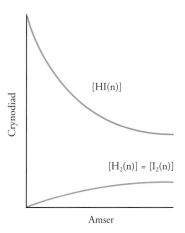

Ffigur 2.5.1 ▲
Cyrraedd cyflwr o ecwilibriwm trwy adweithio symiau hafal o nwy hydrogen a nwy ïodin

Ffigur 2.5.2 ▲
Cyrraedd yr un cyflwr ecwilibriwm trwy ddadelfennu hydrogen ïodid, HI(n) o dan yr un amodau ag yn Ffigur 2.5.1

Prawf i chi

1 Lluniwch ddiagram wedi'i labelu (yn dangos yr atomau neu'r moleciwlau) i ddisgrifio'r ecwilibriwm dynamig rhwng solid a hydoddiant dirlawn o'r solid.

2 Disgrifiwch yr hyn sy'n digwydd i'r moleciwlau yn y cymysgeddau o nwyon a ddisgrifir yn Ffigurau 2.5.1 a 2.5.2 o amser sero i'r amser pan fydd y ddau gymysgedd wedi cyrraedd ecwilibriwm.

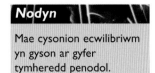

Cysonion ecwilibriwm

Deddf feintiol yw'r ddeddf ecwilibriwm ar gyfer rhagfynegi symiau'r adweithyddion a'r cynhyrchion pan fydd adwaith cildroadwy wedi cyrraedd cyflwr o ecwilibriwm dynamig.

Yn gyffredinol, ar gyfer adwaith cildroadwy mewn ecwilibriwm:

$$aA + bB \rightleftharpoons cC + dD$$

$$K_c = \frac{[C]^c[D]^d}{[A]^a[B]^b}$$

Dyma ffurf y cysonyn ecwilibriwm, K_c, pan gaiff crynodiadau'r adweithyddion a'r cynhyrchion eu mesur mewn molau y litr. [A], [B] ac ati yw'r crynodiadau ecwilibriwm, a ysgrifennir weithiau fel $[A]_{ecm}$ a $[B]_{ecm}$ i wenud hyn yn glir.

Bydd crynodiadau'r cemegion ar ochr dde'r hafaliad yn ymddangos ar linell uchaf y mynegiad. Bydd crynodiadau'r adweithyddion ar yr ochr chwith yn ymddangos ar y llinell waelod. Caiff pob term crynodiad ei godi i bŵer y rhif sydd o flaen ei fformiwla yn yr hafaliad.

Datrysiad enghreifftiol

Cyfrifwch werth K_c ar gyfer yr adwaith sy'n ffurfio ester o asid ethanoig ac ethanol (gweler tudalen 178):

$$CH_3CO_2H(h) + C_2H_5OH(h) \rightleftharpoons CH_3CO_2C_2H_5(h) + H_2O(h)$$

o wybod bod swm yr $CH_3CO_2C_2H_5(h)$ mewn ecwilibriwm yn 0.086 mol wrth hydoddi 0.50 mol o $CH_3CO_2H(h)$ mewn 0.5 dm³ o hydoddiant organig gyda 0.09 mol $C_2H_5OH(h)$, a'i adael i gyrraedd ecwilibriwm ar 373 K.

Nodiadau ar y dull

Ysgrifennwch yr hafaliad. Oddi tano, yn gyntaf ysgrifennwch y symiau cychwynnol, yna ysgrifennwch y symiau mewn ecwilibriwm. Defnyddiwch yr hafaliad i gyfrifo'r symiau anhysbys.

Cyfrifwch y crynodiadau ecwilibriwm o wybod cyfaint yr hydoddiant. Ysgrifennwch y gwerthoedd a'r unedau yn y mynegiad ar gyfer K_c.

Ateb

Hafaliad $\qquad CH_3CO_2H(h) + C_2H_5OH(h) \rightleftharpoons CH_3CO_2C_2H_5(h) + H_2O(h)$

Symiau cychwynnol/mol	0.50	0.09	0	0
Symiau ecwilibriwm/mol	(0.50−0.086) = 0.414	(0.09−0.086) = 0.004	0.086	0.086
Crynodiadau ecwilibriwm /mol dm⁻³	0.414 ÷ 0.5 = 0.828	0.004 ÷ 0.5 = 0.008	0.086 ÷ 0.5 = 0.172	0.086 ÷ 0.5 = 0.172

$$K_c = \frac{[CH_3CO_2C_2H_5(h)][H_2O(h)]}{[CH_3CO_2H(h)][C_2H_5OH(h)]} = \frac{0.172 \text{ mol dm}^{-3} \times 0.172 \text{ mol dm}^{-3}}{0.828 \text{ mol dm}^{-3} \times 0.008 \text{ mol dm}^{-3}}$$

Felly $K_c = 4.47$

Mae'r unedau'n canslo yn yr enghraifft hon, felly does gan K_c ddim unedau.

Prawf i chi

3 Dangoswch fod y tair set hyn o grynodiadau ecwilibriwm ar gyfer cymysgeddau o hydrogen, ïodin a hydrogen ïodid ar 731 K yn ufuddhau i'r ddeddf ecwilibriwm trwy gyfrifo K_c ar gyfer pob set o werthoedd ar gyfer yr adwaith: $H_2(n) + I_2(n) \rightleftharpoons 2HI(n)$. Cofiwch gynnwys unedau K_c yn eich atebion, os oes iddo unedau.

Crynodiadau ecwilibriwm/mol dm^{-3}		
[$H_2(n)$]	[$I_2(n)$]	[$HI(n)$]
0.0086	0.0086	0.0586
0.0114	0.0012	0.0252
0.0092	0.0022	0.0302

4 Cyfrifwch K_c ar gyfer yr adwaith: $PCl_5(n) \rightleftharpoons PCl_3(n) + Cl_2(n)$ o wybod mai swm y PCl_5 yn y cymysgedd ecwilibriwm oedd 1.44 mol ar ôl cymysgu 1.68 mol o $PCl_5(n)$ gyda 0.36 mol o $PCl_3(n)$ mewn cynhwysydd 2.0 dm^3 a gadael y cymysgedd i gyrraedd ecwilibriwm.

5 $K_c = 170$ mol^{-1} dm^3 ar 298 K ar gyfer y system ecwilibriwm: $2NO_2(n) \rightleftharpoons N_2O_4(n)$. Os ydyw fflasg 5 dm^3 yn cynnwys 1.0×10^{-3} mol o NO_2 a 7.5×10^{-4} mol o N_2O_4, a yw'r system mewn ecwilibriwm? A fydd crynodiad yr NO_2 yn tueddu i newid ac, os felly, a fydd yn cynyddu neu'n gostwng?

Cysonion ecwilibriwm a hafaliadau cytbwys

Mae cysonyn ecwilibriwm bob amser yn gymwys i hafaliad cemegol penodol, a gellir ei gyfrifo'n uniongyrchol o'r hafaliad hwnnw.

Gellir ysgrifennu adwaith sylffwr deuocsid ag ocsigen mewn dwy ffordd gyffredin. O ganlyniad mae i'r cysonyn ecwilibriwm ddwy ffurf ac iddynt ddau werth gwahanol. Cyhyd ag y defnyddir y cysonyn ecwilibriwm a'r hafaliad sy'n cyd-fynd â'i gilydd mewn cyfrifiadau, bydd y rhagfynegiadau sy'n seiliedig ar yr ecwilibriwm yr un peth. Ar gyfer:

$$2SO_2(n) + O_2(n) \rightleftharpoons 2SO_3(n) \qquad \text{hafaliad 1}$$

mae $\quad K_c = \dfrac{[SO_3(n)]^2}{[SO_2(n)]^2[O_2(n)]}$

Ond ar gyfer:

$$SO_2(n) + \tfrac{1}{2}O_2(n) \rightleftharpoons SO_3(n) \qquad \text{hafaliad 2}$$

mae $\quad K_c = \dfrac{[SO_3(n)]}{[SO_2(n)][O_2(n)]^{1/2}}$

Felly mae'n bwysig ysgrifennu'r hafaliad cytbwys a'r cysonyn ecwilibriwm gyda'i gilydd.

Bydd cildroi'r hafaliad hefyd yn newid ffurf y cysonyn ecwilibriwm gan fod y termau crynodiad ar gyfer y cemegion ar ochr dde'r hafaliad bob amser yn ymddangos ar ben y mynegiad ar gyfer K_c.

Felly ar gyfer:

$$2SO_3(n) \rightleftharpoons 2SO_2(n) + O_2(n) \qquad \text{hafaliad 3}$$

mae $\quad K_c = \dfrac{[SO_2(n)]^2[O_2(n)]}{[SO_3(n)]^2}$

Prawf i chi

6 Ystyriwch yr ecwilibriwm rhwng sylffwr deuocsid, ocsigen a sylffwr triocsid.

a) Dangoswch mai mol^{-1} dm^3 yw unedau'r cysonyn ecwilibriwm, K_c, ar gyfer hafaliad 1.

b) Mae $K_c = 1.6 \times 10^6$ mol^{-1} dm^3 ar gyfer hafaliad 1 ar dymheredd penodol. Beth yw gwerth K_c ar gyfer hafaliad 2?

c) Beth yw gwerth K_c ar gyfer hafaliad 3?

7 Ysgrifennwch y mynegiad ar gyfer K_c ar gyfer yr hafaliadau hyn a nodwch uned y cysonyn ecwilibriwm ar gyfer pob enghraifft.

a) $CO_2(n) + H_2(n) \rightleftharpoons CO(n) + H_2O(n)$

b) $N_2(n) + 3H_2(n) \rightleftharpoons 2NH_3(n)$

Cysonion ecwilibriwm a chyfeiriad y newid

Os yw gwerth y cysonyn ecwilibriwm yn fawr, yna bydd safle'r ecwilibriwm yn nes at ochr dde'r hafaliad. Yn gyffredinol, os yw K_c oddeutu 100 neu'n fwy ar dymheredd penodol, yna cynhyrchion fydd yn bresennol yn bennaf.

Ar y llaw arall, os yw gwerth y cysonyn ecwilibriwm yn fach, yna bydd safle'r ecwilibriwm yn nes at ochr chwith yr hafaliad. Os yw K_c oddeutu 0.01 neu'n llai ar dymheredd penodol yna adweithyddion fydd yn bresennol yn bennaf.

Os yw gwerth K_c yn agos at 1, yna bydd symiau amlwg o'r adweithyddion a'r cynhyrchion yn bresennol mewn ecwilibriwm.

Mae'n bwysig cofio nad yw cysonion ecwilibriwm yn dweud unrhywbeth wrthym ynghylch yr amser a gymer i gymysgedd yr adwaith gyrraedd ecwilibriwm. Gallai'r system gyrraedd ecwilibriwm yn gyflym neu'n araf. Ni ddywed gwerth K_c unrhywbeth am gyfradd y newid.

Er enghraifft, mae gan K_c werth o oddeutu 10^{31} ar gyfer adwaith hydrogen gyda chlorin i ffurfio hydrogen clorid ar dymheredd ystafell, ond os nad oes catalydd neu olau uwchfioled yn bresennol, ni fydd yr adwaith yn digwydd.

Diffiniad

Gwedd yw un o dri chyflwr mater – solid, hylif neu nwy. Yn aml, mae gan systemau cemegol fwy nag un wedd. Mae pob gwedd ar wahân, ond does dim rhaid iddynt fod yn bur:

- mae solid sydd mewn ecwilibriwm â'i hydoddiant dirlawn yn system ddeu-wedd,
- yn yr adweithydd lle caiff amonia ei gynhyrchu mae'r cymysgedd o nwyon nitrogen, hydrogen ac amonia yn un wedd tra bo'r catalydd haearn yn wedd solet, ar wahân.

Prawf i chi

8 Beth yw eich casgliad ynghylch cyfeiriad a chynnydd y newid ym mhob un o'r enghreifftiau hyn?

a) $Zn(s) + Cu^{2+}(d) \rightleftharpoons Zn^{2+}(d) + Cu(s)$ $K_c = 1 \times 10^{37}$ ar 298 K

b) $2HBr(n) \rightleftharpoons H_2(n) + Br_2(n)$ $K_c = 1 \times 10^{-10}$ ar 298 K

c) $N_2(n) + 3H_2(n) \rightleftharpoons 2NH_3(n)$ $K_c = 2.2$ mol^{-2} dm^6 ar 623 K

9 Yn gyffredinol, os yw'r cysonyn ecwilibriwm ar gyfer y blaenadwaith yn fawr, beth fydd maint y cysonyn ecwilibriwm ar gyfer cildro'r adwaith hwn?

Ecwilibria heterogenaidd

Mewn rhai systemau ecwilibriwm nid yw'r sylweddau sydd o dan sylw i gyd yn yr un wedd. Mae'r cyflwr ecwilibriwm sy'n cynnwys dau solid a nwy sy'n ffurfio wrth wresogi calsiwm carbonad mewn cynhwysydd caeëdig yn enghraifft o hyn.

$$CaCO_3(s) \rightleftharpoons CaO(s) + CO_2(n)$$

Nid yw crynodiadau'r solidau'n ymddangos yn y mynegiad ar gyfer y cysonyn ecwilibriwm. Mae gan solidau pur, i bob pwrpas, 'grynodiad' cyson.

$$K_c = [CO_2(n)]$$

Mae hyn hefyd yn wir ar gyfer systemau heterogenaidd sydd â gwedd hylif pur, ar wahân, fel un o'r adweithyddion neu'r cynhyrchion.

Ffigur 2.5.3 ▶
Stalactitau yn tyfu yn y Florida Caverns, Marianna, Florida. Mae'r stalactitau'n tyfu'n araf dros ben gan fod y system heterogenaidd hon bron â chyrraedd ecwilibriwm

Enghraifft arall yw'r cyflwr ecwilibriwm rhwng calsiwm carbonad solet a hydoddiant gwanedig yn cynnwys carbon deuocsid a chalsiwm hydrogencarbonad hydoddedig.

$$CaCO_3(s) + CO_2(d) + H_2O(h) \rightleftharpoons Ca^{2+}(d) + 2HCO_3^{-}(d)$$

Mae'r enghraifft hon yn dangos rheol gyffredinol arall. Nid yw'r mynegiad K_c ar gyfer hydoddiannau gwanedig yn cynnwys term crynodiad ar gyfer dŵr. Mae cymaint o ddŵr yn bresennol nes bod y crynodiad, i bob pwrpas, yn gyson.

Felly dyma'r mynegiad ar gyfer y cysonyn ecwilibriwm:

$$K_c = \frac{[Ca^{2+}(d)][HCO_3^{-}(d)]^2}{[CO_2(d)]}$$

Prawf i chi

10 Ysgrifennwch y mynegiad ar gyfer K_c ar gyfer yr ecwilibria hyn:
  a) $2Fe(s) + 3H_2O(n) \rightleftharpoons Fe_2O_3(s) + 3H_2(n)$
  b) $H_2(n) + S(h) \rightleftharpoons H_2S(n)$
  c) $Ag^+(d) + Fe^{2+}(d) \rightleftharpoons Fe^{3+}(d) + Ag(s)$

11 Cyfrifwch grynodiad y dŵr mewn dŵr (mewn mol dm^{-3}) i ddangos ei bod hi'n rhesymol ystyried bod crynodiad dŵr yn gyson wrth ysgrifennu'r mynegiad ar gyfer K_c ar gyfer ecwilibria mewn hydoddiannau dyfrllyd gwanedig.

Effaith newid crynodiadau ar systemau mewn ecwilibriwm

Mae'r ddeddf ecwilibriwm yn ei gwneud hi'n bosib esbonio effaith newid crynodiad un o'r cemegion mewn cymysgedd ecwilibriwm.

Mae'r ecwilibriwm mewn hydoddiant sy'n cynnwys ïonau cromad(VI) a deucromad(VI) mewn dŵr yn enghraifft:

$$2CrO_4^{2-}(d) + 2H^+(d) \rightleftharpoons Cr_2O_7^{2-}(d) + H_2O(h)$$
melyn   oren

Mewn ecwilibriwm: $K_c = \dfrac{[Cr_2O_7^{2-}(d)]}{[CrO_4^{2-}(d)]^2[H^+(d)]^2}$

lle mae'r rhain yn grynodiadau ecwilibriwm.

Mewn hydoddiant gwanedig mae $[H_2O(h)]$ yn gyson, felly ni fydd yn ymddangos ym mynegiad y ddeddf ecwilibriwm.

Bydd ychwanegu ychydig ddiferion o asid crynodedig yn cynyddu crynodiad $H^+(d)$ ar ochr chwith yr hafaliad. Bydd hyn yn tarfu ar yr ecwilibriwm am ychydig. Am ennyd wedi ychwanegu'r asid:

$$\frac{[Cr_2O_7^{2-}(d)]}{[CrO_4^{2-}(d)]^2[H^+(d)]^2} < K_c$$

Bydd y system yn adfer ecwilibriwm wrth i ïonau cromad(VI) adweithio gydag ïonau hydrogen i gynhyrchu mwy o'r cynhyrchion. Cyn bo hir bydd ecwilibriwm newydd. Unwaith eto:

$$\frac{[Cr_2O_7^{2-}(d)]}{[CrO_4^{2-}(d)]^2[H^+(d)]^2} = K_c$$

ond nawr bydd gwerthoedd newydd ar gyfer y gwahanol grynodiadau.

Nodyn

Ni fydd newid y crynodiadau yn newid gwerth y cysonyn ecwilibriwm cyn belled â bod y tymheredd yn aros yn gyson.

Ffigur 2.5.4 ▲
Ar y chwith, hydoddiant melyn o ïonau cromad(VI) mewn dŵr. Ar y dde, hydoddiant o ïonau cromad(VI) mewn dŵr ar ôl ychwanegu ychydig ddiferion o asid cryf – mae'r hydoddiant wedi troi'n oren wrth i ragor o ïonau deucromad(VI) ffurfio

Dywed cemegwyr bod ychwanegu asid yn peri i 'safle'r ecwilibriwm syflyd i'r dde'. Mae'r effaith yn weladwy gan fod lliw melyn yr ïonau cromad(VI) yn newid i rhoi lliw oren yr ïonau deucromad(VI). Dyma'n union beth y mae egwyddor Le Châtelier yn ei ragfynegi. Mantais defnyddio K_c yw ei fod yn ei gwneud hi'n bosib gwneud rhagfynegiadau meintiol.

Prawf i chi

12 Disgrifiwch ac esboniwch effaith ychwanegu alcali at hydoddiant o ïonau deucromad(VI).

13 a) Defnyddiwch y ddeddf ecwilibriwm i ragfynegi ac esbonio effaith ychwanegu mwy o ethanol pur at gymysgedd ecwilibriwm o asid ethanoig, ethanol, ethyl ethanoad a dŵr:

$$CH_3CO_2H(h) + C_2H_5OH(h) \rightleftharpoons CH_3CO_2C_2H_5(h) + H_2O(h)$$

b) Dangoswch fod eich rhagfynegiad yn ufuddhau i ddeddf Le Châtelier.

2.6 Ecwilibria nwyol

Mae nifer o brosesau diwydiannol pwysig yn cynnwys adweithiau cildroadwy rhwng nwyon. Mae cymhwyso'r ddeddf ecwilibriwm i'r adweithiau hyn yn help i bennu'r amodau optimaidd ar gyfer cynhyrchu'r cemegion. Yn achos adweithiau nwyon, mae'n aml yn haws mesur gwasgedd yn hytrach na chrynodiad, ac i ddefnyddio ffurf wedi'i haddasu ar y ddeddf ecwilibriwm.

Cymysgeddau nwyon a gwasgeddau rhannol

Mewn unrhyw gymysgedd o nwyon, gellir 'rhannu' cyfanswm y gwasgedd rhwng y nwyon. Mae'n bosib cyfrifo gwasgedd rhannol ar gyfer pob nwy yn y cymysgedd. Mewn cymysgedd o nwyon A, B ac C, mae swm y tri gwasgedd rhannol yn hafal i gyfanswm y gwasgedd.

$$p_A + p_B + p_C = p_{cyfanswm}$$

Wrth astudio cymysgeddau o nwyon ac adweithiau nwyon mae'n ddefnyddiol defnyddio gwasgeddau rhannol yn lle crynodiadau.

Mewn cymysgeddau o nwyon, y symiau mewn molau sy'n bwysig, nid natur gemegol y moleciwlau. Mae hyn yn golygu bod cyfanswm y gwasgedd wedi'i rannu rhwng y nwyon yn ôl y ffracsiwn o fôl sydd yn y cymysgedd yn unig.

Mewn cymysgedd o n_A môl o A gydag n_B môl o B ac n_C môl o C, cynrychiolir y ffracsiwn o fôl (symbol X) gan y canlynol:

$$X_A = \frac{n_A}{n_A + n_B + n_C} \qquad X_B = \frac{n_B}{n_A + n_B + n_C} \qquad X_C = \frac{n_C}{n_A + n_B + n_C}$$

Felly'r ffracsiwn o fôl o A yw ffracsiwn cyfanswm nifer y molau o bob cyfansoddyn sydd yn folau o A.

Swm yr holl ffracsiynau o folau yw 1, felly $X_A + X_B + X_C = 1$.

Ar y sail hwn, gwasgedd rhannol y tri nwy A, B ac C mewn cymysgedd o nwyon sydd â chyfanswm gwasgedd o p fydd:

$$p_A = X_A p, \quad p_B = X_B p \quad \text{a} \quad p_C = X_C p.$$

Gwasgedd rhannol pob nwy yw'r gwasgedd y byddai'n ei roi pe byddai ar ei ben ei hun yn y cynhwysydd o dan yr un amodau. Gellir cymhwyso hafaliad y nwy delfrydol: $pV = nRT$ i bob nwy yn y cymysgedd. Wrth aildrefnu'r hafaliad ceir:

$$p_A = \frac{n_A RT}{V} \qquad\qquad p_B = \frac{n_B RT}{V} \qquad \text{a} \qquad p_C = \frac{n_C RT}{V}$$

Gan fod R yn gysonyn mae'r hafaliadau hyn yn dangos, ar dymheredd cyson, bod:

$$p_A \propto \frac{n_A}{V} \qquad\qquad p_B \propto \frac{n_B}{V} \qquad \text{a} \qquad p_C \propto \frac{n_C}{V}$$

Felly mae'r gwasgeddau rhannol mewn cyfranedd â chrynodiad y nwyon gan mai n/V yw'r crynodiad mewn molau am bob uned cyfaint. Dyma sut y bydd gwyddonwyr yn cyfiawnhau gweithio gyda gwasgeddau rhannol wrth gymhwyso'r ddeddf ecwilibriwm i adweithiau nwyon.

Ffigur 2.6.1 ▲
Gellir adio gwasgeddau rhannol y nwyon yn yr aer i roi cyfanswm gwasgedd yr atmosffer

K_p

K_p yw'r symbol ar gyfer y cysonyn ecwilibriwm ar gyfer ecwilibriwm sy'n cynnwys nwyon gyda'r crynodiadau wedi'u mesur drwy wasgeddau rhannol. Mae'r rheolau ar gyfer ysgrifennu mynegiadau ecwilibriwm yr un peth ar gyfer K_p a K_c, gan ddefnyddio gwasgeddau rhannol yn lle crynodiadau fel y gwelir yn Ffigur 2.6.2.

Ecwilibriwm	K_p	Unedau K_p (gan ddefnyddio uned SI gwasgedd, sef Pa)
$H_2(n) + I_2(n) \rightleftharpoons 2HI(n)$	$K_p = \dfrac{(P_{HI})^2}{(P_{H_2})(P_{I_2})}$	dim unedau
$N_2(n) + 3H_2(n) \rightleftharpoons 2NH_3(n)$	$K_p = \dfrac{(P_{NH_3})^2}{(P_{N_2})(P_{H_2})^3}$	Pa^{-2}
$N_2O_4(n) \rightleftharpoons 2NO_2(n)$	$K_p = \dfrac{(P_{NO_2})^2}{(P_{N_2O_4})}$	Pa
$HCl(n) + LiH(s) \rightleftharpoons H_2(n) + LiCl(s)$	$K_p = \dfrac{(P_{H_2})}{(P_{HCl})}$	dim unedau

Ffigur 2.6.2 ▲
Enghreifftiau o fynegiadau ecwilibriwm ar gyfer K_p. Sylwch fod yr un rheol yn gymwys wrth ysgrifennu mynegiad ar gyfer K_p a K_c ar gyfer adwaith heterogenaidd. Nid yw'r mynegiad yn cynnwys termau ar gyfer y gweddau solet ar wahân

Datrysiad enghreifftiol

Yn ôl astudiaeth arbrofol o gymysgedd ecwilibriwm o $N_2(n)$, $H_2(n)$ ac $NH_3(n)$, gwelwyd bod un cymysgedd ecwilibriwm yn cynnwys 2.15 mol o $N_2(n)$, 6.75 mol o $H_2(n)$ ac 1.41 mol o $NH_3(n)$ ar wasgedd cyfansymiol o 1000 kPa. Cyfrifwch werth K_p o dan yr amodau y gwnaed y mesuriadau.

Nodiadau ar y dull

Yn gyntaf cyfrifwch ffracsiynau o fôl y nwyon.

Lluoswch gyfanswm y gwasgedd â'r ffracsiynau o folau i gyfrifo'r gwasgeddau rhannol.

Gwiriwch fod swm y gwasgeddau rhannol yn hafal i gyfanswm y gwasgedd.

Yn olaf, ysgrifennwch y gwerthoedd yn y mynegiad ar gyfer K_p, a rhowch yr unedau.

Ateb

Cyfanswm nifer y molau   = 2.15 mol + 6.75 mol + 1.41 mol

                                  = 10.31 mol

Ffracsiwn o fôl o N_2(n) $= \dfrac{2.15 \text{ mol}}{10.31 \text{ mol}} = 0.208$

Ffracsiwn o fôl o H_2(n) $= \dfrac{6.75 \text{ mol}}{10.31 \text{ mol}} = 0.655$

Ffracsiwn o fôl o NH_3(n) $= \dfrac{1.41 \text{ mol}}{10.31 \text{ mol}} = 0.137$

Gwasgedd rhannol N_2(n)   = 0.208 × 1000 kPa = 208 kPa

Gwasgedd rhannol H_2(n)   = 0.655 × 1000 kPa = 655 kPa

Gwasgedd rhannol NH_3(n)   = 0.137 × 1000 kPa = 137 kPa

Ar gyfer yr ecwilibriwm:

$$N_2(n) + 3H_2(n) \rightleftharpoons 2NH_3(n)$$

$$K_p = \frac{(p_{NH_3})^2}{(p_{N_2})(p_{H_2})^3} = \frac{(137 \text{ kPa})^2}{(208 \text{ kPa})(655 \text{ kPa})^2} = 2.1 \times 10^{-4} \text{ kPa}^{-2}$$

Prawf i chi

1 Ysgrifennwch y mynegiad ar gyfer K_p ar gyfer yr ecwilibria hyn a rhowch yr unedau:

    a) $2SO_2(n) + O_2(n) \rightleftharpoons 2SO_3(n)$

    b) $4NH_3(n) + 3O_2(n) \rightleftharpoons 2N_2(n) + 6H_2O(n)$

    c) $CaCO_3(s) \rightleftharpoons CaO(s) + CO_2(n)$

2 Cyfrifwch K_p ar gyfer y cymysgedd ecwilibriwm hwn:

    $N_2O_4(n) \rightleftharpoons 2NO_2(n)$

    ar dymheredd o 330 K a gwasgedd o 120 kPa. O dan yr amodau hyn bydd sampl o'r cymysgedd nwyol yn cynnwys 8.1 mol o N_2O_4(n) a 3.8 mol o NO_2(n).

3 Cyfrifwch K_p ar gyfer yr adwaith cildroadwy hwn ar dymheredd o 1000 K a gwasgedd o 180 kPa:

    $C_2H_6(n) \rightleftharpoons C_2H_4(n) + H_2(n)$

    o wybod, o dan yr amodau hyn, y caiff cymysgedd ecwilibriwm sy'n cynnwys 1.8 mol o ethen ei gynhyrchu wrth gychwyn gyda 5 mol yn unig o ethan.

4 Defnyddiwch y mynegiad ar gyfer K_p i ragfynegi effaith y newidiadau canlynol ar gymysgedd ecwilibriwm o hydrogen, carbon monocsid a methanol:

    $2H_2(n) + CO(n) \rightleftharpoons CH_3OH(n)$

    a) ychwanegu mwy o hydrogen at y cymysgedd o nwyon ar gyfanswm gwasgedd cyson

    b) cywasgu'r cymysgedd i gynyddu cyfanswm y gwasgedd

    c) ychwanegu nwy anadweithiol megis argon gan gadw cyfanswm y gwasgedd yn gyson.

2.7 Effaith newidiadau yn y tymheredd a chatalyddion ar ecwilibria

Mae newidiadau yn y tymheredd yn peri i'r safle ecwilibriwm ar gyfer adwaith symud. Mae hyn yn digwydd oherwydd bod gwerth y cysonyn ecwilibriwm yn newid. Yn aml rhaid cyfaddawdu rhwng codi tymheredd proses yn ddigon uchel i'r gyfradd fod yn gynt heb leihau cyfanswm cynnyrch yr adwaith. Mae catalyddion yn helpu trwy gyflymu adweithiau, ond ni chânt unrhyw effaith ar safle'r ecwilibriwm.

Ffigur 2.7.1 ▶
Yn y diwydiant gweithgynhyrchu, rhaid i'r bobl sy'n rheoli prosesau ddod o hyd i'r amodau sy'n darparu cyfanswm da o gynhyrchion ar y safle ecwilibriwm, ond ar gyfradd sy'n ddigon cyflym i fod yn ymarferol ac yn economaidd

Newidiadau yn y tymheredd

Mae egwyddor Le Châtelier yn rhagfynegi y bydd codi'r tymheredd yn peri i'r ecwilibriwm syflyd i'r cyfeiriad sy'n endothermig. Yn ystod y broses o gynhyrchu asid sylffwrig, er enghraifft, bydd codi'r tymheredd yn gostwng canran y sylffwr triocsid ar yr ecwilibriwm.

$$2SO_2(n) + O_2(n) \rightleftharpoons 2SO_3(n) \qquad \Delta H^\ominus = -98 \text{ kJ mol}^{-1}$$

Ffigur 2.7.2 ▶
Effaith codi'r tymheredd ar yr ecwilibriwm rhwng SO_2, O_2 ac SO_3

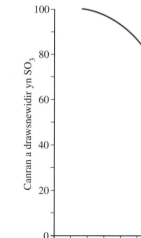

Mae'r ecwilibriwm yn syflyd i'r chwith wrth i'r tymheredd godi gan mai i'r cyfeiriad hwn y mae'r adwaith yn endothermig.

Mae'r syfliad yn digwydd gan fod y cysonyn ecwilibriwm yn amrywio gyda'r tymheredd.

$$K_p = \frac{(P_{SO_3})^2}{(P_{SO_2})^2(P_{O_2})}$$

Ar 500 K, $K_p = 2.5 \times 10^{10}$ atm^{-1}, ond ar 700 K, $K_p = 3.0 \times 10^4$ atm^{-1}. Mae gwerth y cysonyn ecwilibriwm yn disgyn wrth i'r tymheredd godi. Gyda gwerth llai ar gyfer K_p, bydd cyfran yr $SO_3(n)$ yn disgyn tra bo cyfran yr $SO_2(n)$ a'r $O_2(n)$ yn codi ar y safle ecwilibriwm.

Effaith catalyddion

Mewn diwydiant, mae adwaith sylffwr deuocsid ag ocsigen yn un o'r camau yn y broses o gynhyrchu asid sylffwrig o sylffwr. Mae'r adwaith yn digwydd ar arwyneb catalydd o fanadiwm(V) ocsid. Mae'r effaith a gaiff y tymheredd ar yr ecwilibriwm yn golygu bod codi'r tymheredd yn gostwng y canran a drawsnewidir yn SO_3, ond rhaid i'r tymheredd fod yn ddigon uchel i beri i'r adwaith fynd rhagddo yn ddigon cyflym. Nid yw'r catalydd yn gweithredu islaw 380°C, ac mae'n gweithio orau ar dymheredd uwch.

Mae'r catalydd yn cynyddu cyfradd yr adwaith ond ni chaiff unrhyw effaith ar safle'r ecwilibriwm.

Rhaid cyfaddawdu mewn modd tebyg rhwng y gyfradd a chyfanswm uchel o gynnyrch wrth gynhyrchu amonia o nitrogen a hydrogen. Mae'r adwaith yn un araf iawn ar dymheredd ystafell. Mae codi'r tymheredd yn cynyddu cyfradd yr adwaith, ond mae'r adwaith cildroadwy yn ecsothermig. Felly po uchaf yw'r tymheredd, isaf fydd cyfanswm cynnyrch yr amonia ar yr ecwilibriwm. Mae catalydd yn caniatáu i adwaith ddigwydd yn gynt heb yr angen am dymheredd sydd mor uchel fel bo cyfanswm y cynnyrch yn rhy isel. Fel bob amser, bydd catalydd ond yn effeitho ar gyfradd adwaith, ac nid ar safle'r ecwilibriwm.

Yn nodweddiadol, bydd y broses yn gweithredu ar wasgeddau rhwng 70 atmosffer a 200 atmosffer, gyda'r tymheredd rhwng 400°C a 600°C.

Prawf i chi

1 Ar gyfer yr adwaith rhwng hydrogen ac ïodin i ffurfio hydrogen ïodid, gwerth K_p yw 794 ar 298 K ond mae'n 54 ar 700 K. Beth allwch chi ei ddiddwytho o'r wybodaeth hon?

2 Ar gyfer dadelfeniad calsiwm carbonad i roi calsiwm ocsid a charbon deuocsid, gwerth K_p yw 1.6×10^{-21} kPa ar 298 K ond mae'n 1.0 kPa ar 900 K. Beth allwch chi ei ddiddwytho o'r wybodaeth hon?

3 Lluniwch dabl crynodeb i ddangos effeithiau newid y crynodiad, newid y tymheredd neu ychwanegu catalydd ar:
   a) safle'r ecwilibriwm
   b) cyfradd yr adwaith.

Cemeg Ffisegol

Adran dau

2.8 Asidau, basau a'r raddfa pH

Mae asidau a basau yn gyffredin dros ben nid yn unig mewn labordai, ond hefyd mewn pethau byw, yn y cartref ac yn yr amgylchedd naturiol. Mae adweithiau asid-bas yn gildroadwy ac fe'u rheolir gan y ddeddf ecwilibriwm. Mae hyn yn golygu y gall cemegwyr ragfynegi, yn ddibynadwy ac yn feintiol, sut y bydd asidau a basau'n ymddwyn. Mae hyn yn bwysig ar gyfer cyflenwi dŵr yfed diogel, gofal cleifion yn yr ysbyty, fformiwleiddio siampŵ a chosmetigau yn ogystal â phrosesu bwyd a sawl agwedd arall ar fywyd.

Ffigur 2.8.1 ▶
Calchfaen ger Malham Cove yn Swydd Efrog wedi'i ysgythru gan ddŵr glaw a wnaed yn asidig gan garbon deuocsid hydoddedig

Mae gan gemegwyr nifer o ddamcaniaethau i esbonio ymddygiad asidau (gweler adran 3.4), ond y ddamcaniaeth sydd orau ganddynt ar gyfer trafod ecwilibria asid-bas yw'r ddamcaniaeth Brønsted-Lowry. Mae'r ddamcaniaeth hon yn disgrifio asidau yn rhoddwyr protonau a basau yn dderbynwyr protonau.

Asidau

Yn ôl damcaniaeth Brønsted-Lowry, mae moleciwlau hydrogen clorid yn rhoddi ïonau hydrogen (protonau) i foleciwlau dŵr wrth iddynt hydoddi mewn dŵr gan gynhyrchu ïonau hydrogen hydradol a elwir yn ïonau ocsoniwm. Mae'r dŵr yn ymddwyn fel bas.

$$\overset{\displaystyle\frown\ H^+}{HCl(n) + H_2O(h)} \rightleftharpoons H_3O^+(d) + Cl^-(d)$$

Mae pob adwaith asid-bas yn gildroadwy. Yn yr enghraifft hon gall proton o'r ïon ocsoniwm drosglwyddo'n ôl i'r ïon clorid i roi hydrogen clorid a dŵr.

Mae hydrogen clorid yn asid cryf. Mae hyn yn golygu ei fod yn barod iawn i roddi ei brotonau i foleciwlau dŵr, ac mae'r ecwilibriwm mewn hydoddiant yn gorwedd ymhell i'r dde. Caiff hydrogen clorid, yn ei hanfod, ei ïoneiddio'n llwyr mewn hydoddiant. Mae asid sylffwrig ac asid nitrig yn enghreifftiau eraill o asidau cryf.

Diffiniadau

Mae **asid monoprotig** yn asid a all roddi un proton o bob moleciwl. Dyma rai enghreifftiau o asidau monoprotig: hydrogen clorid, HCl; asid nitrig, HNO_3; ac asid ethanoig, CH_3CO_2H.

Mae **asid deubrotig** yn asid a all roddi dau broton o bob moleciwl. Dyma rai enghreifftiau o asidau deubrotig: asid sylffwrig, H_2SO_4; ac asid ethandeuoig, HO_2C-CO_2H.

Prawf i chi

1 **a)** Pa fath o fond sy'n cysylltu'r moleciwl dŵr â phroton mewn ïon ocsoniwm?

   b) Tynnwch ddiagram dot-a-chroes i ddangos y bondio mewn ïon ocsoniwm.

   c) Rhagfynegwch siâp ïon ocsoniwm.

2 Ysgrifennwch hafaliad ïonig, cytbwys ar gyfer adwaith un môl o asid ethandeuoig gyda 2 fôl o NaOH gan ddangos y fformiwla arddangosol (tudalen 143) ar gyfer yr asid a'r ïon ethandeuoad a ffurfir.

3 **a)** Enwch gynhyrchion yr adwaith wrth i asid sylffwrig crynodedig adweithio gyda sodiwm clorid.

   d) Dangoswch mai adwaith trosglwyddo proton yw hwn.

   c) Esboniwch sut y gall yr adwaith hwn roi cynnyrch da o nwy hydrogen clorid.

Basau

Moleciwl neu ïon a all dderbyn ïon hydrogen (proton) o asid yw bas. Mae gan fas bâr unig o electronau a all ffurfio bond cofalent cyd-drefnol (neu fond datif) gyda phroton.

$$:\overset{..}{\underset{..}{O}}:^{2-} \curvearrowright H^+ \longrightarrow :\overset{..}{\underset{..}{O}} - H^-$$

Bydd ocsid ïonig, megis calsiwm ocsid, yn adweithio'n llwyr gyda dŵr i ffurfio calsiwm hydrocsid. Ni fydd yr ïonau calsiwm yn newid, ond bydd yr ïonau ocsid, sy'n dderbynwyr protonau pwerus, i gyd yn cymryd protonau oddi ar foleciwlau dŵr. Mae ïon ocsid yn fas cryf. Ymysg y basau cyffredin mae'r ïonau ocsid a hydrocsid, amonia, aminau, yn ogystal ag ïonau carbonad a hydrogencarbonad.

   Mae yna bâr unig o electronau ar atom nitrogen yr amonia sy'n ei alluogi i weithredu fel bas:

$$NH_3(n) + HNO_3(n) \longrightarrow NH_4^+NO_3^-(s)$$
$$\quad\text{bas}\qquad\quad\text{asid}$$

Prawf i chi

4 Dangoswch fod yr adweithiau rhwng y parau hyn o gyfansoddion yn adweithiau asid-bas, ac enwch, mor gywir â phosib, y moleciwlau neu'r ïonau sy'n asid neu'n fas ym mhob enghraifft.
   a) $MgO + HCl$
   b) $H_2SO_4 + NH_3$
   c) $NH_4NO_3 + NaOH$
   ch) $HCl + Na_2CO_3$

5 **a)** Pa fath o fond sy'n cysylltu'r moleciwl amonia â phroton mewn ïon amoniwm?

   b) Tynnwch ddiagram dot-a-chroes i ddangos y bondio mewn ïon amoniwm.

   c) Rhagfynegwch siâp ïon amoniwm.

Ffigur 2.8.2 ◄
Mae gan ïonau ocsid barau unig o electronau a all ffurfio bondiau cofalent datif gydag ïonau hydrogen

Nodyn

Mae nifer o gyfansoddion metelau grŵp 1 a grŵp 2 yn ffurfio hydoddiannau alcalïaidd. Mae hyn yn wir gan fod metelau megis sodiwm, potasiwm, magnesiwm a chalsiwm (yn wahanol i fetelau eraill) yn ffurfio ocsidau, hydrocsidau a charbonadau sy'n hydawdd (i ryw raddau) mewn dŵr. Sylwch mai'r ïonau ocsid, hydrocsid neu garbonad yn y cyfansoddion hyn sy'n fasau ac nid yr ïonau metel.

Nodyn

Mewn biocemeg, mae'r term *bas* yn aml yn cyfeirio at un o bum bas nitrogenaidd sy'n ffurfio niwcleotidau a'r asidau niwclëig DNA ac RNA. Mae'r cyfansoddion hyn (adenin, gwanin, cytosin, wrasil a thymin) yn fasau yn yr ystyr cemegol oherwydd bod ganddynt barau unig o electronau ar atomau nitrogen a all dderbyn ïonau hydrogen.

Parau asid-bas cyfiau

Mae unrhyw adwaith asid-bas yn golygu cystadleuaeth am brotonau. Dangosir hyn gan hydoddiant o halwyn amoniwm, megis amoniwm clorid, mewn dŵr.

$$NH_4^+(d) \quad + \quad H_2O(h) \rightleftharpoons NH_3(d) \quad + \quad H_3O^+(d)$$

asid 1   bas 2   bas 1   asid 2

Yn yr enghraifft hon ceir cystadleuaeth am brotonau rhwng moleciwlau amonia a moleciwlau dŵr. Ar ochr chwith yr hafaliad caiff y protonau eu dal gan barau unig ar y moleciwlau amonia. Ar yr ochr dde cânt eu dal gan barau unig ar y moleciwlau dŵr. Mae safle'r ecwilibriwm yn dangos pa un o'r ddau fas sy'n dal y protonau gryfaf.

Bydd cemegwyr yn defnyddio'r term pâr asid-bas cyfiau i ddisgrifio pâr o foleciwlau neu ïonau a all drawsnewid o un i'r llall drwy ennill neu golli proton. Bydd asid yn newid i'w fas cyfiau wrth golli proton. Bydd bas yn newid i'w asid cyfiau wrth ennill proton.

Mae'r ecwilibriwm uchod mewn hydoddiant o halwyn amoniwm yn cynnwys dau bâr asid-bas cyfiau:

- NH_4^+ ac NH_3
- H_3O^+ ac H_2O.

Y raddfa pH

Mae crynodiad yr ïonau ocsoniwm mewn hydoddiant dyfrllyd yn gyffredinol yn amrywio o 2 mol dm^{-3} i 10^{-14} mol dm^{-3}. Mae crynodiad yr ïonau hydrogen dyfrllyd mewn asid hydroclorig gwanedig oddeutu 100 000 000 000 000 gwaith yn fwy na chrynodiad ïonau hydrogen mewn hydoddiant sodiwm hydrocsid gwanedig. O wybod bod amrediad y crynodiadau mor eang, mae'n fwy cyfleus i gemegwyr ddefnyddio graddfa logarithmig i fesur crynodiad ïonau hydrogen dyfrllyd mewn hydoddiannau asidig neu alcalïaidd. Dyma'r raddfa pH.

Dyma ddiffiniad o pH:

Ffigur 2.8.3 ▼
Y raddfa pH

$$pH = -\log_{10}[H_3O^+(d)], \text{ a ysgrifennir yn aml fel } pH = -\log_{10}[H^+(d)]$$

pH	0	1	2	3	4	5	6	7	8	9	10	11	12	13	14
$[H_3O^+(d)]$/mol dm^{-3}	10^0	10^{-1}	10^{-2}	10^{-3}	10^{-4}	10^{-5}	10^{-6}	10^{-7}	10^{-8}	10^{-9}	10^{-10}	10^{-11}	10^{-12}	10^{-13}	10^{-14}

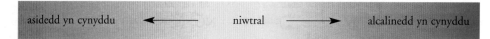

asidedd yn cynyddu ←   niwtral   → alcalinedd yn cynyddu

Datrysiad enghreifftiol

Beth yw pH asid hydroclorig 0.020 mol dm^{-3}?

Nodiadau ar y dull

Mae asid hydroclorig yn asid cryf felly caiff ei ïoneiddio'n llwyr. Sylwch fod 1 mol o HCl yn rhoi 1 mol $H^+(d)$.

Defnyddiwch y botwm log ar eich cyfrifiannell. Peidiwch ag anghofio'r arwydd minws yn y diffiniad ar gyfer pH.

Ateb

$[H^+(d)] = 0.020$ mol dm^{-3}

$pH = -\log(0.020) = 1.70$

Datrysiad enghreifftiol

7.40 yw pH gwaed dynol. Beth yw crynodiad yr ïonau hydrogen dyfrllyd mewn gwaed?

Nodiadau ar y dull

$pH = -\log[H^+(d)]$

O'r diffiniad o logarithmau, gellir aildrefnu hyn i $[H^+(d)] = 10^{-pH}$

Defnyddiwch y botwm log gwrthdro (10^x) ar eich cyfrifiannell. Peidiwch ag anghofio'r arwydd minws yn y diffiniad ar gyfer pH.

Ateb

$pH = 7.4$

$[H^+(d)] = 10^{-7.4} = 4.0 \times 10^{-8} \text{ mol dm}^{-3}$

Cynnyrch ïonig dŵr, K_w

Mae ïonau hydrogen a hydrocsid yn bresennol hyd yn oed mewn dŵr pur oherwydd trosglwyddiad ïonau hydrogen rhwng moleciwlau dŵr. Bydd hyn ond yn digwydd i raddau bychan iawn.

$$H_2O(h) + H_2O(h) \rightleftharpoons H_3O^+(d) + OH^-(d)$$

Gellir ysgrifennu hwn yn fwy syml:

$$H_2O(h) \rightleftharpoons H^+(d) + OH^-(d)$$

Mae'r cysonyn ecwilibriwm $K_c = \dfrac{[H^+(d)][OH^-(d)]}{[H_2O(h)]}$

Mae yna gymaint o ormodedd o ddŵr yn bresennol fel bo $[H_2O(h)]$ = cysonyn, a gellir symleiddio'r berthynas i:

$$K_w = [H^+(d)][OH^-(d)]$$

lle mae K_w yn cynrychioli cynnyrch ïonig dŵr.

   Mae gan ddŵr pur pH 7 ar 298 K, felly crynodiad yr ïonau hydrogen ar yr ecwilibriwm: $[H^+(d)] = 1 \times 10^{-7} \text{ mol dm}^{-3}$.

   Hefyd mewn dŵr pur $[H_3O^+(d)] = [OH^-(d)]$

Felly mae $[OH^-(d)] = 1 \times 10^{-7} \text{ mol dm}^{-3}$.

Drwy hyn, $K_w = 1 \times 10^{-14} \text{ mol}^2 \text{ dm}^{-6}$

   Mae K_w yn gysonyn ymhob hydoddiant dyfrllyd ar 298 K. Felly mae'n bosib cyfrifo pH alcalïau.

Datrysiad enghreifftiol

Beth yw pH hydoddiant 0.05 mol dm^{-3} o sodiwm hydrocsid?

Nodiadau ar y dull

Mae sodiwm hydrocsid wedi'i ïoneiddio'n llwyr mewn hydoddiant, felly yn yr hydoddiant hwn

$[OH^-(d)] = 0.05 \text{ mol dm}^{-3}$

$pH = -\log[H^+(d)]$

Diffiniad

Bydd cemegwyr yn defnyddio **logarithmau i'r bôn 10** wrth ymdrin â gwerthoedd sy'n amrywio dros sawl trefn maint. Caiff logarithmau i'r bôn 10 eu diffinio fel bo:

■ $\log 10^3 = 3$
■ $\log 10^2 = 2$
■ $\log 10^1 = 1$
■ $\log 10^0 = 0$
■ $\log 10^{-1} = -1$
■ $\log 10^{-2} = -2$

Yn gyffredinol: $\log 10^x = x$
Er enghraifft: $2 = 10^{0.301}$, felly $\log_{10} 2 = 0.301$.

Yn ôl y diffiniad:

$\log xy = \log x + \log y$ a $\log x^n = n \log x$

felly mae'n dilyn bod:

$\log 1/x = \log x^{-1} = -\log x$.

Cemeg Ffisegol

Adran dau

Prawf i chi

8 Beth yw pH hydoddiannau o asid hydroclorig sydd â'r crynodiadau canlynol?
  a) 0.1 mol dm^{-3}
  b) 0.01 mol dm^{-3}
  c) 0.001 mol dm^{-3}

9 Cyfrifwch pH hydoddiant 0.08 mol dm^{-3} o asid nitrig.

10 Beth yw crynodiad yr ïonau ocsoniwm yn yr hydoddiannau canlynol?
  a) sudd oren a chanddo pH o 3.3
  b) coffi a chanddo pH o 5.4
  c) poer a chanddo pH o 6.7
  ch) daliant o wrthasid mewn dŵr a chanddo pH o 10.5.

Diffiniad

$pK_w = -\log K_w$

Ateb

Ar gyfer yr hydoddiant yma:

$K_w = [H^+(d)] \times 0.05 \text{ mol dm}^{-3} = 10^{-14} \text{ mol}^2 \text{ dm}^{-6}$

Felly $[H^+(d)] = \dfrac{10^{-14}\text{mol}^2\text{dm}^{-6}}{0.05 \text{ mol dm}^{-3}} = 2 \times 10^{-13} \text{ mol dm}^{-3}$

Felly pH $= -\log(2 \times 10^{-13}) = 12.7$

Prawf i chi

11 Mae gwerth K_w yn amrywio gyda'r tymheredd. Ar 273 K mae ei werth yn $1.1 \times 10^{-15} \text{ mol}^2 \text{ dm}^{-6}$ ond ar 303 K mae ei werth yn $1.5 \times 10^{-14} \text{ mol}^2 \text{ dm}^{-6}$.
   a) Ai proses ecsothermig neu endothermig yw ïoneiddiad dŵr?
   b) Beth fydd yn digwydd i grynodiad yr ïonau ocsoniwm mewn dŵr pur, ac felly hefyd y pH, wrth i'r tymheredd godi?

12 Cyfrifwch pH yr hydoddiannau hyn:
   a) NaOH 1.0 mol dm^{-3}
   b) KOH 0.02 mol dm^{-3}
   c) $Ba(OH)_2$ $0.001 \text{ mol dm}^{-3}$

Gweithio mewn logarithmau

Mae ffurf logarithmig cysonion ecwilibriwm yn arbennig o ddefnyddiol ar gyfer cyfrifiadau pH. Mae cymryd logarithmau yn rhoi gwerthoedd a fydd yn fach a hawdd eu trin.

$$K_w = [H^+(d)][OH^-(d)] = 10^{-14} \text{ ar 298 K}$$

O gymryd logarithmau a chymhwyso'r rheol bod log xy = log x + log y, ceir:

$$\log K_w = \log[H^+(d)] + \log[OH^-(d)] = \log 10^{-14} = -14$$

Bydd lluosi'r cwbl â -1 yn gwrthdroi'r arwyddion:

$$-\log K_w = -\log[H^+(d)] - \log[OH^-(d)] = 14$$

Drwy hyn: $pK_w = pH + pOH = 14$, lle caiff pOH ei ddiffinio fel $-\log[OH^-(d)]$ drwy gydweddiad â pH.

Felly: pH = 14 − pOH sy'n ei gwneud hi'n hawdd cyfrifo pH hydoddiannau alcalïaidd.

Datrysiad enghreifftiol

Beth yw pH hydoddiant 0.05 mol dm^{-3} o sodiwm hydrocsid?

Nodiadau ar y dull

Mae sodiwm hydrocsid, NaOH, yn fas cryf felly caiff ei ïoneiddio'n llwyr. Cyfrifwch werth y logarithmau trwy ddefnyddio botwm log eich cyfrifiannell.

Ateb

$[OH^-] = 0.05 \text{ mol dm}^{-3}$

$pOH = -\log 0.05 = 1.3$

$pH = 14 - pOH = 14 - 1.3 = 12.7$

Ffigur 2.8.5 ▲
Pig yr aran ruddgoch mewn calchfaen. Bydd y planhigion hyn ond yn ffynnu tra byddant yn tyfu mewn pridd lle mae'r mwynau, megis calchfaen, yn cadw dŵr y pridd yn alcalïaidd

Ffigur 2.8.4 ▲
Bydd y planhigion hyn ond yn ffynnu tra byddant yn tyfu mewn pridd mawnog lle bydd dadelfeniad gweddillion organig yn cadw dŵr y pridd yn asidig

2.9 Asidau a basau gwan

Bydd y mwyafrif o asidau a basau organig ond yn ïoneiddio ychydig bach mewn hydoddiant dyfrllyd. Mae asidau carbocsylig (gweler tudalen 176), megis asid ethanoig mewn finegr, asid citrig mewn sudd ffrwythau ac asid lactig mewn llaeth sur, i gyd yn asidau gwan. Mae amonia ac aminau (gweler tudalen 192) yn fasau gwan.

Asidau gwan

Bydd asidau gwan, megis asid ethanoig, ond yn ïoneiddio ychydig wrth iddyn nhw hydoddi mewn dŵr. Mewn hydoddiant 0.1 mol dm^{-3} o asid ethanoig, er enghraifft, oddeutu un moleciwl ymhob cant yn unig fydd yn adweithio gyda dŵr i ffurfio ïonau ocsoniwm.

$$CH_3CO_2H(d) + H_2O(h) \rightleftharpoons CH_3CO_2^-(d) + H_3O^+(d)$$

Sylwch ar y gwahaniaeth pwysig rhwng cryfder a chrynodiad. Y cryfder yw graddau'r ïoneiddio. Y crynodiad yw swm yr asid mewn un litr (mewn mol dm^{-3}). Mae angen cymaint o sodiwm hydrocsid i niwtralu 25 cm^3 o asid gwan 0.1 mol dm^{-3} megis asid ethanoig (pH = 2.9) ag sydd i niwtralu 25 cm^3 o asid cryf 0.1 mol dm^{-3} megis asid hydroclorig (pH = 1).

Basau gwan

Bydd basau gwan ond yn ïoneiddio ychydig bach wrth iddyn nhw hydoddi mewn dŵr. Er enghraifft, mewn hydoddiant 0.1 mol dm^{-3} o amonia ni fydd naw deg naw moleciwl ymhob cant yn adweithio, yn hytrach byddant yn aros fel moleciwlau hydoddedig. Un moleciwl yn unig ymhob cant fydd yn adweithio i ffufio ïonau amoniwm.

$$NH_3(d) + H_2O(h) \rightleftharpoons NH_4^+(d) + OH^-(d)$$

Fel gydag asidau gwan, mae'n bwysig gwahaniaethu rhwng cryfder a chrynodiad.

Cysonion daduniad asidau

Bydd cemegwyr yn defnyddio'r cysonyn ecwilibriwm ar gyfer ïoneiddiad cildroadwy asid gwan i fesur ei gryfder. Mae'r cysonyn ecwilibriwm yn dangos i ba raddau y mae'r asid yn daduno'n ïonau mewn hydoddiant.

Ar gyfer asid gwan a gynrychiolir gan y fformiwla HA:

$$HA(d) + H_2O(h) \rightleftharpoons H_3O^+(d) + A^-(d)$$

Yn ôl y ddeddf ecwilibriwm, mae'r cysonyn ecwilibriwm,

$$K_c = \frac{[H_3O^+(d)][A^-(d)]}{[HA(d)][H_2O(h)]}$$

Mewn hydoddiant gwanedig mae crynodiad dŵr yn ei hanfod yn gyson, felly gellir ysgrifennu'r mynegiad ar y ffurf:

$K_a = \frac{[H_3O^+(d)][A^-(d)]}{[HA(d)]}$, lle mae K_a yn cynrychioli'r cysonyn daduniad asid.

O wybod gwerth K_a mae'n bosib cyfrifo pH hydoddiant o asid gwan.

▲ **Ffigur 2.9.1**
Grisialau asid citrig fel y'u gwelir trwy ficrosgop gyda golau polar. Mae asid citrig yn asid gwan

Prawf i chi

1 Esboniwch pam na fydd mesur pH hydoddiant o asid yn rhoi digon o dystiolaeth i ddangos a yw'r asid yn gryf neu'n wan.

Datrysiad enghreifftiol

Cyfrifwch grynodiad yr ïonau hydrogen a pH hydoddiant 0.01 mol dm^{-3} o asid propanoig. Gwerth K_a ar gyfer yr asid yw 1.3×10^{-5} mol dm^{-3}.

Nodiadau ar y dull

Bydd dau frasamcan yn symleiddio'r cyfrifiad:

1 Y dybiaeth gyntaf yw, pan fydd y system mewn ecwilibriwm, bod: $[H_3O^+(d)] = [A^-(d)]$. Yn yr enghraifft hon A$^-$ yw'r ïon propanoad, $CH_3CH_2CO_2{}^-$. Mae'r dybiaeth hon yn ymddangos yn amlwg o'r hafaliad ar gyfer ïoneiddio asid gwan, ond mae'n anwybyddu'r ïonau hydrogen a geir wrth i'r dŵr ïoneiddio. Bydd dŵr yn cynhyrchu tipyn yn llai o ïonau hydrogen na'r mwyafrif o asidau gwan, felly gellir anwybyddu ei ïoneiddiad. Mae'r dybiaeth hon yn dderbyniol cyhyd ag y bo pH yr asid yn is na 6.

2 Yr ail dybiaeth yw bod cyn lleied o'r asid propanoig yn ïoneiddio mewn dŵr, fel bo $[HA(d)] \approx 0.01$ mol dm^{-3}, pan fydd y system mewn ecwilibriwm. Yma, mae HA yn cynrychioli asid propanoig. Mae'r dybiaeth hon yn fwy mentrus ac mae'n rhaid ei gwirio oherwydd gall gradd yr ïoneiddio fod yn eithaf mawr o'i chymharu â swm yr asid mewn hydoddiant mewn hydoddiannau gwanedig dros ben. Bydd cemegwyr fel rheol yn derbyn bod y dybiaeth hon yn dderbyniol cyn belled na fydd mwy na 5% o'r asid yn ïoneiddio.

Ateb

$$CH_3CH_2CO_2H(d) + H_2O(h) \rightleftharpoons H_3O^+(d) + CH_3CH_2CO_2{}^-(d)$$

$$K_a = \frac{[H_3O^+(d)][CH_3CH_2CO_2{}^-(d)]}{[CH_3CH_2CO_2H(d)]} = \frac{[H_3O^+(d)]^2}{0.01 \text{ mol dm}^{-3}}$$

$= 1.3 \times 10^{-5}$ mol dm^{-3}

Gan hynny $[H_3O^+(d)]^2 = 1.3 \times 10^{-7}$ mol^2 dm^{-6}

Felly $[H_3O^+(d)] = 3.6 \times 10^{-4}$ mol dm^{-3}

pH $= -\log[H_3O^+(d)]$

$= -\log(3.6 \times 10^{-4})$

$= 3.4$

Gwiriwch yr ail dybiaeth: yn yr achos hwn mae llai na 0.0004 mol dm^{-3} o'r 0.0100 mol dm^{-3} o'r asid (4%) wedi ïoneiddio. Yn yr enghraifft hon mae graddau'r ïoneiddio'n ddigon bychan i gyfiawnhau'r dybiaeth bod $[HA(d)] \approx$ crynodiad yr asid heb ei ïoneiddio.

Un dull y gellir ei ddefnyddio, mewn egwyddor, i fesur K_a ar gyfer asid gwan yw trwy fesur pH hydoddiant y mae ei grynodiad manwl gywir yn hysbys. Nid yw hwn yn ddull da o gyfrifo maint K_a gan fod gwerthoedd pH ar gyfer hydoddiannau gwanedig yn agored iawn i halogiad – er enghraifft, gan garbon deuocsid hydoddedig o'r aer.

Datrysiad enghreifftiol

Cyfrifwch K_a asid lactig o wybod bod gan hydoddiant 0.10 mol dm^{-3} o'r asid pH o 2.43.

Nodiadau ar y dull

Bydd yr un ddau frasamcan yn symleiddio'r cyfrifiad.

1 Tybiwch fod $[H_3O^+(d)] = [A^-(d)]$ lle mae A^-(d) yn cynrychioli'r ïon lactad dyfrllyd. Gellir cyfiawnhau hyn yn bendant gan fod y pH tipyn yn is na 6.
2 Tybiwch hefyd fod cyn lleied o'r asid lactig wedi ïoneiddio mewn dŵr nes bod $[HA(d)] \approx 0.01$ mol dm^{-3} ar yr ecwilibriwm. Yma, mae HA yn cynrychioli asid lactig. Mae'r dybiaeth hon yn fwy mentrus a gellir ei gwirio eto yn ystod y cyfrifiad.

Ateb

pH = 2.43

$[H_3O^+(d)] = 10^{-2.43} = 3.72 \times 10^{-3}$ mol dm^{-3}

$[H_3O^+(d)] = [A^-(d)] = 3.72 \times 10^{-3}$ mol dm^{-3}

Yn yr enghraifft hon mae llai na 5% o'r asid wedi ïoneiddio (llai na 0.004 o 0.100 mol ym mhob litr.)

Felly $[HA(d)] \approx 0.01$ mol dm^{-3}

Gan roi'r gwerthoedd yn y mynegiad ar gyfer K_a:

$$K_a = \frac{[H_3O^+(d)][A^-(d)]}{[HA(d)]} = \frac{(3.72 \times 10^{-3} \text{ mol dm}^{-3})^2}{0.01 \text{ mol dm}^{-3}}$$

$K_a = 1.38 \times 10^{-3}$ mol dm^{-3}

Prawf i chi

2 Cyfrifwch pH hydoddiant 0.01 mol dm^{-3} o hydrogen cyanid o wybod bod $K_a = 4.9 \times 10^{-10}$ mol dm^{-3}.

3 Cyfrifwch pH hydoddiant 0.05 mol dm^{-3} o asid ethanoig o wybod bod $K_a = 1.7 \times 10^{-5}$ mol dm^{-3}.

4 Cyfrifwch K_a ar gyfer asid methanoig o wybod bod gan hydoddiant 0.050 mol dm^{-3} pH o 2.55.

5 Cyfrifwch K_a ar gyfer asid bwtanoig, $C_3H_7CO_2H$, o wybod bod gan hydoddiant 0.01 mol dm^{-3} pH o 3.42.

Gweithio mewn logarithmau

Mae'n gyfleus i gemegwyr ddiffinio maint $pK_a = -\log K_a$ wrth weithio gydag asidau gwan. Ceir tablau o werthoedd pK_a mewn llyfrau data. Gellir mynegi'r berthynas rhwng cryfder asid a pH yn fwy syml gan fod y ddau yn feintiau logarithmig.

$$K_a = \frac{[H_3O^+(d)][A^-(d)]}{[HA(d)]}$$

Cemeg Ffisegol

Adran dau

Dyma'r ddwy dybiaeth gyffredin wrth ddefnyddio'r mynegiad hwn mewn cyfrifiadau:

▬ $[H_3O^+(d)] = [A^-(d)]$

▬ $[HA(d)] = c_A$, lle mae c_A = crynodiad yr asid heb ei ïoneiddio.

Drwy amnewid yn y mynegiad ar gyfer K_a ceir:

$$K_a = \frac{[H_3O^+(d)]^2}{c_A}$$

Drwy hyn: $K_a \times c_A = [H_3O^+(d)]^2$

Drwy gymryd logarithmau: $\qquad \log (K_a \times c_A) = \log [H_3O^+(d)]^2$

Drwy gymhwyso'r rheol bod $\log xy = \log x + \log y$ a bod $\log x^n = n\log x$, ceir

$$\log K_a + \log c_A = 2\log [H_3O^+(d)]$$

ac wedi lluosi â –1:

$$-\log K_a - \text{loc } c_A = -2\log [H_3O^+(d)]$$

Felly $pK_a - \log c_A = 2 \times pH$

Mae hwn yn dangos, ar gyfer hydoddiant o asid gwan sydd wedi ïoneiddio llai na 5%, bod:

$$pH = \tfrac{1}{2} (pK_a - \log c_A)$$

Prawf i chi

6 Beth yw gwerth pK_a ar gyfer asid methanoig o wybod bod $K_a = 1.6 \times 10^{-4}$?

7 Beth yw gwerth K_a ar gyfer asid bensoig o wybod bod $pK_a = 4.2$?

8 Trefnwch yr asidau hyn yn ôl cryfder yr asid, gyda'r cryfaf yn gyntaf: asid ethanoig ($pK_a = 4.8$), asid cloroethanoig ($pK_a = 2.9$), asid deucloroethanoig ($pK_a = 1.3$) ac asid tricloroethanoig ($pK_a = 0.8$).

9 Dangoswch fod y berthynas logarithmig $pK_a = 2pH + \log c_A$, yn rhoi'r un ateb o'r data â'r dulliau a ddefnyddir yn y datrysiadau enghreifftiol ar dudalennau 38 a 39.

2.10 Titradiadau asid-bas

Mae'r ddeddf ecwilibriwm yn helpu i egluro'r hyn sy'n digwydd yn ystod titradiadau asid-bas. Mae hefyd yn darparu sail resymegol dros ddewis y dangosydd cywir ar gyfer titradiad.

Newidiadau yn y pH yn ystod titradiadau

Mae'r pH yn newid yn ystod titradiad wrth i hydoddiant o alcali lifo o fwred a chymysgu gydag asid mewn fflasg. Wrth blotio pH yn erbyn cyfaint yr alcali a ychwanegir, ceir siâp a benderfynir gan natur yr asid a'r bas. Fel rheol, ceir newid amlwg yn y pH yn agos at y pwynt cywerthedd, a dyma sy'n ei gwneud hi'n bosib canfod diweddbwynt y titradiad gyda dangosydd.

Titradu asid cryf gyda bas cryf

Mae asidau a basau cryf wedi'u hïoneiddio'n llwyr mewn hydoddiant. Mae Ffigur 2.10.2 yn dangos siâp y gromlin pH ar gyfer titradiad asid cryf, megis asid hydroclorig, gyda bas cryf, megis sodiwm hydrocsid.

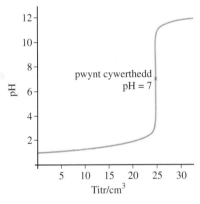

Ffigur 2.10.2 ▲
Y newid yn y pH wrth ychwanegu $NaOH(d)$ 0.1 mol dm^{-3} o fwred at 25 cm^3 o $HCl(d)$ 0.1 mol dm^{-3}. Sylwch ar y newid amlwg yn y pH o gwmpas y pwynt cywerthedd

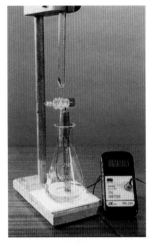

Ffigur 2.10.1 ▲
Y cyfarpar ar gyfer mesur y newidiadau yn y pH yn ystod titradiad asid-bas

Prawf i chi

1 Dangoswch fod pH = 1 ar gyfer hydoddiant 0.1 mol dm^{-3} o HCl(d).

2 Pam mae pH = 7 ar y pwynt cywerthedd mewn titradiad asid cryf gyda bas cryf?

3 Cyfrifwch pH 25 cm^3 o hydoddiant o sodiwm clorid ar ôl ychwanegu:
   a) 0.05 cm^3 (1 diferyn) o HCl(d) 0.1 mol dm^{-3},
   b) 0.05 cm^3 (1 diferyn) o NaOH(d) 0.1 mol dm^{-3}
   (Yn y ddau achos, tybiwch fod y newid yn y cyfaint wrth ychwanegu un diferyn yn ddibwys.)

4 Cyfrifwch pH yr hydoddiant a gynhyrchir wrth ychwanegu 5 cm^3 o NaOH(d) 0.1 mol dm^{-3} at 25 cm^3 o hydoddiant o sodiwm clorid.

5 Dangoswch fod eich atebion i gwestiynau 1, 2, 3 a 4 yn gyson â Ffigurau 2.10.2, 2.10.3 a 2.10.4.

Diffiniadau

Diweddbwynt titradiad yw'r pwynt pan fydd newid lliw yn dangos bod digon o'r hydoddiant yn y fwred wedi'i ychwanegu i adweithio gyda swm y cemegyn yn y fflasg. Mewn titradiad sydd wedi'i gynllunio'n dda, bydd y newid lliw a welir ar y diweddbwynt yn cyfateb yn union i'r pwynt cywerthedd.

Y **pwynt cywerthedd** yw'r pwynt yn ystod titradiad pan fydd y swm mewn molau o un adweithydd a ychwanegwyd o fwred yn union ddigon i adweithio gyda'r holl swm a fesurwyd o'r cemegyn yn y fflasg, fel y dangosir gan yr hafaliad cytbwys.

Titradu asid gwan gyda bas cryf

Os yw'r asid yn y fflasg ditradu yn wan, yna bydd y ddeddf ecwilibriwm yn gymwys, a bydd yn rhaid cyfrifo'r gromlin pH hyd at y pwynt cywerthedd gyda chymorth y mynegiad ar gyfer K_a.

Ystyriwch, er enghraifft, adwaith asid ethanoig gyda sodiwm hydrocsid yn ystod titradiad. Mae'r fflasg yn cynnwys asid pur ar y cychwyn.

$$CH_3CO_2H(d) + H_2O(h) \rightleftharpoons H_3O^+(d) + CH_3CO_2^-(d)$$

(Mae'r dull hwn yn adran 2.9 yn dangos sut i ddefnyddio K_a i gyfrifo pH o hydoddiant pur o asid gwan.) Wrth i alcali cryf lifo i mewn o'r fwred, bydd ychydig o'r asid ethanoig yn adweithio i gynhyrchu sodiwm ethanoad. Wedi ychwanegu ychydig o alcali $[H_3O^+(d)] \neq [CH_3CO_2^-(d)]$ a bydd y dull o gyfrifo'r pH yn newid i esbonio hyn.

Ffigur 2.10.3 ▶
Y newid yn y pH wrth ychwanegu NaOH(d) 0.1 mol dm^{-3} o fwred at 25 cm^3 o hydoddiant 0.1 mol dm^{-3} o CH$_3$CO$_2$H(d). Sylwch ar y newid pH amlwg ar y pwynt cywerthedd

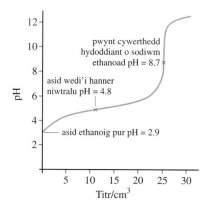

Datrysiad enghreifftiol

Beth fydd pH y cymysgedd sy'n ffurfio yn ystod titradiad ar ôl ychwanegu 20.0 cm^3 o NaOH(d) 0.10 mol dm^{-3} at 25 cm^3 o hydoddiant 0.10 mol dm^{-3} o CH$_3$CO$_2$H(d) os yw pK_a ar gyfer yr asid yn 4.8?

Nodiadau ar y dull

Gellir amcangyfrif pH y cymysgedd yn weddol gywir trwy ddefnyddio'r ddeddf ecwilibriwm a thybio y caiff crynodiad:

▪ y moleciwlau asid ethanoig ar yr ecwilibriwm ei benderfynu gan swm yr asid sydd heb ei niwtralu hyd yn hyn

▪ yr ïonau ethanoad ei benderfynu gan swm yr asid a drawsnewidiwyd yn sodiwm ethanoad.

Ateb

$$K_a = \frac{[H_3O^+(d)][CH_3CH_2CO_2^-(d)]}{[CH_3CH_2CO_2H(d)]}$$

Wedi aildrefnu ceir: $[H_3O^+(d)] = K_a \dfrac{[CH_3CH_2CO_2H(d)]}{[CH_3CH_2CO_2^-(d)]}$

Cyfanswm cyfaint yr hydoddiant = 45.0 cm^3.

Mae 5.0 cm^3 o'r asid ethanoig 0.1 mol dm^{-3} heb ei niwtralu o hyd, ac fe'i gwanedwyd nawr i gyfanswm cyfaint o 45 cm^3 o hydoddiant.

Felly crynodiad y moleciwlau asid ethanoig $= \dfrac{5.0 \text{ cm}^3}{45.0 \text{ cm}^3} \times 0.10 \text{ mol dm}^{-3}$

Hefyd, crynodiad yr ïonau ethanoad $= \dfrac{20.0 \text{ cm}^3}{45.0 \text{ cm}^3} \times 0.10 \text{ mol dm}^{-3}$

Felly mae'r gymhareb: $\dfrac{[CH_3CH_2CO_2H(d)]}{[CH_3CH_2CO_2^-(d)]} = \dfrac{5.0}{20.0}$

Gan amnewid: $[H_3O^+(d)] = K_a \times \dfrac{5.0}{20.0}$

Wedi cymryd logarithmau a lluosi'r cyfan â minws 1 ceir:

$$pH = pK_a - \log\left(\dfrac{5.0}{20.0}\right) = 5.35$$

Sylwch, yn Ffigur 2.10.3, hanner ffordd tuag at y pwynt cywerthedd, fod yr alcali a ychwanegir yn trawsnewid hanner yr asid gwan i'w halwyn. Yn yr enghraifft hon, ar y pwynt hwn:
$[CH_3CH_2CO_2H(d)] = [CH_3CH_2CO_2^-(d)]$.

Felly: $[H_3O^+(d)] = K_a \dfrac{[CH_3CH_2CO_2H(d)]}{[CH_3CH_2CO_2^-(d)]} = K_a$

Felly $pH = pK_a$ hanner ffordd tuag at y pwynt cywerthedd.

Yn y pwynt cywerthedd mae'r hydoddiant yn cynnwys sodiwm ethanoad. Fel y gwelir yn Ffigur 2.10.3, nid yw'r hydoddiant yn niwtral ar y pwynt hwn. Mae hydoddiant o halwyn asid gwan a bas cryf yn alcalïaidd. Ni chaiff ïonau sodiwm unrhyw effaith ar pH hydoddiant, ond mae ïonau ethanoad yn fasig. Mae'r ïon ethanoad yn fas cyfiau i asid gwan.

Y tu hwnt i'r pwynt cywerthedd, caiff y gromlin ei phenderfynu gan ormodedd y bas cryf, felly mae'r siâp yr un peth â Ffigur 2.10.2.

Titradu asid cryf gyda bas gwan

I gychwyn mae'r fflasg yn cynnwys asid cryf a bydd y gromlin ditradu yn dilyn yr un llwybr â Ffigur 2.10.2. Mewn titradiad o asid hydroclorig gyda hydoddiant amonia, amoniwm clorid yw'r halwyn a ffurfir ar y pwynt cywerthedd. Gan fod amonia yn fas gwan mae'r ïon amoniwm yn asid. Felly bydd hydoddiant o amoniwm clorid yn asidig a bydd y pH yn is na 7 ar y pwynt cywerthedd.

Y tu hwnt i'r pwynt cywerthedd ni fydd y gromlin yn codi mor bell ag y gwelir yn Ffigur 2.10.2 gan fod y gormodedd alcali yn fas gwan ac ni chaiff ei ïoneiddio'n llwyr.

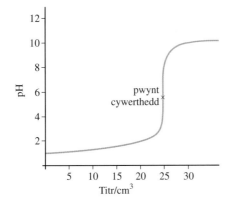

Ffigur 2.10.4 ◄
Y newid yn y pH wrth ychwanegu $NH_3(d)$ 0.1 mol dm^{-3} o fwred at 25 cm^3 o hydoddiant 0.1 mol dm^{-3} o HCl(d). Sylwch ar y newid amlwg yn y pH ar y pwynt cywerthedd

Prawf i chi

10 Ysgrifennwch hafaliad ïonig i egluro pam mae hydoddiant o amoniwm clorid yn asidig.

Titradu asid gwan gyda bas gwan

Nid yw'n arferol titradu asid gwan gyda bas gwan. Fel y dangosir yn Ffigur 2.10.5, mae'r newid pH o gwmpas y pwynt cywerthedd yn raddol ac nid yw'n amlwg iawn. Golyga hyn ei bod hi'n anodd pennu'r diweddbwynt yn union. Os yw'r cysonion daduniad ar gyfer yr asid gwan a'r bas gwan fwy neu lai yn hafal (fel yn achos asid ethanoig ac amonia) yna bydd yr halwyn sy'n ffurfio ar y pwynt cywerthedd yn niwtral a bydd pH = 7 ar y pwynt hwn.

Ffigur 2.10.5 ▶
Y newid yn y pH wrth ychwanegu NH_3(d) 0.1 mol dm^{-3} o fwred at 25 cm^3 o hydoddiant 0.1 mol dm^{-3} o CH_3CO_2H(d). Cyn y diweddbwynt mae'r gromlin yn ei hanfod yr un peth ag yn Ffigur 2.10.3, ond y tu hwnt i'r diweddbwynt mae fel y gwelir yn ffigur 2.10.4. Sylwch ar y newid bach yn y pH o amgylch y pwynt cywerthedd, o ganlyniad

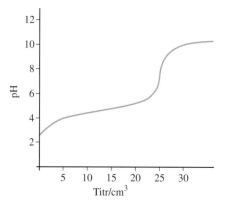

Gweithio gyda logarithmau

Mae'r datrysiad enghreifftiol ar dudalennau 42–43 yn dangos y fantais o weithio gyda ffurf logarithmig y ddeddf ecwilibriwm wrth gyfrifo pH cymysgedd o asid gwan gydag un o'i halwynau.

Yn gyffredinol, ar gyfer asid gwan, HA:

$$HA(d) + H_2O(h) \rightleftharpoons H_3O^+(d) + A^-(d)$$

$$K_a = \frac{[H_3O^+(d)][A^-(d)]}{[HA(d)]}$$

Gellir aildrefnu hwn i roi: $[H_3O^+(d)] = \dfrac{K_a[HA(d)]}{[A^-(d)]}$

Trwy gymryd logiau ac ysgrifennu pH yn lle $-\log[H_3O^+(d)]$ a pK_a yn lle $-\log K_a$, ceir

$$pH = pK_a + \log\left[\frac{[A^-(d)]}{[HA(d)]}\right] \text{ gan fod } -\log\left[\frac{[HA(d)]}{[A^-(d)]}\right] = +\log\left[\frac{[A^-(d)]}{[HA(d)]}\right]$$

Mewn cymysgedd o asid gwan gyda'i halwyn, bydd yr asid gwan ond wedi'i ïoneiddio ychydig tra bydd yr halwyn wedi'i ïoneiddio'n llwyr. Felly, yn aml, mae'n ddigon cywir tybio bod yr holl anïonau wedi dod o'r halwyn sy'n bresennol a'r holl foleciwlau sydd heb eu ïoneiddio wedi dod o'r asid.

Drwy hynny: $pH = pK_a + \log\left[\dfrac{[\text{halwyn}]}{[\text{asid}]}\right]$

Mae'r ffurf hon ar y ddeddf ecwilibriwm yn help i wneud synnwyr o briodweddau dangosyddion asid-bas (adran 2.11) ac i esbonio ymddygiad hydoddiannau byffer (adran 2.12).

Prawf i chi

11 Ysgrifennwch hafaliad cytbwys ar gyfer niwtralu asid ethanoig gyda hydoddiant amonia.

2.11 Dangosyddion

Mae dangosyddion asid-bas yn newid lliw wrth i'r pH newid. Maen nhw'n dangos diweddbwynt titradiad. Does dim un dangosydd yn addas ar gyfer pob titradiad, a gall y ddeddf ecwilibriwm gynorthwyo cemegwyr i ddewis y dangosydd a fydd yn rhoi canlyniadau manwl gywir.

Rhaid i'r dangosydd a ddewiswyd ar gyfer titradiad newid lliw yn llwyr yn yr amrediad pH sydd ar ran fertigol y gromlin pH (gweler Ffigurau 2.10.2–2.10.4). Mae hyn yn hanfodol os yw'r diweddbwynt gweledol i gyfateb â'r pwynt cywerthedd pan fydd symiau hafal o asid a bas wedi cymysgu.

Mae Ffigur 2.11.4 yn dangos ychydig o ddata ar gyfer pedwar dangosydd cyffredin. Sylwch fod pob dangosydd yn newid lliw dros ystod o werthoedd pH sy'n wahanol o un dangosydd i'r nesaf.

Mae dangosyddion eu hunain yn asidau neu'n fasau gwan sy'n newid lliw wrth golli neu ennill ïonau hydrogen. Wedi ei ychwanegu at hydoddiant, bydd dangosydd yn colli neu'n ennill protonau yn ôl pH yr hydoddiant. Er hwylustod, cynrychiolir dangosydd asid gwan gan HIn lle mae In yn llaw fer ar gyfer gweddill y moleciwl. Mewn dŵr:

$$HIn(d) + H_2O(h) \rightleftharpoons H_3O^+(d) + In^-(d)$$

dangosydd heb ei ïoneiddio	dangosydd wedi colli proton
lliw 1	lliw 2

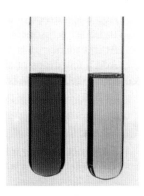

Ffigur 2.11.1 ▲
Lliwiau dangosydd methyl oren ar pH 3 a pH 5

Sylwch sut y bydd dadansoddwr ond yn ychwanegu diferyn neu ddau o ddangosydd yn ystod titradiad. Mae hyn yn golygu bod cyn lleied o ddangosydd yn bresennol fel na all effeithio ar pH y cymysgedd. Caiff y pH ei benderfynu gan y titradiad (fel y dangosir yn Ffigurau 2.10.2–2.10.4). Bydd safle'r ecwilibriwm ar gyfer ïoneiddio'r dangosydd yn syflyd i un cyfeiriad neu'r llall yn ôl pH yr hydoddiant yn y fflasg ditradu.

dangosydd	pK_a	newid lliw HIn/In$^-$	amrediad y pH lle mae'r newid lliw yn digwydd
methyl oren	3.6	coch/melyn	3.2 – 4.2
methyl coch	5.0	melyn/coch	4.2 – 6.3
bromothymol glas	7.1	melyn/glas	6.0 – 7.6
ffenolffthalein	9.4	di-liw/pinc	8.2 – 10

Ffigur 2.11.4 ▲

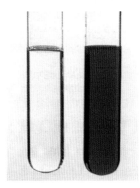

Ffigur 2.11.2 ▲
Lliwiau dangosydd ffenolffthalein ar pH 7 a pH 11

Penderfynir yr amrediad pH a fydd yn peri i ddangosydd newid ei liw gan ei gryfder ar ffurf yr asid. Yn nodweddiadol, rhoir yr amrediad gan pK_a ± 1.

Mae ffurf logarithmig y ddeddf ecwilibriwm, a ddeilliwyd ar dudalen 44, yn dangos pam mae hyn yn wir. Ar gyfer dangosydd, dyma ffurf y ddeddf:

$$pH = pK_a + \log\left[\frac{[In^-]}{[HIn]}\right]$$

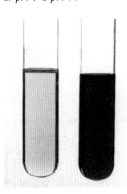

Ffigur 2.11.3 ▲
Lliwiau dangosydd bromothymol glas ar pH 5 a pH 8

$$^-O_3S - \langle\text{benzene ring}\rangle - N{=}N - \langle\text{benzene ring}\rangle - N - CH_3 \quad \underset{-H^+}{\overset{+H^+}{\rightleftharpoons}} \quad {}^-O_3S - \langle\text{ring}\rangle - \underset{H}{N} - N{=}\langle\text{ring}\rangle{=}\overset{+}{N} - CH_3$$

Pan fydd pH = pK_a, [HIn] = [In$^-$] a bydd meintiau hafal o ddau liw gwahanol y dangosydd yn bresennol. Mae'r dangosydd hanner ffordd trwy ei newid lliw.

Bydd ychwanegu ychydig ddiferion o asid yn peri i'r pH ddisgyn. Mae lliw asid nodweddiadol y dangosydd yn amlwg pan fydd [HIn] = 10 × [In$^-$].

Ar y pwynt yma: pH = pK_a + log 0.1 = pK_a −1, gan fod log 0.1 = −1.

Bydd ychwanegu ychydig ddiferion o alcali yn peri i'r pH godi. Mae lliw alcali nodweddiadol y dangosydd yn amlwg pan fydd [In$^-$] = 10 × [HIn].

Ar y pwynt yma: pH = pK_a + log 10 = pK_a + 1, gan fod log 10 = +1.

Prawf i chi

1 Esboniwch, yn ansoddol gyda chymorth egwyddor Le Châtelier, pam y mae methyl oren yn goch pan fydd y pH = 3 ond yn felyn pan fydd y pH = 5.

2 a) Pam nad yw methyl oren yn ddangosydd addas ar gyfer y titradiad a ddangosir yn Ffigur 2.10.3?

   b) Pam nad yw ffenolffthalein yn ddangosydd addas ar gyfer y titradiad a ddangosir yn Ffigur 2.10.4?

   c) Enwch ddangosydd y gellir ei ddefnyddio i ganfod pwynt cywerthedd y titradiadau a ddangosir yn Ffigurau 2.10.2, 2.10.3 a 2.10.4.

   ch) Esboniwch pam nad yw hi'n bosib defnyddio dangosydd i roi diweddbwynt manwl gywir, amlwg ar gyfer y titradiad a ddangosir yn Ffigur 2.10.5.

3 Awgrymwch esboniad am y ffaith nad yw'r dangosyddion a ddangosir yn Ffigur 2.11.4 i gyd yn newid lliw dros amrediad o 2 uned pH.

▲ **Ffigur 2.11.5**
Adeileddau methyl oren mewn hydoddiannau asid ac alcali. Mewn hydoddiant asid bydd yr ïon hydrogen (proton) a ychwanegwyd yn lleoli dau electron i ffurfio bond cofalent. Mewn hydoddiant alcali, mae symud yr ïon hydrogen yn caniatáu i'r ddau electron ymuno gyda gweddill yr electronau dadleoledig (gweler tudalen 161). Mae'r newid yn nifer yr electronau dadleoledig yn achosi syfliad ym mrig y tonfeddi golau a amsugnir, felly mae'r lliw yn newid (gweler tudalennau 230–231) ac mae'r moleciwl yn ymddwyn fel dangosydd

Titradiadau a chanddynt ddau ddiweddbwynt

Titradiad o sodiwm carbonad gydag asid hydroclorig

Mae Ffigur 2.11.6 yn dangos y newid yn y pH yn ystod titradiad o sodiwm carbonad gydag asid hydroclorig wedi'i ychwanegu o fwred. Sylwch fod yna ddau ddiweddbwynt.

Prawf i chi

4 a) Ysgrifennwch hafaliadau ïonig ar gyfer y ddau adwaith sy'n digwydd yn ystod y titradiad a ddangosir yn Ffigur 2.11.6.

   b) Pam mae'r pwyntiau cywerthedd ar 25.0 a 50.0 cm³?

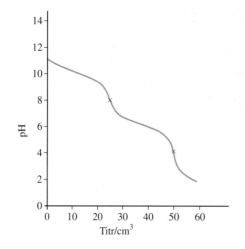

◄ **Ffigur 2.11.6**
Y gromlin pH yn ystod titradiad 25.0 cm³ o Na_2CO_3(d) 0.1 mol dm^{-3} gyda HCl 0.1 mol dm^{-3}. pK_a = 6.4 ar gyfer asid carbonig a pK_a = 10.3 ar gyfer yr ïon hydrogencarbonad

Mae'r hydoddiant yn cychwyn yn alcalïaidd gan fod yr ïon carbonad yn fas. Ychwanegir ffenolffthalein ar y cychwyn, ac mae'n troi'n binc. Wrth ychwanegu asid o'r fwred mae'r ffenolffthalein yn troi'n ddi-liw ar y diweddbwynt cyntaf. Mae hyn yn cyfateb i drawsnewidiad pob ïon CO_3^{2-}(d) yn ïonau HCO_3^-(d).

Nesaf, ychwanegir dangosydd methyl oren fel bo'r hydoddiant yn troi'n felyn. Caiff rhagor o asid ei ddiferu i mewn o'r fwred a bydd y dangosydd yn troi'n goch ar yr ail ddiweddbwynt. Mae'r ail ddiweddbwynt yn cyfateb i niwtraliad llwyr yr ïonau HCO_3^-(d).

Titradiad o asid ethandeuoig gyda sodiwm hydrocsid

Mae asid ethandeuoig yn asid deubrotig a all ffurfio dau halwyn gyda sodiwm hydrocsid. Mae Ffigur 2.11.7 yn dangos y newid yn y pH yn ystod titradiad hydoddiant asid ethandeuoig gyda sodiwm hydrocsid dyfrllyd yn cael ei ychwanegu o fwred. Sylwch fod yna ddau ddiweddbwynt.

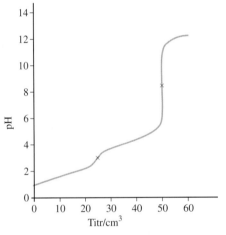

Cemeg Ffisegol

Adran dau

Prawf i chi

5 a) Ysgrifennwch hafaliadau ïonig ar gyfer y ddau adwaith sy'n digwydd yn ystod y titradiad a ddangosir yn Ffigur 2.11.7.

b) Pam mae'r pwyntiau cywerthedd ar 25.0 a 50.0 cm³?

6 Beth, mewn egwyddor, yw pH y cymysgedd yn y fflasg ditradu ar ôl ychwanegu'r cyfeintiau canlynol o asid yn Ffigur 2.11.7:

a) 12.5 cm³

b) 37.5 cm³?

◀ *Ffigur 2.11.7*
Y gromlin pH yn ystod titradiad 25.0 cm³ o HO_2C-CO_2H(d) 0.1 mol dm⁻³ gydag NaOH(d) 0.1 mol dm⁻³.
$pK_a = 1.2$ ar gyfer HO_2C-CO_2H(d) a $pK_a = 4.2$ ar gyfer HO_2C-CO_2Na(d)

◀ *Ffigur 2.11.8*
Pibedau ar gyfer dadansoddiad cyfeintiol

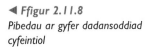

47

2.12 Hydoddiannau byffer

Cymysgeddau o foleciwlau ac ïonau mewn hydoddiant sy'n helpu i gadw'r pH fwy neu lai yn gyson yw hydoddiannau byffer. Mae hydoddiannau byffer yn helpu i sefydlogi pH y gwaed, meddyginiaethau, siampŵ, pyllau nofio a nifer o hydoddiannau eraill mewn pethau byw, cynhyrchion y cartref ac yn yr amgylchedd.

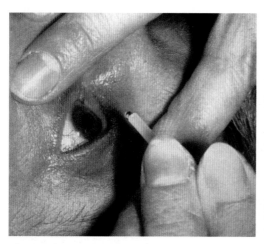

Ffigur 2.12.1 ▲
Mae diferion llygaid yn cynnwys hydoddiant byffer er mwyn sicrhau nad ydynt yn achosi llid ar arwyneb sensitif y llygad

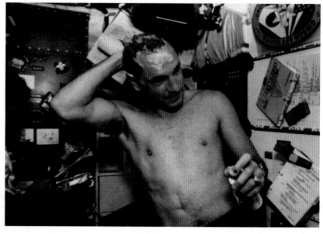

Ffigur 2.12.2 ▲
Mae peilot y wennol ofod Endeavour yn golchi ei wallt dan effaith disgyrchiant sero. Mae sawl siampŵ yn cynnwys hydoddiant byffer. Cânt eu masnachu fel siampŵ pH gytbwys (pH balanced)

Ni all hydoddiant byffer atal newidiadau yn y pH, ond gall unioni'r newidiadau mawr yn y pH a allai ddigwydd heb y byffer.

Mae bifferau yn bwysig mewn organebau byw. Er enghraifft, caiff pH y gwaed ei reoli'n llym gan fifferau o fewn yr amrediad cul rhwng 7.38 a 7.42. Bydd cemegwyr yn defnyddio bifferau pan fyddant am ymchwilio i adweithiau cemegol ar pH sefydlog.

Systemau ecwilibriwm yw bifferau, ac maen nhw'n dangos pwysigrwydd ymarferol y ddeddf ecwilibriwm. Mae hydoddiant byffer nodweddiadol yn cynnwys hydoddiant o asid gwan gydag un o'i halwynau. Er enghraifft, cymysgedd o asid ethanoig a sodiwm ethanoad. Mae'n rhaid cael digon o'r asid a digon o'i halwyn.

Ffigur 2.12.3 ▶
Gweithrediad hydoddiant byffer. Sylwch fod egwyddor Le Châtelier yn rhoi esboniad ansoddol o'r effaith fyffro. Drwy ychwanegu ychydig o asid cryf, bydd crynodiad yr $H^+(d)$ yn cynyddu dros dro fel bo'r ecwilibriwm yn syflyd i'r chwith i wrthweithio'r newid. Drwy ychwanegu ychydig o alcali cryf, bydd crynodiad yr $H^+(d)$ yn disgyn dros dro fel bo'r ecwilibriwm yn syflyd i'r dde i wrthweithio'r newid

$$CH_3CO_2H(d) + H_2O(h) \rightleftharpoons CH_3CO_2^-(d) + H_3O^+(d)$$

$CH_3CO_2H(d)$ moleciwlau asid yn gronfa o ïonau H^+		$CH_3CO_2^-(d)$ ïonau bas – gyda'r gallu i dderbyn ïonau H^+	yn aros yn weddol gyson fel bo'r pH ond yn newid ychydig
digon o asid gwan i ddarparu mwy o ïonau H^+ os caiff alcali ei ychwanegu		digon o'r ïonau o'r halwyn yn gallu cyfuno gydag ïonau H^+ os ychwanegir asid	

48

Trwy ddewis yr asid gwan cywir, mae'n bosib paratoi bytferau ar unrhyw werth pH ar hyd y raddfa pH. Os yw crynodiad yr asid gwan a'i halwyn yr un peth, yna bydd pH y byffer yn hafal i pK_a ar gyfer yr asid hwnnw.

Gellir cyfrifo pH cymysgedd byffer trwy ddefnyddio ffurf logarithmig y ddeddf ecwilibriwm a ddeilliwyd ar dudalen 44.

$$pH = pK_a + \log \left[\frac{[\text{halwyn}]}{[\text{asid}]} \right]$$

Ni fydd cymhareb crynodiadau'r halwyn a'r asid yn newid wrth wanedu hydoddiant byffer gyda dŵr, felly ni fydd y pH yn newid (oni bai bod y gwanediad mor fawr fel bo'r tybiaethau a wnaed wrth ddeillio'r hafaliad ddim yn gymwys bellach.)

Datrysiad enghreifftiol

Beth yw pH hydoddiant byffer sy'n cynnwys asid methanoig 0.40 mol dm^{-3} a sodiwm methanoad 1.00 mol dm^{-3}?

Nodiadau ar yr ateb
Chwiliwch am werth pK_a mewn llyfr data. 3.8 yw pK_a asid methanoig.

Ateb
$$pH = 3.8 + \log \left[\frac{1.00}{0.40} \right]$$

$$pH = 4.20$$

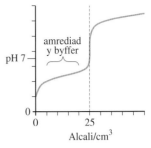

Ffigur 2.12.4 ▲
Newidiadau yn y pH yn ystod titradiad asid ethanoig gyda sodiwm hydrocsid. Yn yr amrediad byffro, nid yw'r pH yn newid rhyw lawer wrth ychwanegu cyfeintiau mawr o alcali cryf. Dros yr amrediad hwn mae'r fflasg yn cynnwys cryn dipyn o'r asid a'r halwyn sy'n ffurfio wrth i'r asid gael ei niwtralu

Nodyn

Gwnewch yn siŵr y medrwch chi ddeillio ffurf logarithmig y ddeddf ecwilibriwm fel y dangosir ar dudalen 44. Hefyd, gwiriwch y tybiaethau a wneir wrth ddeillio'r ffurf hon ar y ddeddf er mwyn i chi wybod pa bryd y gellir ei chymhwyso.

Prawf i chi

1 Cyfrifwch pH y cymysgeddau byffer hyn o wybod gwerthoedd pK_a yr asidau gwan hyn
   a) Hydoddiant sy'n cynnwys symiau cyfartal mewn molau o H$_2$PO$_4^-$(d) ac HPO$_4^{2-}$(d). Ar gyfer yr ïon deuhydrogenffosffad(v), pK_a = 7.2.
   b) Hydoddiant sy'n cynnwys 12.2 g o asid bensencarbocsylig (C$_6$H$_5$CO$_2$H) a 7.2 g o sodiwm bensencarbocsylad mewn 250 cm^3 o hydoddiant. pK_a asid bensencarbocsylig yw 4.2.
   c) Hydoddiant sy'n cynnwys 12.2 g o asid bensencarbocsylig (C$_6$H$_5$CO$_2$H) a 7.2 g o sodiwm bensencarbocsylad mewn 1000 cm^3 o hydoddiant.

2 Beth fydd cymhareb crynodiadau'r ïonau ethanoad a'r moleciwlau asid ethanoig mewn hydoddiant byffer sydd â pH 5.4 os yw pK_a = 4.8 ar gyfer asid ethanoig?

Nodyn

Yn eu hanfod, mae damcaniaeth hydoddiannau byffer a damcaniaeth dangosyddion asid-bas yr un peth. Yr unig wahaniaeth yw y caiff swm mawr o gymysgedd byffer ei ychwanegu i bennu pH hydoddiant, tra bydd dadansoddwr ond yn ychwanegu ychydig ddiferion o ddangosydd yn ystod titradiad – dim digon i effeithio ar y pH.

Cemeg Ffisegol

Adran dau

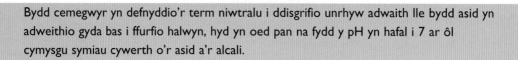

2.13 Adweithiau niwtralu

Bydd cemegwyr yn defnyddio'r term niwtralu i ddisgrifio unrhyw adwaith lle bydd asid yn adweithio gyda bas i ffurfio halwyn, hyd yn oed pan na fydd y pH yn hafal i 7 ar ôl cymysgu symiau cywerth o'r asid a'r alcali.

Wrth gymysgu symiau cyfartal (mewn molau) o asid hydroclorig a sodiwm hydrocsid cynhyrchir hydoddiant niwtral o sodiwm clorid. Caiff asidau cryf, megis asid hydroclorig, a basau cryf, megis sodiwm hydrocsid, eu hïoneiddio'n llwyr mewn hydoddiant. Felly hefyd yr halwyn sy'n cael ei ffurfio yn yr adwaith rhwng asid hydroclorig a sodiwm hydrocsid, sef sodiwm clorid. Drwy ysgrifennu hafaliadau ïonig ar gyfer yr enghreifftiau hyn gwelir, yn ei hanfod, mai adwaith rhwng ïonau hydrogen ac ïonau hydrocsid dyfrllyd yw niwtraliad. Cefnogir hyn gan y gwerthoedd ar gyfer enthalpïau niwtraliad.

$$H_3O^+(d) + OH^-(d) \rightarrow 2H_2O(h)$$

Er mawr syndod, ni fydd 'adweithiau niwtralu' bob amser yn cynhyrchu hydoddiannau niwtral. Drwy 'niwtralu' asid gwan, megis asid ethanoig, gyda swm cyfartal, mewn molau, o fas cryf, megis sodiwm hydrocsid, cynhyrchir hydoddiant o sodiwm ethanoad sy'n alcalïaidd.

Drwy 'niwtralu' bas gwan, megis amonia, gyda swm cyfartal o'r asid cryf, asid hydroclorig, cynhyrchir hydoddiant o amoniwm clorid sy'n asidig.

Os oes gan halwyn 'riant asid' neu 'riant bas' sy'n wan, bydd yn hydoddi i roi hydoddiant sydd ddim yn niwtral. Y 'rhiant cryf' yn y bartneriaeth fydd yn 'ennill'.

- asid gwan/bas cryf – bydd yr halwyn yn alcalïaidd mewn hydoddiant
- asid cryf/bas gwan – bydd yr halwyn yn asidig mewn hydoddiant.

Newidiadau enthalpi niwtraliad
Asidau a basau cryf

Newid enthalpi niwtraliad yw'r newid enthalpi ar gyfer yr adwaith pan fydd asid yn niwtralu alcali.

$$HCl(d) + NaOH(d) \rightarrow NaCl(d) + H_2O(h)$$
$$\Delta H^{\ominus}_{niwtraliad} = -57.5 \text{ kJ mol}^{-1}$$

Mae enthalpi safonol y niwtraliad ar gyfer hydoddiannau gwanedig o asid cryf gyda bas cryf bob amser yn agos at 57.5 kJ mol^{-1}. Y rheswm am hyn yw bod yr asidau a'r alcalïau hyn wedi'u hïoneiddio'n llwyr, felly mae'r adwaith yr un peth ym mhob achos:

$$H^+(d) + OH^-(d) \rightarrow H_2O(h) \qquad \Delta H^{\ominus} = -57.5 \text{ kJ mol}^{-1}$$

Gellir mesur enthalpïau niwtraliad yn fras drwy gymysgu hydoddiannau o asidau ac alcalïau mewn calorimedr.

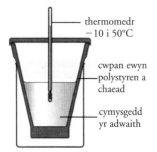

thermomedr
−10 i 50°C

cwpan ewyn polystyren a chaead

cymysgedd yr adwaith

Ffigur 2.13.1 ▲
Cyfarpar i fesur y newid enthalpi ar gyfer niwtralu asid gyda bas

Datrysiad enghreifftiol

Cymysgwyd 50 cm³ o asid nitrig gwanedig 1.0 mol dm⁻³ gyda 50 cm³ o hydoddiant potasiwm hydrocsid gwanedig 1.0 mol dm⁻³ mewn cwpan polystyren ehangedig. Cododd y tymheredd 6.7°C. Cyfrifwch yr enthalpi niwtraliad ar gyfer yr adwaith.

Nodiadau ar y dull

Sylwch mai cyfanswm cyfaint yr hydoddiant ar ôl cymysgu yw 100 cm³.

Tybiwch fod dwysedd a chynhwysedd gwres sbesiffig yr hydoddiannau yr un peth â dŵr pur.

Dwysedd dŵr yw 1 g cm⁻³ felly màs 50 cm³ fydd 50 g.

Cynhwysedd gwres sbesiffig dŵr yw 4.18 J g⁻¹ K⁻¹.

Mae newid o 6.7°C yr un peth â newid o 6.7 K ar y raddfa Kelvin.

Caiff egni'r adwaith ecsothermig ei ddal yn y system gan y polystyren ehangedig, felly caiff y cymysgedd ei wresogi.

Ateb

Newid egni = 4.18 J g⁻¹ K⁻¹ × 100 g × 6.7 K = 2800 J

Swm yr asid a gafodd ei niwtralu = $\dfrac{50}{1000}$ dm³ × 1.0 mol dm⁻³ = 0.05 mol

$$HNO_3(d) + KOH(d) \rightarrow KNO_3(d) + H_2O(h)$$

$\Delta H_{niwtraliad} = -\dfrac{2800J}{0.05\ mol} = -56\ 000$ J mol⁻¹ = −56 kJ mol⁻¹

Prawf i chi

2 Esboniwch yr anghysondeb rhwng y gwerth a gyfrifwyd yn y datrysiad enghreifftiol o ganlyniadau arbrawf a'r gwerth a ddisgwylir, sef tua −57.5 kJ mol⁻¹.

3 Awgrymwch esboniad am y gwahaniaeth yng ngwerthoedd $\Delta H^{\ominus}_{niwtraliad}$ ar gyfer HCl/NaOH ac CH_3CO_2H/NaOH.

4 Dyma dri phâr o asidau a basau a all adweithio i ffurfio halwynau: HBr/NaOH, HCl/NH₃, CH_3CO_2H/NH₃.

Dyma dri gwerth ar gyfer newid enthalpi safonol niwtraliad: −50.4 kJ mol⁻¹, −53.4 kJ mol⁻¹, −57.6 kJ mol⁻¹.

Ysgrifennwch yr hafaliadau ar gyfer y tri adwaith niwtralu a cheisiwch eu cysylltu â'r gwerth $\Delta H^{\ominus}_{niwtraliad}$ cyfatebol.

Cemeg Ffisegol

Adran dau

Asidau a basau gwan

Mae'r enthalpïau safonol ar gyfer adweithiau niwtralu gydag asidau gwan a basau gwan yn llai negatif na'r rheiny ar gyfer adweithiau niwtralu rhwng asidau a basau cryf. Er enghraifft, y newid enthalpi safonol ar gyfer niwtralu asid ethanoig gyda sodiwm hydrocsid yw −56.1 kJ mol⁻¹.

Mae hyn yn rhannol oherwydd nad yw'r asidau a'r basau gwan wedi'u hïoneiddio'n llwyr ar y cychwyn, felly ni ellir disgrifio'r niwtraliadau fel adweithiau rhwng ïonau hydrogen dyfrllyd ac ïonau hydrocsid dyfrllyd. Hefyd, nid yw'r hydoddiannau yn niwtral ar y pwynt cywerthedd.

2.14 Potensialau electrod

Mae adweithiau rhydocs, fel pob adwaith arall, yn tueddu tuag at gyflwr o ecwilibriwm dynamig. Mae adweithiau rhydocs yn golygu trosglwyddo electronau. Mae cemegwyr wedi darganfod ei bod hi'n bosib creu celloedd electrocemegol sy'n seiliedig ar newidiadau rhydocs. Mae rhai celloedd o'r fath yn bwysig dros ben yn ymarferol. Drwy fesur foltedd celloedd gellir ateb y cwestiynau 'Pa mor bell?' ac 'I ba gyfeiriad?' ar gyfer adweithiau rhydocs.

Prawf i chi

1 Ysgrifennwch ddau hanner hafaliad ïonig a'r hafaliad cytbwys cyfan ar gyfer pob un o'r adweithiau rhydocs hyn. Ym mhob enghraifft, nodwch pa ïon gaiff ei ocsidio a pha un gaiff ei rydwytho.
   a) metel magnesiwm gyda hydoddiant copr(II) sylffad
   b) clorin dyfrllyd gyda hydoddiant o botasiwm bromid
   c) hydoddiant o arian nitrad gyda metel copr.

Adweithiau rhydocs

Mewn adweithiau rhydocs caiff electronau eu trosglwyddo o'r cyfrwng rhydwytho i'r cyfrwng ocsidio. Gall ysgrifennu hanner hafaliadau ar gyfer adweithiau rhydocs fod o gymorth wrth ddangos y trosglwyddiad electronau. (Am drafodaeth bellach ar adweithiau rhydocs gweler adran 3.5 ar dudalennau 102–108.)

Bydd cemegwyr yn ysgrifennu hanner hafaliadau ïonig i ddisgrifio sut y caiff electronau eu hennill neu eu colli yn ystod proses rydocs. Bydd y ddau hanner hafaliad yn cyfuno i roi hafaliad cytbwys cyfan ar gyfer adwaith rhydocs.

Er enghraifft, gall ïonau haearn(III) ocsidio ïonau ïodid i roi ïodin. Gellir dangos hyn gan ddau hanner hafaliad:

ennill electronau (rhydwythiad) $\quad$ $Fe^{3+}(d) + e^- \rightarrow Fe^{2+}(d)$

colli electronau (ocsidiad) $\quad$ $2I^-(d) \rightarrow I_2(s) + 2e^-$

Rhaid i nifer yr electronau a enillir fod yn hafal i nifer yr electronau a gollir. Felly rhaid dyblu'r hanner hafaliad cyntaf i gyrraedd yr hafaliad cytbwys cyfan:

$$2Fe^{3+}(d) + 2e^- \rightarrow 2Fe^{2+}(d)$$
$$\underline{2I^-(d) \rightarrow I_2(s) + 2e^-}$$
$$2Fe^{3+}(d) + 2I^-(d) \rightarrow 2Fe^{2+}(d) + I_2(s)$$

Celloedd electrocemegol

Yn lle cymysgu dau adweithydd yn unig, mae'n bosib cynnal adwaith rhydocs mewn cell fel bo'r electronau'n cael eu trosglwyddo ar hyd gwifren sy'n cysyllltu dau electrod. Bydd hyn yn ffrwyno egni'r adwaith rhydocs i gynhyrchu gwahaniaeth potensial trydan (foltedd).

Seiliwyd un o'r celloedd ymarferol cyntaf ar adwaith metel sinc gydag ïonau copr(II) dyfrllyd. Caiff sinc ei ocsidio yn ïonau sinc a chaiff ïonau copr(II) eu rhydwytho yn fetel copr.

$$Zn(s) \rightarrow Zn^{2+}(d) + 2e^-$$

$$Cu^{2+}(d) + 2e^- \rightarrow Cu(s)$$

Mewn cell electrocemegol mae'r ddau hanner adwaith yn digwydd mewn hanner celloedd ar wahân. Mae'r electronau'n llifo o un gell i'r llall trwy wifren sy'n cysyllltu'r electrodau. Mae pont halwyn yn cwblhau'r gylched drydan trwy gysyllltu'r ddau hydoddiant.

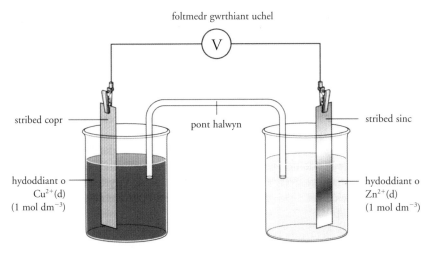

foltmedr gwrthiant uchel

stribed copr

pont halwyn

stribed sinc

hydoddiant o
$Cu^{2+}(d)$
(1 mol dm^{-3})

hydoddiant o
$Zn^{2+}(d)$
(1 mol dm^{-3})

◀ *Ffigur 2.14.1*
Diagram o gell electrocemegol yn seiliedig ar yr adwaith rhwng metel sinc ac ïonau copr(II) dyfrllyd. Sylwch fod yr electronau'n tueddu i lifo o'r electrod sinc negatif i'r electrod copr positif yn y gylched allanol

Diffiniad

Mae **g.e.m.** (grym electromotif) cell yn mesur 'foltedd' cell electrocemegol. *E* yw'r symbol ar gyfer g.e.m. a'r uned SI yw'r folt (V). Yr g.e.m. yw'r egni a drosglwyddir mewn jouleau am bob coulomb o wefr sy'n llifo trwy gylched sydd wedi'i chysylltu â chell. Mae g.e.m. celloedd ar eu huchaf pan na fydd cerrynt yn llifo, oherwydd o dan yr amodau hyn ni chaiff unrhyw egni ei golli i wrthiant mewnol y gell wrth i'r cerrynt lifo.

Y bont halwyn yw'r cyswllt ïonig rhwng hydoddiannau'r ddwy hanner cell sy'n ffurfio cell electrocemegol. Mae pont halwyn yn creu cyswllt rhwng dau hanner y gell trwy ganiatáu i ïonau lifo tra bo'n atal y ddau hydoddiant rhag cymysgu.

Ar ei symlaf, mae pont halwyn yn cynnwys stribed o bapur hidlo wedi'i drochi mewn hydoddiant o botasiwm nitrad a'i blygu dros y naill ficer a'r llall. Mae halwynau a nitradau potasiwm yn hydawdd, felly ni fydd y bont halwyn yn adweithio i gynhyrchu dyddodiad gyda'r ïonau yn yr hanner celloedd. Mewn celloedd mwy parhaol, gall pont halwyn gynnwys solid mandyllog megis gwydr wedi sintro.

Bydd cemegwyr yn mesur tueddiad cerrynt i lifo yn y gylched allanol rhwng dau electrod y gell. Defnyddir foltmedr gwrthiant uchel i fesur y grym electromotif (g.e.m.) pan na fydd unrhyw gerrynt yn llifo.

Yn Ffigur 2.14.1 mae electronau'n tueddu i lifo allan o'r electrod sinc (negatif) o amgylch y gylched ac i mewn i'r electrod copr (positif). 1.10 V yw g.e.m. y gell o dan amodau safonol (298 K a chrynodiadau o 1.0 mol dm⁻³).

Wrth fesur g.e.m. celloedd, dyma'r amodau safonol:

▓ tymheredd o 298 K
▓ hydoddiannau â chrynodaid o 1.0 mol dm^{-3}
▓ unrhyw nwyon ar wasgedd o 10^5 Pa (100 kPa = 1 bar).

Mae dull llaw fer cyfleus ar gael i ddisgrifio celloedd. Ysgrifennir g.e.m. safonol y gell, $E^{\ominus}_{cell}$, wrth ymyl diagram y gell. Yn gonfensiynol, arwydd *E* yw'r wefr ar yr electrod ar yr ochr dde.

$$Zn(s) \mid Zn^{2+}(d) \; \vdots \; Cu^{2+}(d) \mid Cu(s) \quad E^{\ominus}_{cell} = +1.10 \text{ V}$$

Os yw g.e.m. y gell yn bositif bydd yr adwaith yn tueddu i fynd yn ei flaen yn ôl diagram y gell wrth ddarllen o'r chwith i'r dde. Gan fod cerrynt yn llifo mewn cylched sy'n cysylltu'r ddau electrod, bydd atomau sinc yn troi'n ïonau sinc ac yn hydoddi, a bydd ïonau copr yn troi'n atomau copr ac yn dyddodi ar yr electrod copr.

$$Cu^{2+}(d) + 2e^- \longrightarrow Cu(s)$$

$$Zn(s) \overset{\ominus}{\mid} Zn^{2+}(d) \; \vdots \; Cu^{2+}(d) \underset{\oplus}{\mid} Cu(s)$$

$$Zn(s) \longrightarrow Zn^{2+}(d) + 2e^-$$

Prawf i chi

2 Ystyriwch gell sy'n seiliedig ar yr adwaith rhydocs hwn sy'n tueddu i fynd i'r cyfeiriad a ddangosir. Mae'r gwahaniaeth potensial rhwng yr electrodau yn 0.46 V.

$$Cu(s) + 2Ag^{2+}(d) \rightarrow Cu^{2+}(d) + 2Ag(s)$$

a) Ysgrifennwch yr hanner hafaliadau ar gyfer prosesau'r electrodau pan fydd y gell yn darparu cerrynt.

b) Ysgrifennwch y diagram cell confensiynol ar gyfer y gell gan gynnwys gwerth ar gyfer $E^{\ominus}_{cell}$.

◀ *Ffigur 2.14.2*
Cyfeiriad y newid mewn cell electrocemegol

Cemeg Ffisegol

Adran dau

Mesur potensialau electrod

Wedi astudio nifer o gelloedd, darganfuwyd bod hanner electrod, megis yr electrod $Cu^{2+}(d)|Cu(s)$, yn cyfrannu'r un faint at g.e.m. y gell yn *unrhyw* gell, cyhyd ag y caiff y mesuriadau eu cymryd o dan yr un amodau. Yn anffodus, does dim modd mesur g.e.m. electrod wedi'i arunigo gan fod yn rhaid cysylltu gwifrau'r mesurydd â'r hydoddiant o ïonau yn ogystal â'r electrod metel. Bydd rhoi electrod cysylltiol i mewn yn yr hydoddiant yn creu ail system electrodau ar unwaith.

Mae cemegwyr wedi datrys y broblem hon drwy ddewis system electrodau safonol fel electrod cyfeiriol er mwyn cymharu pob system electrodau arall â hi. Yr elecrod hydrogen safonol yw'r electrod cyfeiriol a ddewiswyd. Yn ôl confensiwn, mae gan yr electrod hydrogen safonol botensial electrod o sero, $E^{\ominus}_{\frac{1}{2}H_2|H^+} = 0.00$ V.

Caiff potensial electrod safonol unrhyw hanner cell ei fesur mewn perthynas â'r electrod hydrogen safonol o dan amodau safonol. Mae electrod hydrogen safonol yn creu ecwilibriwm rhwng ïonau hydrogen mewn hydoddiant (1 mol dm^{-3}) a nwy hydrogen (ar wasgedd o 1 bar) oll ar 298 K ar arwyneb electrod platinwm wedi'i araenu â phowdr du platinwm.

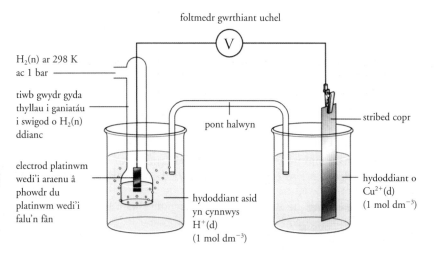

Yn gonfensiynol, pan fydd electrod hydrogen safonol yn electrod llaw chwith mewn cell electrocemegol, yna g.e.m. y gell fydd potensial electrod yr electrod llaw dde.

Dyma'r diagram confensiynol i gynrychioli'r gell sy'n diffinio potensial electrod safonol yr electrod $Cu^{2+}(d)|Cu(s)$.

$$Pt[H_2(n)] \mid 2H^+(d) \mathrel{\vdots\vdots} Cu^{2+}(d) \mid Cu(s) \qquad E^{\ominus} = +0.34 \text{ V}$$

yn aml cynrychiolir yr electrod a'i botensial electrod fel hyn:

$$Cu^{2+}(d) + 2e^- \rightleftharpoons Cu(s) \qquad E^{\ominus} = +0.34 \text{ V}$$

ffurf ocsidiedig   ffurf rhydwythedig

Mae'n anodd defnyddio electrod hydrogen, felly mae dipyn yn haws defnyddio electrod safonol eilaidd megis electrod arian/arian clorid neu electrod calomel fel **electrod cyfeiriol**. Mae'r electrodau hyn ar gael yn fasnachol ac yn ddibynadwy iawn. Fe'u graddnodwyd yn erbyn electrod hydrogen safonol. Hen enw ar fercwri(I) clorid yw calomel. Dyma adwaith y gell a'r potensial electrod o'i gymharu ag electrod hydrogen ar gyfer electrod calomel:

$$Hg_2Cl_2(s) + 2e^- \rightleftharpoons 2Hg(h) + 2Cl^-(d) \qquad E^{\ominus} = +0.27 \text{ V}$$

Mae'n bosib mesur potensialau electrod ar gyfer systemau electrodau lle mae'r ffurfiau ocsidiedig a'r ffurfiau rhydwythedig yn ïonau mewn hydoddiant.

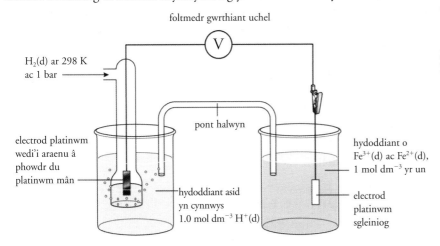

Diagram o gell i fesur potensial electrod yr adwaith rhydocs:
$Fe^{3+}(d) + e^- \rightleftharpoons Fe^{2+}(d)$.
Sylwch fod yr electrod llaw dde yn cynnwys platinwm sgleiniog yn y gell hon

CD-ROM

Cemeg Ffisegol

Adran dau

Dyma'r diagram confensiynol ar gyfer y gell yn Ffigur 2.14.4:

$$Pt[H_2(n)] \mid 2H^+(d) \text{ ⋮⋮ } Fe^{3+}(d), Fe^{2+}(d) \mid Pt \qquad E^\ominus = +0.77 \text{ V}$$

Prawf i chi

3 Beth yw'r hanner hafaliadau a'r potensialau electrod safonol ar gyfer electrodau llaw dde pob un o'r celloedd hyn?

  a) $Pt[H_2(n)] \mid 2H^+(d) \text{ ⋮⋮ } Sn^{2+}(d) \mid Sn(s)$ $E^\ominus = -0.14 \text{ V}$

  b) $Pt[H_2(n)] \mid 2H^+(d) \text{ ⋮⋮ } Br_2(d), 2Br^-(d) \mid Pt(s)$ $E^\ominus = +1.07 \text{ V}$

  c) $Pt \mid [2Hg(h) + 2Cl^-(d)], Hg_2Cl_2(s) \text{ ⋮⋮ } Cr^{3+}(d) \mid Cr(s)$ $E^\ominus = -1.01 \text{ V}$

4 Y potensial electrod safonol ar gyfer $Cu^{2+}(d) \mid Cu(s)$ yw $+0.34$ V. Ar gyfer y gell hon:

$$Cu(s) \mid Cu^{2+}(d) \text{ ⋮⋮ } Pb^{2+}(d) \mid Pb(s) \qquad E^\ominus_{cell} = -0.47 \text{ V}$$

  Beth yw'r potensial electrod safonol ar gyfer yr electrod $Pb^{2+}(d) \mid Pb(s)$?

Bydd cemegwyr yn defnyddio potensialau electrod safonol:

- i gyfrifo g.e.m. celloedd electrocemegol, ac
- fel sylfaen i'r gyfres electrocemegol ar gyfer rhagfynegi cyfeiriad adweithiau rhydocs.

G.e.m. celloedd a chyfeiriad y newid

Mae'r tablau ar dudalennau 249–250 yn yr adran gyfeirio yn rhestru hanner adweithiau rhydocs yn ôl trefn eu potensialau electrod safonol.

    Bydd rhai cemegwyr yn rhestru'r hanner cell sydd â'r potensial electrod mwyaf negatif ar frig y rhestr (fel yn y tabl ar dudalen 249). Yr electrod mwyaf negatif sy'n tueddu i roddi electronau'n fwyaf parod, felly mae'n rhydwythydd cryf. Bydd eraill yn dewis rhestru'r systemau electrodau yn y drefn groes gyda'r cyfrwng ocsidio mwyaf pwerus ar frig y rhestr a'r cyfrwng rhydwytho mwyaf pwerus ar waelod y rhestr (fel yn y tabl ar dudalen 250).

    Mae'n bosib, gyda thabl o botensialau electrod, cyfrifo gwerthoedd $E_{cell}^\ominus$ ar gyfer unrhyw adwaith rhydocs. Mae hyn yn darparu dull o ragfynegi cyfeiriad newid cemegol. Fel yr esboniwyd ar dudalen 53, bydd adwaith yn digwydd i'r cyfeiriad a ddangosir gan ddiagram cell confensiynol os yw arwydd yr electrod llaw dde yn bositif.

$$E_{cell}^\ominus = E_{(electrod\ llaw\ dde)}^\ominus - E_{(electrod\ llaw\ chwith)}^\ominus$$

Datrysiad enghreifftiol

Lluniwch y diagram cell confensiynol ar gyfer cell sy'n seiliedig ar y ddau hanner hafaliad hyn. Cyfrifwch g.e.m. y gell ac ysgrifennwch yr hafaliad cyfan ar gyfer yr adwaith sy'n tueddu i ddigwydd (yr adwaith digymell).

$$Fe^{3+}(d) + e^- \rightleftharpoons Fe^{2+}(d) \qquad E^{\ominus} = +0.77 \text{ V}$$

$$Cu^{2+}(d) + 2e^- \rightleftharpoons Cu(s) \qquad E^{\ominus} = +0.34 \text{ V}$$

Nodiadau ar y dull

Ysgrifennwch y diagram cell gyda'r electrod mwyaf positif ar y dde.

Defnyddiwch yr hafaliad hwn:

$$E^{\ominus}_{cell} = E^{\ominus}_{\text{(electrod llaw dde)}} - E^{\ominus}_{\text{(electrod llaw chwith)}}$$

Cofiwch fod unrhyw gell ar y ffurf:

ffurf rydwythedig – ffurf ocsidiedig – pont halwyn – ffurf ocsidiedig – ffurf rydwythedig.

Ateb

Yr electrod $Fe^{3+}(d)$, $Fe^{2+}(d)$ yw'r mwyaf positif. Mae'r ffurf ocsidiedig a'r ffurf rhydwythedig mewn hydoddiant felly mae angen electrod platinwm sgleiniog.

$$Fe^{3+}(d), Fe^{2+}(d) \mid Pt(s)$$

Mae'r electrod llaw chwith yn system metel/ïon metel, felly gall y metel solet fod yn electrod dargludol hefyd.

$$Cu(s) \mid Cu^{2+}(d) \,\vdots\vdots\, Fe^{3+}(d), Fe^{2+}(d) \mid Pt(s)$$

$$E^{\ominus}_{cell} = (+0.77) - (+0.34) = +0.43 \text{ V}$$

Mae'r electrod llaw dde yn bositif felly mae'n tueddu i gymryd electronau o'r electrod llaw chwith negatif.

$$Cu(s) + 2Fe^{3+}(d) \rightarrow Cu^{2+}(d) + 2Fe^{2+}(d)$$

$$2e^-$$

Prawf i chi

5 Lluniwch y diagram cell confensiynol ar gyfer cell sy'n seiliedig ar bob un o'r parau hyn o hanner hafaliadau. Ar gyfer pob enghraifft, chwiliwch am y potensialau electrod safonol, cyfrifwch g.e.m. y gell ac ysgrifennwch yr hafaliad cyfan ar gyfer yr adwaith sy'n tueddu i ddigwydd (yr adwaith digymell).

  a) $V^{3+}(d) + e^- \rightleftharpoons V^{2+}(d)$ $Zn^{2+}(d) + 2e^- \rightleftharpoons Zn(s)$

  b) $Br_2(d) + 2e^- \rightleftharpoons 2Br^-(d)$ $I_2(d) + 2e^- \rightleftharpoons 2I^-(d)$

  c) $Cl_2(d) + 2e^- \rightleftharpoons 2Cl^-(d)$ $PbO_2(s) + 4H^+(d) + 2e^- \rightleftharpoons Pb^{2+}(d) + 2H_2O(h)$

6 Gyda chymorth y data ar dudalennau 249–250, trefnwch y setiau canlynol o fetelau yn ôl trefn eu cryfder cynyddol fel cyfryngau rhydwytho:

  a) Ca, K, Li, Mg, Na

  b) Cu, Fe, Pb, Sn, Zn.

7 Gyda chymorth y data ar dudalennau 249–250, trefnwch y setiau canlynol o foleciwlau neu ïonau yn ôl trefn eu cryfder cynyddol fel cyfryngau ocsidio mewn hydoddiant asid:

  a) $Cr_2O_7^{2-}$, Fe^{3+}, H_2O_2, MnO_4^-

  b) Br_2, Cl_2, ClO^-, H_2O_2, O_2.

Y gyfres electrocemegol

Mae cyfres o systemau electrodau wedi'u trefnu yn ôl eu potensialau electrod (gweler tudalennau 249 a 250) yn ganllaw defnyddiol i ymddygiad cyfryngau ocsidio a rhydwytho. Dyma gyfres electrocemegol.

Gydag electrodau ïon metel | metel sydd â photensialau electrod negatif iawn ceir hanner adweithiau ar gyfer ïonau metel a metelau grŵp 1. Lithiwm yw'r mwyaf adweithiol o'r metelau wrth iddo adweithio fel cyfrwng rhydwytho i ffurfio ïonau metel.

Gydag electrodau ïon metel | metel sydd â photensialau electrod positif ceir hanner adweithiau ar gyfer ïonau metel a metelau bloc-d, megis copr ac arian. Mae'r metelau hyn yn gymharol anadweithiol fel cyfryngau rhydwytho, ac nid ydynt yn adweithio gydag asid hydroclorig gwanedig i ffurfio nwy hydrogen.

Mae hyn yn cyfateb yn fras i'r gyfres adweithiedd ar gyfer metelau, a'r drefn adweithio a ddangosir gan adweithiau dadleoli metel/ïon metel.

Mae'r potensialau electrod ar gyfer yr hanner adweithiau sy'n ymwneud â moleciwlau halogen ac ïonau halid yn bositif. Y system $F_2(d)|2F^-(d)$ yw'r mwyaf positif gan ddangos mai fflworin yw'r mwyaf adweithiol o'r halogenau hyn wrth iddo ymddwyn fel cyfrwng ocsidio i ffurfio ïonau fflworid. Ïodin yw'r lleiaf adweithiol. Mae hyn yn cyfateb i drefn adweithedd yr halogenau fel y dangosir gan eu hadweithiau dadleoli.

Gellir defnyddio cyfres electrocemegol sy'n seiliedig ar botensialau electrod i ragfynegi cyfeiriad y newid mewn adweithiau rhydocs heb ysgrifennu'r diagram cell.

Datrysiad enghreifftiol

Dangoswch y gall ïonau manganad(VII) ocsidio haearn(II) yn haearn(III) o dan amodau asidig.

Nodiadau ar y dull

Yn gyntaf ceisiwch adnabod yr hanner hafaliadau priodol yn y tabl potensialau electrod safonol ar dudalen 249. Ysgrifennwch nhw un uwchben y llall. Bydd yr hanner adwaith mwy positif yn tueddu i fynd o'r chwith i'r dde gan gymryd electronau i mewn, tra bydd yr hanner adwaith mwy negatif yn tueddu i fynd o'r dde i'r chwith gan ryddhau electronau.

Ateb

Cyfrwng rhydwytho cryfach

$$Fe^{3+}(d) + e^- \rightleftharpoons Fe^{2+}(d) \quad E^\ominus = +0.77 \text{ V}$$ electrod llai positif (mwy negatif)

$$MnO_4^-(d) + 8H^+(d) + 5e^- \rightleftharpoons Mn^{2+}(d) + 4H_2O(h) \quad E^\ominus = +1.51 \text{ V}$$ electrod mwy positif

Cyfrwng ocsidio cryfach

Mae'r potensialau electrod safonol yn dangos bod yr adwaith yn tueddu i ddigwydd. Mae'n ddigymell. Dyma'r hafaliad cytbwys ar gyfer yr adwaith sy'n tueddu i ddigwydd:

$$MnO_4^-(d) + 8H^+(d) + 5Fe^{2+}(d) \rightarrow Mn^{2+}(d) + 4H_2O(h) + 5Fe^{3+}(d)$$

Nodyn: gweler tudalennau 249 a 250

Nodyn

Ym mha drefn bynnag y trefnir potensialau electrod mewn tabl, mae'r canlynol bob amser yn wir:

- yr hanner cell sydd â'r potensial electrod mwyaf positif fydd y mwyaf tueddol i ennill electronau, felly dyma'r mwyaf ocsidiol.
- yr hanner cell sydd â'r potensial electrod mwyaf negatif fydd y mwyaf tueddol i golli electronau, felly dyma'r mwyaf rhydwythol.

Nodyn

Mae'n bosib cyfrifo potensialau electrod o ddata arbrofol eraill ar gyfer systemau electrodau na ellir eu gosod mewn celloedd fel yn Ffigur 2.14.3.

◄ **Ffigur 2.14.5**
Defnyddio hanner adweithiau a gwerthoedd $E^\ominus$ i ragfynegi cyfeiriad y newid o dan amodau asidig

Cemeg Ffisegol

Adran dau

Gall potensialau electrod ragfynegi a fydd adwaith dadgyfraniad yn debygol o ddigwydd ai peidio (gweler tudalen 134). Bydd ïonau copr(I) yn dadgyfrannu mewn hydoddiant dyfrllyd ond ni fydd haearn(II) yn tueddu i ddadgyfrannu.

Ffigur 2.14.6 ▶

Defnyddio gwerthoedd potensial electrod safonol i benderfynu a fydd ïonau yn debygol o ddadgyfrannu ai peidio

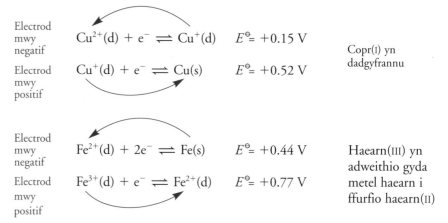

Electrod mwy negatif	$Cu^{2+}(d) + e^- \rightleftharpoons Cu^+(d)$ $\quad E^{\ominus} = +0.15$ V	Copr(I) yn dadgyfrannu
Electrod mwy positif	$Cu^+(d) + e^- \rightleftharpoons Cu(s)$ $\quad E^{\ominus} = +0.52$ V	
Electrod mwy negatif	$Fe^{2+}(d) + 2e^- \rightleftharpoons Fe(s)$ $\quad E^{\ominus} = +0.44$ V	Haearn(III) yn adweithio gyda metel haearn i ffurfio haearn(II)
Electrod mwy positif	$Fe^{3+}(d) + e^- \rightleftharpoons Fe^{2+}(d)$ $\quad E^{\ominus} = +0.77$ V	

Mae potensialau electrod safonol yn rhagfynegi cyfeiriad y newid ond ni ddywedant unrhywbeth am *gyfradd* y newid. Weithiau ni fydd adwaith sy'n bosibl yn digwydd gan ei fod mor araf. Hefyd ni fydd y rhagfynegiadau yn gymwys ond o dan amodau safonol. Gall newid crynodiadau effeithio ar gyfeiriad y newid.

Prawf i chi

8 Pam nad yw'n bosib mesur y potensial electrod ar gyfer $Na^+(d)|Na(s)$ drwy ddefnyddio'r dull yn Ffigur 2.14.3?

9 Rhagfynegwch pa rai o'r parau hyn o adweithyddion fydd yn adweithio. Ysgrifennwch yr hafaliad cytbwys cyfan ar gyfer yr adweithiau rydych chi'n meddwl fydd yn digwydd. Dynodwch unrhyw enghreifftiau lle bydd yr adwaith yn debygol o fod yn araf dros ben er ei fod yn tueddu i ddigwydd.
  a) $Zn(s) + Ag^+(d)$
  b) $Fe(s) + Ca^{2+}(d)$
  c) $Cr(s) + H^+(d)$
  ch) $Ca(s) + H^+(d)$
  d) $Ag(s) + H^+(d)$
  dd) $I_2(d) + Cl^-(d)$
  e) $Cl_2(d) + I^-(d)$

10 A fydd hydrogen perocsid yn tueddu i ddadgyfrannu o dan amodau safonol ym mhresenoldeb asid yn ôl y potensialau electrod ar gyfer y ddau hanner adwaith hyn?
$$2H^+(d) + O_2(n) + 2e^- \rightleftharpoons H_2O_2(d)$$
$$H_2O_2(d) + 2H^+(d) + 2e^- \rightleftharpoons 2H_2O(h)$$

11 A fydd ïonau $Au^+(d)$ yn tueddu i ddadgyfrannu o dan amodau safonol?

2.15 Celloedd a batrïau

Dyluniwyd rhai celloedd electrocemegol ar gyfer dibenion ymarferol. Enghreifftiau yw celloedd mewn batrïau fflachlamp a'r celloedd ailwefradwy a ddefnyddir mewn cerbydau modur, cyfrifiaduron glin a ffonau symudol.

Unwaith yn unig y gellir defnyddio celloedd cyffredin, megis cell alcali. Wedi i'r holl gemegion o fewn y gell adweithio bydd g.e.m. y gell yn disgyn i sero, bydd y gell yn 'fflat' ac ni ellir ond ei thaflu. Gellir ailwefru celloedd eraill, felly cânt eu defnyddio i storio trydan. Dyma gelloedd storio.

Celloedd plwm-asid

Celloedd plwm-asid, a ddefnyddir mewn batrïau car a systemau goleuo wrth gefn, yw'r celloedd storio mwyaf cyffredin. Mae'r celloedd electrocemegol hyn yn ailwefradwy gan fod y newidiadau cemegol ar yr electrodau yn gildroadwy. Mae celloedd plwm-asid yn cynnwys plwm mewn tri chyflwr ocsidiad, sef $Pb(0)$, $Pb(\text{II})$ a $Pb(\text{IV})$.

Ffigur 2.15.1 ▲
Dewis o gelloedd electrocemegol. Ni ellir ailwefru'r celloedd hyn. Wedi eu defnyddio, ni ellir eu hailddefnyddio

◄ **Ffigur 2.15.2**
Car trydan yn Hawaii, UDA a chanddo baneli solar yn y to sy'n helpu i ailwefru'r batri

Mewn cell plwm-asid wedi'i gwefru'n llawn, metel plwm yw'r electrod negatif. Mae'r electrod positif yn cynnwys plwm wedi'i araenu â phlwm(IV) ocsid. Mae'r electrodau'n trochi mewn hydoddiant o asid sylffrwig. Dyma'r prosesau electrod wrth i'r cerrynt lifo:

ar yr electrod negatif:

$$Pb(s) + SO_4^{2-}(d) \rightarrow PbSO_4(s) + 2e^- \quad E^{\ominus} = -0.36 \text{ V}$$

ar yr electrod positif:

$$PbO_2(s) + SO_4^{2-}(d) + 4H^+(d) + 2e^- \rightarrow PbSO_4(s) + 2H_2O(h) \quad E^{\ominus} = +1.69 \text{ V}$$

Mae'r hafaliad yn helpu i ddangos pam mae'r gell yn ailwefradwy. Mae'r ddau newid sy'n digwydd wrth i gerrynt lifo o'r gell yn cynhyrchu solid anhydawdd, sef plwm sylffad. Mae hwn yn dal yr ïonau plwm(II) wrth ymyl yr electrod yn lle'u bod yn hydoddi yn yr electrolyt. Felly pan gaiff y cerrynt ei gildroi i wefru'r gell, gellir cildroi'r ddau adwaith gan droi plwm(II) yn ôl yn fetel plwm ar un electrod ac yn PbO_2 ar y llall.

> **Diffiniad**
>
> Mae **batri** yn cynnwys dwy neu ragor o gelloedd electrocemegol wedi'u cysylltu mewn cyfres. Dyma ystyr manwl gywir y term batri. Fodd bynnag, mewn iaith bob dydd, mae defnyddio'r gair 'batri' wrth gyfeirio at un gell yn gyffredin iawn.

Ffigur 2.15.3 ▲
Batri lithiwm mewn camera. Mae gan fatri lithiwm ailwefradwy g.e.m. o oddeutu 4 V

Celloedd nicel-cadmiwm

Mae mynd mawr ar fatrïau nicel-cadmiwm fel celloedd 'ni-cad' ailwefradwy erbyn hyn. Fel mewn celloedd plwm-asid, pan fydd cerrynt yn llifo solidau anhydawdd yw'r cynnyrchion sy'n ffurfio ar yr electrodau, ac maen nhw'n aros yn eu hunfan yn lle hydoddi yn yr electrolyt. Mae hyn yn golygu y gellir cildroi prosesau'r electrodau wrth ailwefru'r gell. Dyma brosesau'r electrodau mewn cell ni-cad wrth iddi gyflenwi trydan:

anod (ocsidiad): $Cd(s) + 2OH^-(d) \rightarrow Cd(OH)_2(s) + 2e^-$

catod (rhydwythiad): $NiO(OH)(s) + H_2O(h) + e^- \rightarrow Ni(OH)_2(s) + OH^-(d)$

Yn wahanol i gelloedd plwm-asid, rhaid dadwefru celloedd 'ni-cad' yn llwyr yn rheolaidd yna'u hailwefru er mwyn iddynt gadw eu cynhwysedd llawn.

Celloedd lithiwm

Mae ffonau symudol modern a chyfrifiaduron glin yn defnyddio batrïau lithiwm. Mantais defnyddio electrodau lithiwm yw bod gan y metel ddwysedd isel, felly gall celloedd sy'n seiliedig ar lithiwm fod yn gymharol ysgafn. Hefyd, mae lithiwm yn adweithiol dros ben, sy'n golygu bod potensial electrod yr electrod lithiwm yn uwch. Felly mae gan bob cell g.e.m. uwch.

Yn anffodus mae lithiwm mor adweithiol fel ei fod yn barod iawn i adweithio gydag ocsigen yn yr aer. Bydd haen o ocsid annargludol yn ffurfio ar arwyneb y metel yn fuan iawn. Mae'r metel hefyd yn adweithio'n gyflym â dŵr. Mae ymchwilwyr wedi datrys problemau technegol gweithio â lithiwm drwy ddatblygu electrodau a chanddynt ïonau lithiwm wedi'u mewnosod yn nellten grisial defnyddiau eraill. Hefyd, defnydd polymerig yw'r electrod yn hytrach na hydoddiant dyfrllyd.

Ffigur 2.15.4 ▶
Diagram cynllunio o fatri lithiwm yn dangos y batri'n dadwefru. Mae prosesau'r electrodau'n gildroadwy felly gellir ailwefru'r batri

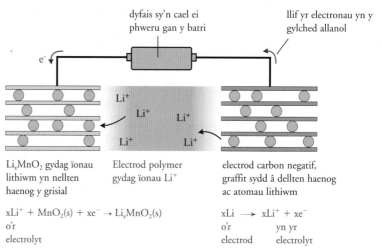

dyfais sy'n cael ei phweru gan y batri

llif yr electronau yn y gylched allanol

Li_xMnO_2 gydag ïonau lithiwm yn nellten haenog y grisial

Electrod polymer gydag ïonau Li^+

electrod carbon negatif, graffit sydd â dellten haenog ac atomau lithiwm

$xLi^+ + MnO_2(s) + xe^- \rightarrow Li_xMnO_2(s)$
o'r
electrolyt

$xLi \longrightarrow xLi^+ + xe^-$
o'r   yn yr
electrod   electrolyt

2.16 Cyrydiad

Proses rydocs yw cyrydiad lle mae ocsigen, dŵr ac asidau yn ymosod ar fetelau. Yr enghraifft fwyaf cyfarwydd, a'r un fwyaf difrifol yn economaidd, yw haearn yn rhydu. Adwaith electrocemegol yw rhydu.

◀ **Ffigur 2.16.1**
Effaith cyrydiad ar gadwyn ddur. Mae cyrydiad yn achosi niwed ar raddfa fawr. Mae costau atal cyrydiad a thrwsio neu adnewyddu yn uchel

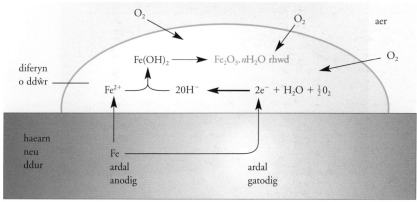

◀ **Ffigur 2.16.2**
Cell electrocemegol ar arwyneb haearn mewn cyswllt â dŵr ac aer. Mae'r lleoedd sy'n cynnwys llawer o ocsigen yn gatodig. Yn y mannau hyn caiff ocsigen ei rydwytho yn ïonau hydrocsid. Mae rhannau eraill o arwyneb y metel yn anodig. Yn y mannau hyn caiff haearn ei ocsidio yn ïonau haearn(II). Mae'r ïonau haearn(II) a'r ïonau hydrocsid yn tryledu tuag at ei gilydd i ffurfio dyddodiad o haearn(II) hydrocsid a gaiff ei ocsidio ymhellach yn rhwd, sef haearn(III) ocsid hydradol

Mae atomau haearn yn troi'n ïonau haearn(II) yn y mannau anodig ar arwyneb yr haearn. Yn y mannau catodig caiff ocsigen ei rydwytho'n ïonau hydrocsid ym mhresenoldeb ïonau hydrogen.

Diffiniadau

Y **catod** yw'r electrod lle bydd rhydwythiad yn digwydd bob amser. Sylwch fod electronau'n llifo i'r catod pan gaiff cerrynt ei dynnu o gell gemegol a hefyd yn ystod electrolysis.

Mewn cell electrocemegol mae'r broses rydwytho ar y catod yn cymryd electronau i mewn, sy'n golygu mai dyma dderfynell *bositif* y gell

Yr **anod** yw'r electrod lle bydd ocsidiad yn digwydd bob amser. Sylwch fod electronau'n llifo allan o'r anod trwy'r gylched allanol pan gaiff cerrynt ei dynnu o gell gemegol a hefyd yn ystod electrolysis.

Mewn celloedd electrocemegol mae'r broses ocsidio ar yr anod yn gyrru electronau at yr electrod, sy'n golygu mai dyma dderfynell *negatif* y gell.

Atal cyrydiad

Mae amddiffyn catodig yn ddull electrocemegol o atal cyrydiad. Fe'i defnyddir mewn pibellau cludo olew ac ati, llwyfannau olew a chyrff llongau. Bydd dur yn cyrydu lle caiff ei ocsidio, a bydd hyn yn digwydd ble bynnag y mae'r metel yn anod. Yn y mannau anodig bydd yr atomau haearn yn rhyddhau electronau gan newid yn ïonau. Trwy gysylltu metel mwy adweithiol, megis sinc neu fagnesiwm, â haearn, caiff cell electrocemegol ei chreu gyda'r haearn yn gatod. Y metel mwy adweithiol fydd yr anod, a hwn fydd yn cyrydu.

Ffigur 2.16.3 ▶
Amddiffyn pibell ddur yn gatodig. Y magnesiwm mwy adweithiol yw'r 'anod aberthol', a bydd yn cyrydu wrth amddiffyn yr haearn

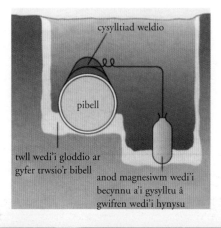

Ffigur 2.16.4 ▶
Catod wedi'i gysylltu â llwyfan olew i atal cyrydiad

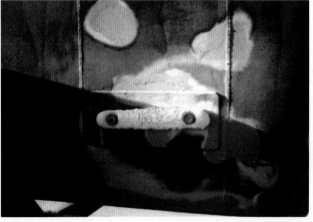

Mae galfaneiddio yn ffurf ar amddiffyn catodig. Bydd haen o sinc dros arwyneb yr haearn neu'r dur yn atal cyrydiad. Bydd y sinc yn cyrydu gan amddiffyn yr haearn.

Gellir amddiffyn cromiwm ac alwminiwm rhag cyrydu trwy osod haen denau o ocsid ar arwyneb y metel. Prif ddiben cromiwm yw creu aloiau gyda haearn i gynhyrchu dur gwrthstaen.

Prawf i chi

1 Dangoswch fod cyrydiad haearn i'w ddisgwyl o dan amodau safonol (fel y dangosir yn Ffigur 2.16.2) gyda chymorth y potensialau electrod ar dudalennau 249–250.
2 Pam mae presenoldeb halwynau hydoddedig mewn dŵr yn cyflymu cyrydiad?
3 Defnyddiwch botensialau electrod safonol i esbonio pam y gall sinc a magnesiwm amddiffyn dur, ond nid tun, yn gatodig.

Mae astudio newidiadau enthalpi yn ddull arall o chwilio am atebion i'r cwestiynau: 'Pa mor bell?' ac 'I ba gyfeiriad?'. Mae profiad yn awgrymu'n gyffredinol mai'r newidiadau neu'r adweithiau sy'n tueddu i ddigwydd yw'r rhai sy'n ecsothermig. Mae rhai cyfansoddion yn sefydlog tra bo eraill yn dadelfennu i'w helfennau neu gyfansoddion eraill. Gall dadansoddiad o dorri a ffurfio bondiau yn nhermau newidiadau enthalpi helpu i esbonio pam mae sefydlogrwydd cyfansoddion mor wahanol.

Newidiadau enthalpi a bondio ïonig

Atomau i ïonau

Mae esboniadau syml o fondio ïonig yn dangos trosglwyddiad electronau o atom metel i atom anfetel gan ffurfio ïonau wedi'u gwefru sy'n atynnu ei gilydd.

atom sodiwm, Na
2e,8e,1e

atom clorin, Cl
2e,8e,7e

+

−

ïon sodiwm, Na⁺
2e,8e

ïon clorid, Cl⁻
2e,8e,8e

Ffigur 2.17.2 ▶
Trosglwyddo electronau rhwng atomau sodiwm ac atomau clorin i ffurfio ïonau

Ffigur 2.17.1 ▲
Sodiwm yn llosgi mewn clorin - adwaith ecsothermig. Egni ffurfiant safonol sodiwm clorid yw −411 kJ mol⁻¹.

Mae Ffigur 2.17.2 wedi'i symleiddio mewn sawl ffordd. Anwybyddir y ffaith fod y metel, wrth i sodiwm adweithio â chlorin, yn ddellten risial solet i gychwyn, a bod yr anfetel yn cynnwys moleciwlau. Does dim sôn chwaith yn y diagram o ble y daw'r egni i dynnu electronau o'r atom sodiwm. Enthalpi ïoneiddiad cyntaf sodiwm yw +496 kJ mol⁻¹.

Dadansoddiad manwl o'r newid enthalpi yn ystod ffurfiant cyfansoddion ïonig oedd un o'r nifer fawr o broblemau ymchwil yr aeth y ffisegydd o'r Almaen, Max Born (1882–1970), i'r afael â hwy. Arweiniodd ei waith, ynghyd â gwaith Fritz Haber, at y gylchred Born-Haber sy'n gylchred thermocemegol ar gyfer ymchwilio i sefydlogrwydd a bondio cyfansoddion o fetelau ag anfetelau.

Enthalpïau dellt

Fel rheol, caiff yr enthalpi dellt ei ddiffinio fel y newid enthalpi safonol pan gaiff un môl o gyfansoddyn ïonig ei ffurfio o ïonau nwyol rhydd. Ar gyfer sodiwm clorid, diffinnir yr enthalpi dellt gan:

$$\text{Na}^+(\text{n}) + \text{Cl}^-(\text{n}) \rightarrow \text{NaCl}(\text{s}) \qquad \Delta H^\ominus_\text{dellt} = -787 \text{ kJ mol}^{-1}$$

Mae'n bwysig gwahaniaethu rhwng yr enthalpi dellt ac enthalpi ffurfiant safonol cyfansoddyn sy'n cyfeirio at ffurfiant cyfansoddyn o'i elfennau. Ar gyfer sodiwm clorid:

$$\Delta H^\ominus_\text{f} [\text{NaCl}(\text{s})] = -411 \text{ kJ mol}^{-1}.$$

Diffiniad

Gwrthdro'r enthalpi dellt yw'r **enthalpi daduniad dellt** pan fydd un môl o gyfansoddyn ïonig yn gwahanu i roi ïonau nwyol rhydd. Mae gan hwn yr un maint ond arwydd dirgroes. Felly enthalpi daduniad dellt ar gyfer sodiwm clorid = +787 kJ mol⁻¹.

63

Ffigur 2.17.3 ▶

Enthalpi dellt yw'r egni a fyddai'n cael ei ryddhau i'r amgylchedd (saethau coch) pe gallai 1 mol o gyfansoddyn ffurfio'n uniongyrchol o ïonau nwyol rhydd wrth iddynt frysio at ei gilydd ac adeiladu eu hunain yn ddellten risial (saethau duon). Mae cylchred Born-Haber yn cymhwyso deddf Hess ac yn ei gwneud hi'n bosib cyfrifo enthalpïau dellt na ellir eu mesur trwy arbrawf

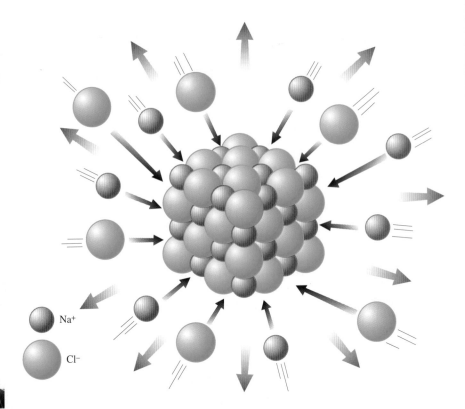

Na⁺

Cl⁻

Grymoedd electrostatig yw'r grymoedd rhwng gronynnau wedi'u gwefru. Mae gwefrau dirgroes yn atynnu ei gilydd. Er enghraifft, bydd ïonau positif yn atynnu ïonau negatif mewn cyfansoddion ïonig. Mae gwefrau tebyg yn gwrthyrru ei gilydd.

Mae maint y grym electrostatig rhwng dwy wefr yn amrywio yn ôl deddf Coulomb. Po fwyaf yw'r gwefrau, y cryfaf yw'r grym – mae'r grym mewn cyfrannedd â maint y gwefrau, Q. Po fwyaf yw'r pellter, d, rhwng y gwefrau, y lleiaf yw'r grym – mae'r grym mewn cyfrannedd wrthdro â sgwâr y pellter.

grym electrostatig

$$\propto \frac{Q_1 \times Q_2}{d^2}$$

Cylchredau Born-Haber

Mae cylchred Born-Haber yn adnabod yr holl newidiadau enthalpi sy'n cyfrannu at gyfanswm yr enthalpi ffurfiant safonol ar gyfer cyfansoddyn. Yn gyffredinol, mae angen egni i greu ïonau nwyol rhydd o elfennau yn eu cyflwr naturiol. Caiff egni ei ryddhau pan ddaw'r ïonau hyn ynghyd i ffurfio dellten risial.

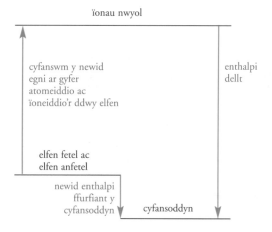

ïonau nwyol

cyfanswm y newid egni ar gyfer atomeiddio ac ïoneiddio'r ddwy elfen

enthalpi dellt

elfen fetel ac elfen anfetel

newid enthalpi ffurfiant y cyfansoddyn

cyfansoddyn

CD-ROM

Ffigur 2.17.4 ▲

Prif nodweddion cylchred Born-Haber. Ni fydd atomau ac ïonau nwyol fel rheol yn cymryd rhan mewn adweithiau cemegol yn y labordy. Dyfais ddamcaniaethol yw cylchred Born-Haber

Caiff cylchred Born-Haber ei dangos yn aml ar ffurf diagram lefelau egni.

Gellir mesur pob term mewn cylchred Born-Haber drwy arbrawf, heblaw am yr enthalpi dellt. Trwy gymhwyso deddf Hess, mae'n bosib cyfrifo'r un term anhysbys, sef yr enthalpi dellt.

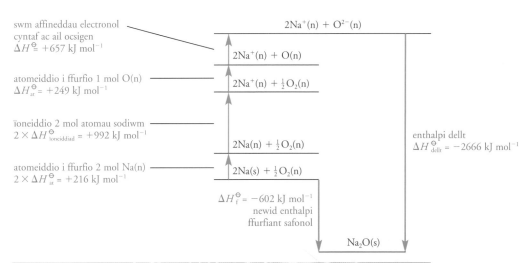

swm affineddau electronol cyntaf ac ail ocsigen
$\Delta H^{\ominus} = +657$ kJ mol^{-1}

$2Na^+(n) + O^{2-}(n)$

$2Na^+(n) + O(n)$

atomeiddio i ffurfio 1 mol O(n)
$\Delta H^{\ominus}_{at} = +249$ kJ mol^{-1}

$2Na^+(n) + \frac{1}{2}O_2(n)$

ïoneiddio 2 mol atomau sodiwm
$2 \times \Delta H^{\ominus}_{ioneiddiad} = +992$ kJ mol^{-1}

$2Na(n) + \frac{1}{2}O_2(n)$

atomeiddio i ffurfio 2 mol Na(n)
$2 \times \Delta H^{\ominus}_{at} = +216$ kJ mol^{-1}

$2Na(s) + \frac{1}{2}O_2(n)$

enthalpi dellt
$\Delta H^{\ominus}_{dellt} = -2666$ kJ mol^{-1}

$\Delta H^{\ominus}_f = -602$ kJ mol^{-1}
newid enthalpi ffurfiant safonol

$Na_2O(s)$

Cemeg Ffisegol · **Adran dau**

Ffigur 2.17.5 ▲
Cylchred Born-Haber ar gyfer sodiwm ocsid

Diffiniadau

Y **newid enthalpi atomeiddiad** yw'r newid enthalpi i gynhyrchu un môl o atomau nwyol o elfen. Rhaid i'r elfen ar y cychwyn fod yn ei chyflwr safonol (cyflwr sefydlog arferol) ar 298 K a gwasgedd o 1 bar.

Yr **enthalpi ïoneiddiad** cyntaf ar gyfer elfen yw'r egni sydd ei angen i dynnu'r electron cyntaf o un môl o atomau nwyol. Bydd egnïon ïoneiddiad olynol ar gyfer yr un elfen yn mesur yr egni sydd ei angen i dynnu'r ail, trydydd, pedwerydd electron ac yn y blaen.

Yr **affinedd electronol** yw'r newid enthalpi pan fydd atomau nwyol o elfen yn ennill electronau i newid yn ïonau negatif. Caiff y term hwn ei ddiffinio'n fwy manwl gywir fel yr **enthalpi ychwanegu electronau.**

Enthalpi ychwanegu electronau cyntaf elfen yw'r newid enthalpi pan fydd un môl o atomau nwyol yn ennill electronau i ffurfio un môl o ïonau nwyol ag un wefr negatif. Mae'r ddau hafaliad hwn yn diffinio'r enthalpi ychwanegu electronau cyntaf a'r ail ar gyfer ocsigen:

$O(n) + e^- \rightarrow O^-(n)$ $\Delta H^{\ominus} = -141$ kJ mol^{-1}

$O^-(n) + e^- \rightarrow O^{2-}(n)$ $\Delta H^{\ominus} = +798$ kJ mol^{-1}

Proses ecsothermig yw ennill yr electron cyntaf, ond mae ychwanegu ail electron at ronyn sydd wedi'i wefru'n negatif yn broses endothermig. Yn ei chyfanrwydd, mae'r broses o ychwanegu dau electron at atom ocsigen nwyol yn endothermig.

Yr **enthalpi dellt** ar gyfer solid ïonig yw'r newid enthalpi safonol pan fydd un môl o gyfansoddyn ïonig yn ffurfio o ïonau nwyol rhydd.

Mae **enthalpi ffurfiant safonol** cyfansoddyn yn cyfeirio at ffurfiant 1 môl o'r cyfansoddyn o'i elfennau yn eu cyflwr safonol.

Prawf i chi   D

1 Ystyriwch ffigur 2.17.6 ar dudalen 66, sef cylchred Born-Haber ar gyfer magnesiwm clorid.
   a) Enwch y newidiadau enthalpi $\Delta H^{\ominus}_1$, $\Delta H^{\ominus}_2$, $\Delta H^{\ominus}_3$, $\Delta H^{\ominus}_4$, $\Delta H^{\ominus}_5$, $\Delta H^{\ominus}_6$ a $\Delta H^{\ominus}_7$.
   b) Cyfrifwch yr enthalpi dellt ar gyfer magnesiwm clorid.

2 Dangoswch fod cylchred Born-Haber yn gymhwysiad o ddeddf Hess.

3 Lluniwch gylchred Born-Haber ar gyfer sodiwm clorid gan ddefnyddio data o'r adran gyfeirio ar dudalennau 244 a 247. Pa rai yw'r prif dermau enthalpi sy'n penderfynu sefydlogrwydd sodiwm clorid?

4 Esboniwch pam mae newid enthalpi atomeiddiad bromin yn hafal i hanner swm yr enthalpi anweddiad a'r enthalpi daduniad bond.

Ffigur 2.17.6 ▶

Cylchred Born-Haber ar gyfer magnesiwm clorid

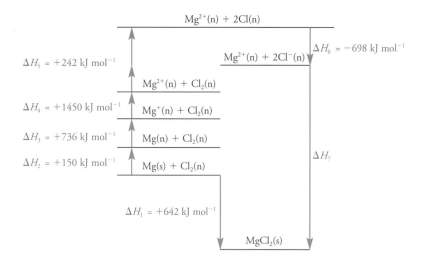

Sefydlogrwydd cyfansoddion ïonig

Gall cylchred Born-Haber helpu i benderfynu ar y ffactorau sy'n pennu sefydlogrwydd neu ansefydlogrwydd cyfansoddyn. Er mwyn i gyfansoddyn fod yn sefydlog o'i gymharu â'i elfennau, rhaid i'r enthalpi dellt fod yn fwy negatif na chyfanswm yr egni sydd ei angen i gynhyrchu ïonau nwyol o'r elfennau.

Mae egnïon dellt yn fesur o gryfder y bondio ïonig mewn grisial. Canlyniad y grymoedd electrostatig rhwng ïonau â gwefrau dirgroes yw bondio ïonig. Felly, ar gyfer grisial penodol, bydd yr enthalpïau dellt yn cynyddu:

■ os yw'r wefr ar yr ïonau yn cynyddu

■ os yw'r ïonau'n mynd yn llai (ac felly'n nes at ei gilydd).

Nodyn

Mae enthalpïau dellt, o'u diffinio fel arfer, yn negatif. Golyga hyn fod y disgrifiadau 'mwy' neu 'llai' yn amwys wrth gymharu egnïon dellt. Mae'n well dweud bod un enthalpi dellt yn fwy neu'n llai negatif nag un arall.

Prawf i chi

5 a) Enwch y newidiadau enthalpi isod sy'n cyfeirio at ffurfiant y cyfansoddyn tybiedig MgCl. Nodwch pa feintiau y gellir eu mesur drwy arbrofion (yn uniongyrchol neu'n anuniongyrchol) a pha rai sy'n rhaid eu hamcangyfrif yn ddamcaniaethol.

$Mg^+(n) + Cl^-(n) \rightarrow MgCl(s)$ $\Delta H^\ominus = -753$ kJ mol^{-1}

$\frac{1}{2}Cl_2(n) \rightarrow Cl(n)$ $\Delta H^\ominus = +122$ kJ mol^{-1}

$Cl(n) + e^- \rightarrow Cl^-(n)$ $\Delta H^\ominus = -349$ kJ mol^{-1}

$Mg(s) \rightarrow Mg(n)$ $\Delta H^\ominus = +156$ kJ mol^{-1}

$Mg(n) \rightarrow Mg^+(n)$ $\Delta H^\ominus = +738$ kJ mol^{-1}

b) Defnyddiwch y data uchod i lunio cylchred Born-Haber ar gyfer y cyfansoddyn dychmygol $MgCl(s)$, yna cyfrifwch werth ar gyfer enthalpi ffurfiant safonol $MgCl(s)$.

c) Defnyddiwch eich ateb i b) ac enthalpi ffurfiant safonol $MgCl_2(s)$ i gyfrifo'r newid enthalpi safonol ar gyfer yr adwaith:

$2MgCl(s) \rightarrow MgCl_2(s) + Mg(s)$

$\Delta H_f^\ominus[MgCl_2(s)] = -642$ kJ mol^{-1}

ch) Pa mor sefydlog yw $MgCl(s)$ o'i gymharu ag $MgCl_2(s)$?

6 Mae cylchred Born-Haber ar gyfer y cyfansoddyn tybiedig $MgCl_3$ yn awgrymu, ar gyfer y cyfansoddyn hwn, y byddai $\Delta H_f^\ominus[MgCl_3] = +3950$ kJ mol^{-1} er gwaetha'r ffaith fod amcangyfrif o'r enthalpi dellt ar gyfer y cyfansoddyn yn -5440 kJ mol^{-1}. Esboniwch werth positif mawr y newid egni ar gyfer y cyfansoddyn dychmygol hwn a disgrifiwch ei sefydlogrwydd o'i gymharu â'r elfennau rhydd ac ag $MgCl_2(s)$.

7 Sut gall eich atebion i gwestiynau 5 a 6 ddarparu cyfiawnhad damcaniaethol i'r rheol wythawdau o'i chymhwyso i ffurfiant ïonau magnesiwm o atomau magnesiwm?

Ïonig neu gofalent?

Gall cylchred Born-Haber hefyd fod o gymorth wrth geisio penderfynu a yw'r bondio mewn cyfansoddyn yn wirioneddol ïonig. Gellir cymharu'r egni dellt arbrofol a gyfrifwyd o gylchred Born-Haber â'r gwerth damcaniaethol a gyfrifwyd trwy ddefnyddio deddfau electrostateg a thrwy dybio mai ïonig yw'r unig math o fondio yn y grisial.

Gyda chymorth deddfau electrostateg, mae'n bosib cyfrifo gwerth damcaniaethol ar gyfer enthalpi dellt grisial ïonig drwy symio effeithiau'r holl atyniadau a gwrthyriadau rhwng yr ïonau yn y ddellten risial.

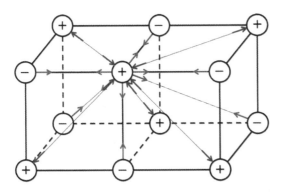

Cemeg Ffisegol
Adran dau

◀ **Ffigur 2.17.7**
Ychydig o'r nifer fawr o atyniadau a gwrthyriadau sy'n rhaid eu hystyried wrth ddefnyddio deddfau electrostateg i gyfrifo gwerth damcaniaethol ar gyfer enthalpi dellt grisial ïonig

Cyfansoddyn	Enthalpi dellt arbrofol o gylchred Born-Haber/ kJ mol^{-1}	Enthalpi dellt damcaniaethol a gyfrifwyd trwy dybio bod y bondio i gyd yn ïonig/kJ mol^{-1}
NaCl	−788	−766
NaBr	−719	−731
NaI	−670	−686
KCl	−718	−692
KBr	−656	−667
KI	−615	−631
AgCl	−921	−769
ZnS	−3739	−3430

Ffigur 2.17.8 ▲

Mae bondio ïonig pur yn deillio'n llwyr o'r rhyngweithiadau electrostatig rhwng yr ïonau mewn grisial. Mae'r gwerthoedd yn y tabl yn dangos y gall bondio ïonig esbonio, i raddau helaeth, yr enthalpïau dellt ar gyfer halidau sodiwm a photasiwm. Mae cytundeb da rhwng y gwerthoedd damcaniaethol ac arbrofol.

Mae egni dellt arian clorid yn fwy nag y gellir ei esbonio gan fondio ïonig. Mae'r bondio hanner ffordd rhwng ïonig a chofalent. Mae'r bondio'n gryfach nag a ragfynegwyd gan fodel ïonig pur o ganlyniad i gyfraniad y bondio cofalent. Ceir anghysondeb tebyg ar gyfer sinc sylffid.

Prawf i chi

8 Dyma bedwar gwerth ar gyfer egni dellt, mewn kJ mol^{-1}: 3791, 3299, 3054, 2725. Dyma'r pedwar cyfansoddyn ïonig sydd â'r pedwar gwerth hyn: BaO, MgO, BaS ac MgS. Nodwch pa werth sy'n perthyn i ba fformiwla a chyfiawnhewch eich dewis.

Rheolau Fajans

Mae rheolau Fajans yn ganllaw sy'n helpu i ragfynegi'r graddau y bydd y bondio mewn cyfansoddyn yn ïonig neu hanner ffordd rhwng ïonig a chofalent. Cemegydd ffisegol oedd Kasimir Fajans (1887–1975) ac fe sylwodd fod bondio ïonig yn cael ei ffafrio:

- os yw'r wefr ar yr ïonau yn fach (1+ neu 2+, 1− neu 2−)
- os yw radiws yr ïon positif yn fawr a radiws yr ïon negatif yn fach.

Dylid cymhwyso rheolau Fajans drwy ddychmygu bondio ïonig rhwng dau atom ac yna ystyried i ba raddau y bydd yr ïon metel positif yn polareiddio'r ïonau negatif cyfagos i beri ychydig o rannu electronau (hynny yw ychydig o fondio cofalent).

Ffigur 2.17.9 ▶
Bondio ïonig gyda rhannu cynyddol ar yr electronau gan fod yr ïon positif wedi polareiddio'r ïon negatif. Mae cylchoedd toredig yn dangos ïonau amholareiddiedig

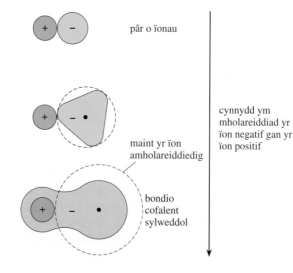

pâr o ïonau

cynnydd ym mholareiddiad yr ïon negatif gan yr ïon positif

maint yr ïon amholareiddiedig

bondio cofalent sylweddol

Po fwyaf yw'r ïon negatif, a'r mwyaf yw'r wefr arno, y mwyaf polareiddiadwy ydyw. Felly mae ïonau ïodid yn fwy polareiddiadwy nag ïonau fflworid. Mae fflworin, sydd ag ïon fflworid bach ag un wefr, yn ffurfio mwy o gyfansoddion ïonig nag unrhyw anfetel arall.

Newidiadau enthalpi a bondio cofalent

Gellir ymchwilio i sefydlogrwydd cyfansoddion moleciwlaidd gyda chymorth enthalpïau bond cyfartalog.

Cyfanswm y newid enthalpi ar gyfer adwaith yw'r gwahaniaeth rhwng yr egni sydd ei angen i dorri bondiau yn yr adweithyddion a'r egni a ryddheir wrth i fondiau newydd ffurfio yn y cynhyrchion (gweler tudalennau 64–65).

Wrth ymchwilio i fondiau sy'n torri, bydd cemegwyr yn gwahaniaethu rhwng:

- **enthalpïau daduniad bondiau** – gwerthoedd trachywir ar gyfer bondiau penodol
- **enthalpïau bond cyfartalog** – gwerthoedd cymedrig sy'n ganllaw bras defnyddiol.

Y newid enthalpi wrth dorri un môl o fond cofalent penodol mewn moleciwl nwyol yw enthalpi daduniad bond. Mewn moleciwlau a chanddynt ddau neu ragor o fondiau rhwng atomau tebyg, nid yw'r egnïon sydd eu hangen i dorri bondiau olynol yr un peth. Mewn dŵr, er enghraifft, mae angen 498 kJ mol⁻¹ o egni i dorri'r bond O—H cyntaf mewn H—O—H(n), ond 428 kJ mol⁻¹ o egni sydd ei angen i dorri'r ail fond O—H mewn OH(n).

Enthalpïau bond (neu egnïon bond) cyfartalog yw'r gwerthoedd cyfartalog ar gyfer enthalpïau daduniad bond a ddefnyddir mewn cyfrifiadau bras i amcangyfrif newidiadau enthalpi ar gyfer adweithiau.

Mae gwerthoedd cymedrig enthalpïau bond yn ystyried y ffeithiau canlynol:

▨ nid yw'r enthalpïau daduniad bond olynol yr un peth mewn cyfansoddion megis dŵr neu fethan

▨ mae'r enthalpi daduniad bond ar gyfer bond cofalent penodol yn amrywio ychydig o un moleciwl i'r nesaf.

Datrysiad enghreifftiol

Defnyddiwch enthalpïau bond cyfartalog i amcangyfrif enthalpi ffurfiant hydrogen perocsid.

Nodiadau ar y dull

Tynnwch ddiagram neu ysgrifennwch hafaliad i ddangos pob atom a bond yn y moleciwlau er mwyn ei gwneud hi'n haws cyfrif nifer y bondiau a gaiff eu torri a'u ffurfio.

Chwiliwch am yr egnïon bond cyfartalog mewn llyfr data. Mae'r symbol $E(O-H)$ yn cynrychioli egni bond cyfartalog bond cofalent rhwng atom ocsigen ac atom hydrogen.

Ateb

Diagram ar gyfer yr adwaith:

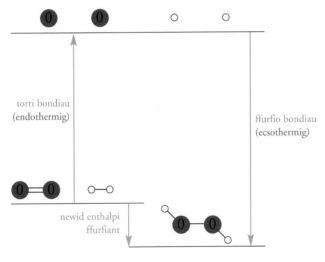

torri bondiau
(endothermig)

ffurfio bondiau
(ecsothermig)

newid enthalpi
ffurfiant

◀ **Ffigur 2.17.10**
Diagram i ddangos bondiau'n torri a bondiau'n ffurfio ar gyfer trawsnewid ocsigen a hydrogen yn hydrogen perocsid

Yr egni sydd ei angen i dorri'r bondiau yn yr adweithyddion

$= E(O=O)$ kJ mol^{-1} + $E(H-H)$ kJ mol^{-1}

$= 498$ kJ mol^{-1} + 436 kJ mol^{-1}

$= 934$ kJ mol^{-1}

Yr egni a ryddheir wrth i fondiau newydd ffurfio i wneud y cynnyrch

$= E(O-O)$ kJ mol^{-1} + $2E(O-H)$ kJ mol^{-1}

$= 144$ kJ mol^{-1} + 2×464 kJ mol^{-1}

$= 1072$ kJ mol^{-1}

Mae angen llai o egni i dorri bondiau nag a ryddheir wrth ffurfio bondiau felly mae'r adwaith yn ecsothermig ac mae'r newid enthalpi yn negatif.

$\Delta H^{\ominus} = +934$ kJ mol^{-1} $- 1072$ kJ mol^{-1} $= -138$ kJ mol^{-1}

Cemeg Ffisegol

Adran dau

10 Amcangyfrifwch y newid enthalpi wrth i 1 mol o oson, O_3, ffurfio o ocsigen. Gwyddom fod $E(O-O) = 302$ kJ mol^{-1} mewn oson a bod $E(O=O) = 498$ kJ mol^{-1} mewn ocsigen.

11 Defnyddiwch y tabl o enthalpïau bond cyfartalog ar dudalen 247 i gyfrifo'r newid enthalpi ar gyfer ffurfiant yr hydridau hyn o'u helfennau moleciwlaidd. Rhowch eich sylwadau ar unrhyw batrymau yn y gwerthoedd.

a) amonia, NH_3(n)

b) dŵr, H_2O(n)

c) hydrogen fflworid, HF(n)

12 Pa un sy'n debygol o roi'r ateb mwyaf cywir – cyfrifo'r newid enthalpi ar gyfer adwaith

a) o egnïon bond cyfartalog, neu

b) o enthalpïau ffurfiant?

13 Rhowch eich sylw ar yr arsylwadau hyn:

a) Gall nwy N_2O ail-gynnau prennyn sy'n mudlosgi. $\Delta H_f^{\ominus}[N_2O] = +82.0$ kJ mol^{-1}.

b) Ni fydd clorin yn adweithio gyda graffit poeth. $\Delta H_f^{\ominus}[CCl_4] = -129.9$ kJ mol^{-1}.

c) Wrth suddo gwifren eiriasboeth i jar o nwy hydrogen ïodid, cynhyrchir mygdarth porffor a fflam. $\Delta H_f^{\ominus}[HI] = +26.5$ kJ mol^{-1}.

Newidiadau enthalpi a sefydlogrwydd

Sefydlogrwydd a chyfeiriad y newid

Gwresogwch fagnesiwm mewn fflam ac, wedi i'r adwaith gychwyn, fe fydd yn llosgi'n llachar i ffurfio magnesiwm ocsid, sydd yn gyfansoddyn sefydlog dros ben. Fel nifer o adweithiau ecsothermig eraill, wedi iddo gychwyn mae'n tueddu i barhau. Bydd nifer o adweithiau ecsothermig yn dal ati i barhau wedi iddynt gychwyn. Yn gyffredinol, bydd cemegwyr yn disgwyl i adwaith barhau os ydyw'n un ecsothermig.

Am y rheswm hwn, mae cemegwyr yn disgwyl i gyfansoddion fod yn sefydlog o'u cymharu â'u helfennau os yw'r enthalpïau ffurfiant safonol yn negatif. Felly yr adweithiau sy'n rhyddhau egni i'w hamgylchedd yw'r rhai a fydd yn tueddu i ddigwydd. Mae hyn yn unol â'r profiad cyffredin bod newid yn digwydd i'r cyfeiriad lle caiff egni ei ledaenu o gwmpas a'i ddisbyddu i'r amgylchedd.

Felly mae arwydd y $\Delta H_f^{\ominus}$ yn ganllaw i sefydlogrwydd cemegol ac i gyfeiriad tebygol y newid, ond nid yw'n ganllaw cwbl ddibynadwy am dri phrif reswm:

■ Yn gyntaf, gall cyfeiriad y newid ddibynnu ar amodau'r tymheredd a'r gwasgedd. Mae amonia yn sefydlog ac nid yw'n tueddu i ddadelfennu i'w elfennau ar dymheredd ystafell. $\Delta H_f^{\ominus}[NH_3] = -46.0$ kJ mol^{-1}. Mae'n mynd yn llai sefydlog wrth i'r tymheredd godi.

■ Yn ail, er bod adwaith yn ecsothermig dros ben ac yn tueddu i ddigwydd, gall y gyfradd newid fod mor araf nes bod y cemegyn yn ymddangos yn anadweithiol. Mae dadelfeniad sodiwm asaid solet yn hynod ecsothermig a gall fod yn ffrwydrol, ond mae'r solid, yn ôl pob golwg, yn sefydlog ar dymheredd ystafell oni chaiff ei wresogi neu oni roddir sioc sydyn iddo.

■ Yn drydydd, mae yna enghreifftiau o adweithiau endothermig sy'n digwydd yn ddigymell. Felly gall adwaith a chanddo ΔH positif dueddu i ddigwydd. Mae dadelfeniad magnesiwm carbonad yn endothermig, ond bydd yr adwaith yn barod iawn i ddigwydd wedi i'r cyfansoddyn gyrraedd tymheredd uwch na 540°C.

Sefydlogrwydd carbonadau grŵp 2

Mae holl garbonadau metelau grŵp 2 yn sefydog ar dymheredd ystafell, ond byddant yn dadelfennu wrth gael eu gwresogi. Wrth iddynt ddadelfennu byddant yn hollti'n fetel ocsid a charbon deuocsid.

$$MgCO_3(s) \rightarrow MgO(s) + CO_2(n)$$

Bob tro mae cemegwyr yn defnyddio'r gair 'sefydlogrwydd', maent yn gwneud cymariaethau. Ar gyfer carbonadau grŵp 2, y cwestiwn yw pa un yw'r mwyaf sefydlog: y metel carbonad neu gymysgedd o'r metel ocsid a charbon deuocsid?

Mae'r rhan fwyaf o gyfansoddion elfennau grwpiau 1 a 2 yn ïonig. Felly bydd cemegwyr yn ceisio esbonio gwahaniaethau ym mhriodweddau cyfansoddion yr elfennau hyn yn nhermau dau ffactor:

■ y wefr ar yr ïonau metel, a
■ maint yr ïonau metel.

Yn gyffredinol, mae carbonadau grŵp 2 yn llai sefydlog na chyfansoddion cyfatebol grŵp 1. Mae hyn yn awgrymu po fwyaf yw'r wefr ar yr ïon metel, y lleiaf sefydlog yw'r cyfansoddion.

Mae'r carbonadau'n mynd yn fwy sefydlog wrth fynd i lawr grŵp 2. Mae hyn yn awgrymu po fwyaf yw'r ïon metel, y mwyaf sefydlog yw'r cyfansoddyn.

Mae Ffigur 2.17.11 yn dangos ar ba dymereddau y bydd carbonadau metelau grŵp 2 yn dechrau dadelfennu. Mae'r ffigurau'n cadarnhau mai magnesiwm carbonad yw'r lleiaf sefydlog – bydd yn dadelfennu'n rhwydd wrth gael ei wresogi mewn fflam Bunsen. Bariwm carbonad yw'r mwyaf sefydlog.

Cyfansoddyn	T/°C	$\Delta H^{\ominus}_{\text{adwaith dadelfennu}}$/kJ mol^{-1}
MgCO$_3$	540	+117
CaCO$_3$	900	+176
SrCO$_3$	1280	+238
BaCO$_3$	1360	+268

Ffigur 2.17.11 ▲
Y tymheredd pan fydd carbonadau grŵp 2 yn dechrau dadelfennu a'r newid enthalpi ar gyfer yr adwaith dadelfennu

Bydd cemegwyr yn ceisio esbonio'r tueddiad yn y sefydlogrwydd thermol drwy ddadansoddi'r newidiadau egni.

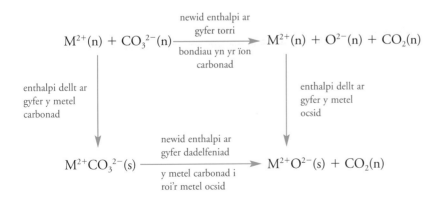

◀ *Ffigur 2.17.12*
Cylchred egni ar gyfer dadelfeniad carbonad grŵp 2

Dyma'r meintiau egni allweddol ar gyfer Ffigur 2.17.12:

▪ yr egni sydd ei angen i hollti'r ïon carbonad yn ïon ocsid a charbon deuocsid

▪ yr egni a ryddheir wrth i'r gwefrau 2+ a 2− nesáu at ei gilydd pan fo'r ïonau carbonad mwy yn hollti'n ïonau ocsid llai a charbon deuocsid. (Dyma'r gwahaniaeth rhwng enthalpi dellt llai negatif y carbonad ac enthalpi dellt mwy negatif yr ocsid.)

Ffigur 2.17.13 ▶
Dadelfeniad carbonad grŵp 2. Po leiaf yw'r ïon metel, y lleiaf sefydlog yw'r cyfansoddyn. Mae angen egni i dorri bondiau yn yr ïon carbonad. Rhyddheir egni wrth i'r ïonau carbonad 2 − mwy newid yn ïonau ocsid 2 − llai ac wrth i'r gwefrau nesáu at ei gilydd. Mae'r egni'n fwy yn ôl ei gyfran pan fydd yr ïon metel yn fach

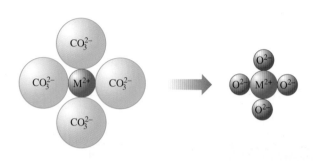

Y ffactor allweddol wrth esbonio'r tueddiad yn y sefydlogrwydd yw'r egni a ryddheir wrth i'r ïonau nesáu at ei gilydd. Yr egni hwn yw'r gwahaniaeth rhwng enthalpïau dellt y carbonad (MCO$_3$) a'r ocsid (MO). Mae'r gwahaniaeth yn fwy os yw'r ïon metel yn fach nag ydyw os yw'n fawr.

Mae'r enthalpi dellt ar gyfer cyfansoddyn ïonig mewn cyfrannedd wrthdro â swm radiysau ïonig yr ïon positif a'r ïon negatif. Wrth fynd i lawr grŵp 2 mae meintiau'r enthalpïau dellt yn lleihau (mynd yn llai negatif) o un cyfansoddyn i'r nesaf wrth i radiysau ïonig yr ïonau metel gynyddu.

Ar gyfer anïon mawr, megis carbonad, mae'r egni dellt ond yn lleihau (mynd yn llai negatif) yn araf wrth i radiws yr ïon metel gynyddu i lawr y grŵp o Mg^{2+} i Ba^{2+}. Ar gyfer yr ïon ocsid llai, fodd bynnag, mae maint yr enthalpi dellt yn lleihau yn gynt wrth i radiws y catïon gynyddu. O ganlyniad, mae'r gwahaniaeth rhwng yr enthalpïau dellt yn lleihau i lawr y grŵp, felly rhyddheir llai o egni wrth i'r ddellten gyfangu pan fo'r cyfansoddion yn dadelfennu, ac mae'r carbonad yn fwy sefydlog.

Mae angen amser i ddadansoddi'r newidiadau egni yn fanwl, felly bydd cemegwyr, er hwylustod, yn cydberthyn sefydlogrwydd cyfansoddion megis carbonadau â nerth polareiddio'r ïonau metel (gweler tudalen 68). Yn gyffredinol, po fwyaf yw nerth polareiddio'r ïon metel, y lleiaf sefydlog yw'r carbonad a'r mwyaf tebygol ydyw o ddadelfennu'n ocsid.

Prawf i chi

14 a) A yw gwerthoedd y newidiadau enthalpi ar gyfer dadelfeniad carbonadau grŵp 2 a roddir yn Ffigur 2.17.11 yn ganllaw i sefydlogrwydd cymharol y cyfansoddion hyn?

b) A all gwerthoedd y newidiadau enthalpi hyn esbonio'r ffaith fod y cyfansoddion hyn yn mynd yn llai sefydlog wrth i'r tymheredd godi?

15 Pam mae enthalpi dellt magnesiwm ocsid yn fwy negatif nag enthalpi dellt bariwm ocsid?

16 Pam mae enthalpi dellt magnesiwm ocsid yn fwy negatif nag enthalpi dellt magnesiwm carbonad?

17 Pam mae'r gwahaniaeth rhwng enthalpïau dellt y carbonadau a'r ocsidau metel mor arwyddocaol wrth esbonio'r tueddiad yn sefydlogrwydd carbonadau grŵp 2?

2.18 Hydoddedd grisialau ïonig

Pam mae grisialau ïonig yn hydoddi mewn dŵr o wybod bod yr ïonau yn y ddellten wedi'u hatynnu'n gryf at ei gilydd? Pam mae bariwm sylffad yn anhydawdd mewn dŵr tra bo magnesiwm sylffad yn hydawdd? Pam mae sodiwm clorid yn hydoddi mewn dŵr er gwaetha'r ffaith fod y broses yn un endothermig? Pa ffactorau, yn gyffredinol, sy'n penderfynu i ba raddau y bydd halwyn ïonig yn hydoddi? Bydd cemegwyr yn chwilio am atebion i gwestiynau tebyg drwy ddadansoddi'r newidiadau egni sy'n digwydd wrth i'r grisialau hydoddi.

◀ Ffigur 2.18.1
Halwynau grisialog yn y Môr Marw yn Israel

Newidiadau egni yn ystod hydoddi

Ni fydd cyfansoddyn ïonig megis sodiwm clorid yn hydoddi mewn hydoddyddion amholar megis hecsan, ond byddant yn hydoddi mewn hydoddyddion polar megis dŵr. Mae cyfanswm y newid egni yn eithaf bach:

$$NaCl(s) + d \rightarrow Na^+(d) + Cl^-(d) \qquad \Delta H^\ominus_{\text{hydoddiant}} = +3 \text{ kJ mol}^{-1}$$

Yn yr hafaliad hwn mae '+ d' yn ffordd llaw fer o ysgrifennu adio dŵr.

Bydd sodiwm clorid yn hydoddi mewn dŵr er gwaetha'r ffaith fod y broses yn un endothermig. Dyma enghraifft arall i ddangos nad yw'r arwydd ΔH yn ganllaw pendant i ddangos a fydd proses yn digwydd ai peidio, yn enwedig pan fydd maint ΔH yn fach. Yr hyn sydd *yn* peri syndod yw'r ffaith fod cyfanswm y newid egni mor fach o wybod bod angen $+787$ kJ mol^{-1} o egni ($-$ enthalpi dellt) i rannu'r ïonau o risial sodiwm clorid.

Nid yw'n amlwg pam mae'r ïonau sydd wedi'n gwefru mewn grisial o sodiwm clorid yn gwahanu ac yn mynd i hydoddiant â newid egni mor fach. O ble y daw'r egni i oresgyn yr atyniad rhwng yr ïonau? Mae'r esboniad yn syml: mae'r ïonau wedi'u hydradu gymaint gan y moleciwlau dŵr polar fel bo swm y newidiadau enthalpi hydradiad mwy neu lai yn cydbwyso'r egni dellt.

Cemeg Ffisegol

Adran dau

73

Ffigur 2.18.2 ▶

Mae ïonau sodiwm a chlorid wedi'u hydradu pan fyddant yn hydoddi. Caiff moleciwlau dŵr polar eu hatynnu at ïonau positif a hefyd at ïonau negatif. Yma, atyniad electrostatig yw'r bond rhwng yr ïonau a'r moleciwlau dŵr polar

ïon sodiwm hydradol

ïon clorid hydradol

Diffiniadau

Y newid enthalpi hydradiad yw'r newid enthalpi wrth i un môl o ïonau nwyol gael ei hydradu o dan amodau safonol i gynhyrchu hydoddiant sydd â chrynodiad o 1 mol dm^{-1} o ïonau. Er enghraifft, ar gyfer ïonau sodiwm

$Na^+(n) + d \rightarrow Na^+(d)$

$\Delta H^{\ominus}_{hydradiad} = -444$ kJ mol^{-1}

Y newid enthalpi hydoddiant ar gyfer cyfansoddyn yw'r newid enthalpi wrth i un môl o sylwedd hydoddi mewn swm penodol o ddŵr o dan amodau safonol.

$NaCl(s) + d \rightarrow$
$\quad Na^+(d) + Cl^-(d)$
$\Delta H^{\ominus}_{hydoddiant} = +3$ kJ mol^{-1}

Y newid enthalpi hydoddiant yw'r gwahaniaeth rhwng yr egni sydd ei angen i wahanu'r ïonau o'r ddellten risial (– egni dellt) a'r egni a ryddheir wrth i'r ïonau gael eu hydradu (swm yr enthalpïau hydradiad).

$$\Delta H^{\ominus}_{hydoddiant} = \Delta H^{\ominus}_{hydradiad\ cat\ddot{i}on} + \Delta H^{\ominus}_{hydradiad\ an\ddot{i}on} - \Delta H^{\ominus}_{dellt}$$

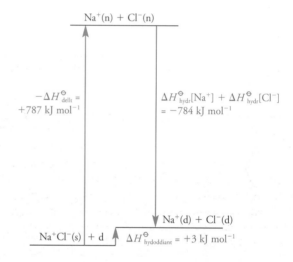

Na$^+$(n) + Cl$^-$(n)

$-\Delta H^{\ominus}_{dellt} =$
$+787$ kJ mol^{-1}

$\Delta H^{\ominus}_{hydr}[Na^+] + \Delta H^{\ominus}_{hydr}[Cl^-]$
$= -784$ kJ mol^{-1}

Na$^+$(d) + Cl$^-$(d)

Na$^+$Cl$^-$(s) + d $\Delta H^{\ominus}_{hydoddiant} = +3$ kJ mol^{-1}

Ffigur 2.18.3 ▲

Diagram lefelau egni ar gyfer sodiwm clorid wrth iddo hydoddi mewn dŵr. Sylwch mai (– egni dellt) yw'r newid enthalpi ar gyfer mynd o'r grisial i'r ïonau nwyol

Tueddiadau hydoddedd

Mae'n anodd defnyddio cylchredau enthalpi i esbonio tueddiadau hydoddedd cyfansoddion ïonig. Un rheswm am hyn yw mai gwahaniaeth bychan rhwng dau newid enthalpi mawr yw newid enthalpi hydoddiant. Felly gall hyd yn oed cyfeiliornadau (gwallau cyfrif) gweddol ddibwys wrth amcangyfrif tueddiadau yn y gwerthoedd arwain at gyfeiliornadau mawr yn y gwahaniaethau rhwng enthalpïau dellt ac enthalpïau hydradiad a ragfynegir.

Prawf i chi

1 **a)** Cyfrifwch enthalpïau hydoddiant lithiwm fflworid a lithiwm ïodid o'r data ar dudalennau 247–248.

   b) Esboniwch werthoedd cymharol enthalpïau dellt ac enthalpïau hydradiad y ddau gyfansoddyn yn nhermau radiysau ïonig.

   c) I ba raddau, os o gwbl, gall eich ateb i **a)** esbonio'r gwahaniaethau yn hydoddedd y ddau gyfansoddyn?

   (Hydoddeddau: LiF = 5 × 10^{-5} mol mewn 100 g o ddŵr;
   LiI = 1.21 mol mewn 100 g o ddŵr.)

Mae newidiadau ym maint yr ïonau a'u gwefrau yn tueddu i effeithio yn yr un modd ar yr enthalpi dellt a'r enthalpi hydradiad, ac mae hyn yn peri cymhlethdod pellach. Po leiaf yw'r ïonau a'r mwyaf yw'r gwefrau, y mwyaf yw'r enthalpïau dellt, ond hefyd y mwyaf yw'r enthalpïau hydradiad.

Yn olaf, mae'n amlwg nad yw ystyried gwerth $\Delta H^{\ominus}_{hydoddiant}$ yn ddigon. Nid yw arwydd a maint y newid enthalpi ar ei ben ei hun yn ddangosydd digon da a fydd solid yn hydoddi ai peidio. Mae'n rhaid ystyried ffactorau eraill fel y gwelwch yn adrannau 2.19 a 2.20.

Hydoddedd halwynau metelau grŵp 2

Mewn cyfres o gyfansoddion tebyg a chanddynt yr un adeiledd a gwefrau ïonig, mae'n bosib awgrymu rhesymoliadau dros batrymau hydoddedd er gwaethaf anhawster defnyddio dadansoddiad o newidiadau enthalpi i wneud rhagfynegiadau.

Sylffadau grŵp 2

Yn gyffredinol, bydd halwynau metel grŵp 2 sydd ag anïonau mawr yn mynd yn llai hydawdd wrth symud i lawr y grŵp. Dangosir hyn gan y sylffadau (gweler Ffigurau 2.18.4 a 2.18.5). Mae'r hydoddeddau yn disgyn o 1.8×10^{-1} mol mewn 100 g o ddŵr ar gyfer $MgSO_4$ i 9.4×10^{-7} mol i bob 100 g o ddŵr ar gyfer $BaSO_4$.

Mewn cyfres o gyfansoddion tebyg bydd yr enthalpïau dellt yn amrywio yn ôl swm y radiysau ïonig. Mae'r enthalpïau hydradiad yn amrywio yn ôl y radiysau ïonig unigol.

Mewn cyfansoddion grŵp 2 sydd ag anïon mawr, megis yr anïon sylffad, mae cynnydd ym maint yr ïon metel yn golygu bod yr enthalpi hydradiad yn gostwng yn gynt na'r enthalpi dellt wrth fynd i lawr y grŵp. Gydag anïon mawr caiff swm y radiysau ïonig ei effeithio llai, yn gyfrannol, gan mai maint mawr yr ïon sylffad sy'n bennaf gyfrifol am benderfynu ei werth. Felly mae'r newid enthalpi hydoddiant yn mynd yn llai ecsothermig wrth symud i lawr y grŵp ac mae'r halwyn yn mynd yn llai hydawdd.

Hydrocsidau grŵp 2

Yn gyffredinol, mae hydoddeddau cyfansoddion metelau grŵp 2 sydd ag anïonau bychain yn cynyddu wrth symud i lawr y grŵp. Dangosir hyn gan yr hydrocsidau. Magnesiwm hydrocsid yw'r cynhwysyn gweithredol yn y gwrthasid 'llaeth magnesia'. Bydd ond yn hydoddi ychydig bach, ond digon i beri i'r hydoddiant fod yn alcalïaidd. Mae ganddo hydoddedd o 2.0×10^{-5} mol mewn 100 g o ddŵr. Mae bariwm hydrocsid tipyn yn fwy hydawdd gan ffurfio hydoddiant alcalïaidd cryf. Mae ganddo hydoddedd o 1.5×10^{-2} mol mewn 100 g o ddŵr.

Mewn cyfansoddion grŵp 2 sydd ag anïon bychan, megis yr ïon hydrocsid, caiff y cynnydd ym maint yr ïon metel wrth fynd i lawr y grŵp effaith dipyn yn fwy ar swm y radiysau ïonig. Gydag anïon bach, mae'r egni dellt tipyn yn fwy sensitif i faint yr ïon metel, a'r enthalpi dellt fydd yn disgyn fwyaf wrth i faint yr ïon metel gynyddu i lawr y grŵp. Felly mae'r newid enthalpi hydoddiant yn mynd yn fwy ecsothermig wrth symud i lawr y grŵp ac mae'r halwyn yn mynd yn fwy hydawdd.

Ffigur 2.18.4 ▲
Llun o risialau magnesiwm sylffad a dynnwyd trwy ficrosgop gyda golau polar. Mae magnesiwm sylffad yn halwyn hydawdd sy'n bodoli'n naturiol ar ffurf halwynau Epsom

Ffigur 2.18.5 ▲
Prismau melyn o faryt ar haematit o Cumbria. Mae baryt yn fwyn sy'n anhydawdd iawn mewn dŵr. Mae'n cynnwys bariwm sylffad

Cemeg Ffisegol

Adran dau

Prawf i chi

2 Awgrymwch enghraifft arall o gyfres o gyfansoddion grŵp 2 sydd ag anïonau mawr sy'n mynd yn *llai* hydawdd wrth fynd i lawr y grŵp o Mg i Ba.

3 Awgrymwch enghraifft arall o gyfres o gyfansoddion grŵp 2 sydd ag anïonau bychain sy'n mynd yn *fwy* hydawdd wrth fynd i lawr y grŵp o Mg i Ba.

2.19 Newidiadau entropi

Mae cemegwyr ffisegol wedi dyfeisio sawl ffordd o ragfynegi cyfeiriad a maint newid. Byddant yn defnyddio cysonion ecwilibriwm, potensialau electrod a newidiadau enthalpi i esbonio pam mae rhai adweithiau yn digwydd tra bo eraill ddim yn digwydd. Beth yw'r berthynas rhwng y mesurau hyn, ac a oes cysyniad mwy sylfaenol sy'n eu cysylltu i gyd? 'Oes' yw'r ateb i hyn, ac entropi yw'r cysyniad sy'n eu huno.

Ffigur 2.19.1 ▲
Yn gemegol mae newid diemwnt yn graffit yn adwaith digymell. Mae graffit yn fwy sefydlog na diemwnt. Yn ffodus i berchnogion gemwaith gwerthfawr, mae'r newid yn araf iawn, iawn

Ffigur 2.19.3 ▲
Ceir adwaith grymus wrth ychwanegu grisialau asid citrig at sodiwm hydrogencarbonad. Bydd y tymheredd yn disgyn. Dyma adwaith endothermig digymell

Newidiadau digymell

Adwaith sy'n tueddu i ddigwydd heb ei yrru gan unrhyw gyfrwng allanol yw adwaith digymell. Mewn cemeg, mae adwaith digymell yn cyfateb i ddŵr yn llifo i lawr rhiw. Felly bydd unrhyw adwaith sy'n digwydd yn naturiol yn tueddu i ddigwydd yn ddigymell, hyd yn oed os ydyw'n araf dros ben, yn yr un modd ag y mae dŵr yn tueddu i lifo i lawr dyffryn hyd yn oed os oes argae yn ei ddal yn ôl. Mae egni actifadu uchel yn cyfateb i argae.

Ffigur 2.19.2 ▲
Mae metelau megis magnesiwm, haearn ac alwminiwm yn adweithio'n ddigymell gydag ocsigen. Dyma gynhwysion tân gwyllt a gaiff eu tanio gan adweithiau digymell rhwng sylffwr, carbon a photasiwm nitrad mewn powdr gwn

Yn ymarferol, bydd cemegwyr hefyd yn defnyddio'r gair *digymell* yn ei ystyr dydd i ddydd i ddisgrifio adweithiau sydd nid yn unig yn tueddu i ddigwydd, ond sydd hefyd yn digwydd yn gyflym os cymysgir yr adweithyddion ar dymheredd ystafell. Dyma enghraifft nodweddiadol:

> 'Mae hydridau silicon yn mynd ar dân yn ddigymell mewn aer, yn wahanol i fethan sydd â thymheredd tanio o oddeutu 500°C.'

Mae adwaith methan gydag ocsigen hefyd yn ddigymell yn yr ystyr thermodynamig, hyd yn oed ar dymheredd ystafell. Fodd bynnag, mae egni actifadu yr adwaith mor uchel fel na fydd unrhywbeth yn digwydd nes caiff y nwy ei gynhesu gan fflam.

Mae'r ffaith fod rhai prosesau endothermig yn ddigymell yn dangos cyfyngiadau defnyddio'r newid enthalpi i benderfynu cyfeiriad tebygol newid. Mae adwaith asid citrig gyda sodiwm hydrogencarbonad yn enghraifft. Mae'r cymysgedd yn eferwi'n rymus wrth iddo oeri. Mae adwaith sylffwr deuclorid ocsid gyda grisialau coch tywyll cobalt(II) clorid yn enghraifft fwy lliwgar.

Mae'r adwaith yn edrych yn ffyrnig, a rhyddheir tipyn o nwy hydrogen clorid myglyd mewn swigod o'r cymysgedd tra bo thermomedr a osodir yn y cemegion yn dangos bod y tymheredd yn disgyn yn gyflym.

Entropi

Mesur thermocemegol yw entropi, S, sy'n ei gwneud hi'n bosib penderfynu a yw adwaith yn ddigymell ai peidio. Bydd newid yn digwydd i'r cyfeiriad sy'n arwain at gynnydd yng nghyfanswm yr entropi. Wrth ystyried adweithiau cemegol mae'n hanfodol cyfrifo cyfanswm yr entropi mewn dwy ran: newid entropi'r system a newid entropi'r amgylchedd.

$$\Delta S_{\text{cyfanswm}} = \Delta S_{\text{system}} + \Delta S_{\text{amgylchedd}}$$

Mae entropi system yn mesur nifer y ffyrdd, W, y gellir trefnu'r moleciwlau a rhannu'r egni rhwng y moleciwlau.

Ludwig Boltzman (1844–1906), y ffisegydd o Awstria, a ddarganfyddodd y berthynas rhwng W ac S. Ef hefyd oedd y person cyntaf i esbonio deddfau thermodynameg yn nhermau ymddygiad atomau a moleciwlau symudol.

$$S = k\ln W$$

lle diffinir S fel entropi'r system, k yw cysonyn Boltzman ac $\ln W$ yw logarithm naturiol nifer y ffyrdd o drefnu'r gronynnau a'r egni o fewn y system.

Bydd cemegwyr weithiau'n disgrifio entropi fel mesur o anhrefn neu hap. Rhaid dadansoddi'r disgrifiadau hyn yn ofalus gan fod yr anhrefn yn cyfeirio nid yn unig at drefn y gronynnau mewn gofod ond yn fwy arwyddocaol at nifer y ffyrdd o ddosbarthu egni'r system ledled yr holl lefelau egni sydd ar gael.

Entropïau molar safonol

Does dim byd fel pe bai'n digwydd mewn fflasg gaeëdig o nwy a gedwir ar dymheredd cyson. Fodd bynnag, dywed y ddamcaniaeth gineteg wrthym fod y moleciwlau yn symud yn gyflym gan wrthdaro yn erbyn ei gilydd a waliau'r cynhwysydd. Mae'r nwy yn aros yr un peth wrth iddo aildrefnu'r moleciwlau ac ailddosbarthu'r egni'n gyson. Mae 'nifer y ffyrdd', W, yn fawr ar gyfer nwy. Yn gyffredinol mae gan nwyon entropïau uwch na hylifau cymaradwy sydd ag entropïau uwch na solidau cymaradwy.

Prawf i chi

1 Dosbarthwch y newidiadau hyn yn rhai digymell/cyflym, digymell/araf neu ddim yn ddigymell:

a) iâ yn ymdoddi ar 5°C

b) amonia'n cyddwyso'n hylif ar dymheredd ystafell

c) siarcol yn adweithio gydag ocsigen ar dymheredd ystafell

ch) dŵr yn hollti'n hydrogen ac ocsigen ar dymheredd ystafell

d) sodiwm yn adweithio gyda dŵr ar dymheredd ystafell.

Cemeg Ffisegol

Adran dau

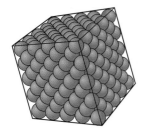

Ffigur 2.19.4 ▲
Adeiledd solid. Mae gan solidau werthoedd cymharol fychan ar gyfer entropïau molar safonol. Mewn diemwnt, delir yr atomau carbon yn dynn yn eu lle gan fondiau cofalent cryf, cyfeiriadol iawn. Mae entropi molar safonol diemwnt yn isel. Mae gan blwm werth uwch ar gyfer ei entropi molar safonol gan nad yw bondiau metelig yn gyfeiriadol. Gall yr atomau mwy, trymach, ddirgrynu'n fwy rhydd a rhannu eu hegni mewn mwy o ffyrdd nag y gall atomau carbon mewn diemwnt

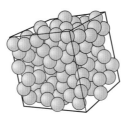

Ffigur 2.19.5 ▲
Adeiledd hylif. Yn gyffredinol, mae gan hylifau entropïau molar safonol uwch na solidau cymaradwy gan fod yr atomau neu'r moleciwlau yn rhydd i symud. Mae llawer mwy o ffyrdd i ddosbarthu'r gronynnau a'r egni. Mae entropi molar safonol mercwri yn uwch na phlwm. Mae gan foleciwlau sydd â mwy o atomau entropïau molar safonol uwch oherwydd gallant ddirgrynu, cylchdroi a threfnu eu hunain mewn mwy fyth o ffyrdd

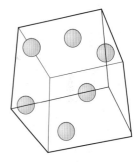

Ffigur 2.19.6 ▲
Gronynnau nwy. Mae gan nwyon entropïau molar safonol uwch na hylifau cymaradwy gan fod yr atomau neu'r moleciwlau nid yn unig yn rhydd i symud ond maen nhw hefyd ar wasgar. Mae mwy fyth o ffyrdd o ddosbarthu'r gronynnau a'r egni. Mae entropi molar safonol argon yn uwch na mercwri. Fel gyda hylifau, mae gan foleciwlau sydd â mwy o atomau entropïau molar safonol uwch oherwydd gallant ddirgrynu, cylchdroi a threfnu eu hunain mewn mwy o ffyrdd

solidau	$S^\ominus$/J K^{-1} mol^{-1}	hylifau	$S^\ominus$/J K^{-1} mol^{-1}	nwyon	$S^\ominus$/J K^{-1} mol^{-1}
carbon (diemwnt)	2.4	mercwri	76.0	argon	154.7
magnesiwm ocsid	26.9	dŵr	69.9	amonia	192.4
copr	33.2	ethanol	160.7	carbon deuocsid	213.6
plwm	64.8	bensen	173.3	propan	269.9

Ffigur 2.19.7 ▲

Entropi molar safonol, $S^\ominus$ yw'r entropi am bob môl ar gyfer sylwedd o dan amodau safonol. Bydd cemegwyr yn defnyddio gwerthoedd ar gyfer entropïau molar safonol i gyfrifo newidiadau entropi ac felly rhagweld cyfeiriad newid cemegol a pha mor bell y bydd yn mynd.

Yr unedau ar gyfer entropi molar safonol yw jouleau y Kelvin y môl (J K^{-1} mol^{-1}). Sylwch mai jouleau ac nid cilojouleau yw'r unedau.

Prawf i chi

2 Pa sylwedd ym mhob pâr sydd yn debygol o feddu ar yr entropi molar safonol uchaf ar 298K?
 a) Br$_2$(h), Br$_2$(n)
 b) H$_2$O(s), H$_2$O(h)
 c) HF(n), NH$_3$(n)
 ch) CH$_4$(n), C$_2$H$_6$(n)
 c) NaCl(s), NaCl(d)

Newid entropi system

Mae tablau o entropïau molar safonol yn ei gwneud hi'n bosib cyfrifo newid entropi system o gemegion yn ystod adwaith.

$$\Delta S^\ominus_{\text{system}} = \begin{matrix}\text{swm entropïau}\\\text{molar safonol}\\\text{y cynhyrchion}\end{matrix} - \begin{matrix}\text{swm entropïau}\\\text{molar safonol}\\\text{yr adweithyddion}\end{matrix}$$

Datrysiad enghreifftiol

Cyfrifwch y newid entropi ar gyfer y system, $\Delta S^\ominus_{\text{system}}$, ar gyfer synthesis amonia o nitrogen a hydrogen. Rhowch eich sylwadau ar y gwerth.

Nodiadau ar y dull

Ysgrifennwch yr hafaliad cytbwys ar gyfer yr adwaith.

Chwiliwch am yr entropïau molar safonol ar dudalennau 243–244 gan sylwi'n ofalus ar yr unedau.

Ateb

N$_2$(n) + 3H$_2$(n) → 2NH$_3$(n)

Swm entropïau molar safonol y cynhyrchion = $2S^\ominus$[NH$_3$(n)]

= 2 × 192.4 J K^{-1} mol^{-1} = 384.8 J K^{-1} mol^{-1}

Swm entropïau molar safonol yr adweithyddion

= $S^\ominus$[N$_2$(n)] + $3S^\ominus$[H$_2$(n)]

= 191.6 J K^{-1} mol^{-1} + (3 × 130.6 J K^{-1} mol^{-1}) = 583.4 J K^{-1} mol^{-1}

$\Delta S^\ominus_{\text{system}}$ = 384.8 J K^{-1} mol^{-1} – 583.4 J K^{-1} mol^{-1}

= −198.6 J K^{-1} mol^{-1}

Mae hyn yn dangos bod entropi'r system yn lleihau wrth i nitrogen a hydrogen gyfuno i ffurfio amonia. Dydy hyn ddim yn syndod gan fod y newid yn haneru nifer y moleciwlau ac felly mae swm y nwy yn disgyn.

Prawf i chi

3 Heb wneud unrhyw gyfrifiadau, ceisiwch ragweld a fydd entropi'r system yn cynyddu neu'n lleihau o ganlyniad i'r newidiadau hyn:
 a) KCl(s) + d → KCl(d)
 b) H$_2$O(h) → H$_2$O(n)
 c) Mg(s) + Cl$_2$(n) → MgCl$_2$(s)
 ch) N$_2$O$_4$(n) → 2NO$_2$(n)
 d) NaHCO$_3$(s) + HCl(d) → NaCl(d) + H$_2$O(h) + CO$_2$(n)

Newid entropi'r amgylchedd

Nid yw'n ddigon i ystyried entropi'r system yn unig. Yr hyn sy'n bwysig yw cyfanswm y newid entropi, sef swm newidiadau entropi'r system a'r newid entropi yn amgylchedd y system.

Mae'n debyg y caiff newid entropi'r amgylchedd yn ystod adwaith cemegol ei benderfynu gan faint y newid enthalpi, ΔH, a'r tymheredd, T. Dyma'r berthynas:

$$\Delta S_{amgylchedd} = \frac{-\Delta H}{T}$$

Caiff yr arwydd minws ei gynnwys oherwydd bod y newid entropi yn fwy po fwyaf o entropi a drosglwyddir i'r amgylchedd. Ar gyfer adwaith ecsothermig, sy'n trosglwyddo egni i'r amgylchedd, mae ΔH yn negatif, felly mae $-\Delta H$ yn bositif.

Mae'r berthynas yn dangos po fwyaf o egni a drosglwyddir i'r amgylchedd gan broses ecsothermig, y mwyaf yw'r cynnydd yn entropi'r amgylchedd. Mae'n dangos hefyd, ar gyfer swm penodol o egni, bod y cynnydd yn yr entropi yn fwy pan fo'r amgylchedd yn oer na phan fydd yn boeth. Mae ychwanegu egni at foleciwlau mewn system oer yn effeithio'n fwy, yn gyfrannol, ar nifer y ffyrdd o ddosbarthu mater ac egni nag ychwanegu'r un swm o egni at system sydd eisoes yn boeth iawn.

O gofio bod adwaith ond yn ddigymell os yw cyfanswm y newid entropi, $\Delta S_{cyfanswm}$, yn bositif:

- Mae'r mwyafrif o adweithiau ecsothermig yn tueddu i ddigwydd oherwydd, ar oddeutu tymheredd ystafell, bod gwerth $-\Delta H/T$ tipyn yn fwy ac yn fwy positif na ΔS_{system} sy'n golygu bod $\Delta S_{cyfanswm}$ yn bositif.
- Gall adwaith endothermig fod yn ddigymell cyn belled â bod y cynnydd yn entropi'r system yn fwy na'r gostyngiad yn entropi'r amgylchedd.
- Gall adwaith sydd ddim yn tueddu i ddigwydd ar dymheredd ystafell ddod yn ddigymell wrth i'r tymheredd godi oherwydd bod maint $\Delta S_{amgylchedd}$ yn disgyn wrth i T godi.

Prawf i chi

4 Cyfrifwch newid entropi'r system, $\Delta S_{system}^{\ominus}$, ar gyfer adwaith catalytig amonia ag ocsigen i ffurfio NO ac ager. Rhowch sylwadau ar y gwerth.

Prawf i chi

5 Ystyriwch adwaith magnesiwm ag ocsigen:

$$2Mg(s) + O_2(n) \rightarrow 2MgO(s) \quad \Delta H^{\ominus} = -601.7 \text{ kJ mol}^{-1} \quad \Delta S_{system}^{\ominus} = -216.6 \text{ J K}^{-1} \text{ mol}^{-1}$$

a) Pam mae entropi'r system yn gostwng?

b) Dangoswch pam mae adwaith magnesiwm ag ocsigen yn ddigymell ar 298 K er gwaetha'r gostyngiad yn yr entropi.

6 Ystyriwch ddadelfeniad magnesiwm carbonad:

$$MgCO_3(s) \rightarrow MgO(s) + CO_2(n) \quad \Delta H^{\ominus} = +117 \text{ kJ mol}^{-1} \quad \Delta S_{system}^{\ominus} = +168 \text{ J K}^{-1} \text{ mol}^{-1}$$

a) Pam mae entropi'r system yn gostwng?

b) Dangoswch nad yw'r adwaith yn ddigymell ar dymheredd ystafell (298 K).

c) O dybio nad yw ΔH a ΔS_{system} yn amrywio gyda'r tymheredd, amcangyfrifwch y tymheredd pan fydd y dadelfeniad yn dod yn ddigymell.

2.20 Egni rhydd

Mae newid cemegol yn ddigymell os yw cyfanswm y newid entropi yn bositif. Does dim amheuaeth ynghylch hyn. Y drafferth yw bod tri cham wrth ddefnyddio entropi i benderfynu cyfeiriad newid: cyfrifo newid entropi'r system, cyfrifo newid entropi'r amgylchedd yna rhoi'r ddau at ei gilydd i gyfrifo cyfanswm y newid entropi. Gall hyn fod yn boen, ac mae cemegwyr yn ddiolchgar i'r ffisegydd o America, Willard Gibbs, a ddarganfyddodd ffordd haws o gyfuno popeth mae cemegwyr yn ei wybod ynghylch rhagweld cynnydd a chyfeiriad newid.

Egni rhydd ac entropi

Willard Gibbs (1839–1903) oedd y cyntaf i ddiffinio'r mesur thermocemegol a elwir yn egni rhydd. Y symbol ar gyfer newid egni rhydd yw ΔG. Os yw ΔG yn negatif, mae'r adwaith yn ddigymell ac yn tueddu i ddigwydd.

Os yw adwaith yn ddigymell, mae'n tueddu i ddigwydd heb ei wthio. Mewn geiriau eraill mae'r adwaith yn ddichonadwy – hyd yn oed os ydyw'n digwydd yn araf iawn, iawn. Yn yr ystyr hwn mae'r adwaith rhwng hydrogen ac ocsigen yn ddichonadwy ar dymheredd ystafell ond, o ganlyniad i egni actifadu uchel, mae'r adwaith mor araf fel na fydd yn digwydd. Cyflwynwch fatsen i gymysgedd o'r nwyon a bydd yr adwaith yn ffrwydrol.

Mantais gwerthoedd $\Delta G^{\ominus}$ i gemegwyr yw y gellir defnyddio tablau o egnïon rhydd ffurfiant safonol i gyfrifo'r newid egni rhydd safonol ar gyfer unrhyw adwaith. Mae'r cyfrifiadau'n dilyn union yr un gamau â'r cyfrifiadau ar gyfer newidiadau enthalpi safonol ar gyfer adweithiau o'r enthalpïau ffurfiant safonol.

Mae'r mesur 'egni rhydd' yn perthyn yn agos i'r syniad o entropi, a gellir ei ystyried fel 'cyfanswm y newid entropi' o dan enw arall. Diffiniodd Willard Gibbs egni rhydd fel:

$$\Delta G^{\ominus} = -T\Delta S^{\ominus}_{\text{cyfanswm}}$$

O wybod bod:

$$\Delta S^{\ominus}_{\text{cyfanswm}} = \Delta S^{\ominus}_{\text{system}} + \Delta S^{\ominus}_{\text{amgylchedd}}$$

Ac, ar gyfer newid ar dymheredd a gwasgedd cyson, mae:

$$\Delta S^{\ominus}_{\text{amgylchedd}} = \frac{-\Delta H^{\ominus}}{T}$$

Mae'n dilyn bod:

$$\Delta S^{\ominus}_{\text{cyfanswm}} = \Delta S^{\ominus}_{\text{system}} + \left(\frac{-\Delta H^{\ominus}}{T} \right)$$

Gan hynny $-T\Delta S^{\ominus}_{\text{cyfanswm}} = -T\Delta S^{\ominus}_{\text{system}} + \Delta H^{\ominus}$

Ar gyfer diffiniad Gibbs, daw hyn yn: $\Delta G^{\ominus} = \Delta H^{\ominus} - T\Delta S^{\ominus}_{\text{system}}$

Mantais fawr yr hafaliad hwn yw bod yr holl dermau'n cyfeirio at y system, felly does dim angen cyfrifo newidiadau yn yr amgylchedd bellach. O wybod hyn, caiff yr hafaliad ei ysgrifennu fel arfer gyda'r ddealltwriaeth mai $\Delta S^{\ominus}_{\text{system}}$ yw'r newid entropi, fel hyn

$$\Delta G^{\ominus} = \Delta H^{\ominus} - T\Delta S^{\ominus}$$

Mae ffigur 2.20.1 yn crynhoi goblygiadau'r berthynas bwysig hon.

Newid enthalpi	Newid entropi'r system	A yw'r adwaith yn ddichonadwy?
ecsothermig ($\Delta H^\ominus$ negatif)	cynyddu ($\Delta S^\ominus$ positif)	ydy, mae $\Delta G^\ominus$ yn negatif
ecsothermig ($\Delta H^\ominus$ negatif)	gostwng ($\Delta S^\ominus$ negatif)	ydy, os yw gwerth rhifiadol $\Delta H^\ominus$ yn fwy na maint $T\Delta S^\ominus$
endothermig ($\Delta H^\ominus$ positif)	cynyddu ($\Delta S^\ominus$ positif)	ydy, os yw maint $T\Delta S^\ominus$ yn fwy na gwerth rhifiadol $\Delta H^\ominus$
endothermig ($\Delta H^\ominus$ positif)	gostwng ($\Delta S^\ominus$ negatif)	nac ydy, mae $\Delta G^\ominus$ yn bositif

Ffigur 2.20.1 ▲

Mae'r posibiliadau a restrir yn Ffigur 2.20.1 yn dangos pam mae cemegwyr weithiau'n dweud bod dichonoldeb adwaith yn dibynnu ar y cydbwysedd rhwng y newidiadau enthalpi a'r newidiadau entropi ar gyfer y broses.

Mae Ffigur 2.20.1 hefyd yn dangos y gall newid sydd ddim yn ddichonadwy ar un tymheredd ddod yn ddichonadwy os yw'r tymheredd yn uwch. Yn gyffredinol, ni fydd gwerthoedd $\Delta H^\ominus$ a $\Delta S^\ominus$ yn newid rhyw lawer gyda'r tymheredd. Felly mae'n bosib amcangyfrif y tymheredd y bydd adwaith, sydd ddim yn ddichonadwy ar dymheredd ystafell, yn dod yn ddigymell ar dymheredd uwch.

Nid yw'r data cyflawn ar gael ar gyfer pob adwaith, felly nid yw'n bosib bob tro cyfrifo'r newid egni rhydd. Yn aml, mae'r term $T\Delta S^\ominus_{system}$ yn gymharol fach o'i gymharu â'r newid enthalpi fel bo: $\Delta G^\ominus \approx \Delta H^\ominus$.

Mae hyn yn golygu y gall cemegwyr ddefnyddio arwydd $\Delta H^\ominus$ yn aml fel canllaw i ddichonoldeb. Gall hyn fod yn gamarweiniol os yw maint y newid entropi ar gyfer y system adwaith yn fawr. Hefyd, mae'n fwy anodd cyfiawnhau'r brasamcan ar dymereddau uwch pan fydd T yn fwy ac felly maint $T\Delta S^\ominus_{system}$ yn fwy.

Prawf i chi

1 A all adwaith ecsothermig sydd ddim yn ddichonadwy ar dymheredd ystafell ddod yn ddichonadwy ar dymheredd uwch os yw'r newid egni ar gyfer yr adwaith yn negatif?

2 Ystyriwch yr adwaith:

$BaCO_3(s) \rightarrow BaO(s) + CO_2(n)$ $\Delta H^\ominus = +268$ kJ mol^{-1} $\Delta S^\ominus = +168$ J K^{-1} mol^{-1}

a) Cyfrifwch $\Delta G^\ominus$ ar gyfer yr adwaith ar 298 K.
b) A yw'r adwaith yn ddigymell ar dymheredd ystafell?
c) Ar ba dymheredd mae'r adwaith yn dod yn ddichonadwy?
ch) Cymharwch eich atebion â'r atebion i gwestiwn 6 yn adran 2.19 ar dudalen 79. Rhowch sylwadau ar y tebygrwydd a'r gwahaniaethau.

3 a) Cyfrifwch $\Delta S^\ominus$ a $\Delta H^\ominus$ ar gyfer synthesis methanol o garbon deuocsid a hydrogen, gan gymryd y gwerthoedd o'r tablau ar dudalennau 243 a 244.
b) Cyfrifwch ar ba dymheredd y bydd y synthesis yn peidio â bod yn ddichonadwy.

Pa mor bell ac i ba gyfeiriad?

Mae cysyniad Gibbs o egni rhydd yn ei gwneud hi'n bosib cyfuno'r holl ddulliau y bydd cemegwyr yn eu defnyddio i ragweld cynnydd a chyfeiriad newid.

Ar gyfer nifer o adweithiau, megis adweithiau asid-bas, y canllaw hawsaf i gyfeiriad a chynnydd newid yw'r cysonyn ecwilibriwm, K_c. Mae'n bosib dangos bod y newid egni rhydd safonol yn perthyn i werth y cysonyn ecwilibriwm: $\Delta G^\ominus \propto -\ln K_c$.

Ar gyfer adweithiau rhydocs, mae potensialau electrod safonol yn ffordd arall o benderfynu a fydd adwaith yn tueddu i ddigwydd ai peidio (gweler adran 2.14).

Mae'r newid egni rhydd ar gyfer adwaith rhydocs ac g.e.m. y gell yn perthyn yn agos: $\Delta G^\ominus \propto -E^\ominus_{cell}$. Felly os yw g.e.m. y gell yn bositif bydd yr adwaith rhydocs yn y gell yn tueddu i ddigwydd.

Mae hyn yn dangos y gall gwerthoedd $\Delta G^\ominus$, $E^\ominus_{cell}$ a K_c oll ateb yr un cwestiynau ar gyfer adwaith:

- ■ A fydd yr adwaith yn digwydd?
- ■ Pa mor bell bydd yn mynd?

Mae Ffigur 2.20.2 yn dangos y berthynas rhwng y tri dull o ragweld cyfeiriad a chynnydd adwaith.

	$\Delta G^\ominus$/kJ mol^{-1}	$E^\ominus_{cell}$/V	K_c (unedau'n dibynnu ar yr adwaith)
Yr adwaith yn mynd i'r pen	mwy negatif na -60	mwy positif na $+0.6$	$> 10^{10}$
Ecwilibriwm gyda mwy o gynhyrchion nag adweithyddion	≈ -10	$\approx +0.1$	$\approx 10^2$
Ecwilibriwm gyda mwy o adweithyddion na chynhyrchion	$\approx +10$	≈ -0.1	$\approx 10^{-2}$
Nid yw'r adwaith yn digwydd	mwy positif na $+60$	mwy negatif na -0.6	$< 10^{-10}$

Ffigur 2.20.2 ▲

Yn ymarferol bydd cemegwyr yn defnyddio'r maint sydd fwyaf cyfleus i'w fesur. O wybod gwerth un o'r tri maint, mae'n bosib cyfrifo'r ddau arall. Fodd bynnag, mae'n bwysig cofio bob amser y gall adwaith fod yn araf dros ben hyd yn oed os ydyw'n ddigymell.

Sefydlogrwydd cyfansoddion

Mae cyfansoddion yn sefydlog os nad ydynt yn tueddu i ddadelfennu yn gyfansoddion eraill neu i'w helfennau. Gall cyfansoddyn sy'n sefydlog ar dymheredd a gwasgedd ystafell ddod yn fwy neu'n llai sefydlog wrth i'r amodau newid.

Bydd cemegwyr yn aml yn defnyddio newidiadau enthalpi fel dangosydd o sefydlogrwydd. Yn fanwl gywir, dylent ddefnyddio gwerthoedd egni rhydd safonol, $\Delta G^\ominus_f$, ond mewn nifer o achosion, $\Delta G^\ominus_f \approx \Delta H^\ominus_f$.

Cemegion anadweithiol

Mae cemegyn yn anadweithiol os nad yw'n tueddu i adweithio dan amgylchiadau penodol. Mae'r nwyon nobl ysgafn, heliwm a neon, yn cyfiawnhau'r enw gwreiddiol a roddwyd i grŵp 8. Maent yn anadweithiol tuag at bob adweithydd arall.

Mae nitrogen yn nwy cymharol anadweithiol, a gellir ei ddefnyddio i greu 'atmosffer anadweithiol' sy'n rhydd o ocsigen (sydd yn fwy adweithiol). Fodd bynnag, nid yw nitrogen yn anadweithiol ym mhob achos. Er enghraifft, bydd yn adweithio gyda hydrogen yn y broses Haber i ffurfio amonia a gydag ocsigen ar dymereddau uchel i ffurfio ocsidau nitrogen.

Weithiau ni fydd adwaith yn tueddu i ddigwydd gan fod yr adweithyddion yn sefydlog. Bydd hyn yn digwydd os yw'r newid egni rhydd ar gyfer yr adwaith yn bositif.

$\Delta G^\ominus \approx \Delta H^\ominus$	Egni actifadu	Y newidiadau a arsylwir	
positif	uchel	dim adwaith	adweithyddion yn sefydlog o'u cymharu â'r cynhyrchion
negatif	uchel	dim adwaith	adweithyddion yn ansefydlog o'u cymharu â'r cynhyrchion ond yn anadweithiol yn ginetig
positif	isel	dim adwaith	adweithyddion yn sefydlog o'u cymharu â'r cynhyrchion
negatif	isel	adwaith cyflym	adweithyddion yn ansefydlog o'u cymharu â'r cynhyrchion

Ffigur 2.20.3 ▲

Weithiau, does dim adwaith hyd yn oed os yw thermocemeg yn awgrymu y dylai ddigwydd. Mae'r newid egni rhydd yn negatif felly mae'r newid yn ddichonadwy. Fodd bynnag, mae egni actifadu uchel yn golygu bod cyfradd yr adwaith yn araf dros ben.

Er enghraifft, mae cyfansoddyn megis y nwy N_2O yn ansefydlog yn thermodynamig. Mae $\Delta H_f^{\ominus}(= +82 \text{ kJ mol}^{-1})$ a hefyd $\Delta G_f^{\ominus}(= +104 \text{ kJ mol}^{-1})$ yn bositif. Mae'r adwaith dadelfennu yn ecsothermig. Mae'r cyfansoddyn yn tueddu i ddadelfennu i'w elfennau ond mae'r gyfradd yn hynod o araf o dan amodau normal.

Bydd cemegwyr weithiau yn dweud bod N_2O yn 'sefydlog' yn ginetig. Mae'n fwy eglur os defnyddir gair arall, sef cyfeirio at anadweithedd cinetig N_2O.

Dyma rai enghreifftiau o anadweithedd cinetig:

■ cymysgedd o hydrogen ac ocsigen ar dymheredd ystafell
■ hydoddiant o hydrogen perocsid yn absenoldeb catalydd
■ metel alwminiwm mewn asid hydroclorig gwanedig.

'Sefydlogrwydd cinetig' yw'r term a ddefnyddir yn aml yn lle 'anadweithedd cinetig'. Mae'n help, fodd bynnag, i wahaniaethu'n amlwg rhwng y ddau esboniad cwbl wahanol. Er hwylustod, bydd cemegwyr yn cyfeirio at:

■ systemau sydd ddim yn tueddu i adweithio fel rhai 'sefydlog' a
■ systemau a ddylai adweithio ond sydd ddim yn gwneud am resymau cyfradd (cinetig) fel rhai 'anadweithiol'.

Prawf i chi

5 Lluniwch broffil adwaith i ddangos y newidiadau egni o adweithyddion i gynhyrchion ar gyfer adweithyddion sydd yn ansefydlog yn thermodynamig o'u cymharu â'r cynhyrchion, ond yn anadweithiol yn ginetig.

Cemeg Ffisegol

Adran dau

Adolygu

Bydd y canllaw hwn yn eich helpu i drefnu eich nodiadau a'ch gwaith adolygu. Gwiriwch y termau a'r pynciau yn erbyn y manyleb rydych yn ei hastudio. Efallai na fydd angen i chi astudio pob pwnc ar gyfer eich cwrs.

Termau allweddol

Dangoswch eich bod yn deall y termau hyn drwy roi enghreifftiau. Efallai y gallech ysgrifennu'r term allweddol ar un ochr i gerdyn mynegai ac yna ysgrifennu ystyr y term ac enghraifft ohono ar yr ochr arall. Gwaith hawdd wedyn fydd rhoi prawf ar eich gwybodaeth wrth adolygu. Neu gallech ddefnyddio cronfa ddata ar gyfrifiadur, gyda meysydd ar gyfer y term allweddol, y diffiniad a'r enghraifft. Rhowch brawf ar eich gwybodaeth drwy ddefnyddio adroddiadau sy'n dangos dim ond un maes ar y tro.

- Cyfradd adwaith
- Hafaliad cyfradd
- Trefn adwaith
- Cysonyn ecwilibriwm
- Hanner oes
- Egni actifadu
- Cam pennu cyfradd
- Mecanwaith adwaith
- Ecwilibriwm homogenaidd
- Ecwilibriwm heterogenaidd
- Gwedd
- Gwasgedd rhannol
- Ffracsiwn o fôl
- Asid Brønsted
- Bas Brønsted
- pH
- K_w a pK_w
- K_a a pK_a
- Cell electrocemegol
- Electrod cyfeiriol
- Electrod hydrogen
- Pont halwyn
- Adwaith dadgyfrannu
- Newid enthalpi safonol atomeiddiad
- Egni ïoneiddiad
- Affinedd electronol (neu newid enthalpi ar gyfer ychwanegu electronau)
- Enthalpi dellt
- Newid enthalpi safonol ffurfiant
- Newid enthalpi hydradiad
- Newid enthalpi hydoddiant
- Sefydlogrwydd thermodynamig
- Sefydlogrwydd cinetig (neu anadweithedd)
- Entropi
- Egni rhydd
- Newid digymell
- Adwaith dichonadwy

Symbolau a chonfensiynau

Gwnewch yn siŵr eich bod yn deall y confensiynau bydd cemegwyr yn eu defnyddio wrth weithio gyda meintiau ffisegol, ysgrifennu hafaliadau cyfradd a chysonion ecwilibriwm, disgrifio celloedd a gweithio gyda meintiau thermocemegol. Cofiwch roi enghreifftiau yn eich nodiadau.

- Confensiynau ar gyfer ysgrifennu hafaliadau cyfradd a dangos trefn adweithiau.
- Confensiynau ar gyfer ysgrifennu'r mynegiadau ar gyfer K_c a K_p ar gyfer ecwilibria homogenaidd a heterogenaidd.
- Confensiynau ar gyfer cynrychioli celloedd electrocemegol a photensialau electrod safonol.
- Confensiynau ar gyfer cynrychioli cylchredau Born-Haber.
- Yr amodau safonol ar gyfer diffinio meintiau thermocemegol.

Patrymau ac egwyddorion

Defnyddiwch dablau, siartiau, mapiau cysyniadau neu fapiau meddwl i grynhoi syniadau allweddol. Ychwanegwch dipyn o liw at eich nodiadau yma ac acw i'w gwneud yn fwy cofiadwy.

- Effaith newidiadau yn y tymheredd ar y cysonyn cyfradd ar gyfer adwaith (gan gyfeirio at y ddamcaniaeth gwrthdrawiadau a'r hafaliad Arrhenius).
- Effaith catalyddion ar gyfraddau adweithiau ac ar systemau mewn ecwilibriwm.
- Cymhwyso'r ddeddf ecwilibriwm i esbonio ymddygiad dangosyddion mewn titradiadau asid-bas a sut mae hydoddiannau byffer yn gweithio.
- Esbonio cyrydiad haearn fel newid electrocemegol.

Rhagfynegiadau

Defnyddiwch enghreifftiau i ddangos eich bod yn gallu cymhwyso egwyddorion cemegol i wneud rhagfynegiadau.

- Defnyddio'r ddeddf ecwilibriwm i ragfynegi effeithiau newid y gwasgedd neu'r crynodiad ar system mewn ecwilibriwm.
- Rhagfynegi effaith newid y tymheredd ar system mewn ecwilibriwm o wybod gwerth y newid enthalpi ar gyfer yr adwaith.
- Rhagfynegi siâp y gromlin pH yn ystod titradiad asid-bas gyda phob cyfuniad o asidau cryf a gwan.
- Rhagfynegi cyfeiriad a chynnydd tebygol newid ar gyfer adweithiau rhydocs o wybod g.e.m. celloedd, neu werthoedd ar gyfer potensialau electrod safonol.
- Rhagfynegi cyfeiriad newid digymell o wybod data ar gyfer cyfrifo $\Delta S^{\ominus}_{\text{cyfanswm}}$ neu $\Delta G^{\ominus}$ (gan ddeall na all y rhagfynegiad ddweud unrhywbeth am gyfradd y newid).

Technegau yn y labordy

Defnyddiwch ddiagramau wedi'u labelu i ddangos a disgrifio'r prosesau ymarferol hyn

- Mesur cyfraddau adweithiau.
- Mesur enthalpïau niwtraliad.
- Dewis dangosydd addas ar gyfer titradiad asid-bas a chyfiawnhau'r dewis.
- Sefydlu celloedd electrocemegol, mesur eu g.e.m. a thrwy hynny bennu eu potensialau electrod safonol.

Dadansoddi data

Rhowch eich datrysiadau enghreifftiol eich hun, gyda help y cwestiynau 'Prawf i chi' neu gwestiynau arholiad, i ddangos eich bod yn gallu gwneud y canlynol o ddata penodol.

- Cyfrifo cyfraddau adwaith a hanner oesoedd o graffiau crynodiad-amser.
- Adnabod graffiau cyfradd-crynodiad ar gyfer adweithiau gradd sero, un a dau.
- Defnyddio'r dull cyfradd gychwynnol i bennu trefn adwaith o ran adweithydd.
- Cyfrifo'r cysonyn cyfradd o'r hafaliad cyfradd gan ddefnyddio canlyniadau arbrofion.
- Awgrymu mecanwaith adwaith sy'n gyson â hafaliad cyfradd penodol.
- Cyfrifo gwerthoedd ar gyfer cysonion ecwilibriwm o ddata a roddir ar gyfer systemau homogenaidd a heterogenaidd (K_c neu K_p).
- Cyfrifo pH asid cryf o wybod ei grynodiad molar (ac i'r gwrthwyneb).

- Defnyddio K_w neu pK_w i gyfrifo pH hydoddiant o fas cryf.
- Cyfrifo pH asid gwan o wybod ei grynodiad molar a gwerth K_a (ac i'r gwrthwyneb).
- Pennu gwerth K_a ar gyfer asid gwan o'r gromlin pH yn ystod titradiad o'r asid gyda bas cryf.
- Cyfrifo pH hydoddiant byffer o wybod y cyfansoddiad a gwerth K_a ar gyfer yr asid gwan.
- Cyfrifo enthalpi niwtraliad ar gyfer canlyniadau arbrofol ac esbonio'r gwerthoedd cymharol ar gyfer gwahanol gyfuniadau o asidau a basau cryf a gwan.
- Pennu gwerthoedd $E_{cell}^{\ominus}$ o botensialau electrod safonol.
- Llunio cylchred Born-Haber o wybod y data, a'i defnyddio i gyfrifo term anhysbys yn y gylchred.
- Cyfrifo newidiadau egni rhydd drwy ddefnyddio'r berthynas $\Delta G^{\ominus} = \Delta H^{\ominus} - T\Delta S^{\ominus}$.
- Cyfrifo'r newid entropi o wybod y data priodol drwy ddefnyddio'r berthynas $\Delta S_{cyfanswm}^{\ominus} = \Delta S_{system}^{\ominus} + \Delta S_{amgylchedd}^{\ominus}$

Sgiliau allweddol

Datrys problemau

Er mwyn cynllunio, gweithredu a dadansoddi ymchwiliad yn y labordy, mae angen sgiliau datrys problemau os na ddywedir wrthych sut i fynd ati i gwblhau'r dasg. Bydd rhaid i chi wneud eich penderfyniadau eich hun ynghylch y drefn, a bydd rhaid i chi weithio'n annibynnol ar eich liwt eich hun. Gallai hyn fod yn ymchwiliad i gyfraddau adweithiau, newidiadau egni neu adweithiau cildroadwy.

Cymhwyso rhif

Bydd gwaith ymarferol meintiol er mwyn ymchwilio i gyfraddau adweithiau, cysonion ecwilibriwm neu botensialau electrod yn gyfle i chi ddatblygu ac ymarfer y sgiliau unigol sydd eu hangen arnoch ar gyfer y sgìl allweddol cymhwyso rhif. Mae hwn yn cynnwys: dewis data o set fawr o ddata, gweithio i'r nifer cywir o ffigurau ystyrlon, defnyddio'r unedau priodol wrth fesur, defnyddio ffurf safonol, dewis y dull addas i gyfrifo canlyniadau, gwneud cyfrifiadau aml-gam a defnyddio fformiwlâu, a gwirio i adnabod unrhyw gamgymeriadau ac ansicrwydd arbrofol.

Technoleg gwybodaeth

Gallwch ddefnyddio taenlenni neu feddalwedd arbennig i ymchwilio i'r ffactorau sy'n effeithio ar gyfraddau adweithiau neu systemau mewn ecwilibriwm. Mae meddalwedd cineteg yn eich caniatáu i efelychu arbrofion cineteg ac ymarfer dadansoddi'r canlyniadau.

Adran Tri
Cemeg Anorganig

Cynnwys

3.1 Cemeg anorganig ar waith

Astudiaeth o'r elfennau cemegol a'u cyfansoddion, yn enwedig eu hocsidau, cloridau a hydridau, yw cemeg anorganig. Mewn cemeg anorganig mae'n hanfodol deall pan fydd elfen yn adweithio ac yn cyfuno gydag elfennau eraill, y gall ffurfio gwahanol rywogaethau cemegol a chanddyn nhw wahanol briodweddau. Gall elfen fod yn hanfodol i fywyd ar ffurf un rhywogaeth gemegol, ond yn wenwyn marwol ar ffurf arall.

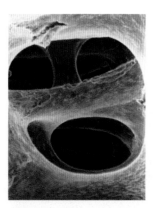

Ffigur 3.1.1 ▲
Micrograff sganio electronau lliw ffug yn dangos adeiledd rhan fewnol asgwrn dynol sy'n debyg i grwybren. Mewn meinwe byw, mae'r ceudodau'n llawn mêr

Elfennau ar gyfer iechyd

Mae pedwar metel ar ddeg ac oddeutu deg anfetel yn hanfodol i iechyd da. Y metel mwyaf helaeth yn y corff dynol yw calsiwm sydd, ar ffurf y mwyn calsiwm ffosffad, yn gwneud ein hesgyrn yn galed ac yn wydn.

Nesaf, yn nhermau helaethrwydd, daw'r elfennau potasiwm a sodiwm. Rhaid i ddiet dynol gynnwys cloridau potasiwm a sodiwm. Mae gan ïonau'r metelau hyn nifer o swyddogaethau pwysig yn y corff, ond maent yn arbennig o bwysig oherwydd wrth i ïonau sodiwm a photasiwm groesi cellbilenni y caiff ysgogiadau eu dargludo ar hyd nerfau.

Mae metelau eraill hefyd yn bwysig, ond mewn symiau llai. Mae nifer o'r rhain yn elfennau bloc-d gan gynnwys haearn, sinc, manganîs a chobalt. Mae ïonau sinc, er enghraifft, yn bresennol mewn nifer o ensymau. Mae gan ïonau sinc hefyd ran bwysig i'w chwarae wrth i gelloedd drosi cod genynnol moleciwlau DNA yn broteinau.

Elfennau ar gyfer meddygaeth

Mae diddordeb cynyddol yn y modd y caiff cyfansoddion metel eu defnyddio mewn meddygaeth. Sbardunwyd hyn gan lwyddiant ysgubol cisplatin fel triniaeth ar gyfer canser. Bydd meddygon yn defnyddio eli sy'n cynnwys cyfansoddion arian wrth drin cleifion sydd wedi dioddef llosgiadau difrifol. Mae nifer o halwynau aur hydawdd, cymhlyg yn sylfaen i driniaethau ar gyfer arthritis.

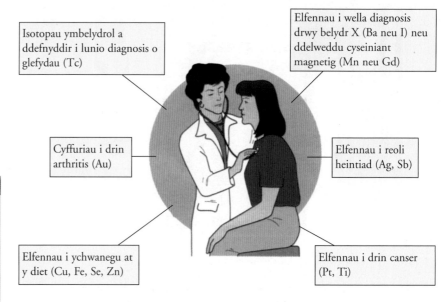

Isotopau ymbelydrol a ddefnyddir i lunio diagnosis o glefydau (Tc)

Elfennau i wella diagnosis drwy belydr X (Ba neu I) neu ddelweddu cyseiniant magnetig (Mn neu Gd)

Cyffuriau i drin arthritis (Au)

Elfennau i reoli heintiad (Ag, Sb)

Elfennau i ychwanegu at y diet (Cu, Fe, Se, Zn)

Elfennau i drin canser (Pt, Ti)

Ffigur 3.1.2 ▲
Dibenion elfennau mewn meddygaeth. Cyfansoddion yn hytrach na'r elfennau rhydd a ddefnyddir

Diffiniad

Mae'r term **rhywogaeth** yn enw torfol defnyddiol y bydd cemegwyr yn ei ddefnyddio wrth sôn yn gyffredinol am yr atomau, moleciwlau neu ïonau sy'n cymryd rhan mewn proses gemegol.

Ocsidau i roi ychydig o liw i'n bywydau

Nid yw titaniwm yn werthfawr iawn fel metel. Mae ei ocsid, titaniwm(IV) ocsid, yn bigment gwyn llachar. Caiff yr ocsid ei ddefnyddio'n bennaf mewn paent, ond fe'i defnyddir hefyd fel haen arwynebol ar bapur, llenwad mewn plastigion a chynhwysyn coluron a phâst dannedd. Mae'r ocsid yn bigment gwyn da oherwydd bod ganddo indecs plygiant uchel iawn, ac nid yw'n amsugno bron i ddim goleuni yn rhan weledol y sbectrwm. Wedi ei falu'n bowdr mân mae'n hynod o wyn ac yn ddi-draidd dros ben, felly ar ffurf pigment mae ganddo nerth gorchuddio gwych.

Mae alwminiwm ocsid yn ocsid addurniadol arall. Pan fo'n bur, mae'r ocsid hwn yn solid gwyn ac iddo ymdoddbwynt uchel iawn. Mae hefyd yn bodoli'n naturiol fel grŵp o fwynau o'r enw corwndwm. Mae corwndwm yn galed dros ben, sy'n ei wneud yn sgraffinydd pwysig. Amrywiaethau o gorwndwm yw nifer o emau gan gynnwys rhuddemau, sydd yn goch gan fod ychydig o ïonau cromiwm(III) yn bresennol yn lle ïonau alwminiwm(III) yn adeiledd y grisial. Mae saffirau yn las gan fod yna gymysgedd o ïonau titaniwm(IV) a chobalt(II) neu haearn(II) yn lle rhai o'r ïonau alwminiwm(III).

Elfennau ar gyfer cemeg mwy gwyrdd

Maes astudio newydd mewn cemeg yw datblygu catalyddion newydd, yn enwedig catalyddion sy'n gweithredu ar dymereddau isel ac sy'n hynod ddetholus. Mae catalyddion modern yn caniatáu i ddiwydiant gynhyrchu cemegion drwy ddefnyddio llai o egni a chreu gwastraff llai gwenwynig.

Mae atomau metelau trosiannol wrth wraidd nifer o gatalyddion. Yn yr 1960au cynnar, llwyddodd grŵp o gemegwyr diwydiannol i ddatblygu proses newydd ar gyfer cynhyrchu asid ethanoig drwy gyfuno methanol a charbon monocsid gyda chymorth catalydd sy'n seiliedig ar gobalt ym mhresenoldeb ïodin. Ychydig flynyddoedd yn ddiweddarach, cafodd y broses ei gwella drwy ddefnyddio'r metel rhodiwm, sydd o dan cobalt yn y tabl cyfnodol, yn lle cobalt. Drwy ddefnyddio rhodiwm, disgynnodd swm y sgil gynnyrch annymunol islaw 1%.

Yna, yn yr 1990au hwyr, daeth y diwydiant cemeg o hyd i gatalydd mwy effeithlon fyth, yn seiliedig y tro hwn ar iridiwm, sef yr elfen o dan rhodiwm yn y tabl cyfnodol. Roedd yn rhaid deall mecanwaith yr adwaith yn fanwl er mwyn dod o hyd i ddull o wneud y catalydd gwell hwn yn effeithiol. Roedd y wybodaeth hon yn caniatáu i'r tîm ymchwil adnabod yr ychwanegion a allai reoli'r dilyniant o dorri bondiau a ffurfio bondiau yn ystod camau'r adwaith.

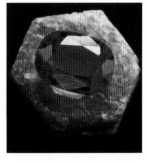

Ffigur 3.1.3 ▲
Rhuddem wedi'i dorri a'i lathru ar ben rhuddem heb ei dorri. Mae rhuddemau wedi'u gwneud o alwminiwm ocsid sy'n cynnwys olion o gromiwm ocsid

Ffigur 3.1.4 ▲
Aelod o opera China yn gwisgo colur llwyfan. Mae'r pigmentau a ddefnyddir mewn colur yn cynnwys cromiwm(III) ocsid (gwyrdd), ocsidau haearn (coch a melyn) a halwynau manganîs (fioled)

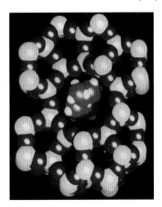

Ffigur 3.1.5 ▲
Model cyfrifiadurol o foleciwl hydrocarbon aromatig yng ngheudod catalydd seolit. Sylwch fod yr atomau carbon yn wyrdd. Sodiwm alwminiwm silicadau yw seolitau, lle mae adeiledd tri dimensiwn yr atomau silicon ac ocsigen yn ffurfio twneli neu geudodau y gall ïonau a moleciwlau bychain ffitio ynddynt. Mae seolitau synthetig yn gatalyddion heterogenaidd ardderchog oherwydd gellir eu datblygu gyda safleoedd gweithredol i ffafrio'r cynhyrchion a ddymunir drwy weithredu ar foleciwlau ac iddynt siapiau a meintiau penodol

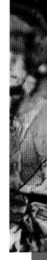

3.2 Ïonau metel mewn dŵr

Mae'r cefnforoedd, sy'n gorchuddio pedair rhan o bump o arwyneb y Ddaear, yn cynnwys nifer o halwynau hydoddedig, ac maent yn ffynhonnell i nifer o elfennau megis bromin, ïodin a magnesiwm. Mae'r dŵr sy'n anweddu o'r cefnforoedd ac yn cylchdroi yn yr amgylchedd naturiol yn helpu i hindreulio creigiau a rhyddhau maetholynnau i hydoddiant ar gyfer twf planhigion. Mae oddeutu dau draean o'r corff dynol yn ddŵr, ac mae'n ffurfio canran hyd yn oed yn uwch o rai anifeiliaid a phlanhigion. Felly mae damcaniaethau sy'n esbonio ymddygiad ïonau mewn hydoddiant yn rhan hanfodol o'n dealltwriaeth o gemeg a biocemeg yr amgylchedd, yn ogystal â helpu cemegwyr i reoli adweithiau mewn labordai a diwydiant.

Ffigur 3.2.1 ▶
Gall llethrau llosgfynyddoedd fod yn ffrwythlon dros ben diolch i'r ïonau hydawdd yn y pridd a gynhyrchwyd gan hindreuliad creigiau igneaidd

Hydradiad

Mae sodiwm clorid yn hydoddi'n rhwydd i wneud dŵr yn hallt; dydy hyn ddim yn ymddangos yn broblem gemegol. Ond mae'r bondio ïonig rhwng yr ïonau sodiwm a chlorid yn gryf, gydag egni dellt o -787 kJ mol^{-1} (gweler tudalennau 63–64). Felly, o safbwynt cemegol, mae'n anodd gweld pam mae'r ïonau sydd wedi'u gwefru mewn grisial o sodiwm clorid yn gwahanu ac yn mynd i hydoddiant mewn dŵr gyda newid egni mor fach. Erbyn hyn mae cemegwyr yn deall bod yr ïonau wedi'u hydradu gymaint gan y moleciwlau dŵr polar fel bod swm y newidiadau enthalpi hydradiad bron â chydbwyso'r egni dellt (gweler tudalennau 73–74).

Mae moleciwlau dŵr yn bolar, felly cânt eu hatynnu at ïonau sodiwm positif a hefyd at ïonau clorid negatif. Yma, atyniad electrostatig yn unig yw'r bondiau rhwng yr ïonau a'r moleciwlau dŵr polar. Drwy risialu'r hydoddiant cynhyrchir halwyn anhydrus.

Ffigur 3.2.2 ▶
Ïonau sodiwm a chlorid yn gadael dellten risial ac yn cael eu hydradu wrth hydoddi mewn dŵr. Atyniad electrostatig yw'r bondiau rhwng yr ïonau a'r moleciwlau dŵr polar

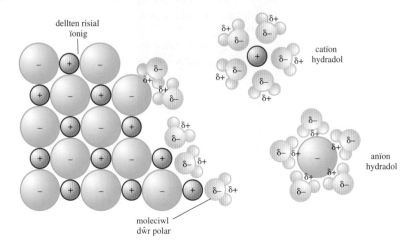

dellten risial ïonig

catïon hydradol

anïon hydradol

moleciwl dŵr polar

Gydag ïonau metel eraill, yn enwedig ïonau'r metelau ym mloc-p a bloc-d, mae'r bondio rhwng yr ïonau metel a dŵr yn gryfach. Bydd bondiau cofalent datif yn dal y moleciwlau dŵr at yr ïonau metel. O ganlyniad, mae'r ïonau metel yn hydradol mewn grisialau yn ogystal â mewn hydoddiant ar ffurf cyfansoddion megis $FeSO_4.7H_2O$ ac $CoCl_2.6H_2O$.

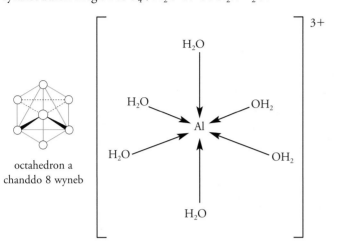

octahedron a chanddo 8 wyneb

◀ *Ffigur 3.2.3*
Ïon alwminiwm hydradol gyda chwe moleciwl dŵr yn ffurfio bondiau cofalent datif â'r atom canolog. Mae siâp octahedrol i'r ïon

Hydrolysis

Nid yw'n bosib paratoi grisialau o alwminiwm clorid anhydrus drwy wresogi hydoddiant o'r halwyn nes iddo sychu. Alwminiwm ocsid a nwy hydrogen clorid yw'r cynhyrchion.

$$2AlCl_3(d) + 3H_2O(h) \rightarrow Al_2O_3(s) + 6HCl(n)$$

Dyma enghraifft o hydrolysis. Mae'r dŵr yn torri'r bond cofalent polar rhwng yr atomau alwminiwm a chlorin.

Hyd yn oed heb wresogi, ceir adwaith rhwng ïonau alwminiwm hydradol a dŵr mewn hydoddiant. Mae hydoddiant o alwminiwm clorid yn asidig.

Mae'r ïon alwminiwm(III) hydradol yn asid. Mae'r ïon alwminiwm, o ganlyniad i'w nerth polareiddio, yn tynnu electronau tuag ato ei hun. Caiff yr electronau yn y moleciwlau dŵr eu tynnu tuag at yr ïon Al^{3+} hynod bolareiddiol gan ei gwneud yn haws i'r moleciwlau dŵr sy'n gysylltiedig â'r ïon alwminiwm roddi protonau.

$$[Al(H_2O)_6]^{3+} + H_2O \rightleftharpoons [Al(H_2O)_5OH]^{2+} + H_3O^+$$

$$[Al(H_2O)_5OH]^{2+} + H_2O \rightleftharpoons [Al(H_2O)_4(OH)_2]^+ + H_3O^+$$

Mae'r ïon alwminiwm hydradol yn asid cyn gryfed ag asid ethanoig (gweler tudalennau 37–40). Mae'r ïon hydradol yn rhoi protonau i foleciwlau dŵr gan ffurfio ïonau ocsoniwm. Mae'r hydoddiant yn ddigon asidig i ryddhau carbon deuocsid pan gaiff ei ychwanegu at sodiwm carbonad.

Drwy ychwanegu bas, megis ïonau hydrocsid, at hydoddiant o ïonau alwminiwm tynnir trydydd proton i gynhyrchu cymhlygyn di-wefr. Mae'r cymhlygyn di-wefr dipyn yn llai hydawdd mewn dŵr gan ffurfio dyddodiad gwyn tebyg i jeli o'r enw alwminiwm hydrocsid hydradol, a ysgrifennir yn aml fel $Al(OH)_3$.

$$[Al(H_2O)_4(OH)_2]^+ + OH^- \rightleftharpoons [Al(H_2O)_3(OH)_3](s)$$

Bydd ychwanegu gormod o alcali yn tynnu proton arall eto. Cynhyrchir ïon sydd â gwefr negatif ac sy'n hydawdd mewn dŵr, gan beri i'r hydoddiant ailhydoddi. Mae hyn yn arddangos priodweddau amffoterig alwminiwm hydrocsid.

$$[Al(H_2O)_3(OH)_3](s) + OH^- \rightleftharpoons [Al(H_2O)_2(OH)_4]^-(d)$$
ïon alwminad(III), $Al(OH)_4^-$

Diffiniad

Mae adwaith **hydrolysis** yn defnyddio dŵr i hollti cyfansoddyn ar wahân. Mae newid yn y pH yn arwydd o hydrolysis rhannol halwyn mewn hydoddiant. Bydd hydrolysis yn newid pH hydoddiant halwyn drwy newid crynodiad yr ïonau $H^+(d)$ ac $OH^-(d)$.

Diffiniad

Bydd cemegwyr yn defnyddio'r term **nerth polareiddio** i ddisgrifio i ba raddau y gall ïon positif aflunio'r cwmwl electronau o amgylch moleciwl neu ïon negatif cyfagos. Po fwyaf yw'r wefr ar ïon positif a'r lleiaf ei faint, y mwyaf fydd ei nerth polareiddio.

Cemeg Anorganig

Adran tri

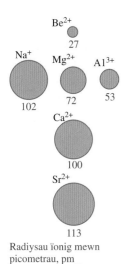

Radiysau ïonig mewn picometrau, pm
$1 \text{ pm} = 1 \times 10^{-12} \text{ m}$

Ffigur 3.2.4 ▲
Meintiau a gwefrau cymharol ïonau metel

Gellir cildroi'r newidiadau hyn i gyd drwy ychwanegu hydoddiant o asid cryf, megis asid hydroclorig, sy'n troi'r ïonau OH^- yn yr ïon alwminad(III) yn ôl yn foleciwlau dŵr.

Mae'r ïonau hydradol mewn halwynau M^{2+} (lle mae M yn cynrychioli metel) dipyn yn llai asidig nag ydynt mewn ïonau M^{3+} o ganlyniad i nerth polareiddio llai yr ïonau metel M^{2+}.

Ffigur 3.2.5 ▲
Clogwyn laterit. Mae hindreuliad cemegol dwys y creigiau igneaidd yn y trofannau yn tynnu'r mwynau silicad oddi yno gan adael cymysgedd o hydrocsidau haearn(III) ac alwminiwm gan greu pridd lateritig dwfn. Pan fydd cynnwys yr haearn yn isel, bocsit yw'r mwyn, sef mwyn alwminiwm

Prawf i chi

1 Ysgrifennwch hafaliadau i ddangos yr hyn sy'n digwydd, gam wrth gam, wrth ychwanegu asid hydroclorig at hydoddiant o ïonau alwminad(III).

2 **a)** Ysgrifennwch hafaliad ïonig ar gyfer yr adwaith rhwng hydoddiannau o fagnesiwm clorid a sodiwm carbonad.

   b) Esboniwch pam mae'n bosib defnyddio hydoddiant o sodiwm carbonad i ddyddodi magnesiwm carbonad, ond nid yw'n bosib dyddodi alwminiwm carbonad mewn modd tebyg.

3 Mae hindreuliad yn dadelfennu'r silicadau metel. Mae'r ïonau sodiwm a photasiwm a ryddheir drwy hindreuliad yn diweddu fel halwynau yn y môr. Mae'r ïonau alwminiwm(III) a haearn(III) yn diweddu fel dyddodion o focsit, clai a mwynau eraill. Esboniwch y gwahaniaeth yn nhynged yr ïonau metel hyn yn yr amgylchedd.

4 Rhowch eich sylwadau ar arwyddocâd y tair nodwedd hyn o foleciwlau dŵr ar gyfer priodweddau dŵr fel hydoddydd: mae'r moleciwlau yn bolar, mae ganddynt barau unig o electronau a gallant ffurfio bondiau hydrogen.

5 Esboniwch pam mae halwynau sydd â'r ïon alwminiwm(III) hydradol a'r ïon alwminad(III) yn hydawdd ond mae alwminiwm hydrocsid yn anhydawdd.

6 Beth yw'r duedd yn nerth polareiddio'r ïonau metel:
   a) ar draws cyfnod 3 o Na^+ i Al^{3+}
   b) i lawr grŵp 2 o Be^{2+} i Sr^{2+}?

3.3 Ffurfio cymhlygion

Mae'r grwpiau haem mewn haemoglobin yn gymhlygion ïonau haearn(II) gyda chylchoedd porffyrin. Mae parau unig o electronau ar atomau nitrogen yn ffurfio bondiau cofalent datif gyda'r ïonau metel. Dyma un o nifer fawr o enghreifftiau o gysylltiadau cymhleth rhwng ïonau metel a moleciwlau organig sy'n hanfodol i fiocemeg.

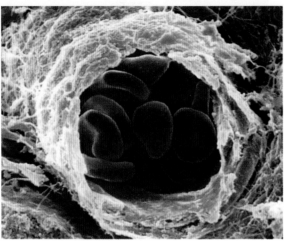

Ffigur 3.3.1 ▲
Celloedd coch y gwaed mewn cangen o rydweli fach. Mae nifer o gymhlygion elfennau bloc-d yn hynod liwgar. Mae haemoglobin yng nghelloedd coch y gwaed yn goch llachar wedi iddo gyfuno ag ocsigen. Mae carbon monocsid yn wenwynig gan ei fod yn rhwymo wrth yr haearn yn y grŵp haem yn gryfach nag ocsigen ac mewn modd anghildroadwy. Mae marwolaeth yn anochel os yw'r mwyafrif o'r haemoglobin yng ngwaed rhywun wedi cyfuno â charbon monocsid

Ïonau cymhlyg

Mae ïon cymhlyg yn cynnwys ïon metel canolog wedi'i gysylltu â nifer o foleciwlau neu ïonau. Ligandau yw'r moleciwlau neu ïonau o gwmpas yr ïon metel sy'n defnyddio eu pâr unig o electronau i ffurfio bondiau cofalent datif â'r ïon metel. Yn nodweddiadol ceir dau, pedwar neu chwe ligand mewn ïon cymhlyg.

Ïonau metel hydradol yw'r cymhlygion mwyaf cyffredin. Mae'r ïonau alwminiwm, haearn(III) a chopr(II) hydradol i gyd yn enghreifftiau o gymhlygion acwa.

Mae gan gemegwyr enw arall am fondiau cofalent datif, ac mae'n well ganddyn nhw ei ddefnyddio'n aml wrth sôn am ïonau cymhlyg. Yr enw arall yw 'bond cyd-drefnol' sydd hefyd yn gyfrifol am yr enw 'cyfansoddyn cyd-drefniant' ar ddefnyddiau sy'n cynnwys cymhlygion.

Mae cyfansoddion cyd-drefniant yn cynnwys cymhlygion a all fod yn gatïonau, yn anïonau neu'n foleciwlau niwtral. Dyma enghreifftiau o gyfansoddion cyd-drefniant:

- $K_3[Fe(CN)_6]$ yn cynnwys yr ïon cymhlyg $[Fe(CN)_6]^{3-}$ sydd wedi'i wefru'n negatif
- $[Ni(NH_3)_6]Cl_2$ gyda'r ïon cymhlyg $[Ni(NH_3)_6]^{2+}$ sydd wedi'i wefru'n bositif
- $Ni(CO)_4$, cymhlygyn niwtral rhwng atomau nicel a moleciwlau carbon monocsid.

Ffigur 3.3.2 ▲
Grŵp haem. Mae pedwar grŵp haem ymhob moleciwl haemoglobin. Mae adwaith cildroadwy rhwng y grwpiau haem a moleciwlau ocsigen yn caniatáu i haemoglobin gasglu ocsigen yn yr ysgyfaint a'i ryddhau i gelloedd ym meinweoedd y corff. Mae pob grŵp haem wedi ei gysylltu â chadwyn bolypeptid (gweler tudalen 201)

Diffiniad

Ligandau yw'r moleciwlau neu'r ïonau sydd wedi'u rhwymo wrth yr ïon metel canolog mewn ïon cymhlyg.

Diffiniad

Rhif cyd-drefniant ïon metel mewn cymhlygyn yw nifer y bondiau cofalent datif (cyd-drefnol) a ffurfiwyd â'r ïon metel gan y ligandau sydd o'i gwmpas.

93

Ffigur 3.3.3 ▶
Grisialau rhai cyfansoddion cyd-drefniant: NiSO₄ hydradol, FeSO₄, CoCl₂, CuSO₄, Cr₂(SO₄)₃ a K₃[Fe(CN)₆]

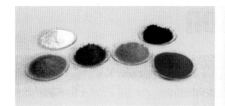

Ffigur 3.3.4 ▶
Glas Prwsia yw'r pigment glas yn y darlun hwn. Mae'n cynnwys haearn(III) hecsacyanofferad(II) (George Romney, 1763)

Ffigur 3.3.5 ▶
Enwi ïonau cymhlyg. Sylwch mai cyfanswm y wefr ar yr ïon cymhlyg yw swm y gwefrau ar yr ïon metel a'r ligandau

Enwi ïonau cymhlyg

Mae enwau systematig ïonau cymhlyg yn dangos:

- ■ yn gyntaf nifer y ligandau, deu-, tri-, tetra-, penta-, hecsa-
- ■ yna'r math o ligand (yn ôl trefn yr wyddor os oes mwy nag un math o ligand), megis acwa- ar gyfer moleciwlau dŵr, amin- ar gyfer amonia, cloro- ar gyfer ïonau clorid a cyano- ar gyfer ïonau cyanid, CN^-
- ■ nesaf, enw'r atom metel canolog ar ffurf sy'n dangos a yw'r ïon yn gatïon neu'n anïon
  - ar gyfer catïonau (a chymhlygion di-wefr) mae enw'r metel yn normal, megis arian, haearn neu gopr
  - ar gyfer anïonau bydd enw'r metel yn diweddu gydag –ad, a defnyddir yr enw hen ffasiwn megis argentad ar gyfer arian, fferad ar gyfer haearn a chwprad ar gyfer copr
- ■ yn olaf, ceir rhif ocsidiad y metel.

Enghreifftiau:

- ■ $[Ag(NH_3)_2]^+$ – yr ïon deuaminarian(I) di-liw
- ■ $[Cu(H_2O)_6]^{2+}$ – yr ïon hecsaacwacopr(II) glas golau
- ■ $[CuCl_4]^{2-}$ – yr ïon tetraclorocwprad(II) melyn
- ■ $[Fe(CN)_6]^{3-}$ – yr ïon hecsacyanofferad(III) melyn

Ceir dau arwydd gweladwy cyffredin bod adwaith wedi digwydd i ffurfio ïon cymhlyg newydd:

- ■ newid lliw, neu
- ■ solid anhydawdd yn hydoddi.

Ceir enghraifft adnabyddus iawn o newid lliw wrth ychwanegu gormod o hydoddiant amonia at hydoddiant copr(II) sylffad. Mae hyn yn cynhyrchu hydoddiant glas tywyll sy'n cynnwys ïonau copr(II) wedi cymhlygu â moleciwlau amonia.

Mae'r prawf am ïonau clorid yn enghraifft o halwyn anhydawdd yn hydoddi o ganlyniad i ffurfiant cymhlygyn. Cynhyrchir dyddodiad gwyn wrth ychwanegu arian nitrad at hydoddiant o ïonau clorid. Bydd y dyddodiad yn ail-hydoddi os ychwanegir hydoddiant amonia wrth i'r ïonau arian yn yr arian clorid ffurfio'r ïon deuaminarian(I).

Cemeg Anorganig

Adran tri

1 Beth yw cyflwr ocsidiad yr ïon metel yn yr ïonau cymhlyg hyn:
$[NiCl_4]^{2-}$, $[Ag(NH_3)_2]^+$, $[Ag(S_2O_3)_2]^{3-}$, $[Fe(H_2O)_6]^{3+}$, $[Fe(CN)_6]^{4-}$?

2 Ysgrifennwch hafaliadau ïonig ar gyfer yr adweithiau a ddefnyddir i brofi am ïonau clorid mewn hydoddiant.

3 Mae'r sefydlyn a ddefnyddir i symud arian bromid sydd heb ddod i gyswllt â goleuni nac wedi ei ddatblygu oddi ar ffilm ffotograffig, yn cynnwys ïonau thiosylffad. Bydd ïon arian yn ffurfio cymhlygyn gyda dau ïon thiosylffad wrth i'r arian bromid hydoddi. Ysgrifennwch hafaliad ar gyfer yr adwaith hwn.

4 Mae adweithydd Tollen yn cynnwys yr ïon deuaminarian(I). Sut caiff yr adweithydd hwn ei ddefnyddio mewn cemeg organig (gweler tudalennau 174–175)? Beth yw canlyniad prawf positif? Pam mae'r ïonau arian yn bresennol ar ffurf cymhlygyn yn yr adweithydd?

Siapiau ïonau cymhlyg

Mae siâp ïonau cymhlyg yn dibynnu ar nifer y ligandau o amgylch yr ïon metel canolog. Does dim rheol syml i ragfynegi siapiau cymhlygion a'u fformiwlâu. Yn nodweddiadol bydd cymhlygion a chanddynt:

■ chwe ligand llai, megis H_2O ac NH_3, yn octahedrol, fel yn $[Mn(H_2O)_6]^{2+}$

■ pedwar ligand mwy, megis Cl^-, fel arfer yn detrahedrol fel yn $[CuCl_4]^{2-}$

■ dau ligand yn llinol fel yn $[Ag(NH_3)_2]^+$, $[Ag(S_2O_3)_2]^{3-}$.

Ffigur 3.3.7 ▲
Pot coffi wedi'i electroplatio ag arian. Yn ôl pob tebyg, er mwyn cael canlyniadau da dylai'r arian fod yn bresennol ar ffurf ïon cymhlyg yn yr hydoddiant platio. Cymhlygyn cyanid a ddefnyddir fel rheol: $[Ag(CN)_2]^-$

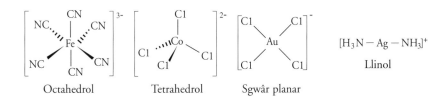

Octahedrol   Tetrahedrol   Sgwâr planar   Llinol

▲ **Ffigur 3.3.6**
Siapiau ïonau cymhlyg

Mae cisplatin yn gyffur gwrth-ganser sy'n cynnwys cymhlygyn o blatinwm, moleciwlau amonia ac ïonau clorid, $Pt(NH_3)_2Cl_2$. Mae'r ïon hwn yn blanar, a gall fodoli ar ffurf isomerau *cis* a *trans* (gweler tudalen 147). Mae'r isomer cis yn atal cellraniad trwy drawsgysylltu'r ddwy gadwyn yn helics dwbl y DNA. Fodd bynnag, nid yw'r cymhlygyn yn atal twf celloedd. Mae hyn yn golygu ei fod yn ddefnyddiol wrth drin canser. Yn anffodus, mae cisplatin yn wenwynig ac mae ganddo sgil effeithiau annymunol. Mae treialon clinigol wedi arwain at ddarganfod cymhlygion platinwm eraill sydd hefyd yn effeithiol.

Mathau o ligandau

Bydd rhai ligandau'n defnyddio un pâr unig o electronau i ffurfio un bond gyda'r atom metel canolog. Ligandau undeintiog yw'r rhain. Mae dŵr ac amonia yn enghreifftiau o foleciwlau a all weithredu fel ligandau undeintiog. Mae ïonau hydrocsid, ïonau clorid ac ïonau cyanid yn enghreifftiau o ïonau a all weithredu fel ligandau undeintiog.

Mae gan rai ligandau fwy nag un pâr unig o electronau a all ffurfio bondiau datif â'r ïon metel. Bydd ligandau deuddeintiog, er enghraifft, yn ffurfio dau fond cofalent datif ag ïonau metel mewn cymhlygyn. Dyma enghreifftiau o ligandau deuddeintiog: 1,2-deuaminoethan, asidau amino (gweler tudalen 197) a'r ïon ethandeuoad.

5 Awgrymwch siâp tebygol i'r ïonau cymhlyg hyn:
$[Ag(CN)_2]^-$,
$[Cr(NH_3)_6]^{3+}$, $[NiCl_4]^{2-}$.

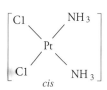

Ffigur 3.3.8 ▲
Adeiledd cisplatin, $Pt(NH_3)_2Cl_2$. *Dyma'r isomer cis gyda'r ddau ïon clorid ar yr un ochr i'r cymhlygyn planar.*

3.3 Ffurfio cymhlygion

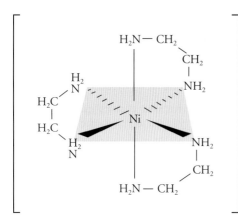

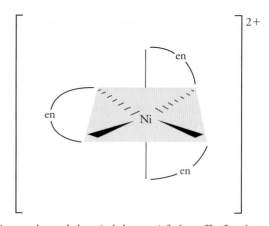

Ffigur 3.3.9 ▲
Cynrychioliadau o gymhlygyn a ffurfir gan y ligand deuddeintiog, 1,2-deuaminoethan. Sylwch sut y defnyddir 'en' fel talfyriad ar gyfer y ligand

Mae'r ligand **edta** hecsadeintiog yn hynod drawiadol gan ei fod yn ffurfio chwe bond gyda'r ïon metel canolog mewn cymhlygyn. Edta yw'r talfyriad cyffredin ar gyfer ligand sy'n bondio mor gadarn gydag ïonau metel nes eu dal mewn hydoddiant a'u gwneud, i bob pwrpas, yn anadweithiol yn gemegol. Ychwanegir edta at ddresin salad i ddal olion ïonau metel a fyddai, fel arall, yn cataldd ocsidiad olewau. Caiff edta ei gynnwys mewn sylweddau glanhau ystafell ymolchi i helpu i symud cen drwy hydoddi dyddodion o galsiwm carbonad a ddaw o ddŵr caled. Gellir defnyddio edta i drin gwenwyn plwm drwy ffurfio cymhlygyn gyda'r ïonau metel sydd mor sefydlog fel y gellir ei ysgarthu drwy'r arennau.

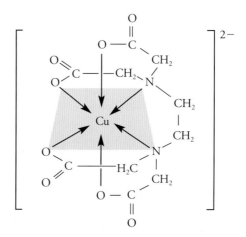

Ffigur 3.3.10 ▲
Ïon cymhlyg wedi'i ffurfio gan ïonau edta gydag ïon metel. Gall yr ïon negatif yn yr halwyn blygu ei hun o amgylch ïonau metel fel bo pedwar atom ocsigen a dau atom nitrogen yn gallu ffurfio bondiau cyd-drefnol gyda'r ïon metel. Dyma ligand hecsadeintiog

Prawf i chi

6 Tynnwch ddiagram i gynrychioli'r cymhlygyn sy'n ffurfio rhwng ïon Cr^{3+} a thri ïon ethandeuoad.

7 a) Rhestrwch y canlynol yn ôl trefn eu sefydlogrwydd (y mwyaf sefydlog yn gyntaf): $[Ni(NH_3)_6]^{2+}$, $[Ni(en)_3]^{2+}$, $[Ni\text{-}edta]^{2-}$.

   b) Awgrymwch ffordd o ddefnyddio cysonion ecwilibriwm, K_c, i gymharu sefydlogrwydd ïonau cymhlyg (gweler tudalen 24).

Adweithiau amnewid ligandau

Bydd ïonau cymhlyg yn aml yn adweithio drwy gyfnewid un ligand am un arall. Mae'r adweithiau amnewid ligandau hyn fel arfer yn gildroadwy.

$$[Cu(H_2O)_6]^{2+}(d) + 4NH_3(d) \rightleftharpoons [Cu(NH_3)_4(H_2O)_2]^{2+}(d) + 4H_2O(h)$$

glas golau   glas tywyll

Mae meintiau'r ligandau NH_3 ac H_2O yn debyg, ac mae'r ddau yn ddi-wefr. Gall adweithiau amnewid ddigwydd rhwng y ligandau hyn heb newid rhif cyd-drefniant yr ïon metel.

Mae'r ïon clorid yn fwy na ligandau di-wefr, megis dŵr, felly gall llai o ïonau clorid ffitio o amgylch ïon metel canolog. O ganlyniad, bydd amnewid ligandau yn arwain at newid yn y rhif cyd-drefniant.

$$[Cu(H_2O)_6]^{2+}(d) + 4Cl^-(d) \rightleftharpoons [CuCl_4]^{2-}(d) + 6H_2O(h)$$

glas golau   melyn

Prawf i chi

8 Ysgrifennwch hafaliadau ar gyfer yr adweithiau amnewid ligandau hyn:

   a) yr ïon hecsaacwacobalt(II) gyda moleciwlau amonia i ffufio'r ïon hecsaamincobalt(II)

   b) yr ïon hecsaamincobalt(II) gydag ïonau clorid i ffurfio'r ïon tetraclorocobaltad(II)

   c) yr ïon hecsaacwahaearn(II) gydag ïonau cyanid i ffurfio'r ïon hecsacyanofferad(II).

9 Esboniwch y newidiadau hyn gyda chymorth hafaliadau:
mae ychwanegu hydoddiant amonia at hydoddiant glas golau o ïonau copr(II) hydradol yn cynhyrchu dyddodiad glas golau o'r hydrocsid hydradol; wrth ychwanegu mwy o hydoddiant amonia mae'r dyddodiad yn hydoddi i roi hydoddiant glas tywyll.

◀ **Ffigur 3.3.11**
Adwaith amnewid ligandau cildroadwy ïonau copr(II). Nodwch yn yr enghraifft hon nad yw'r amnewid yn gyflawn. Mae'r cymhlygyn acwa yn las golau ond mae'r cymhlygyn amin yn las tywyll **CD-ROM**

◀ **Ffigur 3.3.12**
Amnewid ligandau ynghyd â newid yn y rhif cyd-drefniant. Mae'r cymhlygyn acwa yn las golau ond mae'r cymhlygyn cloro yn felyn

CD-ROM

Titradiad i ffurfio cymhlygion

Mae edta yn ffurfio ïonau cymhlyg sydd mor sefydlog fel y gellir defnyddio edta i fesur crynodiad ïonau metel mewn hydoddiant. Mae trefn y titradiadau hyn i ffurfio cymhlygion yr un peth ag unrhyw ditradiad arall.

Mae'r titradiad yn pennu'r cyfaint o hydoddiant safonol o adweithydd ffurfio cymhlygyn sydd ei angen i adweithio'n union gyda chyfaint wedi'i fesur o'r hydoddiant anhysbys o ïonau metel. Er mwyn darganfod y diweddbwynt, bydd y dadansoddwr yn ychwanegu dangosydd sy'n ffurfio cymhlygyn lliw, ansefydlog gyda'r ïon metel. Mae hydoddiant byffer a ychwanegir yn sicrhau bod pH yr hydoddiant yn yr amrediad cywir i'r dangosydd fod yn effeithiol.

Mae Erichrom du T, sydd fel arfer yn las mewn hydoddiant ar pH 10, yn ddangosydd addas ar gyfer titradiadau edta. Wrth ychwanegu'r dangosydd at yr hydoddiant o ïonau metel ar ddechrau'r titradiad cynhyrchir cymhlygyn lliw gwin coch.

Mae edta yn ffurfio cymhlygyn mwy sefydlog gyda'r ïonau metel na'r dangosydd. Felly wrth ddiferu hydoddiant edta i'r hydoddiant o fwred, bydd yn cymryd yr ïonau metel oddi ar y dangosydd. Ar y diweddbwynt, bydd yr holl ïonau metel wedi'u cymhlygu trwy ditradiad gydag edta. Bydd diferyn olaf yr edta yn gadael dim ïonau metel i ffurfio'r cymhlygyn coch gyda'r dangosydd. Bydd lliw y dangosydd yn newid yn ôl i'w liw glas.

Ffigur 3.3.13 ▲
Lliw Erichrom du T wedi'i gymhlygu ag ïonau calsiwm, a lliw'r dangosydd rhydd ar pH 10

$$[\text{cymhlygyn metel-dangosydd}] + \text{edta} \rightleftharpoons [\text{cymhlygyn metel-edta}] + \text{dangosydd rhydd}$$

coch   glas

Cemeg Anorganig

Adran tri

10 a) Cydberthynir caledwch dŵr yn aml â chalsiwm ar furff calsiwm carbonad. Yn gonfensiynol, rhoddir gwerthoedd caledwch mewn mg dm^{-3} $CaCO_3$. Cyfrifwch galedwch dŵr mewn mg dm^{-3} $CaCO_3$ ar gyfer y sampl a brofwyd yn y datrysiad enghreifftiol.

b) Dangoswch fod crynodaid o 1 mg dm^{-3} $CaCO_3$ yn gywerth â 1 rh.y.f. (rhan y filiwn) $CaCO_3$.

11 Cyflawnodd dadansoddwr ditradiad edta i fesur màs yr ïonau sinc mewn capsiwl a lyncir i ychwanegu sinc at y diet. Aeth ati i hydoddi un capsiwl mewn dŵr a'i ditradu â hydoddiant edta 0.0200 mol dm^{-3} ym mhresenoldeb Erichrom du T a hydoddiant byffer alcalïaidd. Roedd angen 11.45 cm^3 o hydoddiant edta ar gyfartaledd i adweithio gyda'r sinc mewn un capsiwl. Cyfrifwch fàs y sinc mewn un capsiwl.

Datrysiad enghreifftiol

Ychwanegwyd byffer alcalïaidd ac ychydig ddiferion o ddangosydd Erichrom du T at 100.0 cm^3 o sampl o ddŵr caled yn cynnwys ïonau calsiwm. Yn y titradiad, cafodd 22.8 cm^3 o hydoddiant edta 0.0100 mol dm^{-3} ei ychwanegu ato o fwred nes i'r dangosydd newid o goch i las. Beth oedd crynodiad yr ïonau calsiwm?

Nodiadau ar y dull

Dechreuwch drwy ysgrifennu'r hafaliad ar gyfer yr adwaith bob tro.

Cofiwch drawsnewid cyfeintiau mewn cm^3 yn gyfeintiau mewn dm^3 drwy rannu â 1000.

Mewn unrhyw ditradiad, un gwerth anhysbys yn unig sydd – yn yr achos hwn crynodiad anhysbys yr ïonau calsiwm, c_A (mewn mol dm^{-3}).

Ateb

Dyma'r hafaliad ar gyfer yr adwaith:

$$Ca^{2+}(d) + edta^{4-}(d) \rightarrow [Ca.edta]^{2-}(d)$$

Cyfaint y dŵr caled yn y fflasg = $\dfrac{100.00}{1000}$ dm^3 = 0.1 dm^3

Felly swm yr ïonau calsiwm yn y fflasg = (0.1 $dm^3 \times c_A$) mol

Cyfaint yr edta o'r fwred = $\dfrac{22.8}{1000}$ dm^3 = 0.0228 dm^3

Crynodiad yr edta = 0.0100 mol dm^{-3}

Swm yr edta o'r fwred = 0.0228 $dm^3 \times$ 0.0100 mol dm^{-3}

Mae'r hafaliad yn dangos bod 1 mol edta yn adweithio gydag 1 mol ïonau calsiwm. Felly rhaid bod swm yr edta a ychwanegwyd o'r fwred ar y diweddbwynt yr un peth â swm yr ïonau calsiwm yn y fflasg.

Felly: (0.1 $dm^3 \times c_A$) mol = 0.0228 $dm^3 \times$ 0.0100 mol dm^{-3}

Gan hynny: $c_A = \dfrac{0.0228 \ dm^3 \times 0.0100 \ mol \ dm^{-3}}{0.1 \ dm^3}$ = 0.00228 mol dm^{-3}

Crynodiad yr ïonau calsiwm yn y dŵr caled = 0.00228 mol dm^{-3}

3.4 Adweithiau asid–bas

Yn wreiddiol, dosbarthwyd asidau yn ôl eu priodweddau: eu blâs siarp, eu heffaith ar ddangosyddion a'u hadweithiau nodweddiadol. Doedd gwyddonwyr, fodd bynnag, ddim yn fodlon arsylwi, dosbarthu a chreu cyffredinoliadau yn unig. Roedd cemegwyr am ddeall pam roedd gan asidau briodweddau tebyg, ac o'r herwydd roedd arnynt angen damcaniaethau i esbonio ymddygiad y cyfansoddion hyn. Mae gwahanol ddamcaniaethau wedi arwain at esboniadau newidiol a hefyd at dri diffiniad perthynol.

Damcaniaeth Arrhenius

Awgrymodd Svante Arrhenius (1859–1927) esboniad damcaniaethol am y tebygrwydd rhwng asidau mewn hydoddiant dyfrllyd. Cemegydd ffisegol ydoedd, ac ef a arloesodd y ddamcaniaeth ïonau mewn hydoddiant. Esboniodd ymddygiad asidau yn nhermau ïonau hydrogen. Yn ôl ei ddamcaniaeth ef, yr hyn sy'n gyffredin i asidau yw eu bod yn cynhyrchu ïonau hydrogen wrth hydoddi mewn dŵr.

$$HCl(n) + d \rightarrow H^+(d) + Cl^-(d)$$

Ffigur 3.4.1 ▲
Daearegwr yn defnyddio asid hydroclorig i adnabod calchfaen

Damcaniaeth Brønsted–Lowry

Mae'r diffiniad normal a ddefnyddir ar gyfer asid heddiw yn seiliedig ar y ddamcaniaeth Brønsted-Lowry, sy'n diffinio asid fel moleciwl neu ïon a all roddi ïon hydrogen i rywbeth arall. Cemegydd ffisegol o Ddenmarc oedd Johannes Brønsted (1879–1947). Cyhoeddodd ei ddamcaniaeth yn 1923 yr un pryd â Thomas Lowry (1874–1936) o Brifysgol Caergrawnt, er iddynt weithio'n annibynnol ar ei gilydd.

Yn ôl y ddamcaniaeth hon, mae asidau yn rhoddwyr ïonau hydrogen (protonau). Mae'r diffiniad hwn yn fwy cyffredinol na damcaniaeth Arrhenius gan ei fod yn cynnwys adweithiau sy'n digwydd heb ddŵr ac mewn hydoddyddion annyfrllyd. Yn ôl y ddamcaniaeth hon, bydd moleciwlau hydrogen clorid yn rhoi ïonau hydrogen i foleciwlau dŵr wrth iddynt hydoddi mewn dŵr gan gynhyrchu ïonau hydrogen hydradol a elwir yn ïonau ocsoniwm. Bydd y dŵr yn derbyn y proton o'r asid gan weithredu fel *bas*.

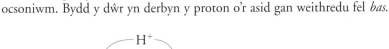

$$HCl(n) + H_2O(h) \rightleftharpoons H_3O^+(d) + Cl^-(d)$$

Damcaniaeth Brønsted-Lowry yw'r diffiniad mwyaf poblogaidd o asidau a basau hyd heddiw, dyma sydd wrth wraidd y drafodaeth ar ecwilibria asid-bas yn adran 2.10. Bydd cemegwyr yn defnyddio'r ddamcaniaeth hon i esbonio pH a hydoddiannau byffer.

Prawf i chi

3 Pa rai o'r enghreifftiau a ddewiswyd yn eich ateb i gwestiwn I sy'n adweithiau asid-bas yn ôl damcaniaeth Brønsted-Lowry?

4 Dangoswch mai adwaith asid-bas yw'r adwaith rhwng ïonau alwminiwm(III) hydradol ac ïonau hydrocsid yn ôl damcaniaeth Brønsted-Lowry (gweler tudalen 91).

5 Enwch yr asid Brønsted-Lowry a'r bas Brønsted-Lowry yn yr adwaith sy'n digwydd yn Ffigur 3.4.1.

Prawf i chi

I Rhowch un enghraifft ar gyfer pob un o adweithiau nodweddiadol asidau gyda: metelau, ocsidau metel, hydrocsidau metel a charbonadau metel.

2 Defnyddiwch y ddamcaniaeth Arrhenius i esbonio pam mae gan hydoddiannau dyfrllyd gwanedig o asidau hydroclorig, sylffwrig a nitrig briodweddau tebyg.

CD-ROM

Asidau a basau Lewis

Gilbert Lewis (1875–1946) oedd y cemegydd ffisegol o'r Unol Daleithiau a eglurodd ddamcaniaethau bondio cemegol. Lewis ddatblygodd y syniad bod atomau'n ennill neu'n colli electronau allanol i greu 'wythawdau' naill ai trwy drosglwyddo neu drwy rannu electronau. Arweiniodd hyn at y diagramau dot a chroes i ddisgrifio'r bondio ïonig a chofalent mewn cyfansoddion syml. Roedd gan barau o electronau ran bwysig i'w chwarae yn syniadau Lewis, ac aeth ymlaen i awgrymu diffiniadau mwy cyffredinol fyth o asidau a basau.

Mae asid Lewis yn foleciwl neu'n ïon sy'n gallu ffurfio bond trwy dderbyn pâr o electronau. Mae ffurfiant ïon ocsoniwm yn achos arbennig o adwaith asid-bas Lewis rhwng y proton (asid Lewis) a moleciwl dŵr (bas Lewis). Felly yn y ddamcaniaeth hon y proton, yn hytrach na'r rhoddwr protonau, yw'r asid.

Ffigur 3.4.2 ▶
Ffurfiant ïon ocsoniwm. Mae'r bas Lewis, sef dŵr, yn ffurfio bond cofalent datif gyda phroton, sef yr asid Lewis

Mae'r diffiniad ehangach hwn o asidau a basau yn cynnwys ffurfiant ïon cymhlyg o fewn teulu'r adweithiau asid-bas. Mae'r ïon metel (asid Lewis) yn derbyn pâr o electronau o'r ligandau (basau Lewis).

Ffigur 3.4.3 ▶
Ffurfiant cymhlygyn ar ffurf adwaith asid-bas Lewis

Mae bas Lewis yn foleciwl neu'n ïon sy'n gallu ffurfio bond trwy roddi pâr o electronau. Mae hyn yn golygu bod unrhyw fas Brønsted-Lowry hefyd yn fas Lewis; ond mae diffiniad Lewis yn fwy eang gan iddo gyfeirio at unrhyw adwaith lle mae'r bas yn darparu pâr o electronau i ffurfio bond cyd-drefnol.

Mae'r ddamcaniaeth asid-bas Lewis hefyd yn cynnwys adweithiau rhwng ocsidau asidig ac ocsidau basig lle na chaiff protonau eu trosglwyddo.

Ffigur 3.4.4 ▶
Adwaith ocsid metel basig gydag ocsid anfetel asidig i ffurfio halwyn

Mae alwminiwm clorid yn asid Lewis. Mae hyn yn egluro pam y caiff ei ddefnyddio yn gatalydd mewn adwaith Friedel Crafts (gweler tudalen 164).

Ffigur 3.4.5 ▶
Alwminiwm clorid yn ymddwyn fel asid Lewis

Y ddamcaniaeth Brønsted-Lowry yw'r un y bydd cemegwyr yn ei defnyddio fel rheol. Wrth ddefnyddio'r termau asid a bas maent yn golygu 'rhoddwr protonau' a 'derbyniwr protonau'. Er mwyn dangos eu bod yn defnyddio'r diffiniad Lewis ehangach, byddant yn cyfeirio at 'asidau Lewis' a 'basau Lewis'.

Prawf i chi

6 a) Tynnwch ddiagramau dot a chroes i ddangos y rheol wythawdau, gan roi un enghraifft o fondio ïonig ac un arall o fondio cofalent.

   b) Tynnwch ddiagram dot a chroes i ddangos eithriad i'r rheol.

   c) Beth yw'r cysylltiad rhwng y rheol wythawdau a ffurfwedd electronau'r nwyon nobl?

7 Mae amonia'n adweithio gyda boron trifflworid i ffurfio un cynnyrch. Tynnwch ddiagramau dot a chroes i awgrymu adeiledd ar gyfer y cynnyrch a dangoswch mai adwaith asid Lewis â bas Lewis yw hwn.

8 Pa rai o'r enghreifftiau a ddewiswyd yn eich ateb i gwestiwn 1 (ar dudalen 99) sy'n adweithiau asid-bas yn ôl y ddamcaniaeth Lewis?

Cemeg Anorganig

Adran tri

3.5 Adweithiau rhydocs

Mae adweithiau rhydocs yn bwysig iawn yn yr amgylchedd naturiol, mewn pethau byw ac mewn technoleg fodern. Does dim syndod bod cemeg rhydocs helaeth ar y blaned hon o ystyried ei hatmosffer ocsigen.

Rhydocs ar waith

Caiff tua mil biliwn (10^{12}) môl o ocsigen eu tynnu o'r atmosffer bob blwyddyn i ocsidio ïonau a moleciwlau anorganig megis ïonau haearn(II) o greigiau hindreuliedig a nwyon folcanig megis hydrogen sylffid, carbon monocsid a methan.

Bydd cyfres o adweithiau rhydocs yn digwydd ar hyd llwybrau metabolaidd resbiradaeth. Mae'r llwybrau hyn yn cynhyrchu adenosin triffosffad (ATP). Mae ATP yn trosglwyddo'r egni a ddaw o ocsidio bwyd i symudiad, twf a'r holl weithgareddau eraill o fewn pethau byw sydd angen ffynhonnell o egni.

Mae foltedd pob cell gemegol yn deillio o egni rhydd adweithiau rhydocs fel y disgrifiwyd yn adran 2.15. Mae prosesau diwydiannol sy'n defnyddio electrolysis i ffurfio cynhyrchion megis clorin ac alwminiwm hefyd yn cynnwys adweithiau rhydocs.

Ffigur 3.5.1 ▲
Mae llosgfynyddoedd yn rhyddhau nwyon rhydwythol i'r atmosffer lle byddant yn adweithio gydag ocsigen

Diffiniadau rhydocs

Mae disgrifiadau a damcaniaethau ynghylch ocsidiad a rhydwythiad wedi datblygu ar hyd y blynyddoedd. O ganlyniad, cafwyd sawl diffiniad o adweithiau rhydocs. Hyd yn oed heddiw, ni fydd cemegwyr yn defnyddio un diffiniad yn unig, byddant yn dewis y diffiniad sy'n siwtio'r sefyllfa orau mewn cyd-destun penodol. Beth bynnag bo'r diffiniad, mae ocsidiad a rhydwythiad bob amser yn mynd law yn llaw.

Ystyr gwreiddiol ocsidiad oedd cyfuno ag ocsigen, ond erbyn hyn mae'r term yn cynnwys pob adwaith lle bydd atomau neu ïonau yn colli electronau. Mae cemegwyr wedi ehangu'r diffiniad o ocsidiad i ystyried moleciwlau yn ogystal ag ïonau drwy ddiffinio ocsidiad fel newid sy'n peri i rif ocsidiad elfen fynd yn fwy positif, neu'n llai negatif.

Yn yr un modd, ystyr gwreiddiol rhydwythiad oedd tynnu ocsigen, ond erbyn hyn mae'r term yn cynnwys pob adwaith lle bydd atomau, moleciwlau neu ïonau yn ennill electronau. Mae diffinio rhydwythiad fel newid sy'n peri i rif ocsidiad elfen fynd yn fwy negatif neu'n llai positif yn ehangu hyn i ystyried moleciwlau yn ogystal ag ïonau.

Cyflyrau ocsidiad

Bydd elfen bloc-p neu floc-d yn nodweddiadol yn ffurfio cyfres o ddau gyfansoddyn neu ragor mewn gwahanol gyflyrau ocsidiad. Gellir creu 'map' o gemeg elfen drwy arddangos ei chyfansoddion ar ddiagram cyflyrau ocsidiad.

Rheolau rhifau ocsidiad

1 Rhif ocsidiad elfen sydd heb gyfuno yw sero.

2 Mewn ïonau syml, rhif ocsidiad yr elfen yw'r wefr ar yr ïon.

3 Mae swm y rhifau ocsidiad mewn cyfansoddyn yn sero.

4 Mae swm y rhifau ocsidiad mewn ïon yn hafal i'r wefr ar yr ïon.

5 Mae gan rai elfennau rifau ocsidiad sefydlog ym mhob un o'u cyfansoddion.

Metelau		**Anfetelau**	
metelau grŵp 1 (e.e. Li, Na, K)	+1	hydrogen (ac eithrio mewn hydridau metel, H$^-$)	+1
metelau grŵp 2 (e.e. Mg, Ca, Ba)	+2	fflworin	−1
Alwminiwm	+3	ocsigen (ac eithrio mewn perocsidau, O$_2^{2-}$, a chyfansoddion gyda fflworin)	−2
		clorin (ac eithrio mewn cyfansoddion gydag ocsigen a fflworin)	−1

◄ **Ffigur 3.5.2**
Rheolau ar gyfer pennu rhifau ocsidiad. Mae rheolau rhifau ocsidiad hefyd yn gymwys, mewn egwyddor, mewn cemeg organig, ond mae'n aml yn haws defnyddio'r disgrifiad hyn o ocsidiad naill ai fel ychwanegu ocsigen at foleciwl neu dynnu hydrogen oddi wrtho (gweler tudalen 102)

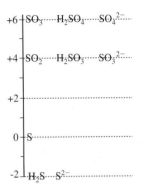

Ffigur 3.5.3 ▲
Cyflyrau ocsidiad sylffwr

Prawf i chi

4 Beth yw rhif ocsidiad:

  a) ïodin yn KIO_3

  b) nitrogen yn yr ïon nitrad, NO_3^-

  c) ocsigen yn F_2O

  ch) sodiwm yn NaH

  d) ocsigen yn sodiwm perocsid, Na_2O_2?

5 Rhowch enghreifftiau o'r cyfansoddion sylffwr a ddangosir yn Ffigur 3.5.3 a all:

  a) weithredu fel cyfrwng ocsidio neu gyfrwng rhydwytho yn dibynnu ar yr amodau

  b) gweithredu fel cyfrwng ocsidio yn unig

  c) gweithredu fel cyfrwng rhydwytho yn unig.

6 Lluniwch siart i ddangos prif gyflyrau ocsidiad yr elfennau hyn:

  a) nitrogen

  b) clorin.

7 A gaiff yr elfennau hyn eu hocsidio neu eu rhydwytho yn y trawsnewidiadau hyn:

  a) magnesiwm yn fagnesiwm sylffad

  b) ïodin yn alwminiwm ïodid

  c) hydrogen yn lithiwm hydrid

  ch) ïodin yn ïodin monoclorid, ICl?

Cyfryngau ocsidio anorganig

Adweithyddion cemegol a all ocsidio atomau, moleciwlau neu ïonau eraill drwy gymryd electronau oddi arnynt yw cyfryngau ocsidio. Mae ocsigen, clorin, bromin, hydrogen perocsid, yr ïon manganad(VII) mewn potasiwm manganad(VII), a'r ïon deucromad(VI) mewn potasiwm neu sodiwm deucromad(VI) i gyd yn gyfryngau ocsidio cyffredin.

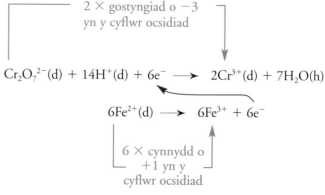

Ffigur 3.5.4 ▶
Ïonau deucromad(VI) yn gweithredu fel cyfrwng ocsidio trwy gymryd electronau oddi ar ïonau haearn(II) mewn hydoddiant asid. Caiff cyfrwng ocsidio ei rydwytho wrth adweithio

Bydd rhai adweithyddion yn newid eu lliw wrth gael eu hocsidio, ac mae hyn yn eu gwneud yn ddefnyddiol wrth ganfod cyfryngau ocsidio. Yn benodol, caiff hydoddiant di-liw o ïonau ïodid ei ocsidio'n ïodin sy'n newid yr hydoddiant yn lliw melynfrown.

$$2I^-(d) \rightarrow I_2(d) + 2e^-$$

y cyfrwng ocsidio'n cymryd yr electronau

Gall hwn fod yn brawf sensitif iawn os oes startsh hefyd yn bresennol, gan fod startsh yn ffurfio lliw du-las dwys iawn gydag ïodin. Mae papur startsh-ïodid llaith yn fersiwn o'r prawf hwn a all ganfod nwyon ocsidiol megis clorin ac anwedd bromin.

Cyfryngau rhydwytho anorganig

Adweithyddion cemegol a all rydwytho atomau, moleciwlau neu ïonau eraill drwy roi electronau iddynt yw cyfryngau rhydwytho. Mae metelau megis sinc, haearn a thun, yn aml gydag asid, a hefyd sylffwr deuocsid, ïonau haearn(II) ac ïonau ïodid yn gyfryngau rhydwytho cyffredin.

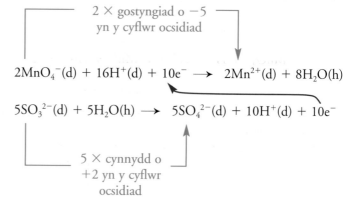

Ffigur 3.5.5 ▲
*Ïonau sylffit yn gweithredu fel cyfrwng rhydwytho trwy roi electronau i ïonau manganad(VII).
Caiff cyfrwng rhydwytho ei ocsidio wrth adweithio*

Bydd rhai adweithyddion yn newid eu lliw wrth gael eu rhydwytho ac mae hyn yn eu gwneud yn ddefnyddiol wrth ganfod cyfryngau rhydwytho (gweler ffigurau 3.5.6 a 3.5.7).

Prawf i chi

8 Ysgrifennwch hanner hafaliadau (gweler tudalen 52) i ddangos beth sy'n digwydd wrth i'r moleciwlau hyn weithredu fel cyfryngau ocsidio:
   a) ïonau haearn(III)
   b) moleciwlau bromin
   c) hydrogen perocsid.

9 Esboniwch pam caiff papur startsh-ïodid llaith ei ddefnyddio i brofi am nwy clorin.

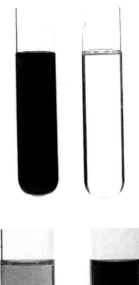

◀ *Ffigur 3.5.6*
Prawf am gyfryngau rhydwytho. Y prawf: ychwanegwch hydoddiant o botasiwm manganad(VII) wedi'i asidio ag asid sylffwrig gwanedig. Y canlyniad: yr hydoddiant porffor yn troi'n ddi-liw. Caiff yr ïonau MnO_4^- porffor eu rhydwytho'n ïonau Mn^{2+} pinc golau iawn

◀ *Ffigur 3.5.7*
Prawf am gyfryngau rhydwytho. Y prawf: ychwanegwch hydoddiant potasiwm deucromad(VI) wedi'i asidio ag asid sylffwrig gwanedig. Y canlyniad: yr hydoddiant oren yn troi'n wyrdd. Caiff yr ïonau $Cr_2O_7^{2-}$ eu rhydwytho'n ïonau Cr^{3+} gwyrdd

Hafaliadau ar gyfer adweithiau rhydocs

Mae rhifau ocsidiad yn helpu i gydbwyso hafaliadau rhydocs oherwydd bod yn rhaid i gyfanswm y lleihad yn rhif ocsidiad yr elfen sy'n cael ei rhydwytho fod yn hafal i gyfanswm y cynnydd yn rhif ocsidiad yr elfen sy'n cael ei hocsidio. Dangosir hyn ar gyfer ocsidiad haearn(II) gan ïonau manganad(VII) mewn hydoddiant asidig.

Cam 1: Ysgrifennwch y fformiwlâu ar gyfer yr atomau, moleciwlau ac ïonau sy'n cymryd rhan yn yr adwaith.

$$MnO_4^- + H^+ + Fe^{2+} \longrightarrow Mn^{2+} + H_2O + Fe^{3+}$$

Cam 2: Dynodwch yr elfennau y mae eu rhif ocsidiad yn newid, a maint y newid.

$$\begin{array}{c} \overline{ \text{newid o } -5 } \downarrow \\ MnO_4^- + H^+ + Fe^{2+} \longrightarrow Mn^{2+} + H_2O + Fe^{3+} \\ \underline{ \text{newid o } +1 } \end{array}$$

Cam 3: Cydbwyswch yr hafaliad fel bo'r lleihad yn rhif ocsidiad un elfen yn hafal i'r cynnydd yn rhif ocsidiad yr elfen arall.

Yn yr enghraifft hon caiff y lleihad o –5 yn rhif ocsidiad manganîs ei gydbwyso gan bum ïon haearn(II), gyda rhif ocsidiad pob un yn cynyddu +1.

$$MnO_4^- + H^+ + 5Fe^{2+} \longrightarrow Mn^{2+} + H_2O + 5Fe^{3+}$$

Cam 4: Cydbwyswch ar gyfer ocsigen a hydrogen.

Yn yr enghraifft hon, mae'r pedwar ïon ocsid o'r ïon manganad(VII) yn cyfuno gydag wyth ïon hydrogen i ffurfio pedwar moleciwl dŵr.

$$MnO_4^- + 8H^+ + 5Fe^{2+} \longrightarrow Mn^{2+} + 4H_2O + 5Fe^{3+}$$

Prawf i chi

10 Ysgrifennwch hanner hafaliadau (tudalen 52) i ddangos beth sy'n digwydd wrth i'r moleciwlau neu'r ïonau hyn weithredu fel cyfryngau rhydwytho:
  a) atomau sinc
  b) ïonau ïodid
  c) sylffwr deuocsid.

Cam 5: Mewn hafaliad ïonig, gwiriwch fod y gwefrau + a – yn cydbwyso, ac ychwanegwch symbolau cyflwr.

Erbyn hyn mae cyfanswm y wefr ar y chwith yn +17, sydd yn hafal i gyfanswm y wefr ar y dde.

$$MnO_4^-(d) + 8H^+(d) + 5Fe^{2+}(d) \longrightarrow Mn^{2+}(d) + 4H_2O(h) + 5Fe^{3+}(d)$$

Prawf i chi

11 Ysgrifennwch hafaliad cytbwys ar gyfer pob un o'r adweithiau rhydocs hyn:

a) ïonau ïodad(V) gydag ïonau ïodid mewn hydoddiant asid i ffurfio ïodin

b) hydrogen perocsid gyda haearn(II) i ffurfio dŵr ac ïonau haearn(III)

c) ïonau deucromad(VI) mewn hydoddiant asid gydag ïonau sylffit i ffurfio ïonau cromiwm(III) ac ïonau sylffad

ch) manganîs(IV) ocsid gydag asid hydroclorig crynodedig i ffurfio nwy clorin ac ïonau manganîs(II)

d) metel copr gydag ïonau nitrad mewn asid nitrig i ffurfio copr(II) nitrad a nwy nitrogen deuocsid

Titradiadau rhydocs

Mae titradiad rhydocs yn pennu crynodiad hydoddiant cyfrwng ocsidio neu gyfrwng rhydwytho. Mae titradiad yn mesur cyfaint yr hydoddiant cyfrwng ocsidio neu gyfrwng rhydwytho safonol sydd ei angen i adweithio'n union gyda chyfaint wedi'i fesur o'r hydoddiant anhysbys. Bydd y dull hwn ond yn rhoi canlyniadau cywir os yw'r adwaith yn gyflym ac os yw'r hafaliad cemegol yn ei ddisgrifio'n union.

Titradiadau ïodin-thiosylffad

Mae titradiadau ïodin-thiosylffad yn mesur symiau o gyfryngau ocsidio. Mae'r dull yn seiliedig ar y ffaith fod cyfryngau ocsidio yn trawsnewid ïonau ïodid yn ïodin yn feintiol.

$$2I^-(d) \longrightarrow I_2(d) + 2e^-$$

Mae'r cyfryngau ocsidio fydd yn gwneud hyn yn cynnwys ïonau haearn(III), ïonau copr(II), ïonau clorad(I), ïonau deucromad(VI) mewn asid, ïonau ïodad(V) mewn asid ac ïonau manganad(VII) mewn asid. Bydd yr ïodin yn aros mewn hydoddiant mewn gormodedd o botasiwm ïodid gan ffurfio lliw melynfrown.

Bydd y dadansoddwr yn titradu'r ïodin gyda hydoddiant safonol o sodiwm thiosylffad a fydd yn rhydwytho moleciwlau ïodin yn ôl yn ïonau ïodid. Bydd hyn hefyd yn digwydd yn feintiol yn union fel yn yr hafaliad.

$$I_2(d) + 2S_2O_3^{2-}(d) \longrightarrow 2I^-(d) + S_4O_6^{2-}(d)$$

Po fwyaf o'r cyfrwng ocsidio a ychwanegir, y mwyaf o ïodin fydd yn ffurfio, felly bydd angen mwy o thiosylffad o'r fwred i adweithio gydag ef. Wrth ychwanegu thiosylffad o fwred, bydd lliw yr ïodin yn gwanhau. Yn agos at y diweddbwynt mae'r hydoddiant yn felyn golau iawn. Ceir newid lliw amlwg o ddu-las i ddi-liw wrth ychwanegu ychydig o hydoddiant startsh hydawdd yn agos at y diweddbwynt.

Diffiniad

Cyfansoddion sylffwr a chanddynt fformiwlâu ac adeileddau tebyg i gyfansoddion ocsigen cyfatebol yw **cyfansoddion thio**.

Er enghraifft, gellir ystyried yr ïon thiosylffad, $S_2O_3^{2-}$, fel ïon sylffad, SO_4^{2-}, gydag atom sylffwr yn lle un o'r atomau ocsigen.

Datrysiad enghreifftiol

Paratowyd hydoddiant safonol o botasiwm deucromad(VI) drwy hydoddi 1.029 g mewn dŵr, ac ychwanegu ato i roi 250 cm³. Yna ychwanegwyd samplau 25.0 cm³ o'r hydoddiant safonol at ormodedd o botasiwm ïodid ac asid sylffwrig gwanedig. Ymhob achos, cafodd yr ïodid a ffurfiwyd ei ditradu gyda'r hydoddiant sodiwm thiosylffad o fwred. Roedd angen 20.20 cm³ o hydoddiant sodiwm thiosylffad ar gyfartaledd i ddadliwio'r lliw ïodin-startsh glas ar y diweddbwynt. Cyfrifwch grynodiad yr hydoddiant thiosylffad a safonwyd yn y modd hwn.

Nodiadau ar y dull

Yn gyntaf, canfyddwch grynodiad yr hydoddiant safonol.

Ysgrifennwch yr hafaliadau a chyfrifwch y swm, mewn molau, o $S_2O_3^{2-}$ sydd gywerth ag 1 mol o $Cr_2O_7^{2-}$.

Does dim angen ystyried symiau'r ïodin yn y cyfrifiadau.

Cyfrifwch swm y potasiwm deucromad(VI) mewn sampl 25.0 cm³ (0.025 dm³). Yna cyfrifwch swm y sodiwm thiosylffad sydd ei angen i adweithio gyda'r ïodin a gynhyrchir gan y swm hwn o gyfrwng ocsidio.

Ateb

Màs molar potasiwm deucromad(VI), $K_2Cr_2O_7 = 294$ g mol^{-1}.

Swm y $K_2Cr_2O_7$ yn yr hydoddiant safonol $= \dfrac{1.029 \text{ g}}{294.0 \text{ g mol}^{-1}}$

Cyfaint yr hydoddiant safonol $= 0.25$ dm³

Crynodiad yr hydoddiant safonol $= \left(\dfrac{1.029 \text{ g}}{294 \text{ g mol}^{-1}} \right) \div 0.25$ dm³

$\qquad\qquad = 0.014$ mol dm^{-3}

Yr hafaliadau ar gyfer cynhyrchu ïodin:

$Cr_2O_7^{2-}(d) + 6I^-(d) + 14H^+(d) \longrightarrow 2Cr^{3+}(d) + 3I_2(d) + 7H_2O(h)$

Yr hafaliad ar gyfer yr adwaith yn ystod y titradiad:

$I_2(d) + 2S_2O_3^{2-}(d) \longrightarrow 2I^-(d) + S_4O_6^{2-}(d)$

Felly bydd 1 mol $Cr_2O_7^{2-}$ yn cynhyrchu 3 mol I_2 a fydd yn adweithio gyda 6 mol $S_2O_3^{2-}$.

Yn gyffredinol bydd 6 mol $S_2O_3^{2-}$ yn adweithio gyda'r ïodin a ffurfiwyd gan 1 mol $Cr_2O_7^{2-}$.

Swm yr $Cr_2O_7^{2-}(d)$ yn y fflasg i gychwyn
$\qquad = 0.025$ dm³ $\times$ 0.014 mol dm^{-3}

Felly swm y thiosylffad mewn 20.20 cm³ (= 0.0202 dm³) o hydoddiant
$\qquad = 6 \times 0.025$ dm³ $\times$ 0.014 mol dm^{-3}

Felly crynodiad yr hydoddiant sodiwm thiosylffad
$\qquad = (6 \times 0.025$ dm³ $\times$ 0.014 mol dm$^{-3}) \div 0.0202$ dm³
$\qquad = 0.104$ mol dm^{-3}

Cemeg Anorganig

Adran tri

Titradiadau potasiwm manganad(VII)

Mae potasiwm manganad(VII) yn adweithydd pwysig mewn titradiadau rhydocs oherwydd ei fod yn ocsidio nifer o gyfryngau rhydwytho dan amodau asidig. Bydd yr adweithiau'n mynd rhagddynt yn ôl eu hafaliadau, sy'n golygu eu bod yn addas ar gyfer gwaith meintiol.

$$MnO_4^-(d) + 8H^+(d) + 5e^- \longrightarrow Mn^{2+}(d) + 4H_2O(h)$$

Does dim angen dangosydd ar gyfer titradiad manganad(VII). Wrth ychwanegu'r hydoddiant o fwred bydd y manganad(VII) yn newid yn gyflym iawn o borffor i ddi-liw (gan fod lliw yr ïon Mn^{2+} mor olau). Ar y diweddbwynt, ychydig bach yn ormod o fanganad(VII) yn unig sydd ei angen i roi lliw coch-porffor parhaol.

Prawf i chi D

12 Pa gyfaint o hydoddiant potasiwm manganad(VII) 0.02 mol dm^{-3} fydd ei angen i ocsidio 20 cm^3 o:

   a) hydoddiant haearn(II) sylffad 0.010 mol dm^{-3}

   b) hydoddiant sodiwm sylffit 0.080 mol dm^{-3}

   c) hydoddiant hydrogen perocsid 0.200 mol dm^{-3}.

13 Cafodd sampl 10 cm^3 o gannydd cartref ei wanedu i 100 cm^3 mewn fflasg raddedig. Yna cymysgwyd cyfeintiau 10 cm^3 o'r cannydd gwanedig gyda gormodedd o botasiwm ïodid wedi'i asidio gydag asid ethanoig. Titradwyd pob cymysgedd gyda hydoddiant sodiwm thiosylffad 0.150 mol dm^{-3} gan ddefnyddio startsh i ganfod y diweddbwynt. Roedd y titr cymedrig yn 20.55 cm^3. Cyfrifwch grynodiad y clorin yn y cannydd heb ei wanedu.

14 Cafodd y mwynau haearn mewn sampl 1.340 g o fwyn haearn eu hydoddi mewn asid. Titradwyd yr hydoddiant gyda hydoddiant potasiwm manganad(VII) 0.020 mol dm^{-3}. Roedd y titr yn 26.75 cm^3. Cyfrifwch ganran yr haearn, yn ôl ei fàs, yn y mwyn.

15 Cafodd sampl 0.275 g o aloi metel yn cynnwys copr ei hydoddi mewn asid ac yna'i wanedu â dŵr. Ychwanegwyd gormodedd o botasiwm ïodid. Adweithiodd y copr(II) yn feintiol gyda'r ïonau ïodid i ffurfio dyddodiad o gopr(I) ïodid ynghyd ag ïodin. Mewn titradiad, adweithiodd yr ïodin a ffurfiwyd gyda 22.50 cm^3 o hydoddiant sodiwm thiosylffad 0.140 mol dm^{-3}. Cyfrifwch ganran y copr, yn ôl ei fàs, yn y sampl metel.

3.6 Y tabl cyfnodol

Mae trefniant fodern yr elfennau yn y tabl cyfnodol yn adlewyrchu ffurfwedd sylfaenol electronau yr atomau. Mae esbonio ymddygiad elfennau a'u cyfansoddion yn nhermau ffurfwedd electronau yn thema ganolog mewn cemeg anorganig.

CD-ROM

Yr egwyddor adeiladu

Mae rhannu'r tabl cyfnodol yn flociau s, p, d ac f yn adlewyrchu egwyddor sylfaenol sy'n rheoli sut mae electronau'n llenwi'r orbitalau atomig mewn atomau. Yn ôl yr egwyddor, mae ffurfwedd electronau atomau yn adeiladu yn ôl set o reolau. Dyma'r tair rheol:

- mae electronau'n mynd i orbital ar y lefel egni isaf sydd ar gael
- gall pob orbital ddal dau electron yn unig ar y mwyaf (gyda sbiniau dirgroes)
- os oes dau orbital neu ragor ar yr un egni, byddan nhw'n llenwi'n unigol cyn i'r electronau baru.

▼ **Ffigur 3.6.1**
Mae trefniant yr elfennau yn y tabl cyfnodol yn adlewyrchu'r drefn y mae'r electronau'n llenwi'r orbitalau atomig. Nifer a threfn yr electronau yn ei phlisgyn allanol sy'n bennaf gyfrifol am gemeg elfen

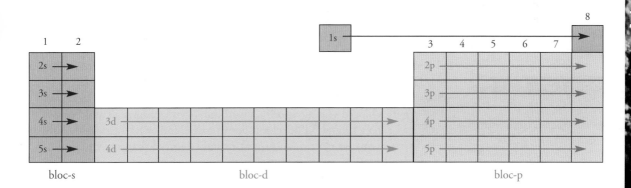

Elfennau grwpiau 1 a 2 yw'r elfennau bloc-s. Ar gyfer yr elfennau hyn, mae'r electron olaf i'w ychwanegu at yr adeiledd atomig yn mynd i'r orbital-s yn y plisgyn allanol. Mae pob elfen yn y bloc-s yn fetel adweithiol.

Elfennau grwpiau 3, 4, 5, 6, 7 ac 8 yn y tabl cyfnodol yw'r elfennau bloc-p. Ar gyfer yr elfennau hyn, mae'r electron olaf i'w ychwanegu at yr adeiledd atomig yn mynd i un o dri orbital-p yn y plisgyn allanol.

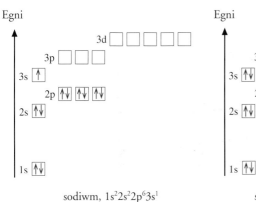

sodiwm, $1s^2 2s^2 2p^6 3s^1$

sylffwr, $1s^2 2s^2 2p^6 3s^2 3p^4$

◄ **Ffigur 3.6.2**
Ffurfweddau electronau elfen bloc-s ac elfen bloc-p. Mae'r saethau'n cynrychioli electronau. Mae saethau sy'n pwyntio i wahanol gyfeiriadau yn dangos bod gan ddau electron yn yr un orbital sbiniau dirgroes

Cemeg Anorganig

Adran tri

109

Nodyn

Mae Undeb Rhyngwladol Cemeg Bur a Chymhwysol (IUPAC) yn argymell y dylid rhifo'r grwpiau o 1 i 18. Bydd grwpiau 1 a 2 yr un peth ag o'r blaen, yna daw'r deg grŵp yn y bloc-d, ac yn olaf y grwpiau bloc-p, sef 13 i 18. Mae gwyddonwyr yn mabwysiadu'r system hon yn raddol, ond gan amlaf caiff y grwpiau bloc-p eu rhifo o 3 i 8.

Diffiniad

Mae **patrwm cyfnodol** yn ailadrodd ei hun mewn ysbeidiau rheolaidd. Yr ailadrodd mwyaf amlwg o un cyfnod i'r nesaf yn y tabl yw'r patrwm o fetelau ar y chwith i anfetelau ar y dde.

Prawf i chi

1 Ysgrifennwch ffurfweddau electronau'r atomau hyn: ocsigen, fflworin, magnesiwm, titaniwm, cobalt.

2 a) Dangoswch fod gan yr ïonau a'r atomau hyn yr un ffurfwedd electronau:
N^{3-}, O^{2-}, F^-, Ne, Na^+, Mg^{2+}.

b) Esboniwch y tueddiad yn radiysau'r ïonau a'r atomau yn a).

Ffigur 3.6.4 ▼
Patrymau a thueddiadau yn y tabl cyfnodol

Yr elfennau bloc-d yw'r elfennau yn y tair rhes lorweddol o elfennau yng nghyfnodau 4, 5 a 6, lle bydd yr electron olaf i'w ychwanegu at yr adeiledd atomig yn mynd i orbital-d. Yng nghyfnod 4, mae'r elfennau bloc-d yn mynd o scandiwm $(1s^2 2s^2 2p^6 3s^2 3p^6 3d^1 4s^2)$ i sinc $(1s^2 2s^2 2p^6 3s^2 3p^6 3d^{10} 4s^2)$.

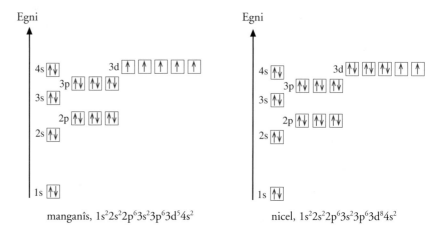

manganîs, $1s^2 2s^2 2p^6 3s^2 3p^6 3d^5 4s^2$ nicel, $1s^2 2s^2 2p^6 3s^2 3p^6 3d^8 4s^2$

Ffigur 3.6.3 ▲
Ffurfweddau electronau dwy elfen bloc-d ar ffurf atomau rhydd. Sylwch fod orbitalau'n llenwi'n unigol cyn i'r electronau ddechrau paru

Mae'r newidiadau yn y priodweddau ar draws cyfres o elfennau bloc-d dipyn yn llai amlwg na'r newidiadau mawr ar draws cyfres bloc-p. Mae hyn oherwydd o un elfen i'r nesaf, wrth i rif proton y niwclews gynyddu fesul un, mae'r electron ychwanegol yn mynd i'r is-blisgyn-d mewnol.

Yn y gyfres bloc-d yng nghyfnod 4, yr orbital 4s yw'r plisgyn allanol bob tro, sy'n llenwi cyn i'r orbital 3d ddechrau llenwi gan ei fod ar lefel egni sydd ychydig yn is. Serch hynny, yr electronau 4s yw'r cyntaf i gymryd rhan mewn bondio a newidiadau cemegol, gan mai nhw yw'r electronau allanol.

Caiff cemeg atom ei phenderfynu'n bennaf gan ei electronau allanol, gan mai nhw yw'r cyntaf i gymryd rhan mewn adweithiau. Felly mae'r elfennau Sc i Zn yng nghyfnod 4 yn debyg mewn sawl ffordd (gweler adrannau 3.11 a 3.12).

Patrymau yn y tabl cyfnodol

Bydd cemegwyr yn chwilio am dueddiadau a phatrymau yn y tabl cyfnodol. Mae'r rhain yn rhoi golwg gyffredinol i gemegwyr sy'n golygu nad oes rhaid iddynt ddysgu nifer o ffeithiau digyswllt. Yn lle hynny gallant wneud synnwyr o gemeg un elfen yng ngyd-destun elfennau perthynol.

Mae'r drydedd rhes lorweddol o elfennau yn y tabl cyfnodol yn cychwyn gyda sodiwm ac yn gorffen gydag argon. Mae'r newidiadau yn y priodweddau o Na i Ar ar draws cyfnod 3 yn arddangos patrymau cyfnodol yn hynod o glir.

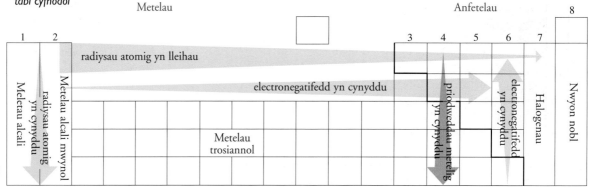

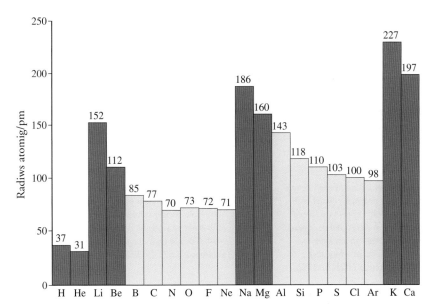

Nid priodweddau'r elfennau'n unig sy'n dangos patrymau'n ailadrodd (gweler adran 3.7), ond priodweddau'r ocsidau (gweler adran 3.8) a'r cloridau (gweler adran 3.9) hefyd.

			H⁺									
Li⁺							N^{3-}	O^{2-}	F^-			
Na⁺	Mg²⁺				Al^{3+}		P^{3-}	S^{2-}	Cl^-			
K⁺	Ca²⁺		mae metelau trosiannol yn ffurfio mwy nag un ïon e.e. Fe²⁺, Fe³⁺	Zn^{2+}				Se^{2-}	Br^-			ni ffurfir unrhyw ïonau
Rb⁺	Sr²⁺			Cd^{2+}		Sn^{2+}			I^-			
Cs⁺	Ba²⁺					Pb^{2+}						
1+	2+				3+		3–	2–	1–			

Metelau — ïonau positif   Anfetelau — ïonau negatif

Ffigur 3.6.6 ▲
Y gwefrau ar ïonau syml yn y tabl cyfnodol

Ym mhob grŵp bloc-s neu floc-p yn y tabl cyfnodol, caiff yr elfen yng nghyfnod 3 ei hystyried yn elfen nodweddiadol y grŵp hwnnw. Bydd cemegwyr wedyn yn cyffredinoli ynghylch tueddiadau i lawr y grŵp trwy gymharu'r elfennau yn y cyfnodau is â'r elfen yng nghyfnod 3. Mae aelod cyntaf pob grŵp (elfen yng nghyfnod 2 fel arfer) yn aml yn eithriad mewn rhyw ffordd.

Ffigur 3.6.7 ▲
Mae beryliwm yn aelod o grŵp 2, ond mae ganddo rai priodweddau eithriadol sy'n ei wneud yn ddefnyddiol fel metel sy'n ysgafn ac yn gryf ond hefyd yn gwrthsefyll cyrydiad

Diffiniadau

Bydd cemegwyr yn aml yn defnyddio'r term **tuedd** i ddisgrifio sut mae priodwedd yn cynyddu neu'n lleihau ar hyd cyfres o elfennau neu gyfansoddion. Yn y tabl cyfnodol gall y term ddisgrifio amrywiadau priodwedd i lawr grŵp neu ar draws cyfnod.

Mae electronau mewnol atom yn lleihau tyniad y niwclews ar yr electronau ym mhlisgyn allanol atom. O ganlyniad i'r **cysgodi** hwn, caiff yr electronau yn y plisgyn allanol eu hatynnu gan 'wefr niwclear effeithiol' sy'n llai na'r wefr gyfan ar y niwclews.

Prawf i chi

3 Enwch a disgrifiwch dueddiadau a phatrymau cyfnodol yn Ffigurau 3.6.5 a 3.6.6.

4 Esboniwch, yn nhermau ffurfweddau electronau a chysgodi, pam, ar draws cyfnod 3, mae tuedd i'r egnïon ïoneiddiad godi, tra bo tuedd iddynt ddisgyn i lawr grŵp 2.

5 **a)** Rhowch enghreifftiau o gemeg beryliwm a fflworin i ddangos y gall cemeg elfen yng ngyfnod 2 fod yn eithriad o'i chymharu â'r elfennau eraill yn ei grŵp.

   b) Beth sydd ynghylch adeiledd atomig elfennau cyfnod 2 sy'n golygu bod ganddynt rai priodweddau sy'n eithriadau?

3.7 Cyfnod 3: yr elfennau

Mae'r newidiadau yn y priodweddau o Na i Ar ar draws cyfnod 3 yn dangos yn hynod o glir y tueddiadau ym mhriodweddau'r elfennau. Bydd cemegwyr yn ceisio esbonio patrymau yn nhermau ffurfweddau electronau'r atomau yn ogystal ag adeiledd a bondio'r elfennau.

Metel sgleiniog yw alwminiwm. Mae haenen denau iawn o alwminiwm ocsid ar arwyneb y metel yn ei amddiffyn rhag cyrydiad. Mae'n cynnwys adeiledd enfawr o atomau alwminiwm wedi'u dal at ei gilydd gan fondio metelig. Mae'r metel yn ymdoddi ar 660°C, yn berwi ar 2350°C ac yn ddargludydd trydan da. Ffurfwedd electronau: $1s^2 2s^2 2p^6 3s^2 3p^1$.

Nwy melynwyrdd yw clorin sy'n cynnwys moleciwlau deuatomig, Cl_2. Mae'n perthyn i grŵp elfennau'r halogenau. Bondio cofalent sydd rhwng yr atomau. Mae clorin yn ymdoddi ar −101°C ac yn berwi ar −34°C ac nid yw'n dargludo trydan. Ffurfwedd electronau: $1s^2 2s^2 2p^6 3s^2 3p^5$.

Metel sgleiniog yw sodiwm sydd yng ngrŵp y metelau alcali. Bydd yn pylu'n gyflym mewn aer. Mae'r elfen yn cynnwys adeiledd enfawr o atomau sodiwm wedi'u dal gyda'i gilydd gan fondio metelig. Mae'r metel yn ymdoddi ar 98°C, yn berwi ar 900°C ac yn ddargludydd trydan da. Ffurfwedd electronau: $1s^2 2s^2 2p^6 3s^1$.

Gall ffosfforws fodoli mewn sawl ffurf. Mae'r alotrop gwyn yn cynnwys moleciwlau P_4. Adeiledd enfawr sydd gan y ffurf goch mwy sefydlog, llai adweithiol. Mae'r bondio rhwng yr atomau ym mhob ffurf yn gofalent. Mae ffosfforws gwyn yn ymdoddi ar 44°C ac yn berwi ar 280°C ac nid yw'n dargludo trydan. Ffurfwedd electronau: $1s^2 2s^2 2p^6 3s^2 3p^3$.

Mae magnesiwm yn fetel lliw arianwyn sy'n perthyn i'r grŵp metelau alcali mwynol. Mae'n galetach ac yn fwy dwys na sodiwm. Mae'r elfen yn cynnwys adeiledd enfawr o atomau magnesiwm wedi'u dal gyda'i gilydd gan fondio metelig. Mae'r metel yn ymdoddi ar 650°C, yn berwi ar 1100°C ac yn ddargludydd trydan da. Ffurfwedd electronau: $1s^2 2s^2 2p^6 3s^2$.

Solid melyn, grisialog yw sylffwr. Mae'n anfetel. Mae yna ddau alotrop solid a chanddynt yr un adeiledd moleciwlaidd ond gwahanol adeileddau grisialog: sylffwr rhombig a monoclinig. Mae'r ddau yn cynnwys moleciwlau S_8 gyda'r atomau mewn cylchoedd wedi'u dal wrth ei gilydd gan fondio cofalent. Sylffwr rhombig yw'r ffurf sefydlog ar dymheredd ystafell. Mae'r grisialau rhombig yn ymdoddi ar 113°C; mae'r hylif yn berwi ar 445°C ac nid yw'n dargludo trydan. Ffurfwedd electronau: $1s^2 2s^2 2p^6 3s^2 3p^4$.

Solid llwydlas yw silicon. Mae'r elfen yn cynnwys adeiledd enfawr o atomau silicon wedi'u dal gyda'i gilydd gan fondio cofalent. Mae'n ymdoddi ar 1410°C, yn berwi ar 2620°C ac mae'n lledddargludydd. Caiff yr elfen ei dosbarthu'n anfetel yn gemegol, ond mae ei phriodweddau ffisegol yn golygu y gellir ei hystyried yn feteloid hefyd. Ffurfwedd electronau: $1s^2 2s^2 2p^6 3s^2 3p^2$.

Mae argon yn nwy di-liw, anadweithiol sy'n perthyn i deulu'r nwyon nobl. Mae'r nwy yn cynnwys atomau unigol. Mae argon yn ymdoddi ar −189°C ac yn berwi ar −186°C ac nid yw'n dargludo trydan. Ffurfwedd electronau: $1s^2 2s^2 2p^6 3s^2 3p^6$.

▲ Ffigur 3.7.1 Elfennau cyfnod 3: priodweddau, adeiledd a bondio

Adeiledd a bondio'r elfennau

Metelau yw'r tair elfen ar ochr chwith y cyfnod. Anfetelau yw'r elfennau ar yr ochr dde. Bydd cemegwyr yn aml yn dosbarthu silicon yn feteloid oherwydd bod ganddo rai priodweddau rhyngol. Er enghraifft, mae'r metelau i gyd yn ddargludyddion trydan da. Mae'r anfetelau yn ynysyddion trydan. Mae silicon yn lled-ddargludydd, a dyma pam mae ganddo ran mor bwysig i'w chwarae yn y diwydiant electroneg modern.

Adweithiau'r elfennau gyda dŵr   *CD-ROM*

Yn ystod adweithiau metelau adweithiol, bydd atomau'r elfennau yn troi'n ïonau positif. Felly mae metelau'n rhoddi electronau ac maen nhw'n gyfryngau rhydwytho. Gall y mwyafrif o fetelau bloc-s rydwytho dŵr. Er enghraifft, bydd sodiwm yn arnofio ar ddŵr gan adweithio'n gyflym i gynhyrchu hydrogen a hydoddiant o sodiwm hydrocsid.

Mae magnesiwm yn adweithio'n araf gyda dŵr oer ond bydd yn llosgi'n llachar o'i wresogi mewn ager i ffurfio magnesiwm ocsid a hydrogen.

Ni fydd alwminiwm yn adweithio gyda dŵr. Bydd haenen denau, wydn a thryloyw o ocsid ar arwyneb y solid yn amddifyn y metel rhag adweithio gyda dŵr.

Ac eithrio clorin, ni fydd yr un o anfetelau cyfnod 3 yn adweithio gyda dŵr. Bydd clorin yn dadgyfrannu (gweler tudalen 134) wrth adweithio gyda dŵr i ffurfio asid clorig(I) ac asid hydroclorig. Mae'r adwaith hwn yn gildroadwy ac ni fydd yn dod i ben.

Prawf i chi

1 a) Ysgrifennwch hafaliadau ar gyfer adweithiau'r canlynol gyda dŵr:
  (i)   sodiwm
  (ii) magnesiwm
  (iii) clorin.
  b) Dangoswch mai adweithiau rhydocs yw'r rhain.

Adweithiau'r elfennau gydag ocsigen   *CD-ROM*

Bydd pob un o elfennau cyfnod 3 yn adweithio'n uniongyrchol gydag ocsigen ac eithrio clorin ac argon. Mae'r tri metel yn llosgi'n llachar o'u gwresogi mewn ocsigen gan ffurfio ocsidau solet sy'n wyn. Mae sodiwm yn llosgi â fflam felen lachar i ffurfio ocsid, Na_2O, ac ychydig o berocsid, Na_2O_2.

Bydd pobl sy'n gwneud tân gwyllt yn cynnwys powdrau magnesiwm ac alwminiwm yn eu fformiwleiddiadau oherwydd bod y ddau fetel yn llosgi'n llachar i roi golau gwyn. Mae magnesiwm yn troi'n MgO ac mae alwminiwm yn troi'n Al_2O_3.

Tywod silica yw prif ffynhonnell silicon, felly nid yw llosgi'r elfen mewn ocsigen yn adwaith defnyddiol. Ni fydd silicon yn adweithio gydag ocsigen ar dymheredd ystafell nac o'i wresogi'n dyner. O'i wresogi'n gryf caiff ei ocsidio i roi'r solid gwyn SiO_2.

Mae ffosfforws gwyn yn cynnau mewn ocsigen ar dymheredd ystafell ac yn llosgi'n llachar dros ben i ffurfio mwg gwyn o'r ocsid solet â'r fformiwla foleciwlaidd P_4O_{10}.

Mae sylffwr yn llosgi â fflam las hardd o'i wresogi'n ysgafn gydag ocsigen. Y nwy di-liw sylffwr deuocsid yw'r prif gynnyrch.

Prawf i chi   **D**

2 Beth yw'r tueddiadau neu'r patrymau yn ymdoddbwyntiau a berwbwyntiau elfennau cyfnod 3?

3 Lluniwch siart crynhoi i ddangos adeiledd a bondio'r elfennau yng nghyfnod 3 yn seiliedig ar y wybodaeth yn Ffigur 3.7.1.

4 Pa rai o briodweddau elfen sy'n ddangosyddion defnyddiol i ddweud ai adeiledd enfawr neu foleciwlaidd sydd ganddi? Awgrymwch resymau.

5 Pam mae berwbwynt argon yn is na berwbwynt clorin?

6 Tynnwch ddiagram dot a chroes i ddangos y bondio mewn moleciwl o glorin.

7 Pam mae'r metelau solet yn dargludo trydan tra bo'r anfetelau solet yn ynysyddion?

Cemeg Anorganig

Adran tri

Nodyn

Mae gan glorin ocsidau. Maen nhw'n gyfansoddion ansefydlog ac ni ellir eu ffurfio trwy gyfuno'r ddwy elfen yn uniongyrchol.

Ffigur 3.7.2 ▲
Sylffwr yn llosgi mewn ocsigen. Sylwch ar y fflam las. Y nwy sylffwr deuocsid yw'r cynnyrch

Prawf i chi **D**

11 Plotiwch siart i ddangos patrwm y cyflyrau ocsidiad ar gyfer cloridau elfennau cyfnod 3.

12 Ysgrifennwch hafaliadau ar gyfer adweithiau'r elfennau canlynol gyda chlorin:
   a) alwminiwm
   b) silicon
   c) ffosfforws mewn swm cyfyngedig o glorin
   ch) ffosfforws mewn gormodedd o glorin.

13 a) Beth yw pwrpas y tiwb calsiwm clorid yn yr offer a ddangosir yn Ffigur 3.7.3?
   b) Sut byddech chi'n addasu'r offer yn Ffigur 3.7.3 i baratoi sampl o silicon tetraclorid, $SiCl_4$?

Prawf i chi

8 Ysgrifennwch hafaliadau ar gyfer adweithiau'r elfennau canlynol gydag ocsigen:
   a) sodiwm
   b) ffosfforws

9 Plotiwch siart i ddangos patrwm y cyflyrau ocsidiad ar gyfer ocsidau elfennau cyfnod 3.

10 Plotiwch siart bar i gymharu newidiadau enthalpi safonol ffurfiant ocsidau cyfnod 3 am bob môl o atomau ocsigen. Pa duedd welwch chi?

Adweithiau'r elfennau gyda chlorin

Ac eithrio clorin ei hun ac argon, bydd pob un o elfennau cyfnod 3 yn adweithio gyda chlorin pan gânt eu gwresogi.

Mae sodiwm a magnesiwm ill dau yn llosgi'n llachar mewn clorin pan gânt eu gwresogi, ond nid yw'r rhain yn adweithiau defnyddiol oherwydd caiff y metelau eu hechdynnu o'u cloridau trwy electrolysis. Solidau gwyn, grisialog yw cloridau'r ddau fetel.

Mae'r diwydiant cemeg yn defnyddio adwaith metel alwminiwm gyda chlorin i gynhyrchu alwminiwm clorid ar raddfa fawr. Mae'r adwaith yn un ecsothermig dros ben. Mae angen y clorid fel catalydd ar gynhyrchwyr yn yr adwaith Friedel-Crafts (gweler tudalen 164).

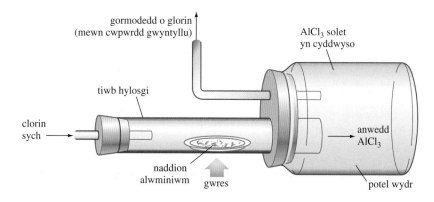

Ffigur 3.7.3 ▲
Offer ar gyfer paratoi alwminiwm clorid trwy gyfuno'r elfennau'n uniongyrchol. Mae alwminiwm clorid yn sychdarthu. Mae'n cyddwyso fel solid llwydwyn yn y llestr derbyn oer

Mae silicon poeth yn adweithio gyda chlorin i ffurfio clorid hylifol, di-liw, $SiCl_4$. Mae ffosfforws hefyd yn barod iawn i adweithio o'i gynhesu gyda chlorin i ffurfio clorid hylifol, di-liw, PCl_3, ond gyda gormodedd o glorin bydd hwn yn adweithio ymhellach i ffurfio solid a chanddo'r fformiwla empirig PCl_5.

3.8 Cyfnod 3: yr ocsidau

Mae ocsidau cyfnod 3 yn dangos patrymau ailadrodd y gellir eu gweld fwy neu lai yn glir mewn cyfnodau eraill. Mae ocsidau metelau adweithiol bloc-s yn fasig. Mae ocsidau'r anfetelau yn y bloc-p yn asidig ar y cyfan. Rhyngddynt, daw'r ocsidau amffoterig.

Ocsidau metel

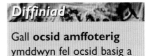

Solidau ïonig yw ocsidau sodiwm a magnesiwm. Mae'r ddellt enfawr o ïonau magnesiwm ac ocsid â'u gwefrau dwbl yn cynhyrchu grisialau ac iddynt ymdoddbwynt uchel. O ganlyniad, mae magnesiwm ocsid yn ddefnydd crai ar gyfer cynhyrchu briciau gwrthsafol i leinio ffwrneisi.

Mae ocsidau metelau bloc-s yn fasig, sy'n golygu eu bod yn adweithio gydag asidau i ffurfio halwynau a dŵr. Bydd magnesiwm ocsid, er enghraifft, yn adweithio gydag asidau i gynhyrchu halwynau magnesiwm.

$$MgO(s) + H_2SO_4(d) \longrightarrow 2MgSO_4(d) + H_2O(h)$$

Sylwch mai'r ïon ocsid yn yr ocsid basig sy'n gweithredu fel bas trwy gymryd hydrogen oddi ar yr asid.

$$O^{2-} + 2H^+ \longrightarrow 2H_2O$$

Gelwir ocsidau basig sy'n hydoddi mewn dŵr yn alcalïau. Bydd yr ïon ocsid, sy'n gweithredu fel bas, yn tynnu ïon hydrogen oddi ar ddŵr i ffurfio ïon hydrocsid. Bydd dŵr yn newid sodiwm ocsid yn alcali cryf, sodiwm hydrocsid.

$$Na_2O(s) + H_2O(h) \longrightarrow 2NaOH(d)$$

Mae magnesiwm ocsid yn adweithio gyda dŵr i ffurfio magnesiwm hydrocsid sydd ychydig yn hydawdd. Daliant o fagnesiwm hydrocsid mewn dŵr yw'r gwrth-asid llaeth magnesia.

Mae gan alwminiwm ocsid adeiledd enfawr gyda bondio cryf rhwng yr atomau felly mae'n galed ac yn gryf. Mae'r ocsid pur yn ddi-liw neu'n wyn. Mae mwynau sy'n cynnwys yr ocsid hwn yn cynnwys corwndwm a gemau megis rhuddemau a saffirau (gweler tudalen 89).

Wrth symud ar draws y cyfnod o sodiwm i alwminiwm, mae'r ïonau'n mynd yn llai a'r gwefrau arnynt yn cynyddu (gweler tudalen 111). Lleiaf yn y byd yw'r ïon positif a'r mwyaf yw'r wefr arno, y mwyaf y bydd yn tueddu i bolareiddio ïon negatif cyfagos (gweler tudalen 68). Felly dyma drefn nerth polareiddio'r ïonau hyn: $Al^{3+} > Mg^{2+} > Na^+$.

Nid yw'r bondio mewn alwminiwm ocsid yn gwbl ïonig gan fod yr ïon Al^{3+} yn aflunio'r cwmwl electronau o amgylch yr ïonau ocsid, gan arwain at lawer o rannu electronau. Felly mae'r bondio yn y cyfansoddyn hwn yn y canol rhwng bondio ïonig a chofalent. Mae bondio rhyngol yn arwain at briodweddau cemegol rhyngol. Mae alwminiwm ocsid yn amffoterig.

Mae'r ocsid anhydrus yn weddol anadweithiol gydag adweithyddion dyfrllyd, felly mae'n haws arddangos ei ymddygiad amffoterig ar raddfa tiwb profi gyda sampl o'r hydrocsid metel wedi'i baratoi'n ffres.

Wrth ychwanegu sodiwm hydrocsid at hydoddiant o ïonau alwminiwm cynhyrchir dyddodiad gwyn o alwminiwm hydrocsid hydradol (gweler tudalen 91). Mae'r solid yn hydoddi mewn asidau i ffurfio halwynau (gan weithredu fel bas); bydd hefyd yn hydoddi mewn hydoddiant o alcali cryf i ffurfio ïonau alwminad (gan weithredu fel asid).

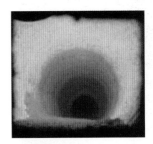

Ffigur 3.8.1 ▲
Mae magnesiwm ocsid yn ddefnydd ceramig ïonig a chanddo ymdoddbwynt uchel iawn. Caiff ei ddefnyddio mewn briciau gwrthsafol i leinio ffwrneisi

Cemeg Anorganig

Adran tri

Diffiniad

Gall **ocsid amffoterig** ymddwyn fel ocsid basig a hefyd fel ocsid asidig.

Ffigur 3.8.2 ▶

Alwminiwm hydrocsid yn hydoddi mewn alcali ac mewn asid. Sylwch fod y disgrifiad syml hwn yn gadael allan y moleciwlau dŵr hydradol (gweler hefyd dudalen 91)

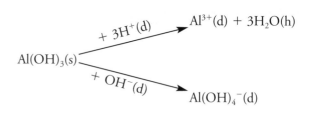

$$Al(OH)_3(s) \xrightarrow{+\ 3H^+(d)} Al^{3+}(d) + 3H_2O(h)$$

$$Al(OH)_3(s) \xrightarrow{+\ OH^-(d)} Al(OH)_4^-(d)$$

Ffigur 3.8.3 ▲

Grisialau cwarts: ffurf ar silicon(IV) ocsid

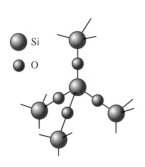

- Si
- O

Ffigur 3.8.4 ▲

Adeiledd enfawr cwarts. Mae pob atom silicon yng nghanol tetrahedron o atomau ocsigen. Mae trefniant yr atomau silicon yr un peth â threfniant yr atomau carbon mewn diemwnt, ond mae yna atom ocsigen rhwng pob atom silicon

Nodyn

Os yw ocsid yn anhydawdd mewn dŵr, ni fydd hyn yn effeithio ar y pH

Prawf i chi

1 Ysgrifennwch hafaliadau ar gyfer adweithiau:
   a) sodiwm ocsid gydag asid hydroclorig gwanedig
   b) magnesiwm ocsid gydag asid nitrig gwanedig
   c) magnesiwm ocsid gyda dŵr.

2 Pan fydd alwminiwm hydrocsid yn hydoddi mewn asidau neu alcalïau, dangoswch fod protonau yn cael eu hadio neu eu tynnu yn yr adweithiau.

3 a) Cyfrifwch fesur o nerth polareiddio pob un o'r ïonau hyn: Na^+, Mg^{2+}, Al^{3+}, Si^{4+}.
   b) Esboniwch pam mae'r bondio mewn silicon(IV) ocsid yn gofalent.

Ocsidau anfetel

Solid grisialog sy'n cynnwys adeiledd enfawr o atomau wedi'u dal ynghyd gan fondio cofalent yw silicon(IV) ocsid, SiO_2. Mae'r ocsid yn helaeth iawn mewn creigiau megis cwarts. Mae gan silicon(IV) ocsid ymdoddbwynt uchel dros ben. Bydd yn ymdoddi ar 1710°C ac yn troi'n hylif gludiog. Wrth oeri bydd yr hylif yn troi'n wydr.

Cwarts grisialog wedi'i liwio'n borffor o ganlyniad i bresenoldeb ïonau haearn(III) yw amethyst. Mae tywodfaen a thywod yn cynnwys silica yn bennaf. Ffurf anghrisialog ar silica yw fflint.

Mae silicon(IV) ocsid yn ocsid asidig sy'n anhydawdd mewn dŵr. Bydd silica'n adweithio gydag ocsidau metel basig ar dymereddau uchel mewn ffwrneisi yn ystod y prosesau o wneud gwydr a dur. Bydd gwneuthurwyr haearn, er enghraifft, yn cymysgu calsiwm ocsid gyda'r mwyn haearn a gaiff ei borthi i'r ffwrnais chwyth er mwyn cael gwared ar unrhyw silica ac amhureddau eraill.

$$CaO(s) + SiO_2(s) \longrightarrow CaSiO_3(h)$$

Mae'r calsiwm silicad a gynhyrchir yn hylif ar dymheredd y ffwrnais; bydd yn llifo i'r gwaelod lle bydd yn arnofio ar wyneb yr haearn tawdd ar ffurf slag y gellir ei dapio ymaith ar wahân.

Mae ocsidau ffosfforws, sylffwr a chlorin yn foleciwlaidd. Mae'r tair elfen yn ffurfio mwy nag un ocsid. Bydd yr ocsidau i gyd yn adweithio gyda dŵr ac yn hydoddi i roi hydoddiannau asidig o ocsoasidau.

Ocsid asidig	Ocsoasid
ffosfforws(V) ocsid, $P_4O_{10}(s)$	asid ffosfforig(V), H_3PO_4
sylffwr deuocsid, $SO_2(n)$	asid sylffwrig(IV), H_2SO_3 [asid sylffwrus]
sylffwr triocsid, $SO_3(n)$	asid sylffwrig(VI), H_2SO_4 [asid sylffwrig]
clorin(I) ocsid, $Cl_2O(n)$	asid clorig(I), HOCl

Ffigur 3.8.5 ▲

Rhai ocsidau moleciwlaidd ac ocsoasidau anfetelau cyfnod 3

	Grisialau ïonig		Adeiledd cofalent enfawr	Nwyon a solidau moleciwlaidd cofalent		
$Na_2O(s)$	$MgO(s)$	$Al_2O_3(s)$	$SiO_2(s)$	$P_4O_{10}(s)$	$SO_3(s)$	$Cl_2O(n)$
$Na_2O_2(s)$				$P_4O_6(s)$	$SO_2(n)$	
	Basig	Amffoterig		Asidig		

Ffigur 3.8.7 ▲
Fformiwlâu, adeileddau, bondio a nodweddion asid-bas yr ocsidau yng nghyfnod 3

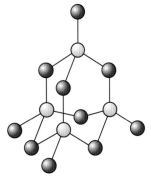

Ffigur 3.8.6 ▲
Adeiledd moleciwl o ffosfforws(v) ocsid sy'n solid gwyn

Diffiniadau

Ocsid anfetel sy'n adweithio gyda dŵr i ffurfio asid yw **ocsid asidig**. Mae rhai ocsidau asidig, megis SiO_2, yn anhydawdd, ond gellir eu hadnabod gan eu bod yn adweithio'n uniongyrchol ag ocsidau basig i ffurfio halwynau. Sylwch nad yw ocsidau asidig yn asidau fel y diffinnir gan y ddamcaniaeth Brønsted-Lowry gan nad ydynt yn cynnwys atomau hydrogen ïoneiddiadwy. Ni allant weithredu fel rhoddwyr protonau.

Mae adwaith ocsid asidig gyda dŵr yn cynhyrchu **ocsoasid**. Ni chaiff yr enwau systematig ar gyfer ocsoasidau eu defnyddio lawer, ond gellir eu defnyddio i ganfod fformiwla pob ocsoasid. Enw systematig llawn asid sylffwrus yw asid triocsosylffwrig(IV). Bydd ocsoasidau yn ïoneiddio mewn hydoddiant trwy roddi ïonau hydrogen i foleciwlau dŵr. Pan fydd elfen yn ffurfio dau ocsoasid, yr un sydd â'r elfen yn y cyflwr ocsidiad uwch fydd y cryfaf.

Prawf i chi

4 Beth yw fformiwla empirig ffosfforws(v) ocsid?

5 Ysgrifennwch hafaliadau ar gyfer adweithiau'r ocsidau hyn gyda dŵr:
   a) ffosfforws(v) ocsid
   b) sylffwr deuocsid, $SO_2(n)$
   c) sylffwr triocsid, $SO_3(s)$.

6 Tynnwch ddiagramau dot a chroes ar gyfer y bondio yn nau ocsid sylffwr a rhagfynegwch siapiau'r moleciwlau.

7 a) Tynnwch ddiagram dot a chroes i ddangos y bondio mewn moleciwl o Cl_2O a rhagfynegwch siâp y moleciwl.
   b) Beth mae gwerth newid enthalpi safonol ffurfiant Cl_2O yn ei awgrymu ynglŷn â'i sefydlogrwydd? A yw'r gwerth yn awgrymu bod y cyfansoddyn yn debygol o ffrwydro?

8 Plotiwch ymdoddbwyntiau elfennau cyfnod 3 yn erbyn rhif atomig yr elfennau ac esboniwch y patrwm a welir yn nhermau adeiledd a bondio.

9 Lluniwch siart i ddangos y gwerthoedd pH y byddech chi'n eu disgwyl wrth ysgwyd un llond sbatwla bychan o bob un o ocsidau solet elfennau cyfnod 3 gydag ychydig o ddŵr mewn tiwb profi.

Adran tri **Cemeg Anorganig**

117

3.9 Cyfnod 3: y cloridau

Mae yna batrwm cyfnodol ym mhriodweddau cloridau a ddangosir yn glir gan gloridau elfennau cyfnod 3. Grisialau ïonig yw cloridau'r elfennau bloc-s adweithiol ar ochr chwith y tabl ac maen nhw'n hydoddi mewn dŵr i ffurfio hydoddiannau niwtral. Mae cloridau'r anfetelau yn y bloc-p ar yr ochr dde yn cynnwys moleciwlau cofalent. Maent fel arfer yn adweithio'n rymus â dŵr. Mae bondio a phriodweddau alwminiwm clorid rhwng y ddau begwn.

Ffigur 3.9.1 ▶
Cyfnodedd: fformiwlâu, adeiledd au, bondio ac ymddygiad mewn dŵr ar gyfer y cloridau yng nghyfnodau 2 a 3

Grisialau ïonig	Adeileddau cofalent enfawr polar	Nwyon a solidau moleciwlaidd cofalent				
LiCl(s)	BeCl$_2$(s)	BCl$_3$(n)	CCl$_4$(h)	NCl$_3$(h)	Cl$_2$O(n)	ClF(n)
NaCl(s)	MgCl$_2$(s)	AlCl$_3$(s)	SiCl$_4$(h)	PCl$_5$(s) PCl$_3$(h)	S$_2$Cl$_2$(h)	Cl$_2$(n)
Hydoddi mewn dŵr i roi hydoddiant niwtral		Hydrolysu'n rhannol i roi hydoddiant asidig	Cânt eu hydrolysu gan ddŵr i roi hydoddiant asidig (oni bai eu bod yn anadweithiol fel gydag CCl$_4$)			

Ffigur 3.9.2 ▲
Grisialau sodiwm clorid. Mae siâp y grisialau'n adlewyrchu trefniant ciwbig yr ïonau yn yr adeiledd grisialog

Cloridau metel

Mae cloridau sodiwm a magnesiwm yn solidau grisialog, gwyn sydd ag ymdoddbwyntiau uchel. Maent yn hydoddi mewn dŵr, ac wrth wneud hyn bydd y moleciwlau dŵr polar yn hydradu'r ïonau (gweler tudalen 73).

Dim ond chwe electron sydd gan atomau alwminiwm mewn AlCl$_3$, ac mae ganddynt dueddiad cryf i dderbyn dau arall. O ganlyniad, mae anwedd alwminiwm clorid yn cynnwys deumerau Al$_2$Cl$_6$. Mae gan AlCl$_3$ ddellten haenog a bondio sydd rhwng cofalent ac ïonig.

Solid llwydwyn yw alwminiwm clorid (AlCl$_3$) sy'n sychdarthu o'i wresogi ac yn mygu mewn aer llaith o ganlyniad i hydrolysis i roi hydrogen clorid a'r hydrocsid.

Mae hydoddiant o alwminiwm clorid yn asidig o ganlyniad i hydrolysis rhannol (gweler tudalen 91).

Ffigur 3.9.3 ▲
Diagram dot a chroes ar gyfer AlCl$_3$, a'r bondio yn y deumer Al$_2$Cl$_6$ sy'n bresennol yn anwedd y cyfansoddyn. Mae parau unig o electronau ar atomau clorin yn ffurfio bondiau datif gydag atomau alwminiwm

Prawf i chi

1 Tynnwch ddiagram dot a chroes i ddangos y bondio mewn magnesiwm clorid.

2 Pam mae ymdoddbwynt magnesiwm clorid yn uwch nag ymdoddbwynt sodiwm clorid?

3 Ysgrifennwch hanner hafaliadau i ddangos y newidiadau ar yr electrodau yn ystod electrolysis sodiwm clorid tawdd.

4 Esboniwch pam nad yw'r bondio mewn alwminiwm clorid yn gwbl ïonig (gweler tudalen 68).

5 Ysgrifennwch hafaliad ar gyfer adwaith anwedd alwminiwm clorid poeth â lleithder yn yr aer.

6 Esboniwch pam mae hydoddiant o alwminiwm clorid yn asidig. Pam caiff y clorid hwn ei hydrolysu'n rhannol mewn hydoddiant?

Cloridau anfetel

Mae'r mwyafrif o gloridau anfetel yn hylifau sy'n cynnwys moleciwlau. Caiff yr atomau yn y moleciwlau eu dal at ei gilydd gan fondiau cofalent cryf, ond mae'r grymoedd rhyngfoleciwlaidd yn wan. Nid yw'r cloridau'n cymysgu gyda dŵr, maen nhw'n adweithio gydag ef. Mae hydrolysis yn hollti'r cyfansoddyn yn ocsoasid neu'n ocsid hydradol yr anfetel a hydrogen clorid.

$$SiCl_4(h) + 2H_2O(h) \longrightarrow SiO_2(s) + 4HCl(n)$$

Mae anwedd ffosfforws(V) clorid yn cynnwys moleciwlau PCl_5. Mae'r cyfansoddyn yn solid, sy'n cynnwys ïonau PCl_4^+ a PCl_6^-, ar dymheredd ystafell. Y bondio ïonig rhwng yr ïonau cymhlyg sy'n peri i'r clorid anfetel hwn fod yn solid yn hytrach nag yn hylif. Bydd hydrolysis yn trawsnewid ffosfforws(V) clorid yn asid ffosfforig(V) ac asid hydroclorig.

$$PCl_5(s) + 4H_2O(h) \longrightarrow H_3PO_4(s) + 5HCl(n)$$

Hylif melyn a chanddo arogl drwg iawn yw deusylffwr deuclorid, S_2Cl_2. Mae hydrolysis y clorid hwn yn cynhyrchu dyddodiad melyn o sylffwr ynghyd ag asid hydroclorig.

Ffigur 3.9.4 ▲
Samplau o gloridau anfetel

Prawf i chi   **D**

7 a) Tynnwch ddiagram dot a chroes i ddangos y bondio yn y cyfansoddion hyn: $SiCl_4$, PCl_3, PCl_5 ac S_2Cl_2.

  b) Rhagfynegwch siapiau'r moleciwlau hyn.

  c) Pa rai o'r moleciwlau hyn sy'n bolar?

8 Ysgrifennwch hafaliadau ar gyfer hydrolysis PCl_3 i roi H_3PO_3.

9 Rhagfynegwch siapiau'r ïonau PCl_4^+ a PCl_6^- mewn PCl_5 solet.

10 Ym mha ffyrdd mae adweithiau PCl_5 gyda dŵr ac ethanol yn debyg?

11 Awgrymwch brofion i ddangos bod hydrolysis cloridau anfetel yn cynhyrchu hydrogen clorid.

12 Plotiwch ymdoddbwyntiau cloridau elfennau cyfnod 3 yn erbyn rhif atomig yr elfennau ac esboniwch y patrwm a welir yn nhermau adeiledd a bondio.

Ffigur 3.9.5 ▲
PCl_5 yn adweithio gyda dŵr

3.10 Grŵp 4

Mae'r grŵp hwn o elfennau'n dangos tuedd o anfetelau ar y brig i fetelau ar y gwaelod. Mae'r tebygrwydd rhwng yr elfennau yn y grŵp hwn yn llai amlwg ac yn fwy anodd eu canfod na'r tebygrwydd amlwg rhwng yr elfennau yng ngrwpiau 2 neu 7 y tabl cyfnodol.

CD-ROM

Yr elfennau

C
Si
Ge
Sn
Pb

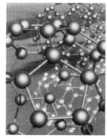

Ffigur 3.10.1 ▲
Gallu anhygoel carbon i ffurfio cadwyni a chylchoedd sefydlog o atomau gyda bondiau sengl, dwbl a thriphlyg, sy'n gyfrifol am gemeg organig

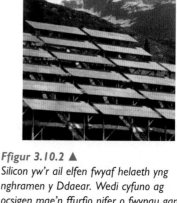

Ffigur 3.10.2 ▲
Silicon yw'r ail elfen fwyaf helaeth yng nghramen y Ddaear. Wedi cyfuno ag ocsigen mae'n ffurfio nifer o fwynau gan gynnwys silica, SiO_2, a silicadau. Mwynau silicad, sy'n seiliedig ar adeileddau enfawr o atomau silicon ac ocsigen, sy'n ffurfio'r rhan fwyaf o gramen y Ddaear

Ffigur 3.10.3 ▲
Elfen a chanddi rai nodweddion metelig a rhai nodweddion anfetelig yw germaniwm. Meteloid ydyw. Mae germaniwm yn lledddargludydd

Ffigur 3.10.4 ▲
Ar dymheredd ystafell mae gan dun adeiledd metelig, ond islaw'r tymheredd trosiannol 13.2°C tun llwyd yw'r ffurf sefydlog, sydd ag adeiledd diemwnt

Ffigur 3.10.5 ▶
Metel lliw llwyd yw plwm, ac fe'i gwelir yn aml ar doeon adeiladau. Mae'n gwrthsefyll cyrydiad ac mae'n ddefnydd hydrin felly gellir ei blygu i lenwi'r bylchau lle mae teils y to yn cwrdd â waliau i greu sêl gwrth-ddŵr. Mae plwm yn fetel dwys, ac mae'n sgrîn effeithiol i atal pelydrau X a ffurfiau eraill ar belydriad. Mae plwm yn ymdoddi ar dymheredd sy'n gymharol isel i fetel ac, o ffurfio aloi gyda thun, mae'n cynhyrchu sodor sydd ag ymdoddbwynt is fyth

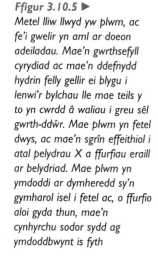

Adeiledd a bondio yn yr elfennau

Mae dau alotrop cyffredin carbon (diemwnt a graffit) yn cynnwys adeileddau cofalent enfawr. Mae gan silicon a germaniwm adeileddau enfawr tebyg i ddiemwnt. Maen nhw'n lled-ddargludyddion.

Mae gan alotrop tun ar dymheredd ystafell adeiledd metelig. Mae gan yr alotrop tymheredd isel, tun llwyd, adeiledd diemwnt anfetelig. Adeiledd metelig sydd gan blwm.

Mae gan y ddau fetel, tun a phlwm, ymdoddbwyntiau is na'r anfetelau sydd ag adeileddau enfawr.

Ffigur 3.10.6 ▲
Darn o adeiledd enfawr diemwnt

◄ **Ffigur 3.10.7**
Metel sgleiniog a chanddo hen hanes yw tun; fe'i cloddiwyd yng Nghernyw er adeg y Rhufeiniaid tan 1998 pan gaewyd y gloddfa olaf. Mae tun yn werthfawr fel cynhwysyn nifer o aloiau gan gynnwys piwter (gydag Sb), sodor (gyda Pb) ac efydd (gydag Cu). Prif ddiben tun heddiw yw platio'r dur ar gyfer caniau. Mae'r haenen o dun yn atal y dur rhag cyrydu

Cyflyrau ocsidiad

Mae gan bob un o elfennau grŵp 4 bedwar electron yn eu plisgyn allanol. Cyflyrau ocsidiad nodweddiadol elfennau grŵp 4 yw +4 a +2. Mae'r cyflwr +2 yn fwy pwysig wrth symud i lawr y grŵp, a dyma gyflwr mwyaf sefydlog plwm.

carbon, C	[He] $2s^2 2p^2$
silicon, Si	[Ne] $3s^2 3p^2$
germaniwm, Ge	[Ar] $3d^{10} 4s^2 4p^2$
tun, Sn	[Kr] $4d^{10} 5s^2 5p^2$
plwm, Pb	[Xe] $4f^{14} 5d^{10} 6s^2 6p^2$

Ffigur 3.10.8 ▲
Ffurfweddau electronau wedi'u talfyrru ar gyfer elfennau grŵp 4

Yng ngrŵp 4 y tabl cyfnodol (fel yng ngrwpiau 3 a 5), mae'r cyflwr ocsidiad sydd 2 islaw'r cyflwr uchaf yn dod yn fwy sefydlog mewn elfennau sy'n nes at waelod y grŵp. Yng ngrŵp 4, er enghraifft, y prif rif ocsidiad ar gyfer carbon yw +4. Mae'r cyflwr ocsidiad +2 yn dod yn fwy pwysig yng nghemeg tun a phlwm. Yng nghemeg plwm mae'r cyflwr ocsidiad +2 hyd yn oed yn fwy sefydlog mewn perthynas â'r cyflwr +4 nag ydyw yng nghemeg tun.

Mae hyn yn golygu bod dau o'r pedwar electron yn y plisgyn allanol yn llai ar gael ar gyfer bondio wrth fynd i lawr y grŵp. Mae cemegwyr yn defnyddio'r term 'effaith pâr-anadweithiol' (neu'r 'effaith pâr-unig') i ddisgrifio pwysigrwydd cynyddol y cyflwr ocsidiad is i lawr y grŵp. Mae'n well ystyried yr 'effaith' hon fel nodyn atgoffa am y duedd yn hytrach nag esboniad.

Prawf i chi · D

2 a) Beth yw tuedd ymdoddbwyntiau'r elfennau i lawr grŵp 4, o garbon i blwm?

b) Ceisiwch esbonio'r duedd hon yn nhermau adeiledd a bondio.

3 Ysgrifennwch ffurfweddau electronau llawn silicon a thun.

4 a) Beth yw'r tueddiad yn egnïon ïoneiddiad cyntaf elfennau grŵp 4 i lawr y grŵp?

b) Esboniwch y duedd yn nhermau ffurfweddau electronau'r atomau.

c) Beth yw arwyddocâd y duedd hon i gemeg yr elfennau?

Yr ocsidau

Y cyflwr +4

Mae carbon yn ffurfio dau ocsid sydd yn nwyon moleciwlaidd, di-liw, di-arogl. Mae carbon monocsid, CO, yn ocsid niwtral. Mae carbon deuocsid yn ocsid asidig sy'n hydoddi mewn dŵr i ffufio asid carbonig, sydd yn asid gwan.

$$CO_2(n) + H_2O(h) \longrightarrow H_2CO_3(d)$$

Mae alcalïau megis potasiwm hydrocsid yn barod iawn i amsugno carbon deuocsid.

Mae'r ocsid SiO_2 hefyd yn ocsid asidig, ond mae'n gymharol anadweithiol oherwydd ei adeiledd enfawr. Felly mae CO_2 ac SiO_2 yn enghreifftiau da o'r cyffredinoliad bod cyfansoddion grŵp 4 yn y cyflwr +4 yn ymddwyn yn debycach i gyfansoddion anfetelau.

Mae SnO_2 a PbO_2 yn amffoterig gan dueddu i ymddwyn fel ocsidau asidig.

Y cyflwr +2

Mae cyfansoddion tun a phlwm yn y cyflwr +2 (SnO a PbO) yn fwy nodweddiadol o gyfansoddion metelig. Mae'r bondio yn bolar iawn yn y cyfansoddion hyn, er nad yw'n hollol ïonig. Ocsidau amffoterig ydynt gan dueddu tuag at briodweddau ocsidau basig.

Mae tun(II) ocsid yn hydoddi mewn asid hydroclorig crynodedig i roi hydoddiant o dun(II) clorid, sydd yn gyfrwng rhydwytho.

Ffigur 3.10.9 ▶

Samplau o ocsidau plwm: PbO, Pb_3O_4, PbO_2. Gellir defnyddio ocsidau plwm yn bigmentau mewn paent ond, fel pob cyfansoddyn plwm, maent yn wenwynig iawn

Mae ocsidau plwm yn adweithio gydag asidau i ffurfio halwynau. Mae dau o gyfansoddion plwm yn hydawdd: y nitrad a'r ethanoad. Mae ïonau plwm yn ddi-liw mewn hydoddiant.

Wrth ychwanegu alcali at hydoddiant sy'n cynnwys ïonau plwm(II), bydd dyddodiad gwyn o $Pb(OH)_2$ yn ffurfio sy'n hydoddi mewn gormod ohono i ffurfio'r ïon $[Pb(OH)_4]^{2-}$ mewn hydoddiant, gan ddangos bod yr hydrocsid, fel yr ocsid, yn amffoterig.

Y cyflwr +2 yw'r cyflwr mwyaf sefydlog ar gyfer plwm, felly mae plwm(IV) ocsid yn gyfrwng ocsidio cryf. Gall plwm(IV) ocsid ocsidio ïonau clorid i roi nwy clorin.

Y cloridau

Y cyflwr +4

Hylifau moleciwlaidd yw'r cloridau +4. Ac eithrio CCl_4, cânt eu hydrolysu gan ddŵr. Eto, mae hyn yn dangos bod y cyfansoddion yn y cyflwr +4 yn gyffredinol yn ymddwyn yn debycach i gyfansoddion anfetelau. Caiff $SiCl_4$, er enghraifft, ei hydrolysu yn gyflym gan ddŵr i roi silica hydradol a hydrogen clorid.

$$SiCl_4(h) + 2H_2O(h) \longrightarrow SiO_2(s) + 4HCl(n)$$

Prawf i chi   **D**

5 Ysgrifennwch hafaliadau cytbwys ar gyfer adweithiau:

a) carbon deuocsid gyda photasiwm hydrocsid dyfrllyd

b) tun(II) ocsid gydag asid hydroclorig crynodedig

c) plwm(IV) ocsid gydag asid hydroclorig crynodedig

ch) plwm(II) ocsid gyda sodiwm hydrocsid.

6 Defnyddiwch botensialau electrod safonol i ddangos:

a) y gall ïonau tun(II) mewn hydoddiant asid rydwytho ïonau haearn(III) yn ïonau haearn(II) **b)** y gall plwm(IV) ocsid ocsidio ïonau clorid yn glorin o dan amodau asid.

Mecanwaith posib ar gyfer hydrolysis silicon tetraclorid. Mae pâr unig o electronau ar foleciwl dŵr yn ymosod ar ben δ+ y bond Si—Cl polar. Mae rhai cemegwyr yn dadlau bod y mecanwaith hwn yn bosib gan fod yna orbitalau 3d gwag yn yr atomau silicon a all dderbyn pâr o electronau yn ystod y cam cyntaf hwn

Cemeg Anorganig

Adran tri

Hylif di-liw yw tetraclorid yr elfen carbon (tetracloromethan), a chanddo foleciwlau tetrahedrol, CCl_4. Yn wahanol i'r mwyafrif o gloridau anfetel eraill ni chaiff ei hydrolysu gan ddŵr nac alcalïau. Mae esboniad poblogaidd am anadweithedd CCl_4 yn awgrymu mai diffyg orbitalau-d yn yr ail blisgyn sy'n gyfrifol. O ganlyniad, wrth i foleciwl dŵr ymosod ar foleciwl CCl_4, does gan yr atom carbon ddim orbital gwag i dderbyn y pâr o electronau sy'n dod i mewn (gweler Ffigur 3.10.10). Problem yr esboniad hwn yw'r awgrym bod hydrolysis halogenoalcanau trwy gyfrwng mecanwaith tebyg (gweler tudalen 157) hefyd yn amhosib.

Mae esboniad arall yn dadlau bod y gwahaniaeth yn ymddygiad CCl_4 ac $SiCl_4$ gyda dŵr yn ganlyniad i faint dipyn yn llai yr atom carbon o'i gymharu â'r atom silicon. O ganlyniad, mae'n amhosib i foleciwlau dŵr ymosod ar atom carbon os yw wedi'i amgylchynu gan bedwar atom clorin cymharol fawr mewn CCl_4, ac wedi bondio'n gryf atynt.

Y cyflwr +2
Mae cyfansoddion tun a phlwm yn y cyflwr +2 yn fwy nodweddiadol o gyfansoddion metelig. Solidau gwyn yw'r cloridau +2. Mae $PbCl_2$ yn solid ïonig.

Mae'r cyflwr +4 yn fwy sefydlog ar gyfer tun, felly mae cyfansoddion tun(II) yn gyfryngau rhydwytho. Er enghraifft, bydd tun(II) yn rhydwytho haearn(III) yn haearn(II).

Y cyflwr +2 yw'r cyflwr mwyaf sefydlog ar gyfer plwm felly nid yw plwm(II) clorid yn gyfrwng rhydwytho.

Prawf i chi

7 Sut medrwch chi esbonio bod CCl_4 yn hylif sy'n cymysgu'n rhydd â hydoddydd hydrocarbon megis hecsan, ond ei fod yn anghymysgadwy â dŵr?

8 Sut byddech chi'n dangos bod plwm(II) clorid yn solid ïonig?

9 Beth mae cemegwyr yn ei olygu wrth ddweud bod hydrolysis CCl_4 yn ddichonadwy (digymell) ond nid yw'n digwydd oherwydd bod y cyfansoddyn yn sefydlog (anadweithiol) yn ginetig? Pa feintiau egni mae cemegwyr yn cyfeirio atynt wrth gyfiawnhau esboniadau o'r fath?

10 Beth yw'r tebygrwydd cemegol rhwng elfennau grŵp 4 sy'n peri iddynt fod yn deulu cemegol yn yr un grŵp?

11 Pa esboniadau fedrwch chi eu hawgrymu dros yr arsylwadau bod cyfansoddion grŵp 4 yn y cyflwr ocsidiad +4 yn gyffredinol yn ymddwyn yn debycach i gyfansoddion anfetelau, tra bo cyfansoddion tun a phlwm yn y cyflwr +2 yn fwy nodweddiadol o gyfansoddion metelig?

12 Yn gyffredinol, mae priodweddau'r elfen yng nghyfnod 3 yn fwy nodweddiadol o weddill y grŵp na chemeg yr elfen yng nghyfnod 2. I ba raddau mae hyn yn wir yng ngrŵp 4?

13 Pa debygrwydd sydd, os o gwbl, rhwng y tueddiadau yn y priodweddau i lawr grŵp 4 a'r tueddiadau i lawr grwpiau 2 a 7?

3.11 Cyfnod 4: elfennau bloc-d

Mae elfennau bloc-d yn hanfodol i fywyd ac yn rhoi lliw i'n bywydau. Maen nhw hefyd yn ddefnyddiau sy'n bwysig dros ben mewn peirianneg a diwydiant. Mae'r elfennau hyn yn ddiddorol yn gemegol gan eu bod dipyn yn fwy tebyg i'w gilydd nag y byddai rhywun yn ei ddisgwyl ar ôl astudio'r elfennau yng nghyfnod 3. Mae'r tebygrwydd ar draws y deg elfen o scandiwm i sinc yng nghyfnod 4 mor drawiadol â'r gwahaniaethau. Bydd cemegwyr yn esbonio nodweddion yr elfennau hyn yn nhermau ffurfweddau electronau eu hatomau.

Ffigur 3.11.1 ▲
Ffenestr yn y Robie House a ddyluniwyd gan Frank Lloyd Wright yn 1909. Ocsidau elfennau bloc-d yw'r defnyddiau lliwio mwyaf cyffredin mewn gwydr lliw

Ffigur 3.11.2 ▶
Ffurfweddau electronau elfennau bloc-d ar ffurf atomau rhydd. Sylwch fod yr orbitalau'n llenwi'n unigol cyn i'r electronau ddechrau paru. Sylwch hefyd nad yw ffurfweddau cromiwm a chopr yn dilyn y patrwm cyffredinol

Ffurfweddau electronau

Yng nghyfnod 4, mae'r elfennau bloc-d yn mynd o scandiwm ($1s^2 2s^2 2p^6 3s^2 3p^6 3d^1 4s^2$) i sinc ($1s^2 2s^2 2p^6 3s^2 3p^6 3d^{10} 4s^2$). Fel y dangosir yn Ffigur 3.6.3 ar dudalen 110, mae'r orbital 4s yn llenwi cyn yr orbitalau 3d. Felly mae'r electron olaf i'w ychwanegu at yr adeiledd atomig yn mynd i orbital-d.

Ar hyd y gyfres hon mae cynnydd o 1 yn nifer y protonau yn y niwclews o un elfen i'r nesaf. Mae'r electronau a ychwanegir yn mynd i is-blisgyn d mewnol. Mae'r electronau allanol bob amser yn y 4s. Mae hyn yn golygu bod y newidiadau yn y priodweddau ar draws y gyfres yn llai amlwg na'r newidiadau mawr ar draws cyfres bloc-p megis Al i Ar.

		3d					4s				3d					4s
Sc	[Ar]	↑					↑↓	Fe	[Ar]	↑↓	↑	↑	↑	↑	↑↓
Ti	[Ar]	↑	↑				↑↓	Co	[Ar]	↑↓	↑↓	↑	↑	↑	↑↓
V	[Ar]	↑	↑	↑			↑↓	Ni	[Ar]	↑↓	↑↓	↑↓	↑	↑	↑↓
Cr	[Ar]	↑	↑	↑	↑	↑	↑	Cu	[Ar]	↑↓	↑↓	↑↓	↑↓	↑↓	↑
Mn	[Ar]	↑	↑	↑	↑	↑	↑↓	Zn	[Ar]	↑↓	↑↓	↑↓	↑↓	↑↓	↑↓

I raddau helaeth, electronau allanol atom sydd yn penderfynu ei gemeg, gan mai'r rhain yw'r cyntaf i gymryd rhan mewn adweithiau. Felly mae'r elfennau Sc i Zn yng nghyfnod 4 yn debyg mewn sawl ffordd.

Ffigur 3.11.3 ▶
Sbesimenau o fetelau bloc-d

Y metelau

Metelau yw pob un o elfennau bloc-d, ac mae ganddynt briodweddau sy'n ddefnyddiol ar gyfer peirianneg ac adeiladu. Mae gan y mwyafrif ymdoddbwyntiau uchel. Yn aml mae gan blot o briodweddau ffisegol yn erbyn rhif proton ddau frig yn cyfateb i blisgyn-d wedi'i hanner llenwi a'i lenwi'n llwyr.

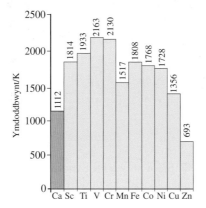

Cemeg Anorganig

◄ Ffigur 3.11.4
Plot o ymdoddbwynt yn erbyn rhif proton ar gyfer yr elfennau Ca i Zn

Adran tri

Prawf i chi · D

1 Ysgrifennwch ffurfweddau electronau llawn:
   a) atom haearn
   b) ïon haearn(II)
   c) ïon haearn(III).

2 Cymharwch y cynnydd yn yr egni ïoneiddiad cyntaf o scandiwm i sinc gyda'r cynnydd o sodiwm i argon. Esboniwch y gwahaniaethau yn nhermau ffurfweddau electronau yr atomau.

3 Awgrymwch dri chyffredinoliad ynghylch cyflyrau ocsidiad elfennau bloc-d yn seiliedig ar Ffigur 3.11.5.

4 Rhowch enghreifftiau o gyfansoddion:
   a) cromiwm yn y cyflyrau +3 a +6
   b) manganîs yn y cyflyrau +2, +4 a +7
   c) haearn yn y cyflyrau +2 a +3
   ch) copr yn y cyflyrau +1 a +2.

5 Defnyddiwch dabl o botensialau electrod safonol i ddangos bod y cyflwr +2 yn mynd yn fwy sefydlog a'r cyflwr +3 yn mynd yn llai sefydlog wrth symud o gromiwm i haearn.

Cyflyrau ocsidiad

Mae gan y rhan fwyaf o elfennau bloc-d yng nghyfnod 4 fwy nag un cyflwr ocsidiad yn eu cyfansoddion.

				+7				
			+6					
		+5		+6				
	+4	+4	+4	+4				
+3	+3	+3	+3	+3	+3	+3		
+2	+2	+2	+2	+2	+2	+2	+2	+2
							+1	
Sc	Ti	V	Cr	Mn	Fe	Co	Ni	Cu	Zn

Ffigur 3.11.5 ▲
Prif gyflyrau ocsidiad yr elfennau scandiwm i sinc gyda'r cyflyrau mwyaf cyffredin mewn coch. Sylwch fod scandiwm a zinc ond yn ffurfio ïonau mewn un cyflwr ocsidiad. Gall y metelau eraill i gyd fodoli mewn mwy nag un cyflwr, er bod cyflyrau uwch nicel yn anghyffredin iawn

Mae'r elfennau ar ddau ben y gyfres, scandiwm a sinc, yn ffurfio un cyflwr ocsidiad yn unig. Yr elfennau sydd agosaf at ganol y gyfres sydd â'r dewis mwyaf o gyflyrau.

Bydd y mwyafrif o'r elfennau'n ffurfio cyfansoddion yn y cyflwr +2, sy'n cyfateb i ddefnyddio'r ddau electron 4s wrth fondio. Ar draws y gyfres, mae'r cyflwr +2 yn mynd yn fwy sefydlog o'i gymharu â'r cyflwr +3.

Mn [Ar] ↑ ↑ ↑ ↑ ↑ | ↑↓
Mn²⁺ [Ar] ↑ ↑ ↑ ↑ ↑ |

3d

Ffigur 3.11.6 ▲
Ffurfweddau electronau atom manganîs ac ïon manganîs(II)

O scandiwm i fanganîs mae'r cyflwr ocsidiad uchaf yn cyfateb i gyfanswm nifer yr electronau yn y lefelau egni 3d a 4s. Ni fydd y cyflyrau ocsidiad uwch byth yn bodoli ar ffurf ïonau syml. Yn nodweddiadol, byddant yn digwydd mewn cyfansoddion lle mae'r metel wedi'i fondio'n gofalent at atom electronegatif, yn enwedig ocsigen fel yn yr ïonau deucromad(VI), $Cr_2O_7^{2-}$, a manganad(VII), MnO_4^-.

Ffurfio cymhlygion

Mae ïonau'r mwyafrif o elfennau bloc-d yn bodoli ar ffurf ïonau cymhlyg mewn hydoddiant (gweler adran 3.3) ac ni fydd rhai cyflyrau ocsidiad yn sefydlog ond ar ffurf ïonau cymhlyg (gweler hefyd adran 3.12 am enghreifftiau o gymhlygion a ffurfir gan rai metelau bloc-d).

Gall elfennau bloc-d ffurfio amrywiaeth eang o gymhlygion oherwydd bod gan yr ïonau orbitalau-d sydd ond wedi'u llenwi'n rhannol yn ogystal ag orbitalau 4p a 4d a all dderbyn parau o electronau oddi wrth ligandau.

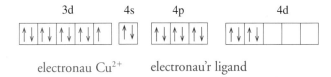

Ffigur 3.11.7 ▶
Diagram i ddangos ffurfwedd electronau copr yn yr ïon $[Cu(H_2O)_6]^{2+}$

Mae rhai o'r ensymau hanfodol yn y corff dynol yn gymhlygion rhwng proteinau ac ïonau elfennau bloc-d. Enghraifft yw'r cymhlygyn cobalt sy'n chwarae rhan allweddol yng ngweithgaredd fitamin B_{12}.

Lliwiau cyfansoddion elfennau bloc-d
Ïonau lliw

Mewn nifer o achosion, mae cyfansoddion lliw yn cael eu lliw drwy amsugno ychydig o'r pelydriad yn ardal weledol y sbectrwm electromagnetig â thonfeddi rhwng 400 nm a 700 nm.

Prawf i chi

6 Awgrymwch siâp tebygol yr ïonau cymhlyg hyn:
a) $CuCl_4^{2-}$
b) $Fe(H_2O)_6^{3+}$

Lliw y cyfansoddyn	Tonfedd a amsugnwyd/nm	Lliw'r golau a amsugnwyd
melynwyrdd	400–430	fioled
melyn i oren	430–490	glas
coch	490–510	gwyrddlas
	510–530	gwyrdd
fioled	530–560	melynwyrdd
glas	560–590	melyn
gwyrddlas	590–610	oren
gwyrddlas i wyrdd	610–700	coch

Ffigur 3.11.8 ▲
Tabl yn dangos lliwiau cyflenwol yn y colofnau ar y chwith a'r dde. Lliw y cyfansoddyn yw lliw cyflenwol y goleuni y mae'n ei amsugno

Mewn cyfansoddion lliw yr electronau sy'n amsugno pelydriad wrth iddynt neidio o'u cyflwr normal i gyflwr uwch cynhyrfol. Yn ôl y ddamcaniaeth cwantwm mae perthynas sefydlog rhwng maint y naid egni a thonfedd y pelydriad a amsugnir. Mewn nifer o gyfansoddion mae'r neidiau mor fawr fel eu bod yn amsugno yn rhan uwchfioled y sbectrwm. Mae'r cyfansoddion hyn yn ddi-liw.

Trosiad electronau rhwng orbitalau-d sy'n gyfrifol am liw ïonau metelau bloc-d. Mewn atom neu ïon rhydd mae'r pum orbital-d ar yr un lefel egni. Nid yw'r pum orbital yr un siâp, a byddant yn hollti'n ddau grŵp â gwahanol egni pan amgylchynir elfen bloc-d gan foleciwlau neu ïonau mewn ïon cymhlyg. Mae hyn yn helpu i esbonio lliw ïonau cymhlyg.

Diffiniad

Dywed y **ddamcaniaeth cwantwm** y caiff pelydriad ei allyrru neu ei amsugno mewn symiau penodol a elwir yn gwanta o egni. Mae gan y cwanta egni $\Delta E = h\nu$ lle mae h yn cyrychioli cysonyn Planck a ν yw amledd y pelydriad.

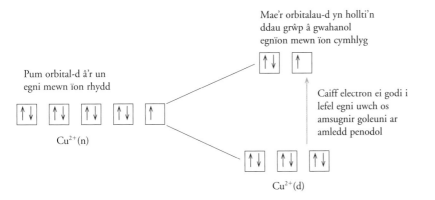

Pum orbital-d â'r un egni mewn ïon rhydd

$Cu^{2+}(n)$

Mae'r orbitalau-d yn hollti'n ddau grŵp â gwahanol egnïon mewn ïon cymhlyg

Caiff electron ei godi i lefel egni uwch os amsugnir goleuni ar amledd penodol

$Cu^{2+}(d)$

◀ **Ffigur 3.11.9**
Mae gwahaniaethau egni rhwng orbitalau-d yn y metelau trosiannol yn golygu bod trosiadau electronau o lefel egni i i lefel egni uwch yn bosib, felly bydd yr ïon yn amsugno goleuni ar amledd penodol

Os yw'r orbitalau-d i gyd yn llawn, neu'n wag, does dim modd i electronau drosi rhyngddynt.

Mae lliw cymhlygyn metel bloc-d yn dibynnu ar:

■ y metel
■ cyflwr ocsidiad y metel
■ y ligand
■ y rhif cyd-drefniant.

Prawf i chi

7   Esboniwch pam mae ïonau Zn^{2+}, Cu^+ ac Sc^{3+} yn ddi-liw trwy ysgrifennu eu ffurfwedd electronau.

8   Ai canlyniad i newid yn y cyflwr ocsidiad, newid yn y ligand, newid yn y rhif cyd-drefniant neu gyfuniad o fwy nag un o'r newidiadau hyn sy'n gyfrifol am y lliwiau hyn?

   a) $[Cr(H_2O)_6]^{2+} \longrightarrow [Cr(H_2O)_6]^{3+}$
           glas   coch

   b) $[Cu(H_2O)_6]^{2+} \longrightarrow [Cu(NH_3)_4(H_2O)_2]^{2+}$
           glas golau   glas tywyll

   c) $[Co(H_2O)_6]^{2+} \longrightarrow [CoCl_4]^{2-}$
           pinc   glas

   ch) $[Fe(H_2O)_6]^{2+} \longrightarrow [Fe(H_2O)_5OH]^{3+}$
           gwyrdd golau   melyn

Lliwfesuriaeth

Gellir defnyddio lliwfesurydd i fesur crynodiadau cemegion lliw neu rai sy'n cynhyrchu lliw o'u cymysgu gydag adweithydd addas (gweler Ffigur 2.2.2 ar dudalen 9). Mae hyn yn ei gwneud hi'n bosib pennu fformiwla ïon cymhlyg. Mae Ffigur 3.11.10 yn dangos canlyniad mesur amsugnedd cyfres o gymysgeddau o ïonau $Cu^{2+}(d)$ 0.01 mol dm^{-3} ac edta(d) 0.01 mol dm^{-3}.

Cemeg Anorganig

Adran tri

Ffigur 3.11.10 ▶

Plot o ganlyniadau mesur amsugnedd deg cymysgedd o ïonau Cu^{2+}(d) 0.01 mol dm^{-3} ac edta(d) 0.01 mol dm^{-3}

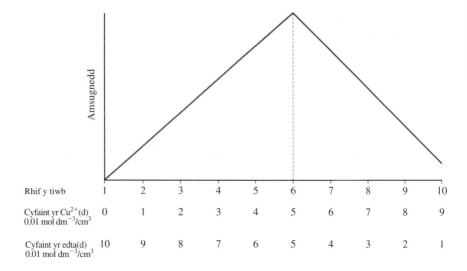

Rhif y tiwb	1	2	3	4	5	6	7	8	9	10
Cyfaint yr Cu^{2+}(d) 0.01 mol dm^{-3}/cm^3	0	1	2	3	4	5	6	7	8	9
Cyfaint yr edta(d) 0.01 mol dm^{-3}/cm^3	10	9	8	7	6	5	4	3	2	1

Mae brig yr amsugniad yn cyfateb i gymysgu cyfeintiau cyfartal o'r ddau hydoddiant a chanddynt yr un crynodiad molar. Mae hyn yn dangos bod 1 mol Cu^{2+}(d) yn ffurfio cymhlygyn gydag 1 mol edta(d) (gweler Ffigur 3.3.10 ar dudalen 96 am ddiagram).

Sbectroffotometreg

Gellir defnyddio sbectroffotomedr i bennu crynodiad ïonau metel mewn hydoddiant yn fwy cywir. Mae'r dull yn debyg iawn i'r dull o ddefnyddio sbectromedr uwchfioled mewn cemeg organig (gweler tudalen 230). Yn lle hidlydd, mae gan sbectroffotomedr gratin diffreithiant a all ddewis tonfedd benodol er mwyn mesur amsugnedd pelydriad. Gall y cyfarpar sganio ar draws amrediad o donfeddi i gynhyrchu sbectrwm amsugniad.

Ffigur 3.11.11 ▶

Sbectrwm amsugniad ïonau pedair o elfennau grŵp 4

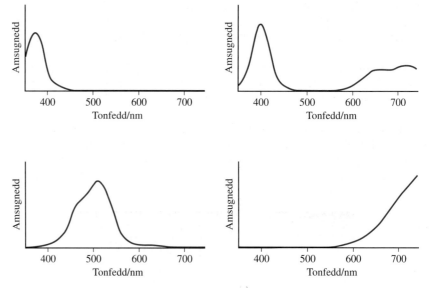

Bydd cemegwyr yn defnyddio ïonau cymhlyg a sbectroffotometreg i bennu crynodiad ïonau metel. Nid oes gan ïonau haearn(III), er enghraifft, liw dwys iawn mewn hydoddiannau gwanedig. Drwy ychwanegu hydoddiant o ïonau thiocyanad cynhyrchir cymhlygyn coch dwys.

Gweithgaredd catalytig
Catalysis homogenaidd

Gall ïonau metel trosiannol fod yn gatalyddion homogenaidd effeithiol oherwydd eu gallu i ennill neu golli electronau wrth iddynt newid o un cyflwr ocsidiad i un arall. Er enghraifft, mae ocsidiad ïonau ïodid gan ïonau perocsodeusylffad(VI) yn araf iawn.

$$S_2O_8^{2-}(d) + 2I^-(d) \longrightarrow 2SO_4^{2-}(d) + I_2(d)$$

Catalyddir yr adwaith gan ïonau haearn(III) yn yr hydoddiant. Yn ôl un mecanwaith posib caiff haearn(III) ei rydwytho yn haearn(II) wrth iddo ocsidio ïonau ïodid yn ïodin. Yna bydd yr ïonau $S_2O_8^{2-}(d)$ yn ocsidio'r haearn(II) yn ôl yn haearn(III) yn barod i ocsidio rhagor o'r ïonau ïodid, ac yn y blaen.

Weithiau gall un o gynhyrchion adwaith weithredu fel catalydd ar gyfer y broses. Dyma awtogatalysis. Mae adwaith awtogatalytig yn cychwyn yn araf ond yn cyflymu wrth i'r cynnyrch catalytig ffurfio. Bydd ïonau Mn^{2+} yn catalyddu ocsidiad ïonau ethandeuoad gan ïonau manganad(VII) mewn hydoddiant asid. Mae hwn yn enghraifft o gatalysis homogenaidd hefyd.

$$2MnO_4^-(d) + 5C_2O_4^{2-}(d) + 16H^+(d) \longrightarrow 10CO_2(n) + 2Mn^{2+}(d) + 8H_2O(h)$$

Prawf i chi

11 a) Awgrymwch ddulliau i gyflymu'r adwaith rhwng ïonau $MnO_4^-(d)$ ac ïonau $C_2O_4^{2-}(d)$ ar y dechrau cyn i'r adwaith gychwyn.

b) Beth fyddech chi'n disgwyl ei weld wrth ychwanegu hydoddiant o botasiwm manganad(VII) at hydoddiant asidiedig o botasiwm ethandeuoad
(i) ar y dechrau, a hefyd
(ii) wrth i'r adwaith ddechrau cyflymu?

Catalysis heterogenaidd

Defnyddir catalyddion heterogenaidd mewn prosesau diwydiannol ar raddfa fawr. Er enghraifft, yn ystod y broses Haber i gynhyrchu amonia, bydd nwyon nitrogen a hydrogen yn llifo trwy adweithydd sy'n cynnwys talpiau bychain o haearn.

Mae metel platinwm, mewn aloi gyda metelau eraill megis rhodiwm, yn gatalydd pwysig. Fe'i defnyddir i ocsidio amonia wrth gynhyrchu asid nitrig. Fe'i defnyddir hefyd mewn trawsnewidyddion catalytig. Mewn trawsnewidydd catalytig caiff y catalydd drud ei falu'n fân a'i gynnal ar arwyneb ceramig er mwyn cynyddu arwynebedd yr arwyneb sydd mewn cyswllt â'r nwyon disbydd.

Gall amhureddau yn yr adweithyddion wenwyno catalyddion gan beri iddynt fod yn llai effeithiol. Bydd carbon monocsid yn gwenwyno'r catalydd haearn a ddefnyddir yn y broses Haber. Bydd cyfansoddion plwm mewn nwyon gwacáu o beiriant car yn gwenwyno trawsnewidyddion catalytig, felly rhaid defnyddio petrol di-blwm.

Diffiniad

Mae **catalydd homogenaidd** yn gatalydd sydd yn yr un wedd â'r adweithyddion. Yn nodweddiadol caiff y catalydd a'r adweithyddion eu hydoddi yn yr un hydoddiant.

Diffiniad

Mae **catalydd heterogenaidd** yn gatalydd sydd mewn gwahanol wedd i'r adweithyddion. Yn gyffredinol, bydd y catalydd heterogenaidd yn solet tra bo'r adweithyddion yn nwyon neu mewn hydoddiant. Mantais catalyddion heterogenaidd yw ei bod hi'n hawdd gwahanu'r cynhyrchion a'r catalydd.

◄ **Ffigur 3.11.12**
Mae trawsnewidydd catalytig yn enghraifft o gatalysis heterogenaidd. Bydd arwyneb y catalydd metel yn amsugno'r llygryddion NO ac CO, lle byddant yn adweithio i ffurfio CO_2 ac N_2. Nodwch fod yr atomau carbon yn wyrdd yn y llun cyfrifiadurol hwn

Mae catalyddion heterogenaidd yn gweithredu trwy arsugno adweithyddion mewn safleoedd actif ar arwyneb y solid. Mae nicel yn gatalydd ar gyfer adio hydrogen at $C=C$ mewn cyfansoddion annirlawn trwy arsugno moleciwlau hydrogen sydd, fwyaf tebyg, yn hollti'n atomau unigol a gaiff eu dal ar arwyneb y grisialau metel.

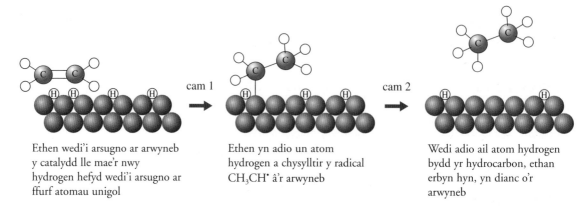

cam 1 → cam 2 →

Ethen wedi'i arsugno ar arwyneb y catalydd lle mae'r nwy hydrogen hefyd wedi'i arsugno ar ffurf atomau unigol

Ethen yn adio un atom hydrogen a chysylltir y radical $CH_3CH^{\cdot}$ â'r arwyneb

Wedi adio ail atom hydrogen bydd yr hydrocarbon, ethan erbyn hyn, yn dianc o'r arwyneb

Ffigur 3.11.13 ▲
Mecanwaith posib ar gyfer hydrogenu alcen ym mhresenoldeb catalydd nicel. Mae'r adwaith yn digwydd ar arwyneb y metel sy'n arsugno hydrogen ac yn hollti'r moleciwl yn atomau

Er mwyn bod yn gatalydd da ar gyfer adwaith hydrogenu, rhaid i fetel beidio ag arsugno hydrogen *mor* gryf fel bo'r hydrogen yn mynd yn anadweithiol. Dyma sy'n digwydd gyda thwngsten. Ar y llaw arall, os yw'r arsugno'n rhy wan ni fydd digon o atomau wedi'u harsugno i'r adwaith fynd rhagddo ar gyfradd ddefnyddiol, fel yn achos arian. Mae angen cryfder arsugno rhyngol addas. Mae nicel, platinwm a phaladiwm yn fetelau addas.

Prawf i chi

12 Eglurwch fantais defnyddio catalyddion heterogenaidd mewn prosesau diwydiannol.

13 Pa gatalydd a ddefnyddir i drawsnewid SO_2 yn SO_3 wrth gynhyrchu asid sylffwrig?

3.12 Metelau trosiannol

Mae adweithiau cemegol fanadiwm, cromiwm, manganîs, haearn, cobalt, nicel a chopr yn darparu sawl enghraifft o briodweddau nodweddiadol metelau trosiannol. Mae cemeg elfennau trosiannol yn lliwgar o ganlyniad i amrywiaeth eu cyflyrau ocsidiad a'u hïonau cymhlyg. Mae metelau trosiannol yn bwysig oherwydd bod eu priodweddau yn sylfaenol nid yn unig i fywyd ond hefyd i dipyn go lew o dechnoleg fodern.

Nodweddion

Elfennau bloc-d sydd â lefelau egni-d rhannol lawn yn un neu ragor o'u cyflyrau ocsidiad yw metelau trosiannol. Mae'r diffiniad hwn yn eithrio sinc $[Ar]3d^{10}4s^2$, gan fod yr orbitalau 3d yn llawn yn ei atomau a hefyd yn ei gyfansoddion yn y cyflwr +2. Mae colli dau electron yn rhoi ïon Zn^{2+} gyda'r ffurfwedd electronau $[Ar]3d^{10}$ lle mae pob lefel egni-d o hyd yn llawn. Bydd rhai cemegwyr yn cynnwys cyflwr ocsidiad sero yn y diffiniad gan gyfrif scandiwm yn fetel trosiannol. Bydd eraill yn gadael scandiwm, $[Ar]3d^14s^2$, allan oherwydd ei fod yn ffurfio cyfansoddion yn y cyflwr ocsidiad +3 yn unig, ac mae'n colli pob un o'i electronau allanol wrth ffurfio ïon 3+.

Mae gan fetelau trosiannol nifer o nodweddion cyffredin. Maen nhw'n:

- fetelau gyda phriodweddau mecanyddol defnyddiol ac ymdoddbwyntiau uchel
- ffurfio cyfansoddion mewn mwy nag un cyflwr ocsidiad
- ffurfio cyfansoddion lliw
- ffurfio amryw o ïonau cymhlyg
- gweithredu fel catalyddion naill ai ar ffurf yr elfen neu fel cyfansoddion.

Fanadiwm

CD-ROM

Metel bloc-d â'r ffurfwedd electronau $[Ar]3d^34s^2$ yw fanadiwm. Caiff y metel ei ddefnyddio i ffurfio aloiau dur sydd yn gryf ac yn wydn, sy'n golygu eu bod yn addas i'w defnyddio ar gyfer offer peirianyddol a rhannau o beiriannau moduron. Mae fanadiwm yn fetel trosiannol nodweddiadol: mae'n ffurfio cyfansoddion lliw mewn nifer o gyflyrau ocsidiad, mae'n ffurfio ïonau cymhlyg ac mae ganddo gyfansoddion y gellir eu defnyddio fel catalyddion megis fanadiwm(V) ocsid wrth gynhyrchu asid sylffwrig.

Mewn hydoddiant, bydd fanadiwm yn ffurfio ïonau yn y cyflyrau ocsidiad +2, +3, +4 a +5. Mae'r cyflwr +5 ar gael ar ffurf y solid melyn amoniwm fanadad(V).

◀ **Ffigur 3.12.1**
Cyflyrau ocsidiad fanadiwm gan ddangos lliwiau'r ïonau: cyflyrau ocsidiad +5, +4, +3 a +2

Mae potensialau electrod safonol yn helpu i adnabod adweithyddion a all rydwytho fanadiwm(V) i roi cyfres o gyflyrau is (gweler tudalen 57).

Bydd ïonau ïodid yn rhydwytho fanadiwm(V) yn fanadiwm(IV).

Ffigur 3.12.2 ►
Hanner hafaliadau a photensialau electrod ar gyfer rhydwythiad fanadiwm(V) yn fanadiwm(IV). Mae'r saethau gwyrdd yn dangos cyfeiriad y newid

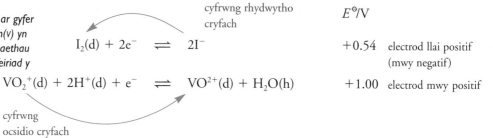

cyfrwng rhydwytho cryfach $E^{\ominus}/V$

$$I_2(d) + 2e^- \rightleftharpoons 2I^-$$ $+0.54$ electrod llai positif (mwy negatif)

$$VO_2^+(d) + 2H^+(d) + e^- \rightleftharpoons VO^{2+}(d) + H_2O(h)$$ $+1.00$ electrod mwy positif

cyfrwng ocsidio cryfach

Bydd metel copr yn rhydwytho fanadiwm(V) yn fanadiwm(III).

Bydd sinc mewn asid yn rhydwytho fanadiwm(V) yr holl ffordd i fanadiwm(II). Mae'r ïon $V^{2+}(d)$ yn gyfrwng rhydwytho cryf.

Ffigur 3.12.3 ►
Hanner hafaliadau a photensialau electrod ar gyfer rhydwytho fanadiwm(III) yn fanadiwm(II). Mae'r saethau gwyrdd yn dangos cyfeiriad y newid

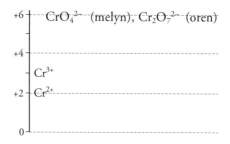

cyfrwng rhydwytho cryfach

$$Zn^{2+}(d) + 2e^- \rightleftharpoons Zn(s)$$ $E^{\ominus} = -0.76$ V   electrod mwy negatif

$$V^{3+}(d) + e^- \rightleftharpoons V^{2+}(d)$$ $E^{\ominus} = -0.26$ V   electrod llai negatif (mwy positif)

cyfrwng ocsidio cryfach

Prawf i chi

1 Ysgrifennwch ffurfwedd electronau llawn atom fanadiwm ac ïon V^{3+}.

2 Beth yw cyflwr ocsidiad fanadiwm yn VO^{2+}?

3 Ysgrifennwch hafaliad ïonig ar gyfer rhydwythiad fanadiwm(V) yn fanadiwm(II) gan sinc.

Cromiwm

CD-ROM

Metel bloc-d caled, lliw arian â'r ffurfwedd electronau [Ar]$3d^5 4s^1$ yw cromiwm. Mae'r ffurfwedd electronau yn eithriad i'r patrwm [Ar] $4d^x 3s^2$ normal ar gyfer y gyfres gyntaf o elfennau bloc-d. Yn egnïol, mae'n fwy ffafriol cael un electron ym mhob orbital-d gan hanner llenwi'r is-blisgyn-d.

Mewn hydoddiant bydd cromiwm yn ffurfio ïonau yn y cyflyrau ocsidiad $+2$, $+3$ a $+6$.

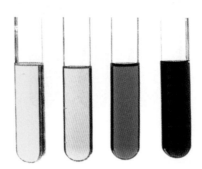

```
+6 ┤---- CrO₄²⁻ (melyn), Cr₂O₇²⁻ (oren)
   |
+4 ┤----------------------------------
   |  Cr³⁺
+2 ┤  Cr²⁺ -----------------------------
   |
 0 ┤-----------------------------------
```

Ffigur 3.12.4 ►
Cyflyrau ocsidiad cromiwm: CrO_4^{2-}, $Cr_2O_7^{2-}$, Cr^{3+} ac Cr^{2+}

Ceir ecwilibriwm rhwng ïonau cromad(VI) melyn ac ïonau deucromad(VI) oren mewn hydoddiant dyfrllyd. Mae safle'r ecwilibriwm yn dibynnu ar y pH. Mewn asid, mae crynodiad yr ïonau hydrogen yn uchel felly mae'r hydoddiant yn oren gan fod ïonau deucromad mewn bri. Wrth ychwanegu alcali, gwaredir â'r ïonau hydrogen gan droi'r hydoddiant yn felyn wrth i ïonau cromad ffurfio. Mae'r syfliadau yn safle'r ecwilibriwm fel y disgwylir yn ôl egwyddor Le Châtelier. Sylwch nad adwaith rhydocs ydyw gan fod cromiwm yn y cyflwr +6 ar ddwy ochr yr hafaliad.

$$2CrO_4^{2-}(d) + 2H^+(d) \longrightarrow Cr_2O_7^{2-}(d) + H_2O(h)$$

Defnyddir potasiwm deucromad(VI) fel safonyn cynradd mewn titradiadau rhydocs gan ei fod yn gyfrwng ocsidio nerthol mewn hydoddiant asid gan adweithio'n feintiol yn unol â'r hafaliad cytbwys (gweler tudalen 107).

$$Cr_2O_7^{2-}(d) + 14H^+(d) + 6e^- \longrightarrow 2Cr^{3+}(d) + 7H_2O(h)$$

Mae ïonau cromiwm(III) yn bodoli ar ffurf cymhlygion acwo mewn hydoddiant: $[Cr(H_2O)_6]^{3+}$. Mae'r ïonau hydradol yn asidig ac yn ymddwyn mewn modd tebyg iawn i ïonau alwminiwm(III).

Wrth dynnu protonau olynol o'r ïon cromiwm(III) hydradol, $[Cr(H_2O)_6]^{3+}$, ffurfir cymhlygyn niwtral, $[Cr(H_2O)_3(OH)_3]$, sydd ond ychydig yn hydawdd ac yn dyddodi. Wrth dynnu mwy o brotonau cynhyrchir ïon negatif, $[Cr(OH)_6]^{3-}$ a bydd y cyfansoddyn ïonig yn ailhydoddi. Mae hyn yn bosib oherwydd nerth polareiddio uchel yr ïonau cromiwm bychain, sydd â gwefr fawr.

O dan amodau alcalïaidd bydd hydrogen perocsid yn ocsidio cromiwm(III) yn gromiwm(VI).

$$H_2O_2(d) + 2e^- \longrightarrow 2OH^-(h)$$

Bydd sinc yn rhydwytho hydoddiant gwyrdd o ïonau cromiwm(III) yn hydoddiant glas o ïonau cromiwm(II). Mae cromiwm(II) yn gyfrwng rhydwytho nerthol ac fe'i trawsnewidir yn gyflym yn gromiwm(III) gan ocsigen yn yr aer.

Manganîs

Metel bloc-d caled, llwyd, brau â'r ffurfwedd electronau $[Ar]3d^54s^2$ yw manganîs.

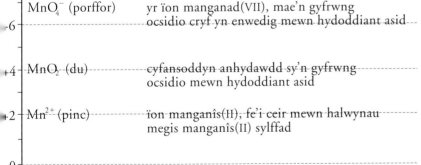

MnO_4^- (porffor)	yr ïon manganad(VII), mae'n gyfrwng ocsidio cryf yn enwedig mewn hydoddiant asid	+6
MnO_2 (du)	cyfansoddyn anhydawdd sy'n gyfrwng ocsidio mewn hydoddiant asid	+4
Mn^{2+} (pinc)	ïon manganîs(II), fe'i ceir mewn halwynau megis manganîs(II) sylffad	+2

Ffigur 3.12.5 ▲
Prif gyflyrau ocsidiad manganîs: $KMnO_4$, MnO_2 ac $MnSO_4$

Prawf i chi

4 Ysgrifennwch hafaliad ar gyfer ocsidiad ïonau haearn(II) yn haearn(III) gan ïonau deucromad(VI) mewn hydoddiant asid.

5 Rhowch enghraifft o ddefnyddio deucromad(VI) fel cyfrwng ocsidio mewn cemeg organig.

6 Esboniwch pam y defnyddir papur wedi'i wlychu mewn hydoddiant deucromad(VI) yn y prawf ar gyfer nwy sylffwr deuocsid.

Cemeg Anorganig

Adran tri

Diffiniad

Adwaith dadgyfraniad
yw adwaith lle mae un
elfen yn cynyddu ac yn
gostwng ei rhif ocsidiad.

Mae potasiwm manganad(VII) yn cynnwys grisialau du-lwyd. Fe'i defnyddir fel cyfrwng ocsidio nerthol. Mae potasiwm manganad(VII) yn adweithydd pwysig mewn titradiadau rhydocs gan ei fod yn ocsidio nifer o gyfryngau rhydwytho o dan amodau asid. Mae'r adweithiau'n mynd yn unol â'r hafaliadau sy'n golygu eu bod yn addas ar gyfer gwaith meintiol.

$$MnO_4^-(d) + 8H^+(d) + 5e^- \longrightarrow Mn^{2+}(d) + 4H_2O(h)$$

O dan amodau arbennig mae hefyd yn bosib cynhyrchu hydoddiannau ag ïonau manganîs(III) coch neu ïonau manganad(VI) gwyrdd. Mae manganad(VI) yn sefydlog mewn hydoddiant alcalïaidd ond bydd yn dadgyfrannu'n fanganad(VII) a manganîs(IV) ocsid wrth ychwanegu asid.

Mae manganîs(IV) ocsid yn gatalydd ar gyfer dadelfeniad hydoddiannau o hydrogen perocsid. Bydd hydrogen perocsid yn dadelfennu'n araf wrth sefyll mewn tywyllwch, ond tipyn yn gynt ym mhresenoldeb catalydd. Dyma adwaith dadgyfrannu arall gydag ocsigen yn cychwyn yn y cyflwr –1 ac yn diweddu yn y cyflyrau –2 a 0. Mae hydrogen perocsid yn ocsidio a hefyd yn rhydwytho ei hun.

$$2H_2O_2(d) \longrightarrow 2H_2O(h) + O_2(n)$$

Prawf i chi

7 a) Ysgrifennwch yr hafaliad cytbwys ar gyfer ocsidiad hydrogen perocsid gan botasiwm manganad(VII) i roi ocsigen.

b) Pam nad oes angen dangosydd ar gyfer titradiad manganad(VII)?

c) Cyfrifwch grynodiad hydoddiant o hydrogen perocsid o wybod bod y titr yn 28.5 cm³ wrth ditradu gyda 25 cm³ o botasiwm manganad(VII) 0.020 mol dm⁻³.

8 Ysgrifennwch hafaliad cytbwys ar gyfer dadgyfraniad ïonau manganad(VI) gwyrdd, MnO_4^{2-}, mewn asid.

9 Wrth ychwanegu sodiwm hydrocsid dyfrllyd at hydoddiant o ïonau manganîs(II) cynhyrchir dyddodiad llwydwyn sy'n troi'n frown yn raddol mewn aer. Beth yw'r newidiadau cemegol y tu ôl i'r arsylwadau hyn?

Ffigur 3.12.6 ▲
*Hydoddiannau'n cynnwys
haearn yn y cyflyrau +2 a +3*

Diffiniad

Duroedd yw aloiau haearn
gyda charbon neu fetelau
eraill. Mae dur meddal yn
cynnwys oddeutu 0.2 y
cant carbon. Mae duroedd
aloi yn cynnwys haearn
gyda symiau bychain o
garbon ynghyd â hyd at
50% o un neu ragor o'r
metelau hyn: alwminiwm,
cromiwm, cobalt, manganîs,
molybdenwm, nicel,
titaniwm, twngsten a
fanadiwm.

Haearn *CD-ROM*

Mae haearn yn fetel bloc-d arall sy'n arddangos ymddygiad nodweddiadol y metelau trosiannol. Ei ffurfwedd electronau yw: $[Ar]3d^64s^2$.

Gall haearn fodoli mewn mwy nag un cyflwr ocsidiad. Bydd haearn yn hydoddi mewn asidau gwanedig i ffurfio halwynau haearn(II). Mae'r ïon haearn(II) dyfrllyd yn wyrdd golau. Bydd cyfryngau ocsidio, gan gynnwys ocsigen yn yr aer, clorin neu botasiwm manganad(VII), i gyd yn ocsidio haearn(II) yn haearn(III). Mae'r ïon haearn(III) dyfrllyd yn felyn.

$$Fe^{2+}(d) \longrightarrow Fe^{3+}(d) + e^-$$

Mae ïonau haearn yn ffurfio amrywiaeth o gymhlygion yn y cyflwr +2 ac yn y cyflwr +3. Mae cymhlygyn hecsaacwo yr ïon haearn(III), $Fe(H_2O)_6^{3+}$, yn asidig mewn hydoddiant am yr un rheswm ag y mae'r ïonau alwminiwm(III) a chromiwm(III) yn asidig (gweler tudalen 91). Mae'r ïon haearn(III) hydradol yn ddigon asidig i adweithio gydag ïonau carbonad i ffurfio carbon deuocsid.

Wrth ychwanegu sodiwm hydrocsid dyfrllyd at hydoddiannau o halwynau haearn, cynhyrchir dyddodion sydd o gymorth wrth geisio gwahaniaethu rhwng cyfansoddion haearn(II) a haearn(III). Bydd haearn(II) hydrocsid yn ymddangos fel dyddodiad gwyrdd tra bo haearn(III) hydrocsid yn lliw browngoch rhydlyd.

Mae hydoddiant gwanedig o ïonau thiocyanad, SCN^-, yn brawf sensitif am ïonau haearn(III). Bydd yr hydoddiant yn troi'n lliw coch dwfn, fel lliw gwaed, o ganlyniad i ffurfiant cymhlygion haearn megis $[Fe(H_2O)_5(SCN)]^{2+}$. Bydd y ligand SCN^- yn cymryd lle moleciwl dŵr yn y cymhlygyn acwo.

Mae $[Fe(C_2O_4)_3]^{3-}$ yn enghraifft o gymhlygyn haearn(III) gyda ligand deuddeintiog. Yr ïon ethandeuoad yw'r ligand.

10 Dangoswch sut mae adweithiau dadbrotonu yn arwain at ffurfiant haearn(III) hydrocsid wrth ychwanegu sodiwm hydrocsid at hydoddiant o ïonau haearn(III) hydradol.

11 Awgrymwch reswm pam mae hydoddiant o ïonau haearn(III) hydradol yn fwy asidig na hydoddiant o ïonau haearn(II) hydradol.

12 Esboniwch pam ei bod hi'n bosib dyddodi carbonad anhydawdd o hydoddiant o ïonau haearn(II) ond nid yw hyn yn bosib o hydoddiant o ïonau haearn(III).

13 Ysgrifennwch hafaliad ar gyfer yr adwaith cyfnewid ligandau rhwng ïonau haearn(III) hydradol ac ïonau thiocyanad.

14 Dangoswch fod y mecanwaith a awgrymir ar gyfer defnyddio ïonau haern(III) i gatalyddu ocsidiad ïonau ïodid gan ïonau perocsodeusylffad(VI) yn gyson â'r potensialau electrod ar gyfer yr hanner hafaliadau priodol (gweler tudalennau 249–250).

15 Rhowch enghraifft o fetel haearn yn gweithredu fel catalydd heterogenaidd mewn proses ddiwydiannol.

16 Lluniwch dabl crynodeb i ddangos bod haearn yn arddangos holl briodweddau nodweddiadol elfennau trosiannol.

Ffigur 3.12.7 ▲
Gellir defnyddio papur hidlo wedi'i drochi mewn hydoddiant cobalt(II) clorid pinc a'i sychu mewn ffwrn nes ei fod yn las i brofi am ddŵr

Cobalt

Metel bloc-d caled, lliw arian yw cobalt ac mae'n llai adweithiol na haearn. Mae ganddo'r ffurfwedd electronau [Ar]$3d^74s^2$.

Mae cobalt yn gynhwysyn mewn duroedd aloi, gan gynnwys yr aloi fferomagnetig Alnico a ddefnyddir i wneud magnetau parhaol.

Mewn hydoddiant bydd cobalt yn ffurfio ïonau yn y cyflyrau ocsidiad +2 a +3. Cobalt(II) yw'r cyflwr mwyaf sefydlog. Mae cobalt(II) clorid yn las, ond bydd yn troi'n binc os ychwanegir dŵr wrth i'r ïonau cobalt gael eu hydradu i'r ïon $[Co(H_2O)_6]^{2+}$.

Mae hydoddiant gwanedig o gobalt(II) clorid yn binc gan fod yr ïonau cobalt(II) yn hydradol. Mae hydoddiant crynodedig o'r halwyn yn las. Bydd hydoddiant gwanedig hefyd yn troi'n las wrth ychwanegu asid hydroclorig crynodedig. Mae'r newid lliw yn ganlyniad i adwaith cyfnewid ligandau. Bydd ïonau clorid yn cymryd lle'r moleciwlau dŵr. Mae'r adwaith yn gildroadwy.

$$[Co(H_2O)_6]^{2+}(d) + 4Cl^-(d) \rightleftharpoons [CoCl_4]^{2-}(d) + 6H_2O(h)$$

Gorchwyl anodd iawn yw ocsidio cobalt(II) dyfrllyd yn gobalt(III) dyfrllyd fel arfer, ond mae'r adwaith yn barod iawn i ddigwydd os yw'r ïonau cobalt(II) wedi'u cymhlygu â moleciwlau amonia. Mae'r cymhlygyn Co(III) gydag amonia yn fwy sefydlog na'r cymhlygyn Co(II). Mae gwerth y potensial electrod safonol yn dangos bod Co(III) hydradol yn gyfrwng ocsidio cryfach na photasiwm manganad(VII) mewn hydoddiant asid.

$$[Co(H_2O)_6]^{3+}(d) + e^- \rightleftharpoons [Co(H_2O)_6]^{2+}(d) \qquad E^\ominus = +1.82 \text{ V}$$

Pan fydd y ddau gyflwr wedi'u cymhlygu gydag amonia bydd y potensial electrod safonol yn syflyd tuag at werth sy'n dangos bod y cyflwr Co(III) dipyn yn fwy sefydlog. Mae cobalt(II) yn gyfrwng rhydwytho erbyn hyn a gellir ei ocsidio'n Co(III) gan ocsigen neu hydrogen perocsid.

$$[Co(NH_3)_6]^{3+}(d) + e^- \rightleftharpoons [Co(NH_3)_6]^{2+}(d) \qquad E^\ominus = +0.10 \text{ V}$$

$$H_2O_2(d) + 2H^+(d) + 2e^- \rightleftharpoons 2H_2O(h) \qquad E^\ominus = +1.77 \text{ V}$$

17 Esboniwch sylfaen cemegol y prawf a ddangosir yn ffigur 3.12.7.

18 Esboniwch pam mae lliw hydoddiant gwanedig o gobalt(II) clorid yn newid wrth gynyddu crynodiad yr ïonau clorid drwy ychwanegu asid hydroclorig crynodedig.

19 Dangoswch fod y potensialau electrod safonol yn adlewyrchu sefydlogrwydd uwch y cyflwr +3 o'i gymharu â'r cyflwr +2 pan gaiff ïonau cobalt eu cymhlygu â moleciwlau amonia.

Ffigur 3.12.8 ▲
Hydoddiant o nicel(II) sylffad

Nicel

Metel bloc-d caled, lliw llwyd, sgleiniog yw nicel gyda'r ffurfwedd electronau $[Ar]3d^84s^2$. Mae nicel yn gymharol anadweithiol, felly caiff ei ddefnyddio i wneud sbatwlâu a chrwsiblau. Mae nicel yn gynhwysyn mewn nifer o aloiau gan gynnwys rhai aloiau dur a'r aloi fferomagnetig Alnico mewn magnetau parhaol.

+2 yw cyflwr ocsidiad cyffredin nicel. Mae halwynau nicel(II), megis y sylffad $NiSO_4$, yn wyrdd. Ni fydd cyflyrau ocsidiad eraill yn bodoli ond o dan amgylchiadau arbennig.

Copr

Mae copr yn fetel hydrin ac iddo'r lliw copr cyfarwydd. Mae ganddo'r ffurfwedd electronau $[Ar]3d^{10}4s^1$. Mae'r ffurfwedd electronau hon yn eithriad i'r patrwm $[Ar]3d^x4s^2$ normal ar gyfer y gyfres o elfennau bloc-d. Yn egnïol, mae'n fwy ffafriol i hanner llenwi neu lenwi'r is-blisgyn-d a gadael un electron yn y 4s.

Mae copr yn gymharol anadweithiol. Bydd yn cyrydu'n araf dros ben mewn aer llaith. Ni fydd asidau anocsidiol gwanedig yn ymosod arno. Mae copr hefyd yn ddargludydd trydan da. Defnyddir y metel yn helaeth mewn ceblau trydan ac ar gyfer pibellau dŵr yn y cartref. Gellir gwella priodweddau mecanyddol copr trwy ffurfio aloiau megis pres ac efydd.

Mae copr yn ffurfio cyfansoddion yn y cyflyrau +1 a +2. O dan amodau normal copr(II) yw'r cyflwr sefydlog mewn hydoddiant dyfrllyd. Bydd copr(I) yn dadgyfrannu mewn hydoddiant dyfrllyd. Felly pan fydd Cu_2O yn hydoddi mewn asid sylffwrig gwanedig, copr(II) sylffad a chopr fydd y cynhyrchion.

$$2Cu^+(d) \rightleftharpoons Cu^{2+}(d) + Cu(s)$$

Mae'r ecwilibriwm yn gorwedd ymhell i'r dde. Ym mhresenoldeb dŵr gall copr(I) fodoli ar ffurf cyfansoddion anhydawdd iawn megis Cu_2O, CuI neu CuCl. Bydd ïonau ïodid, er enghraifft, yn rhydwytho copr(II) yn ïonau copr(I) a fydd yn dyddodi ar unwaith gyda mwy o ïonau ïodid ar ffurf copr(I) ïodid gwyn.

$$2Cu^{2+}(d) + 4I^-(d) \longrightarrow 2CuI(s) + I_2(s)$$

Gall copr(I) fodoli mewn hydoddiant dyfrllyd ar ffurf cymhlygion sefydlog megis $[Cu(NH_3)_2]^+$ neu $[Cu(CN)_4]^{3-}$.

Mae adweithydd Fehling yn cynnwys cymhlygyn copr(II) glas tywyll mewn alcali. Defnyddir yr adweithydd i wahaniaethu rhwng aldehydau a chetonau. Bydd aldehyd yn rhydwytho'r adweithydd, o'i boethi, yn gopr(I) ocsid. Bydd y lliw glas yn troi'n wyrdd yn gyntaf cyn diflannu wrth i ddyddodiad browngoch ffurfio (gweler Ffigur 4.7.13 ar dudalen 175).

Adolygu

Bydd y canllaw hwn yn eich helpu i drefnu eich nodiadau a'ch gwaith adolygu. Gwiriwch y termau a'r pynciau yn erbyn y fanyleb rydych yn ei hastudio. Efallai na fydd angen i chi astudio pob pwnc ar gyfer eich cwrs.

Termau allweddol

Dangoswch eich bod yn deall y termau hyn drwy roi enghreifftiau. Efallai y gallech ysgrifennu'r term allweddol ar un ochr i gerdyn mynegai ac yna ysgrifennu ystyr y term ac enghraifft ohono ar yr ochr arall. Gwaith hawdd wedyn fydd rhoi prawf ar eich gwybodaeth wrth adolygu. Neu gallech ddefnyddio cronfa ddata ar gyfrifiadur, gyda meysydd ar gyfer y term allweddol, y diffiniad a'r enghraifft. Rhowch brawf ar eich gwybodaeth trwy ddefnyddio adroddiadau sy'n dangos dim ond un maes ar y tro.

- Ocsid asidig
- Ocsid basig
- Ocsid amffoterig
- Hydrolysis
- Protoniad a dadbrotoniad
- Effaith pâr anadweithiol (pâr unig)
- Elfen bloc-d
- Elfen drosiannol
- Ligand
- Rhif cyd-drefniant

- Ligand undeintiog
- Ligand deuddeintiog
- Ligand hecsadeintiog
- Celad
- Amnewid ligandau
- Nerth polareiddio
- Catalydd heterogenaidd
- Catalydd homogenaidd
- Awtogatalysis
- Sbectrwm amsugniad

Symbolau a chonfensiynau

Gwnewch yn siŵr eich bod yn deall y confensiynau y bydd cemegwyr yn eu defnyddio wrth weithio gyda meintiau ffisegol ac ysgrifennu hafaliadau. Cofiwch roi enghreifftiau yn eich nodiadau.

- Defnyddio 'saethau mewn blychau' i gynrychioli ffurfwedd electronau atomau ac ïonau elfennau bloc-d.
- Y gwahaniaeth, yn ôl cemegwyr, rhwng elfennau bloc-d ac elfennau trosiannol ar sail ffurfwedd electronau.
- Rheolau ar gyfer enwi ïonau cymhlyg.
- Dulliau diagramatig o gynrychioli siapiau ïonau cymhlyg.
- Defnyddio rhifau ocsidiad wrth gydbwyso hafaliadau rhydocs.

Ffeithiau, patrymau ac egwyddorion

Defnyddiwch dablau, siartiau, mapiau cysyniadau neu fapiau meddwl i grynhoi syniadau allweddol. Ychwanegwch dipyn o liw at eich nodiadau yma ac acw i'w gwneud yn fwy cofiadwy.

- Yr amrywiad ar draws cyfnod 3 ym mhriodweddau cemegol yr elfennau, fel y dangosir gan eu hadweithiau gydag ocsigen, clorin a dŵr.
- Priodweddau ocsidau'r elfennau yng nghyfnod 3 a dadansoddiad o'r priodweddau hyn yn nhermau adeiledd a bondio.
- Priodweddau cloridau'r elfennau yng ngyfnod 3 a dadansoddiad o'r priodweddau hyn yn nhermau adeiledd a bondio.
- Y tebygrwydd a'r tueddiadau ym mhriodweddau'r elfennau, ocsidau a chloridau yng ngrŵp 4.
- Priodweddau nodweddiadol elfennau trosiannol, fel y dangosir gan enghreifftiau o elfennau penodol.

Cemeg Anorganig

Adran tri

■ Cemeg ïonau cymhlyg gan gynnwys eu fformiwlâu, siapiau ac adweithiau amnewid ligandau.

■ Dadansoddiad o gemeg rhai elfennau a chyfansoddion bloc-d yn nhermau ffurfwedd electronau.

■ Ymddygiad yr ïonau metel hydradol mewn hydoddiant ac yn arbennig eu hadweithiau gydag alcalïau.

Rhagfynegiadau

■ Rhagfynegi lliw ïon cymhlyg metel trosiannol o weld ei sbectrwm amsugniad.

■ Defnyddio potensialau electrod safonol i ragfynegi cyfeiriad disgwyliedig y newid ar gyfer adweithiau sy'n cynnwys ïonau metelau trosiannol.

Technegau yn y labordy

Defnyddiwch ddiagramau wedi'u labelu i ddangos a disgrifio'r prosesau ymarferol hyn.

■ Gwneud titradiad rhydocs gyda photasiwm manganad(VII).

■ Defnyddio titradiad i amcangyfrif crynodiad hydoddiant o gyfrwng ocsidio gyda photasiwm ïodid a sodiwm thiosylffad.

■ Defnyddio lliwfesurydd neu sbectromedr i bennu fformiwla ïon cymhlyg.

Cyfrifiadau

Rhowch eich datrysiadau enghreifftiol eich hun, gyda chymorth y cwestiynau 'Prawf i chi', neu gwestiynau arholiad, i ddangos y gallwch wneud cyfrifiadau i gyfrifo'r canlynol o ddata penodol.

■ Cyfrifiadau i ddadansoddi canlyniadau titradiadau er mwyn amcangyfrif crynodiad cyfryngau ocsidio neu rydwytho.

Cymwysiadau cemegol

Dewch o hyd i enghreifftiau i ddangos dibenion elfennau a chyfansoddion penodol.

■ Enghreifftiau o ddibenion ïonau cymhlyg.

■ Disgrifio ac esbonio enghreifftiau o ddibenion catalyddion homogenaidd a heterogenaidd.

Sgiliau allweddol
Cyfathrebu

Er mwyn darganfod ffynonellau a dibenion ïonau cymhlyg neu gatalyddion, bydd angen i chi ddethol a darllen gwybodaeth o ddewis o ffynonellau. Gallwch ddod â'r wybodaeth ynghyd ar ffurf adroddiad trefnus neu gyflwyniad wedi'i ddarlunio ar gyfer eraill. Wrth ysgrifennu adroddiad, gallwch gwrdd â gofynion sgiliau allweddol drwy gasglu gwybodaeth briodol a'i threfnu'n glir ac yn drefnus gan ddefnyddio geirfa arbenigol.

Technoleg gwybodaeth

Gall CD-ROMau a gwefannau fod yn ffynhonnell gyfoethog o ddata rhifiadol a gwybodaeth ddisgrifiadol ynghylch elfennau a'u cyfansoddion. Gallwch blotio gwerthoedd o gronfeydd data i ganfod patrymau yn y data.

Adran Pedwar
Cemeg Organig

Cynnwys

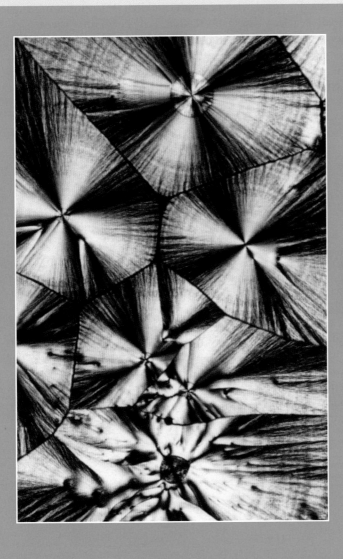

4.1 Cemeg organig ar waith

Rydym ni, ynghŷd â phob peth byw arall ar y Ddaear, yn seiliedig ar garbon. Mae awduron ffuglen wedi dyfalu ynghylch bywyd sy'n seiliedig ar elfennau eraill ers peth amser ond, hyd y gwyddom ni, gallu anhygoel carbon i ffurfio cadwyni, cadwyni canghennog a chylchoedd sy'n gwneud bywyd yn bosib. Rydym yn dibynnu ar gyfansoddion carbon am ein bwyd, byddwn yn llosgi cyfansoddion carbon yn danwyddau, ac mae nifer o'r defnyddiau modern a ddefnyddir yn ein cartrefi, a gaiff eu gwisgo ar ffurf dillad ac y dibynnir arnynt ar gyfer cludiant, yn gyfansoddion carbon synthetig.

Synthesis organig

Mae nifer o nodweddion bywyd modern yn ddibynnol ar sgiliau cemegwyr a'u gallu i syntheseiddio moleciwlau newydd, cymhleth. Moleciwlau organig yw'r lliwiau newydd ar gyfer y diwydiant ffasiwn. Felly hefyd nifer fawr o gyfansoddion a baratoir yn feunyddiol i'w profi fel cyffuriau posib i wella clefyd. Mae sgriniau ysgafn a thenau ar gyfer cyfrifiaduron yn dibynnu ar risialau hylif, sef cyfansoddion carbon y mae cemegwyr wedi eu cynhyrchu'n unswydd i effeithio ar oleuni ac ymateb i faes trydanol.

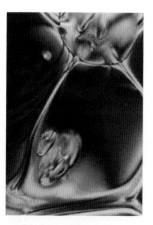

Ffigur 4.1.1 ▲
Llun o risialau hylif a dynnwyd trwy ficrosgop gyda golau polar. Defnyddir grisialau hylif mewn sgriniau cyfrifiaduron, cyfrifianellau a watsys digidol

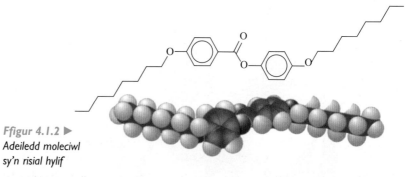

Ffigur 4.1.2 ▶
Adeiledd moleciwl sy'n risial hylif

Swydd cemegydd organig synthetig yw cychwyn ag adeiledd arfaethedig a dyfeisio dull ymarferol i'w baratoi o foleciwlau symlach. Amlygir maint y gorchwyl ac anawsterau posib syntheseiddio moleciwl cymhleth, gan synthesis enwog cloroffyl, a gwblhawyd yn 1959 ym Mhrifysgol Harvard gan dîm o ddau ar bymtheg o gemegwyr o dan arweiniad Robert Woodward. Pigment gwyrdd mewn planhigion yw cloroffyl, a dim ond yn 1940 y cynigiodd cemegydd enwog arall, Hans Fischer, adeiledd tebygol ar gyfer y moleciwl. Pan gychwynnodd Woodward a'i dîm ar y gwaith, doedden nhw ddim hyd yn oed yn sicr a oedd yr adeiledd arfaethedig yn gywir ai peidio.

Ffigur 4.1.3 ▶
Adeiledd cloroffyl

Cychwynnodd Woodward a'i dîm ar y gwaith yn 1956. Cynlluniwyd y project yn fanwl o'r cychwyn. Darllenodd y cemegwyr bob papur a adroddai ar astudiaethau blaenorol ar gloroffyl yn ofalus iawn er mwyn peidio â cholli unrhyw gliwiau am sut i'w syntheseiddio'n llwyddiannus. Aethant ati i dynnu ar eu dealltwriaeth o fecanweithiau adweithiau organig er mwyn rhagfynegi canlyniadau adweithiau, ac i awgrymu llwybrau tuag at ryngolion angenrheidiol. Byddai'r synthesis wedi bod yn amhosib heb y dulliau newydd o wahanu, puro ac enwi. Roedd yr amrywiaeth o dechnegau sbectrosgopeg yn hollbwysig i lwyddiant y fenter. Cyhoeddwyd y papur yn disgrifio'r synthesis llwyddiannus yn 1960, gan arwain at gam newydd yn yr ymchwil i ddeall yn well sut mae cloroffyl yn cyfrannu at brosesau ffotosynthesis.

Dadansoddi organig

Bydd cemegwyr yn defnyddio amrywiaeth o ddulliau ar gyfer dadansoddi ansoddol a hefyd dadansoddi meintiol, er mwyn enwi cyfansoddion organig a chanfod eu cyfansoddiad a'u hadeiledd. Yn draddodiadol, byddai profion cemegol yn helpu i adnabod grwpiau gweithredol mewn moleciwlau organig. Mewn labordy modern mae dadansoddi organig yn seiliedig ar amrywiaeth o dechnegau awtomataidd yn ogystal â defnyddio offer priodol, gan gynnwys dadansoddi hylosgiad, sbectromedreg màs, sbectrosgopeg isgoch, sbectrosgopeg uwchfioled a sbectrosgopeg cyseiniant magnetig niwclear.

Biocemeg

Mae cemeg organig yn perthyn yn agos i fiocemeg, sef astudiaeth newidiadau cemegol mewn organebau byw. Moleciwlau mawr megis carbohydradau, brasterau, proteinau ac asidau niwcleig yw nifer o'r cyfansoddion naturiol mewn celloedd byw.

Mae rhai adweithiau biocemegol yn cynnwys hydrolysis ac ocsidiad bwyd. Bydd eraill yn adeiladu moleciwlau bychain yn foleciwlau cymhleth sydd eu hangen ar gelloedd wrth iddynt dyfu. Mae'r adweithiau hyn i gyd yn dibynnu ar effaith catalytig anhygoel ensymau, sydd hefyd yn broteinau.

Mae technegau cemegwyr yn ymddangos yn fras ac yn drwsgl o'u cymharu â'r prosesau mewn celloedd byw. Efallai fod alcali berwedig, bromin hylifol a sodiwm metelig yn addas fel adweithyddion yn y labordy, ond maent yn difa bywyd. Felly mae cemegwyr wedi cenfigennu wrth alluoedd ensymau ers blynyddoedd. Diolch i astudiaeth o siapiau moleciwlaidd a mecanweithiau adweithiau organig, mae cemegwyr yn deall tipyn yn well sut mae ensymau yn gweithredu.

Yn ddiweddar mae cemegwyr wedi dysgu dylunio catalyddion sy'n seiliedig ar ïonau metelau trosiannol a chanddynt yr un priodweddau ag ensymau. Mae'r catalyddion newydd hyn yn gweithredu o dan amodau cymharol dyner, ac maen nhw dipyn yn fwy penodol na hen gatalyddion. Fel ensymau, mae i'r catalyddion hyn siâp tri-dimensiwn pendant a safle gweithredol lle bydd y newidiadau cemegol yn digwydd.

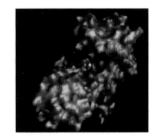

Ffigur 4.1.4 ▲
Llun cyfrifiadurol o ensym gyda moleciwl o glwcos wedi ei rwymo wrth y safle gweithredol. Protein sy'n catalyddu trawsnewidiad glwcos yn glwcos-6-ffosffad yw'r ensym

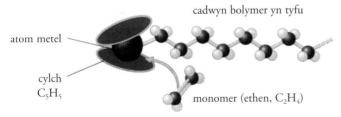

cadwyn bolymer yn tyfu

atom metel

cylch C₅H₅

monomer (ethen, C_2H_4)

Ffigur 4.1.5 ▲
Polymeriad ethen trwy ddefnyddio catalydd metelocen. Bydd moleciwlau o ethen yn adio at y gadwyn bob yn un wrth y safle gweithredol gan beri iddi dyfu

Rhaid i gemegwyr organig wybod fformiwla ac adeiledd cyfansoddyn cyn y gallant egluro ei gemeg neu ddyfeisio dull i'w syntheseiddio. O ganlyniad i ddulliau dadansoddi modern, mae gan gemegwyr ddewis eang o dechnegau ar gyfer archwilio adeileddau cemegol. **CD-ROM**

Fformiwlâu cyfansoddion organig
Fformiwlâu empirig

Darganfod fformiwla symlaf cyfansoddyn yw'r cam cyntaf wrth geisio deall ei gemeg. Y dull arferol o ddod o hyd i fformiwla empirig cyfansoddyn organig sy'n cynnwys carbon, hydrogen ac, o bosib, ocsigen, yw trwy losgi sampl wedi'i fesur a phennu masau'r carbon deuocsid a'r dŵr sy'n ffurfio. Mae'n bosib, o hyn, cyfrifo masau'r elfennau carbon a hydrogen yn y sampl, ac felly'r fformiwla empirig.

Mae fformiwla empirig cyfansoddyn yn rhoi cymhareb symlaf nifer pob atom yn y cyfansoddyn. Mae'r fformiwla foleciwlaidd yn fwy diddorol gan ei bod yn dangos nifer yr atomau o bob elfen sydd mewn moleciwl o'r cyfansoddyn. Er mwyn cael y fformiwla foleciwlaidd o'r fformiwla empirig, does ond angen màs molar y cyfansoddyn. Gellir cael hwn o sbectrwm màs y cyfansoddyn (gweler tudalennau 226–229).

Fformiwlâu moleciwlaidd

Mae'r fformiwla foleciwlaidd bob amser yn luosrif syml o'r fformiwla empirig. Er enghraifft, mae gan fensen y fformiwla empirig CH a'r fformiwla foleciwlaidd C_6H_6.

Ffigur 4.2.1 ▶
Fformiwlâu empirig, moleciwlaidd, adeileddol a graffig ar gyfer cylchohecsen

C_3H_5
fformiwla
empirig

C_6H_{10}
fformiwla
foleciwlaidd

fformiwla
adeileddol

fformiwla
graffig

Prawf i chi D

1 Fformiwla empirig cynhwysyn mewn gwrthrewydd yw CH_3O, ac mae ganddo fàs moleciwlaidd cymharol o 62. Beth yw fformiwla foleciwlaidd y cyfansoddyn?

2 Dewch o hyd i fformiwlâu empirig a moleciwlaidd asid amino sydd â'r cyfansoddiad 32.12% carbon, 6.71% hydrogen, 42.58% ocsigen ac 18.59% nitrogen. Màs moleciwlaidd cymharol y cyfansoddyn yw 75.

3 Cynhyrchwyd 0.651 g o garbon deuocsid a 0.134 g o ddŵr wrth hylosgi 0.667 g o asid organig grisialog yn llwyr. Màs molar yr asid yw 90. Beth yw fformiwlâu empirig a moleciwlaidd yr asid? Awgrymwch adeiledd ac enw i'r asid.

Fformiwlâu adeileddol

Mae fformiwla adeileddol moleciwl yn dangos sut mae'r atomau wedi cysylltu â'i gilydd. O wybod fformiwla foleciwlaidd cyfansoddyn organig, ac o wybod ychydig am ei adweithiau, mae'n aml yn bosib awgrymu adeileddau posib o dybio bod atomau'n ffurfio nifer y bondiau cofalent a ddangosir yn Ffigur 4.2.2. Bydd cemegwyr yn defnyddio amrywiaeth o ddulliau sbectrosgopeg i ddod o hyd i'r gwir adeiledd (gweler adran 4.20).

◀ *Ffigur 4.2.2*

Elfen	Nifer y bondiau
carbon, C	4
hydrogen, H	1
ocsigen, O	2
nitrogen, N	3
sylffwr, S	2
halogenau, F, Cl, Br neu I	1

Weithiau, does dim ond angen dangos fformiwlâu adeileddol ar ffurf gryno, megis $CH_3CH_2CH_2CH=CHCH_3$ ar gyfer hecs-2-en.

Yn aml mae'n fwy eglur i ysgrifennu'r fformiwla adeileddol lawn gan ddangos pob atom a phob bond. Gelwir y math hwn o fformiwla hefyd yn fformiwla arddangos.

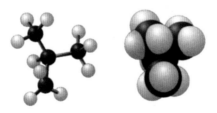

◀ *Ffigur 4.2.3*
Fformiwla arddangos a fformiwla ysgerbydol ar gyfer hecs-2-en. Nid yw'r fformiwlâu'n dangos y gwir siâp mewn tri dimensiwn o'u lluniadu fel hyn

Mae cemegwyr wedi dyfeisio dull llaw fer defnyddiol i ddangos adeiledd moleciwlau mwy cymhleth. Mae angen astudio'r fformiwlâu ysgerbydol hyn yn ofalus gan nad ydynt ond yn cynrychioli rhan hydrocarbon y moleciwl gyda llinellau ar gyfer y bondiau rhwng atomau carbon, ac yn gadael allan y symbolau ar gyfer yr atomau carbon a hydrogen.

Yn aml mae'n bwysig deall siâp tri dimensiwn y moleciwlau. Bydd cemegwyr yn defnyddio amrywiaeth o fodelau gan gynnwys modelau cyfrifiadurol i astudio sut y bydd moleciwlau'n rhyngweithio mewn tri dimensiwn.

◀ *Ffigur 4.2.4*
Modelau pêl a ffon a llenwi gofod ar gyfer hydrocarbon

Prawf i chi

4 Dewch o hyd i fformiwlâu empirig, moleciwlaidd, adeileddol, arddangos ac ysgerbydol yr hydrocarbon yn Ffigur 4.2.4. Beth yw enw'r hydrocarbon?

Hydrocarbonau

Cyfansoddion o garbon a hydrogen yn unig yw hydrocarbonau. Maent yn bwysig iawn yn ymarferol gan eu bod yn ffurfio'r rhan fwyaf o'r tanwyddau rydym yn eu llosgi. Dyma hefyd brif ddefnydd crai'r diwydiant cemegol.

Ffigur 4.2.5 ▶
Dosbarthu hydrocarbonau

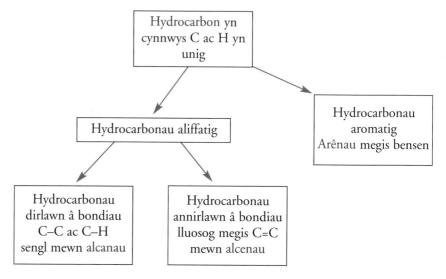

Mae enwau systematig cyfansoddion organig wedi'u seilio ar enw'r rhiant-hydrocarbon sydd â'r un nifer o atomau carbon yn yr un drefn.

Grwpiau gweithredol

Grŵp gweithredol yw'r atom neu'r atomau sy'n rhoddi i gyfres o gyfansoddion organig ei phriodweddau nodweddiadol. Bydd cemegwyr yn aml yn ystyried moleciwl organig fel ysgerbwd hydrocarbon gydag un neu fwy o grwpiau gweithredol yn lle atomau hydrogen.

Grŵp gweithredol moleciwl sy'n gyfrifol am y rhan fwyaf o'i adweithiau. Mae bondiau carbon-carbon a charbon-hydrogen yn gryf ac yn amholar, ac felly'n anadweithiol tuag at y rhan fwyaf o adweithyddion cyffredin.

Ffigur 4.2.6 ▶
Adeiledd y steroid cortison, wedi'i labelu i ddangos y grwpiau gweithredol adweithiol a hefyd yr ysgerbwd hydrocarbon. Ni fydd yr ysgerbwd carbon yn newid yn ystod y mwyafrif o adweithiau cortison

Grŵp gweithredol	Grŵp	Enghraifft
alcohol	—OH	propan-1-ol, $CH_3CH_2CH_2OH$
aldehyd	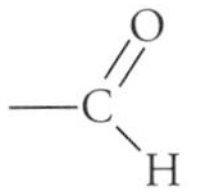 (grŵp —CHO)	propanal, CH_3CH_2CHO
ceton	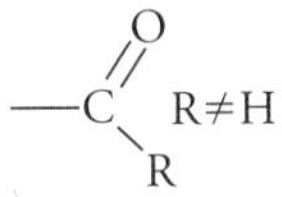 (grŵp —CO—, R≠H)	propanon, CH_3COCH_3
asid carbocsylig	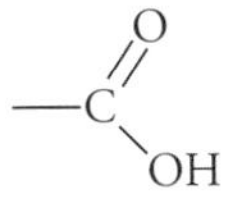 (grŵp —COOH)	asid propanoig, $CH_3CH_2CO_2H$
ester	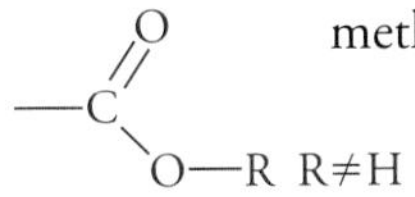 (grŵp —CO—O—R, R≠H)	methyl propanoad, $CH_3CH_2CO_2CH_3$
halogenoalcan	—X, X=Cl,Br, I	1-bromopropan, $CH_3CH_2CH_2Br$
amin	—NH_2	propylamin, $CH_3CH_2CH_2NH_2$

◀ *Ffigur 4.2.7*
Detholiad o grwpiau gweithredol mewn moleciwlau organig

Cemeg Organig

Adran pedwar

Prawf i chi

5 Enwch bob un o'r cyfansoddion hyn:

a)

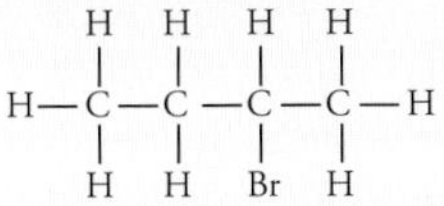

b)

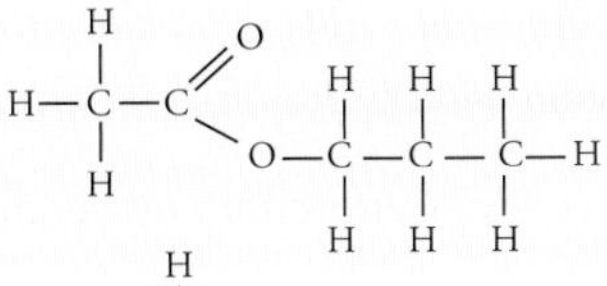

c)

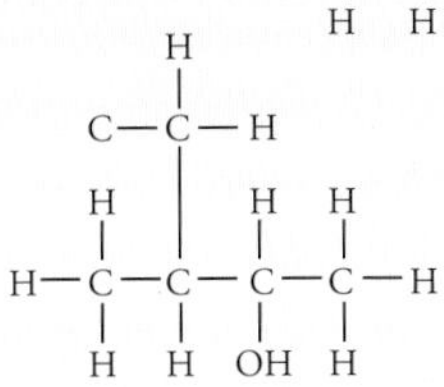

ch)

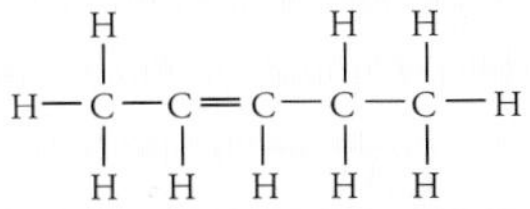

6 Mae resbiradaeth anaerobig mewn celloedd cyhyr yn dadelfennu glwcos yn gyfansoddion symlach gan gynnwys y ddau foleciwl isod. Enwch y grwpiau gweithredol yn y moleciwlau hyn.
   a) $CH_2OH-CHOH-CHO$
   b) $CH_3-CO-CO_2H$

7 Moleciwlau negesydd a gynhyrchir gan bryfed i ddenu cymar neu roi rhybudd yw fferomonau. Enwch y grwpiau gweithredol yn y fferomon hwn a gynhyrchir gan wenyn.

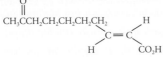

Diffiniad

Mae **cyfres homologaidd** yn cynnwys cyfansoddion organig sy'n perthyn yn agos. Mae gan y cyfansoddion mewn grŵp homologaidd yr un grŵp gweithredol, a gellir defnyddio fformiwla gyffredinol i'w disgrifio. Mae gwahaniaeth o CH_2 rhwng fformiwla un aelod o'r gyfres a'r nesaf.

145

Isomeredd adeileddol

Cyfansoddion a chanddynt yr un fformiwla foleciwlaidd ond gwahanol adeileddau yw isomerau. Mae nifer ac amrywiaeth yr isomerau yn ychwanegu at nifer y cyfansoddion carbon.

Mae tri phrif fath o isomeredd adeileddol.

■ Isomerau cadwyn lle mae cadwyn yr atomau carbon wedi'i threfnu mewn gwahanol ffyrdd.

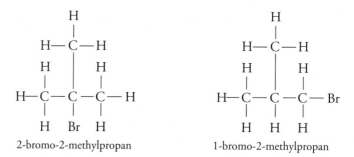

2,2-deumethylpropan

pentan

■ Isomerau safle lle mae'r grŵp gweithredol mewn gwahanol safleoedd.

2-bromo-2-methylpropan   1-bromo-2-methylpropan

■ Isomeredd grŵp gweithredol lle mae'r grwpiau gweithredol nodweddiadol yn wahanol.

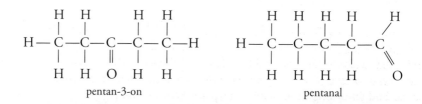

pentan-3-on   pentanal

Prawf i chi

8 Lluniwch adeileddau ac enwch isomerau cadwyn 2,2-deumethylbwtan.

9 Lluniwch adeileddau ac enwch ddau isomer safle 1-bromopentan.

10 Lluniwch adeileddau ac enwch ddau isomer grŵp gweithredol sydd â'r fformiwla C_4H_8O.

11 Mae gan dri isomer y fformiwla C_5H_{12}. Eu berwbwyntiau yw: 10°C, 28°C a 36°C. Lluniwch adeileddau'r tri chyfansoddyn a nodwch pa adeiledd sydd â pha ferwbwynt.

4.3 Stereocemeg

Astudio isomeredd a berodd i gemegwyr ddechrau ystyried moleciwlau mewn tri dimensiwn. Roedd hwn yn gam hanfodol yn natblygiad ein dealltwriaeth o adweithiau cemegol mewn pethau byw. Asudiaeth o siapiau moleciwlau ac effaith siâp ar briodweddau cemegol yw stereocemeg. Mae'n ymddangos bod arogl a blas yn dibynnu ar siâp moleciwlau. Ar un ffurf, er enghraifft, mae'r hydrocarbon limonen ag arogl fel orennau, ond ar ffurf arall mae ganddo arogl fel lemonau. Gall siâp moleciwlau newid effeithiau ffisiolegol cyffuriau ychydig hefyd.

CD-ROM

Mae stereoisomerau yn gyfansoddion ar wahân. Mae ganddynt yr un fformiwla foleciwlaidd a fformiwla adeileddol, ond mae eu siapiau tri-dimensiwn yn wahanol. Mae dau fath o stereoisomeredd: isomeredd geometrig ac isomeredd optegol.

Isomeredd geometrig

Mae'n bosib i alcenau a chyfansoddion eraill sy'n cynnwys bond C=C dwbl feddu ar isomerau geometrig gan nad oes unrhyw gylchdroi o amgylch y bond dwbl. Caiff yr isomerau eu labelu yn *cis* a *trans*. Yn yr isomer *cis*, mae grwpiau gweithredol tebyg ar yr un ochr i'r bond dwbl. Yn yr isomer *trans* mae grwpiau gweithredol tebyg ar ochrau dirgroes i'r bond dwbl.

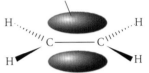

electronau mewn orbital-π yn ffurfio bond-π

Ffigur 4.3.1 ▲
Mae'r bond pi (π) mewn alcen yn atal cylchdroi o gwmpas y bond dwbl

cis-1,2-deubromoethen
ymd.bt –53°C, b.bt 110°C

trans-1,2-deubromoethen
ymd.bt –9°C, b.bt 108°C

Nodyn

Mae'r rhagddodiad 'trans' yn golygu 'ar draws', ac fe'i defnyddir i labelu ffurf trans pâr o isomerau geometrig.

Ffigur 4.3.2 ▲
Isomerau geometrig 1,2-deubromoethen. Maent yn gyfansoddion ar wahân a chanddynt ymdoddbwyntiau, berwbwyntiau a dwyseddau gwahanol

Mae'r gwyfyn sidan benywol yn secretu fferomon o'r enw bombycol. Mae'r moleciwl negesydd hwn yn denu gwyfynod gwrywol o'r un rhywogaeth yn gryf. Wedi dadansoddi, gwelwyd bod dau fond dwbl yn helpu i bennu siâp y cyfansoddyn. Mae gan gemegwyr ddiddordeb mewn fferomonau gan eu bod yn cynnig dewis arall yn lle plaleiddiaid i reoli pryfed dinistriol. Trwy osod sylweddau denu rhyw yn abwyd mewn trapiau pryfed mae'n bosib dal niferoedd mawr o bryfed cyn iddynt gyplu.

Ffigur 4.3.3a ▲
Gwyfynod sidan (gwryw ar y dde, benyw yn is i lawr) gydag wyau ar gocŵn

$$\overset{1}{HOCH_2}\overset{2}{CH_2}\overset{3}{CH_2}CH_2CH_2CH_2CH_2CH_2\overset{9}{CH_2}$$

trans ... *cis* ... $CH_2CH_2CH_3$

Ffigur 4.3.3b ▲
Y sylwedd denu rhyw bombycol, sef hecsadeca-trans,10-cis,12-deuen-1-ol

1 Pa rai o'r cyfansoddion hyn sydd ag isomerau geometrig: propen, bwt-1-en, bwt-2-en, 1,1-deucloroethen, 1,2-deucloroethen?

Mae golwg hefyd yn dibynnu ar isomeredd geometrig. Mae'r celloedd golau-sensitif yn retina'r llygad yn cynnwys pigmentau sy'n amsugno goleuni. Mae rhan o bob pigment yn foleciwl o'r enw retinal (Ffigur 4.3.4). Amsugnir y goleuni gan yr electronau yn un o'r bondiau dwbl. Mae'r egni o'r goleuni'n torri'r bond-π er mwyn i'r moleciwl fedru newid ei siâp o'r ffurf *cis* i'r ffurf *trans*. Mewn modd nas deallir hyd yn hyn, mae'r newid siâp hwn yn gychwyn ar gyfres o ddigwyddiadau moleciwlaidd sy'n anfon ysgogiad nerfol i'r ymennydd.

cis-retinal
(ffurf fwy sefydlog)

ffoton o
oleuni

Ffigur 4.3.4 ▶
Effaith goleuni ar retinal

trans-retinal i gyd
(y ffurf ysig)

Isomeredd optegol
Moleciwlau drych-ddelwedd
Mae gan bob moleciwl ddrych-ddelwedd. Fel rheol, gellir troi'r ddrych-ddelwedd o amgylch i ddangos ei bod yn unfath â'r moleciwl gwreiddiol. Weithiau, fodd bynnag, mae'r moleciwl a'i ddrych-ddelwedd ychydig yn wahanol. Ni ellir arosod y moleciwl ar ei ddrych-ddelwedd.

Dywedir bod moleciwl yn girol os na ellir, fel un o'ch dwylo chi, ei arosod ar ei ddrych-ddelwedd. Daw'r enw cirol o'r gair Groeg am law.

Ffigur 4.3.5 ▶

2 Enwch y gwrthrychau cirol yn ffigur 4.3.5.
3 Gyda chymorth modelau moleciwlaidd, penderfynwch pa rai o'r rhain sy'n foleciwlau cirol:
H_2O, NH_3, CH_4, CH_2Cl_2, CH_2ClBr, $CH_3CHClBr$, $CH_3CHOHCO_2H$.

Ciroledd a siâp moleciwlau

Mae moleciwlau cirol yn anghymesur. Mae hyn yn golygu bod ganddynt ffurfiau drych-ddelwedd sydd ddim yn unfath. Cyfansoddion organig sy'n cynnwys atom carbon mewn cysylltiad â phedwar gwahanol atom neu grŵp yw'r cyfansoddion cirol mwyaf cyffredin.

Cemeg Organig

Adran pedwar

Diffiniad

Moleciwlau anghymesur
Dyma foleciwlau heb ganolau, echelinau na phlanau cymesuredd. Mae molecwlau anghymesur yn girol a gallant fodoli ar ffurfiau drych-ddelwedd ar wahân. Mae unrhyw atom carbon a chanddo bedwar gwahanol grŵp neu atom ynghlwm wrtho yn anghymesur.

Nodyn

Mae gan gemegwyr gonfensiynau ar gyfer tynnu lluniau moleciwlau tri-dimensiwm ar bapur.

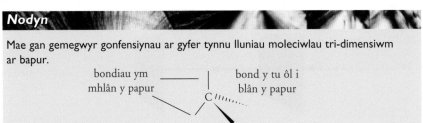

bondiau ym mhlân y papur ———— bond y tu ôl i blân y papur

bond o flaen plân y papur

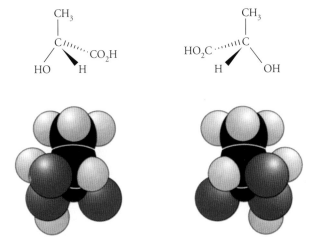

◀ **Ffigur 4.3.6**
Moleciwlau asid lactig, sy'n foleciwl cirol. Nid yw'n bosib arosod y moleciwlau drych-ddelwedd

Mae dwy ffurf cyfansoddyn megis asid lactig yn ymddwyn yn unfath mewn adweithiau cemegol arferol, ac mae eu prif briodweddau ffisegol hefyd yr un peth. Y gwahaniaeth yw eu heffaith ar olau polar. Dyma'r unig ffordd o wahaniaethu rhwng y ddwy ffurf. Felly fe'u gelwir gan gemegwyr yn isomerau optegol.

Isomeredd optegol a golau polar

Caiff paladr o oleuni ei bolareiddio wrth fynd trwy len o Bolaroid – y defnydd a ddefnyddir i wneud sbectol haul. Mewn golau polar, mae'r tonnau i gyd yn dirgrynu yn yr un plân.

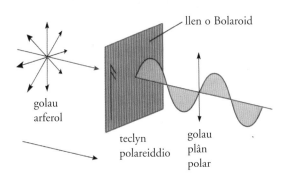

llen o Bolaroid

golau arferol

teclyn polareiddio

golau plân polar

◀ **Ffigur 4.3.7**
Golau arferol a golau polar

Ffigur 4.3.8 ▶

Effaith anfon goleuni trwy ddwy len o Bolaroid. Mae'r goleuni wedi'i bolareiddio ar ôl mynd trwy'r llen gyntaf. Bydd y paladr yn mynd trwy'r ail len os ydyw wedi'i alinio yn yr un ffordd â'r cyntaf. Ni fydd unrhyw olaeuni'n mynd trwodd os caiff yr ail len ei chylchdroi drwy 90°

Mae golau yn blân polar ar ôl iddo fynd trwy len o Bolaroid.

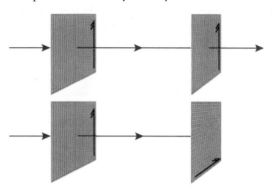

Wrth i olau polar fynd trwy hydoddiant o un ffurf yn unig o'r cyfansoddyn cirol, caiff plân y polareiddio ei gylchdroi. Bydd un isomer yn cylchdroi'r golau polar yn glocwedd (yr isomer +). Bydd yr isomer arall yn cylchdroi plân y golau polar i'r cyfeiriad dirgroes (yr isomer −). Er mwyn cael canlyniadau manwl gywir, bydd cemegwyr yn mesur y cylchdroadau gyda goleuni unlliw mewn teclyn o'r enw polarimedr.

Ffigur 4.3.9 ▶

Effaith anfon paladr o oleuni trwy hydoddiant o gyfansoddyn cirol. Mae'r goleuni yn cael ei bolareiddio gan y llen gyntaf. Wrth fynd trwy'r hydoddiant bydd plân y polareiddiad yn cylchdroi ychydig. Nawr rhaid troi'r ail len er mwyn caniatáu i'r golau polar fynd trwyddi

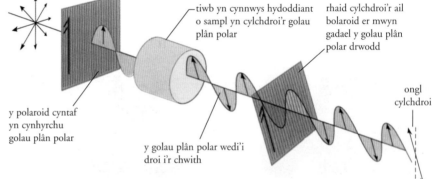

tiwb yn cynnwys hydoddiant o sampl yn cylchdroi'r golau plân polar

rhaid cylchdroi'r ail bolaroid er mwyn gadael y golau plân polar drwodd

ongl cylchdroi

y polaroid cyntaf yn cynhyrchu golau plân polar

y golau plân polar wedi'i droi i'r chwith

Diffiniadau

Isomerau optegol
Dyma ffurfiau drych-ddelwedd ar gyfansoddyn cirol. Mae un ffurf ddrych-ddelwedd yn cylchdroi plân golau polar i un cyfeiriad. Mae gan y ffurf arall effaith ddirgroes.

Bydd cemegwyr yn defnyddio'r term **enantiomer** i ddisgrifio'r moleciwlau drych-ddelwedd hyn sy'n isomerau optegol. Mae'r gair yn deillio o air Groeg am 'yn ddirgroes i'.

Cymysgedd racemig
Dyma gymysgedd o symiau cyfartal o ddwy ffurf ddrych-ddelwedd cyfansoddyn cirol. Ni fydd y cymysgedd yn cylchdroi golau polar oherwydd caiff y ddau isomer optegol effeithiau hafal ond dirgroes arno, gan ddiddymu ei gilydd.

Ciroledd a phethau byw

Mae synhwyrau dynol yn sensitif i siâp moleciwlau. Mae gan isomerau optegol rhai moleciwlau wahanol flasau ac arogleuon.

carfon (−)   mintys Mair

carfon (+)   carwe

HO_2C CH_3
H_2N—C''''CHC_2H_5
      H
L-isolewsin
chwerw

H_3C CO_2H
H_5C_2CH''''C—NH_2
         H
D-isolewsin
melys

Ffigur 4.3.10 ▲
Isomerau optegol â gwahanol flasau ac arogleuon

Mae'r hyn sy'n wir am y celloedd sensitif yn y trwyn a'r dafod hefyd yn wir am y rhan fwyaf o weddill y corff dynol. Mae celloedd byw yn llawn o foleciwlau derbynnydd a negesydd sy'n rhyngweithio'n ddetholus â safleoedd gweithredol a derbynyddion mewn moleciwlau eraill megis ensymau. Mae'r celloedd negesydd a chludo hyn i gyd yn girol, a bydd y corff ond yn gweithredu gydag un o'r ffurfiau drych-ddelwedd. Mae hyn yn arbennig o wir ar gyfer asidau amino a phroteinau (gweler adran 4.14).

Rhaid i gemegwyr sy'n syntheseiddio ac yn profi cyffuriau newydd dalu sylw craff i giroledd. Mae decstroproposyffen, er enghraifft, yn gyffur lladd poen. Mae gan y moleciwl ddau atom carbon anghymesur. Nid yw ei ddrych-ddelwedd o unrhyw werth wrth ladd poen, ond mae'n gynhwysyn defnyddiol mewn moddion peswch.

cyffur lladd poen   cyffur atal peswch

Ffigur 4.3.11 ▲
Decstroproposyffen a'i ddrych-ddelwedd

Prawf i chi

4 Dynodwch y canolfannau cirol mewn: isolewsin, carfon a decstroproposyffen.

5 Esboniwch pam nad oes gan yr asid amino glysin, $CH_2NH_2CO_2H$, unrhyw isomerau optegol.

6 Pa rai o'r alcoholau hyn sy'n girol: propan-1-ol, propan-2-ol, bwtan-2-ol?

4.4 Mecanweithiau adweithiau

Mae mecanwaith yn disgrifio sut mae adwaith yn digwydd gan ddangos, gam wrth gam, y bondiau sy'n torri a'r bondiau newydd sy'n ffurfio. O ganlyniad i'r wybodaeth hon, gall cemegwyr gynllunio synthesis mwy uchelgeisiol, megis synthesis cloroffyl (gweler tudalen 140). Mewn diwydiant, gallant ddyfeisio dulliau newydd o weithgynhyrchu sy'n fwy effeithlon ac yn cynhyrchu llai o wastraff. Hefyd gall biocemegwyr wneud synnwyr o briodweddau anhygoel yr ensymau sy'n rheoli ac yn catalyddu'r adweithiau mewn celloedd byw.

Ffigur 4.4.1 ▲
Trwy fesur priodweddau laserau wrth iddynt deithio trwy adweithiau cemegol, gall cemegwyr bennu cyfraddau adweithiau

Ymchwilio i fecanweithiau adweithiau

Mae'r technegau a ddefnyddir gan gemegwyr i astudio adweithiau yn mynd yn fwyfwy soffistigedig. Gyda chymorth pelydrau laser a sbectrosgopeg mae'n bosib, erbyn hyn, dilyn adweithiau cyflym dros ben a gwylio moleciwlau'n torri ar wahân ac yn aildrefnu eu hunain ar amrantiad.

Labelu isotopig

Gellir defnyddio isotopau fel marcwyr i olrhain yr hyn sy'n digwydd i atomau penodol yn ystod newid cemegol. I wneud hyn bydd cemegwyr yn gosod atomau o isotop gwahanol i gymryd lle atomau'r isotop normal, y mae digon ohono, mewn moleciwl.

Mae gan isotopau yr un priodweddau cemegol felly mae'n bosib eu defnyddio i ddilyn yr hyn sy'n digwydd yn ystod newid heb amharu ar gynnydd normal y broses. Gellir dilyn isotopau ymbelydrol trwy ganfod eu hymbelydredd. Gellir dilyn isotopau anymbelydrol trwy ddadansoddi samplau â sbectromedr màs.

Defnyddiwyd labelu isotopig i ymchwilio i fecanwaith hydrolysis esterau. Trwy ddefnyddio dŵr wedi'i labelu ag ocsigen-18 yn lle'r isotop arferol ocsigen-16, roedd hi'n bosib dangos pa fond sy'n torri yn yr ester. Nid yw ocsigen-18 yn ymbelydrol. Dangosodd sbectromedreg màs fod yr atomau ocsigen trymach o'r dŵr yn diweddu yn yr asid ac nid yn yr alcohol.

Ffigur 4.4.2 ▶
Defnyddio labeli i ymchwilio i dorri bondiau yn ystod hydrolysis ester

$$CH_3 - C \overset{O}{\underset{O-C_2H_5}{<}} + H_2^{18}O \longrightarrow CH_3 - C \overset{O}{\underset{^{18}OH}{<}} + C_2H_5 - OH$$

(Br)

Dal rhyngolion

Mae gan fecanweithiau rhai adweithiau nid un cam ond cyfres o gamau. Yr atomau, moleciwlau neu ïonau sydd ddim yn ymddangos yn yr hafaliad cytbwys ond sy'n ffurfio yn ystod un o gamau'r adwaith cyn cael eu defnyddio yn y cam nesaf yw'r rhyngolion mewn adweithiau. Bydd cemegwyr yn aml yn defnyddio sbectrosgopeg i ganfod rhyngolion sydd ond yn bodoli am gyfnod byr yn ystod adwaith.

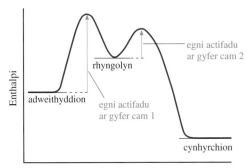

◄ **Ffigur 4.4.3**
Proffil adwaith ar gyfer adwaith ac ynddo ryngolyn. Sylwch ar y gostyngiad yn yr egni wrth i'r rhyngolyn ffurfio. Nid yw'r gostyngiad yn ddigon dwfn i'r rhyngolyn fodoli ar ffurf cynnyrch sefydlog

Wrth ymchwilio i adiad bromin at ethen, dangosodd arbrawf dyfeisgar fod yr adwaith yn digwydd mewn dau gam gyda rhyngolyn adweithiol. Aeth gwyddonwyr ati i gymysgu ethen a bromin ym mhresenoldeb hydoddiant o sodiwm clorid. Mae ethen yn adweithio'n gyflym gyda bromin, ond nid yw'n adweithio gydag ïonau clorid. Yn yr arbrawf hwn, fodd bynnag, hylif olewog oedd y cynnyrch, yn cynnwys mwy neu lai yr un faint o 1,2-deubromoethan ac 1-cloro-2-bromoethan. Yn seiliedig ar y dystiolaeth hon, awgrymodd cemegwyr fecanwaith dau gam ar gyfer yr adwaith gyda rhyngolyn wedi'i wefru'n bositif (gweler tudalen 156).

Astudio cyfraddau adweithiau

Wrth fesur cyfraddau adweithiau, gall cemegwyr ddiddwytho'r hafaliad cyfradd (gweler adran 2.2) ar gyfer adwaith. Yn aml iawn, gall ffurf yr hafaliad cyfradd ddarparu cliwiau gwerthfawr ynghylch mecanwaith tebygol yr adwaith. Yn gyffredinol, y moleciwlau neu'r ïonau sy'n cymryd rhan yn y cam pennu cyfradd fydd yn ymddangos yn yr hafaliad cyfradd ar gyfer yr adwaith.

Dangosir hyn gan adwaith ïonau hydrocsid dyfrllyd gyda halogenoalcanau trydyddol megis 2-bromo-2-methylpropan. Nid yw crynodiad yr ïonau hydrocsid yn ymddangos yn yr hafaliad cyfradd sydd â'r ffurf: cyfradd = $k[C_4H_9Br]$. Mae hyn yn awgrymu mai dim ond y moleciwlau halogenoalcan sy'n cymryd rhan yn y cam pennu cyfradd (gweler adran 2.4).

6 Lluniwch fformiwla arddangos 2-bromo-2-methylpropan a'i defnyddio i esbonio ystyr y term halogenoalcan trydyddol.

7 a) Ysgrifennwch hafaliad ar gyfer adwaith 2-bromo-2-methylpropan gydag ïonau hydrocsid mewn hydoddiant dyfrllyd a dangoswch fod hwn yn enghraifft o adwaith amnewid.

   b) Disgrifiwch brawf i ddangos bod yr adwaith yn cynhyrchu ïonau bromid.

   c) Pam mae'r hafaliad cyfradd yn awgrymu bod mecanwaith yr adwaith hwn yn cynnwys o leiaf dau gam?

Cemeg Organig

Adran pedwar

3 Brasluniwch gromlin i ddangos y gwahaniaeth rhwng proffil adwaith ar gyfer adwaith ac iddo gyflwr trosiannol rhwng yr adweithyddion a'r cynhyrchion yn unig a Ffigur 4.4.3.

4 Ysgrifennwch hafaliad ar gyfer yr adwaith a ddisgwylir rhwng ethen a bromin ac enwch y cynhyrchion.

5 a) Awgrymwch ddull y byddai'r gwyddonwyr o bosib wedi ei ddefnyddio i wahanu ac adnabod dau gynnyrch yr adwaith rhwng ethen a bromin ym mhresenoldeb hydoddiant sodiwm clorid.

   b) Sut mae canlyniadau'r adwaith yn dangos nad yw adwaith ethen gyda bromin yn digwydd mewn un cam?

   c) Pam y mae'n rhesymol awgrymu mai ïon positif yw'r rhyngolyn yn yr adwaith adio?

Torri bondiau mewn modd homolytig

Mae bond cofalent normal yn cynnwys pâr o electronau sy'n cael eu rhannu. Gall bond dorri mewn dwy ffordd. Ar un llaw gall y bond cofalent dorri gan adael un electron bob un gyda'r ddau atom a gysylltwyd gan y bond. Dyma dorri bond yn homolytig. Mae torri bondiau yn y modd hwn yn cynhyrchu radicalau rhydd, sef gronynnau adweithiol a chanddynt electronau heb eu paru.

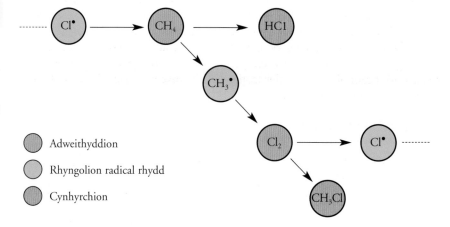

Mae radicalau rhydd yn rhyngolion mewn adweithiau sy'n digwydd:
- ◼ yn y wedd nwyol ar dymheredd uchel neu mewn golau uwchfioled
- ◼ mewn hydoddydd amholar, naill ai wedi ei arbelydru gan olau uwchfioled neu â dechreuwr.

Mae adwaith alcanau gyda chlorin neu fromin a pholymeriad adio alcenau (gweler tudalen 203), yn ogystal â chracio alcanau a ffurfio a dinistrio'r haenen oson, i gyd yn enghreifftiau o brosesau radicalau rhydd.

Adweithiau radicalau rhydd

Mae adweithiau radicalau rhydd yn aml yn adweithiau cadwynol. Mae adwaith amnewid radicalau rhydd clorin gydag alcanau megis methan yn enghraifft o hyn. Bydd alcenau yn adwaithio gyda chlorin (neu fromin) os cânt eu gwresogi neu os tywynnir golau uwchfioled arnynt.

Yn nodweddiadol, mae tri cham i'r adwaith:

1 **dechreuad** – y cam sy'n cynhyrchu radicalau rhydd,
$Cl–Cl \rightarrow Cl^{\bullet} + Cl^{\bullet}$

2 **lledaeniad** – y camau sy'n creu'r cynhyrchion a mwy o radicalau rhydd
$CH_4 + Cl^{\bullet} \rightarrow CH_3^{\bullet} + HCl$
$CH_3^{\bullet} + Cl_2 \rightarrow CH_3Cl + Cl^{\bullet}$

3 **terfyniad** – camau sy'n cael gwared ar y radicalau rhydd trwy eu troi'n foleciwlau.
$CH_3^{\bullet} + CH_3^{\bullet} \rightarrow CH_3CH_3$
$CH_3^{\bullet} + Cl^{\bullet} \rightarrow CH_3Cl$

Sidebar

Ffigur 4.4.4 ▶
Torri bondiau mewn modd homolytig. Mae saeth gyrliog ac iddi hanner pen yn dangos symudiad un electron

Nodyn

Mae'r symbol ar gyfer radical rhydd gan amlaf yn defnyddio dot i gynrychioli'r electron sydd heb ei baru. Yn aml, ni ddangosir electronau eraill yn y plisgyn allanol sydd wedi eu paru. Mae gan atom clorin rhydd un electron heb ei baru yn ei blisgyn allanol, ac mae'n radical rhydd.

Prawf i chi

8 Pam mae angen tymheredd uchel (neu olau uwchfioled) i ffurfio radicalau rhydd?

9 Lluniwch adeileddau a defnyddiwch saethau cyrliog i ddangos yr hyn sy'n digwydd wrth i foleciwl ethen hollti'n ddau radical methyl.

Ffigur 4.4.5 ▶
Adwaith methan gyda chlorin ar ffurf adwaith cadwynol. Yr atomau clorin a'r radicalau methyl yw'r cludwyr sy'n cynnal y broses nes cânt eu dileu gan gam terfynu

Diagram (adwaith cadwynol)

$Cl^{\bullet} \rightarrow CH_4 \rightarrow HC1$

$CH_3^{\bullet}$

$Cl_2 \rightarrow Cl^{\bullet}$

CH_3Cl

⬤ Adweithyddion
⬤ Rhyngolion radical rhydd
⬤ Cynhyrchion

Prawf i chi

10 Beth yw pwysigrwydd ymarferol adwaith alcenau gyda halogenau?

11 a) Beth yw dau brif gynnyrch adwaith methan gyda chlorin?

 b) Esboniwch sut y caiff ychydig o ethan ei ffurfio yn ystod yr adwaith.

 c) Esboniwch pam mae'n bosib i'r adwaith gynhyrchu cynhyrchion eraill megis deucloromethan, tricloromethan a thetracloromethan hefyd.

12 Pam mai cyfran fechan yn unig o'r moleciwlau clorin sy'n rhaid eu hollti'n radicalau rhydd yn y cam dechreuol?

Diffiniad

Mewn **adwaith cadwynol** radicalau rhydd, mae cynnyrch un cam o'r adwaith yn radical rhydd sy'n cymryd rhan yn y cam nesaf. Mae'r ail gam hefyd yn cynhyrchu radical a all barhau'r gadwyn.

Torri bondiau mewn modd heterolytig

Gall bondiau cofalent hefyd dorri mewn modd sy'n cynhyrchu rhyngolion ïonig. Wrth dorri'n heterolytig, bydd bond cofalent yn torri fel bod un o'r atomau a gysylltwyd gan y bond yn cymryd y ddau electron o'r pâr a rannwyd gan adael y llall heb yr un. Mae torri bondiau yn y modd hwn yn fwy tebygol pan fydd yr adwaith yn digwydd mewn hydoddyddion polar megis dŵr.

◀ Ffigur 4.4.6
Torri bondiau mewn modd heterolytig. Sylwch sut y defnyddir saeth gyrliog â phen cyfan i ddangos beth sy'n digwydd i barau o electronau wrth i'r bond dorri. Bydd un atom yn cymryd y ddau electron o'r pâr a rennir. Mae cynffon y saeth yn cychwyn ar y pâr o electronau. Mae blaen y saeth yn dangos ymhle mae'r pâr o electronau'n gorffen

Mae'r bond sy'n torri i gynhyrchu rhyngolion ïonig yn aml yn bolar i gychwyn. Felly mae torri bondiau mewn modd heterolytig yn nodweddiadol o gyfansoddion ag atomau electronegatif megis clorin, ocsigen a nitrogen. Torrir bondiau yn y modd hwn hefyd os ydynt yn hawdd eu polaru.

Electroffilau a niwcleoffilau yw'r adweithyddion sy'n ymosod ar fondiau polar gan beri ymholltiad heterolytig.

Ïonau a moleciwlau adweithiol sy'n ymosod ar y rhannau hynny o foleciwlau sy'n gyfoethog mewn electronau yw electroffilau. Adweithyddion 'electron-gar' ydynt. Bydd electroffilau yn ffurfio bond newydd trwy dderbyn pâr o electronau o'r moleciwlau y maent yn ymosod arnynt yn ystod adwaith.

Moleciwlau neu ïonau a chanddynt bâr unig o electronau i'w rhoddi i ffurfio bond cofalent newydd yw niwcleoffilau. Rhoddwyr parau o electronau ydynt (gweler tudalen 157). Adweithyddion sy'n ymosod ar foleciwlau lle ceir gwefr bositif rannol, $\delta+$, yw niwcleoffilau. Felly maent yn chwilio am wefrau positif – maent yn 'niwclys-gar'.

Adio electroffilig
Mecanwaith dau gam

Mae adweithiau adio electroffilig yn nodweddiadol o'r alcenau. Bydd yr electroffil yn ymosod ar ardal y bond dwbl rhwng dau atom carbon sy'n gyfoethog mewn electronau. Mae hydrogen bromid a bromin yn enghreifftiau o electroffilau sy'n adio at alcenau.

Mae moleciwlau hydrogen bromid yn bolar. Yr atom hydrogen, gyda'i wefr $\delta+$, yw pen electroffilig y moleciwl. Mae'r adwaith yn digwydd mewn dau gam. Mae'r cam cyntaf yn ffurfio rhyngolyn gyda gwefr bositif ar yr atom carbon. Fe'i gelwir yn garbocatïon.

Prawf i chi

13 Esboniwch pam mae gwefr bositif ar yr atomau carbon a gwefr negatif ar yr atomau clorin wedi i'r bond C–Cl ym methyl clorid dorri mewn modd heterolytig.

14 Dosbarthwch yr adweithyddion hyn yn radicalau rhydd, electroffilau neu niwcleoffilau:
Cl, H_2O, Br_2, Br^-, Br, H^+, CN^-, CH_3, OH^-, $NO_2{}^+$, NH_3.

15 Lluniwch fformiwlâu arddangos y moleciwlau hyn a dangoswch unrhyw fondiau polar trwy ddefnyddio'r arwyddion $\delta+$ a $\delta-$:
C_2H_5Cl, CH_3OH, CH_3COCH_3, C_3H_8, CH_3NH_2.

Carbocatïon yw rhyngolyn sy'n ffurfio yn ystod adweithiau organig lle ceir gwefr bositif ar atom carbon. Ïonau sydd wedi'u gwefru'n bositif yw catïonau.

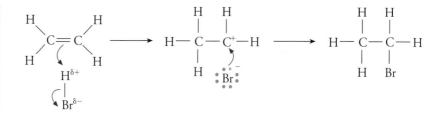

Ffigur 4.4.7 ▲
Adio hydrogen bromid at ethen mewn modd electroffilig. Torri y bondiau yn heterolytig, ac mae'r rhyngolion yn ïonau. Mae'r saethau cyrliog yn dangos symudiad parau o electronau

Nid yw moleciwlau bromin yn bolar, ond cânt eu polaru wrth nesáu at y bond dwbl sy'n gyfoethog mewn electronau. Mae electronau yn y bond dwbl yn gwrthyrru electronau yn y moleciwl bromin. Wedyn mae pen δ+ y moleciwl yn electroffilig.

16 Eglurwch sut gall y mecanwaith ar gyfer adio bromin at ethen esbonio canlyniadau'r arbrofion ar dudalen 153, a oedd yn dangos, pan fydd bromin yn adweithio gydag ethen ym mhresenoldeb sodiwm clorid, bod:
   a) dau brif gynnyrch, ac un ohonynt oedd 1-cloro-2-bromoethan
   b) dim 1,2-deucloromethan yn ffurfio.

17 Pa electronau bondio rhwng yr atomau carbon mewn ethen fyddech chi'n disgwyl i gymryd rhan yn yr adwaith adio: yr electronau yn y bond s neu'r electronau yn y bond π?

Ffigur 4.4.8 ▲
Adio bromin at ethen mewn modd electroffilig

Adio at alcenau anghymesur

Astudiodd y cemegydd o Rwsia, Vladimir Markovnikov, nifer fawr o adweithiau adio alcenau yn ystod yr 1860au. Darganfu y rheol ganlynol: wrth adio cyfansoddyn HX (megis H–Br neu H–OH) at alcen anghymesur (megis propen) bydd yr atom hydrogen yn adio at yr atom carbon (yn y bond carbon-carbon dwbl) sydd eisoes â'r nifer fwyaf o atomau hydrogen ynghlwm wrtho.

Mae'r mecanwaith ar gyfer adio electroffilig yn helpu i esbonio hyn. Wrth ychwanegu HBr at bropen mae dau garbocatïon rhyngol yn bosib. Caiff y carbocatïon eilaidd ei ffafrio gan ei fod ychydig yn fwy sefydlog na'r carbocatïon cynradd. Mae gan yr ïon eilaidd ddau grŵp alcyl sy'n gwthio electronau tuag at yr atom carbon sydd wedi'i wefru'n bositif. Mae hyn yn helpu i sefydlogi'r ïon trwy 'ledaenu' y wefr dros yr ïon.

Mae'r **effaith anwythol** yn disgrifio i ba raddau y caiff electronau eu gwthio tuag at neu eu tynnu oddi ar atom carbon gan yr atomau neu'r grwpiau sydd wedi bondio ato. Mae grwpiau alcyl yn tueddu i wthio electronau tuag at yr atom carbon maent wedi bondio ato. O ganlyniad caiff unrhyw wefr bositif ar yr atom carbon ei lledaenu ymhellach ar draws y moleciwl, a bydd hyn yn tueddu i wneud y moleciwl yn fwy sefydlog. Un o ganlynidau'r math hwn o effaith anwythol yw bod carbocatïon trydyddol yn fwy sefydlog na charbocatïon eilaidd sydd, yn ei dro, yn fwy sefydlog na charbocatïon cynradd.

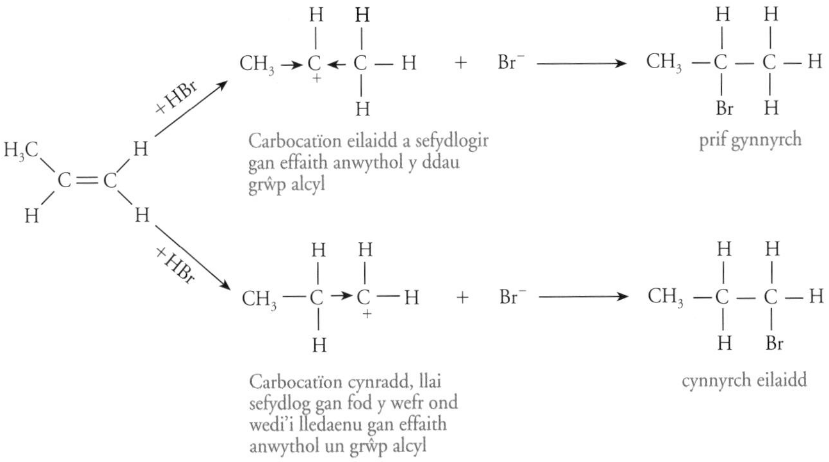

◀ *Ffigur 4.4.9*
Esboniad i arsylwadau Markovnikov

Prawf i chi

18 Enwch a lluniwch fformiwla arddangos prif gynnyrch yr adwaith rhwng hydrogen bromid a:

a) bwt-1-en

b) *trans*-bwt-2-en

c) pent-1-en

19 Trefnwch y carbocatïonau hyn yn ôl eu sefydlogrwydd gyda'r mwyaf sefydlog yn gyntaf:
$CH_3CH_2CH^+CH_3$,
$CH_3CH_2CH_2CH_2^+$,
$(CH_3)_3C^+$.

Amnewid niwcleoffilig

Mae'r bond carbon-halogen mewn halogenoalcan yn bolar gyda'r atom carbon ar ben $\delta+$ y deupol. Adweithiau nodweddiadol y cyfansoddion hyn yw adweithiau amnewid wrth i niwcleoffilau ymosod ar ben $\delta+$ y bond carbon-halogen.

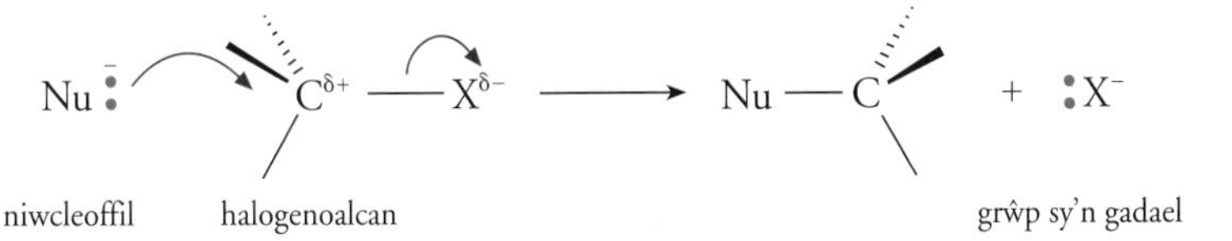

◀ *Ffigur 4.4.10*
Disgrifiad cyffredinol o adweithiau amnewid halogenoalcanau

Mae'r hafaliad cyfradd yn awgrymu dau wahanol fecanwaith ar gyfer adweithiau amnewid niwcleoffilig halogenoalcanau.

Yn ei gyfanrwydd, mae hydrolysis halogenoalcanau cynradd yn adwaith gradd dau. Mae'r hafaliad cyfradd yn y ffurf: cyfradd = $k[C_4H_9Br][OH^-]$. Mae'r mecanwaith a awgrymir yn dangos y bond C–Br yn torri wrth i'r niwcleoffil, OH^-, ffurfio bond newydd gyda charbon.

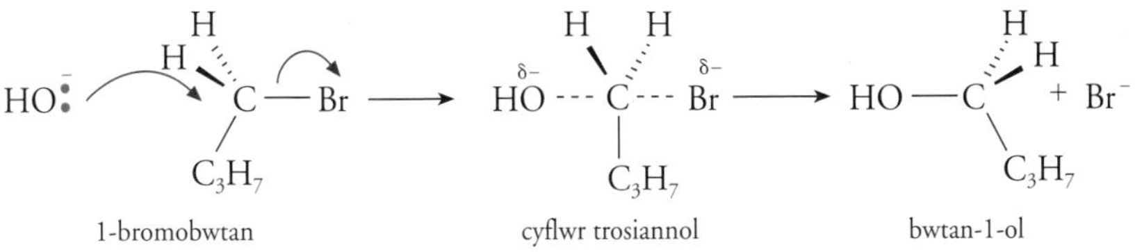

◀ *Ffigur 4.4.11*
Yr ïon OH^- yw'r niwcleoffil. Y mecanwaith S_N2 (o'r Saesneg - Substitution–Nucleophilic–2 – mae'r 2 yn dangos bod dau foleciwl neu ïon yn cymryd rhan yn y cam pennu cyfradd)

Diffiniad

Y **grŵp sy'n gadael** yw atom neu grŵp o atomau sy'n torri'n rhydd o'r moleciwl yn ystod adwaith. Mae rhai grwpiau'n fwy parod i adael na'i gilydd. Mae ïon ïodid yn well grŵp gadael nag ïon bromid sydd, yn ei dro, yn well grŵp gadael nag ïon clorid.

Cemeg Organig

Adran pedwar

Mae hydrolysis halogenoalcanau trydyddol megis 2-bromo-2-methylpropan, yn adwaith gradd un. Mae'r hafaliad cyfradd yn y ffurf: cyfradd = $k[C_4H_9Br]$. Mae'r mecanwaith a awgrymir yn dangos y bond C–Br yn torri'n gyntaf i ffurfio carbocatïon rhyngol. Yna mae'r niwcleoffil, OH^-, yn ffurfio bond newydd gyda'r carbon.

Ffigur 4.4.12 ▶
Y mecanwaith S_N1. (Mae'r 1 yn dangos mai un moleciwl neu ïon sy'n cymryd rhan yn y cam pennu cyfradd)

carbocatïon
rhyngol
(planar)

Prawf i chi

20 Dangoswch y camau yn yr adwaith rhwng ïonau cyanid ac 1-bromobwtan trwy gyfrwng y mecanwaith S_N2.

21 Awgrymwch resymau dros ffafrio'r mecanwaith S_N1 yn hytrach na'r mecanwaith S_N2 ar gyfer halogenoalcanau, yn enwedig os oes ganddynt grwpiau swmpus o gwmpas yr atom carbon sydd wedi'i fondio at yr atom halogen. (Awgrym: wrth gymharu'r ddau fecanwaith, ystyriwch pa mor hawdd yw hi i'r niwcleoffil ymosod ar yr atom carbon $\delta+$ yn ogystal â sefydlogrwydd rhyngolion posib.)

22 Yn gyffredinol dyma gyfraddau cymharol hydrolysis halogenoalcanau:
RI > RBr > RCl.
A yw'r duedd hon yn cydweddu'n well â pholaredd y bondiau ynteu gryfder y bondiau?

4.5 Hydrocarbonau aromatig

Erbyn hyn mae cwmnïau biotechnoleg yn ymladd i roi patent ar rannau o'r genom dynol gan obeithio datblygu triniaethau meddygol proffidiol. Dros gan mlynedd yn ôl roedd ras debyg i roi patent ar lifynnau newydd yn seiliedig ar gemegion o gol-tar, yn dilyn darganfyddiad lliwiau newydd cyffrous megis porffor gwelw William Perkin. Wrth wraidd y cyfansoddion lliw hyn roedd cylch anhygoel o sefydlog o chwe atom carbon – y cylch bensen.

Arênau

CD-ROM

Mae bensen yn perthyn i deulu arênau'r hydrocarbonau. Yn draddodiadol galwai cemegwyr yr arênau yn 'aromatig' ers i'r cemegydd o'r Almaen, Friedrich Kekulé, sylwi ar arogl persawrus olewau megis bensen. Yn yr enw modern, daw'r '**ar**-' o'r gair **ar**omatig, ac mae'r diwedd '-**ên**' yn golygu bod yr hydrocarbonau hyn yn gyfansoddion annirlawn fel yr alc**en**au.

Adeiledd bensen

Roedd gan Kekulé ran bwysig i'w chwarae yn hanes cemeg bensen, diolch i freuddwyd a'i galluogodd i ddarganfod adeiledd posib ar gyfer y cyfansoddyn ac iddo'r fformiwla empirig CH a'r fformiwla foleciwlaidd C_6H_6. Roedd Kekulé wedi bod yn gweithio ar y broblem ers tipyn, ond un diwrnod yn 1865, tra'n pendwmpian o flaen y tân, bruddwydiodd am neidr yn brathu ei chynffon ei hun. Perodd hyn iddo feddwl am adeiledd cylch ar gyfer y cyfansoddyn.

Ffigur 4.5.1 ▲

Ffabrig wedi'i lifo â phorffor gwelw Perkin: y cyntaf o'r llifynnau col-tar

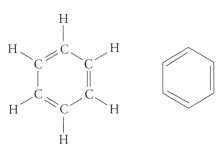

Ffigur 4.5.2 ▲

Cynrychioliad o adeiledd Kekulé ar gyfer bensen

Y broblem gyda'r adeiledd hwn yw ei fod yn awgrymu bod gan 1,2-deuclorobensen ddau isomer.

Yn ymarferol, amhosib fu'r dasg o wahanu isomerau o fensen sydd wedi'u hamnewid ddwywaith. Er mwyn osgoi'r broblem hon awgrymodd Kekulé efallai fod y moleciwlau bensen rhywffordd yn newid yn ôl ac ymlaen yn gyflym iawn rhwng y ddau adeiledd posib. Fodd bynnag, nid dyma'r esboniad modern.

Mae adeiledd Kekulé yn dangos moleciwl a chanddo fondiau dwbl a sengl bob yn ail. Erbyn hyn, mae cemegwyr yn gwybod bod bondiau dwbl yn fyrrach na rhai sengl (gweler Ffigur 4.5.4). Maent hefyd wedi darganfod bod yr atomau carbon mewn moleciwl bensen yng nghorneli hecsagon rheolaidd. Mae pob bond yr un hyd; maent yn fyrrach na bondiau sengl ond yn hwy na bondiau dwbl.

Byddai cemegydd di-brofiad, wrth edrych ar adeiledd Kekulé, yn siŵr o ddisgwyl i fensen ymddwyn yn gemegol yn debyg i alcen adweithiol iawn, gan gymryd rhan mewn adweithiau adio gyda bromin, hydrogen bromid ac adweithyddion eraill. Ni fydd bensen yn gwneud hyn. Mae'r cyfansoddyn hwn tipyn yn llai adweithiol nag alcenau, ac adweithiau amnewid yw ei adweithiau nodweddiadol.

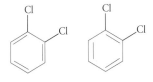

Ffigur 4.5.3 ▲

Isomerau 1,2-deuclorobensen a awgrymir gan adeiledd Kekulé. Ni chafodd isomerau â'r fformiwla hon eu gwahanu erioed. Dim ond un ffurf ar y cyfansoddyn sydd ar gael

Ffigur 4.5.4 ▶

Hyd y bondiau mewn ethan, ethen a bensen. Mae yna rywbeth arbennig ynghylch y bondio mewn bensen

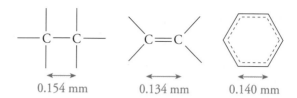

0.154 mm   0.134 mm   0.140 mm

Prawf i chi ───────────────────── D

1   O wybod bod gan fensen y fformiwla empirig CH, pa wybodaeth bellach sydd ei hangen i ddangos mai C_6H_6 yw ei fformiwla foleciwlaidd? Pa ddulliau sydd gan gemegwyr i gael y wybodaeth hon?

2   Lluniwch adeiledd posib ar gyfer C_6H_6 sydd ddim yn gylch. Pam nad yw'r adeiledd yn cyd-fynd â'r hyn a wyddai Kekulé am fensen?

3   Mae arên yn cynnwys 91.3% carbon.
   a) Beth yw fformiwla empirig yr arên?
   b) Beth yw fformiwla foleciwlaidd yr arên os oes ganddo fàs moleciwlaidd o 92 g mol⁻¹?

   92 g mol^{-1}?
   c) Lluniwch adeiledd yr arên.

Sefydlogrwydd bensen

Wrth astudio newidiadau egni gwelir bod bensen yn fwy sefydlog nag a ddisgwylir ar gyfer cyfansoddyn â'r fformiwla Kekulé. Caiff y ddadl ei seilio ar gymhariaeth o'r newidiadau enthalpi ar gyfer hydrogenu bensen a chylchohecsen.

Hydrocarbon cylchol yw cylchohecsen ac ynddo un bond dwbl. Fel alcenau eraill bydd yn adio hydrogen ym mhresenoldeb catalydd i ffurfio cylchohecsan.

Ffigur 4.5.5 ▶

Newidiadau enthalpi ar gyfer hydrogenu cylchohecsen

⬡ + H_2 ⟶ ⬡ $\Delta H_2^{\ominus} = -120 \text{ kJ mol}^{-1}$

cylchohecsen

A dweud y gwir, mae bensen yn fwy sefydlog nag a ddisgwylir, fel y dangosir yn Ffigur 4.5.6.

Prawf i chi

4 a) Ail-luniwch ffigur 4.5.6 ar ffurf diagram lefelau egni.
   b) Yn ôl Ffigur 4.5.6 (neu eich diagram lefelau egni), faint yn fwy sefydlog yw bensen go iawn nag a ddisgwylir ar gyfer bensen Kekulé?
   c) Rhagfynegwch y newid enthalpi ar gyfer hydrogeniad llwyr cylchohecsa-1,3-deuen.

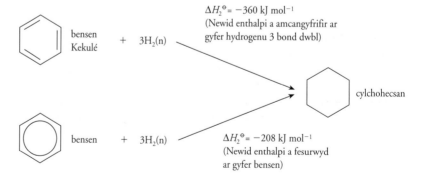

$\Delta H_2^{\ominus} = -360 \text{ kJ mol}^{-1}$
(Newid enthalpi a amcangyfrifir ar gyfer hydrogenu 3 bond dwbl)

bensen Kekulé   + $3H_2(n)$

cylchohecsan

bensen   + $3H_2(n)$ $\Delta H_2^{\ominus} = -208 \text{ kJ mol}^{-1}$
(Newid enthalpi a fesurwyd ar gyfer bensen)

Ffigur 4.5.6 ▲

Cymharu'r newid enthalpi wrth hydrogenu bensen go iawn gyda'r newid enthalpi a gyfrifwyd ar gyfer hydrogenu cyfansoddyn cylch â thri bond dwbl normal

Dadleoliad mewn bensen

Mae Ffigur 4.5.7 yn dangos bensen â bondiau cofalent normal (bondiau sigma, σ) rhwng yr atomau carbon a'r atomau hydrogen. Mae pob atom carbon yn defnyddio tri o'i electronau ac yn ffurfio tri bond σ trwy rannu ag atomau cyfagos. Mae hyn yn gadael pob atom ag un electron mewn orbital-p atomig.

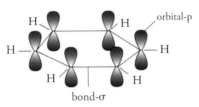

◀ *Ffigur 4.5.7*
Bondiau sigma mewn bensen ag un electron i bob atom ar ôl mewn orbitalau-p

Yn lle bod y chwe electron hyn yn paru i ffurfio tri orbital π, cânt eu rhannu'n gyfartal rhwng y chwe atom gan ffurfio cymylau cylchol o wefr negatif uwchben ac oddi tan y cylch o atomau carbon. Dyma enghraifft o ddadleoliad electronau sy'n digwydd mewn unrhyw foleciwl lle mae'r adeiledd confensiynol yn dangos bondiau sengl a dwbl bob yn ail.

Mae moleciwlau sydd ag electronau dadleoledig yn fwy sefydlog nag a ddisgwylir fel arall. Mewn bensen mae hyn yn egluro pam mae'r cyfansoddyn 152 kJ mol⁻¹ yn fwy sefydlog nag a ddisgwylir ar gyfer yr adeiledd Kekulé.

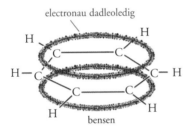

◀ *Ffigur 4.5.8*
Cynrychioliadau o'r bondio mewn bensen. Mae'r cylch mewn cylch bensen yn cynrychioli chwe electron dadleoledig. Mae'r ffordd hon o ddangos yr adeiledd yn esbonio siâp a sefydlogrwydd bensen. Gall yr adeiledd Kekulé fod yn fwy defnyddiol wrth ddisgrifio mecanweithiau adweithiau bensen

Prawf i chi

5 Sut gall y model o foleciwlau bensen gyda'i electronau dadleoledig esbonio'r ffeithiau canlynol:
a) mae'r cylch bensen yn hecsagon rheolaidd
b) does dim isomerau o 1,2-deuclorobensen
c) mae bensen yn llai adweithiol na chylchoalcenau.

Priodweddau ffisegol

Mae arênau yn amholar. Grymoedd rhyngfoleciwlaidd gwan yw'r grymoedd rhwng y moleciwlau. Mae berwbwyntiau'r arênau yn dibynnu ar faint y moleciwlau. Po fwyaf yw'r moleciwlau, yr uchaf fydd y berwbwynt. Mae bensen a methylbensen yn hylifau ar dymheredd ystafell. Mae naffthalen yn solet. Ni fydd arênau, fel hydrocarbonau eraill, yn cymysgu gyda dŵr, ond byddant yn cymysgu'n hawdd gyda hydoddyddion amholar.

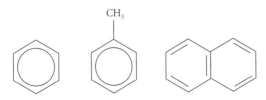

Ffigur 4.5.9 ▲
Tri o'r arênau: bensen, methylbensen a naffthalen

Diffiniad

Electronau dadleoledig yw electronau bondio sydd heb eu sefydlogi rhwng dau atom ond a rennir rhwng tri neu ragor o atomau. Bydd dadleoliad hefyd yn effeithio ar ïonau lle caiff atom ac arno bâr unig o electronau a gwefr negatif eu gwahanu gan fond sengl o fond dwbl (gweler tudalennau 167 a 177).

Cemeg Organig

Adran pedwar

Prawf i chi

6 Esboniwch fodolaeth grymoedd atyniadol gwan rhwng moleciwlau bensen sy'n ddiwefr ac yn amholar.

7 Esboniwch pam nad yw bensen yn cymysgu gyda dŵr o wybod bod y grymoedd rhwng moleciwlau bensen yn wan.

8 Enwch hydoddydd y byddech yn disgwyl i fensen gymysgu'n rhwydd gydag ef.

Priodweddau cemegol

Mae adweithiau pwysig bensen ac arênau eraill yn wahanol iawn i rai alcenau o ganlyniad i'r electronau dadleoledig. Yn hytrach nag adweithiau adio electroffilig, adweithiau amnewid electroffilig yw'r newidiadau defnyddiol.

Ocsidiad

Mae arênau yn llosgi mewn aer. Yn wahanol i alcanau ac alcenau maent yn llosgi â fflam fyglyd dros ben oherwydd y gymhareb uchel o garbon i hydrogen yn y moleciwlau.

Mae ocsidiad rhannol yn bosib ar gyfer arênau a chanddynt gadwynau ochr. Bydd gwresogi arên o'r fath gyda photasiwm mangnad(VII) asidig yn ocsidio'r gadwyn ochr hydrocarbon yn grŵp asid carbocsylig.

$$CH_3 \xrightarrow[\text{gwresogi dan adlifiad}]{MnO_4^-(d)/H^+(d)} CO_2H$$

methylbensen → asid bensoig

Ffigur 4.5.11 ▲
Ocsidio cadwyn ochr hydrocarbon methylbensen

Adweithiau amnewid electroffilig

Amnewidiad electroffilig yw adwaith nodweddiadol arênau megis bensen. Bydd yr electroffil yn ymosod ar y cylch bensen sy'n gyfoethog mewn electronau gyda'i chwe electron dadleoledig. Wrth ddisgrifio mecanwaith y math hwn o adwaith, mae'n haws dilyn yr hyn sy'n digwydd i'r electronau trwy ddefnyddio adeiledd Kekulé ar gyfer bensen.

Halogeniad

Mae adwaith amnewid electroffilig bromin mewn bensen yn gyflym iawn o'i wresogi ym mhresenoldeb haearn. Bydd haearn yn adweithio gydag ychydig o'r bromin i ffurfio haearn(III) bromid, sydd yn gatalydd. Mae haearn(III) bromid yn dderbynnydd electronau sy'n cynhyrchu'r electroffil Br^+.

Ffigur 4.5.10 ▲
Sampl o fethylbensen yn llosgi mewn aer gan ddangos y fflam felen a mygdarthau myglyd iawn

Ffigur 4.5.12 ▶
Ffurfio'r electroffil

$$Br-Fe\overset{Br}{\underset{Br}{|}} \quad Br-Br \longrightarrow FeBr_4^- + Br^+$$

Mae cam cyntaf amnewid electroffilig mewn bensen yn debyg iawn i gam cyntaf adio electroffilig at alcenau (gweler tudalen 156), ond mae angen electroffil mwy adweithiol i gychwyn yr adwaith – ac felly'r angen am gatalydd.

Mecanwaith amnewid electroffilig. Sylwch na chaiff yr ail gam arall (adio ïon bromid) ei ffafrio gan y byddai'n rhoi cynnyrch sydd heb gylch bensen sefydlog

bromobensen

Gallai'r rhyngolyn a ffurfir yng nghram cyntaf yr adwaith gwblhau'r adwaith drwy adio ïon bromid (fel sy'n digwydd wrth adio bromin at alcenau), ond yr hyn sy'n digwydd yw bod colli'r H^+ yn arwain at amnewidiad. Colli H^+ sy'n cael ei ffafrio gan y bydd hyn yn cadw'r cylch bensen wedi'i sefydlogi gan chwe electron dadleoledig.

Prawf i chi

9 Bydd bensen berwedig yn adweithio gyda nwy clorin ym mhresenoldeb haearn(III) clorid neu alwminiwm clorid.

a) Brasluniwch y cyfarpar y gellir ei ddefnyddio i gynnal yr adwaith hwn ar raddfa fechan (ond nid mewn labordy dysgu lle caiff bensen ei wahardd).

b) Ysgrifennwch hafaliad ar gyfer yr adwaith.

c) Beth yw'r electroffil yn yr adwaith hwn a sut caiff ei ffurfio?

Nitradiad

Mae nitradiad bensen ac arênau eraill yn bwysig gan ei fod yn cynhyrchu amrywiaeth o gynhyrchion gan gynnwys y ffrwydryn nerthol TNT (trinitrotolwen, a elwir erbyn hyn yn 1-methyl-2,3,5-trinitrobensen). Mae cyfansoddion nitro hefyd yn rhyngolion wrth syntheseiddio cemegion a ddefnyddir i gynhyrchu polywrethanau. Caiff grwpiau nitro eu rhydwytho'n hawdd yn grwpiau amin (gweler tudalen 193).

Diffiniad

Bydd cemegwyr weithiau'n defnyddio'r term **cludydd halogen** i ddisgrifio'r catalyddion ar gyfer adwaith bensen gyda chlorin neu fromin. Mae halidau haearn(III) a halidau alwminiwm yn gludwyr halogenau. Mae haearn ei hun hefyd yn gludydd halogen oherwydd ei fod yn gyntaf yn adweithio gyda'r halogen i ffurfio'r halid haearn(III) cyfatebol.

Cemeg Organig

Adran pedwar

Mae ffrwydradau'n bwysig wrth fwyngloddio, twnelu ac adeiladu ffyrdd. Mae cyfansoddion organig nitredig megis TNT yn ffrwydron defnyddiol

Yr adweithydd sy'n nitradu bensen yw cymysgedd o asidau nitrig a sylffwrig crynodedig. Pwrpas yr asid sylffwrig crynodedig yw cynhyrchu'r electroffil, sef y catïon nitryl, NO_2^+ (a elwir hefyd yn ïon nitroniwm).

$$HO-NO_2 + H_2SO_4 \longrightarrow H_2O^+-NO_2 + HSO_4^-$$

$$\downarrow$$

$$H_2O + NO_2^+$$

Prawf i chi

10 Pa un yw'r asid a pha un yw'r bas yng ngham cyntaf ffurfiant catïonau nitryl?

Wrth wresogi'r cymysgedd nitradu gyda bensen islaw 60°C, bydd nitrobensen y ffurfio fel prif gynnyrch. Ar dymereddau uwch bydd mwy o ddeu- a thri-nitrobensen yn ffurfio.

nitrobensen

Adwaith Friedel-Crafts

Mae'r adwaith Friedel-Crafts yn ddull pwysig o ffurfio bondiau C–C. Fe'i defnyddir i adeiladu'r ysgerbwd carbon trwy adio cadwyn ochr at arên. Canfyddwyd a datblygwyd yr adwaith hwn ar y cyd gan y cemegydd organig o Ffrainc Charles Friedel (1832–1899) a'r Americanwr James Crafts (1839–1917). Defnyddir yr adwaith ar raddfa labordy a hefyd ar raddfa ddiwydiannol.

Mewn adwaith Friedel-Crafts bydd halogenoalcan neu asyl clorid yn cymryd rhan mewn adwaith amnewid gydag arên. Bydd yr adwaith yn digwydd ym mhresenoldeb catalydd megis alwminiwm clorid. Un enghraifft yw cyflwyno grŵp â thri atom carbon yn lle atom hydrogen mewn cylch bensen trwy ddefnyddio 2-cloropropan.

Mae'r adwaith gydag asyl clorid yn cynhyrchu ceton.

Pwrpas yr alwminiwm clorid yw cynhyrchu'r electroffil sy'n ymosod ar y cylch bensen.

$$R\!-\!\overset{\overset{\displaystyle O}{\|}}{C}\!-\!Cl \;+\; AlCl_3 \;\longrightarrow\; R\!-\!\overset{\overset{\displaystyle O}{\|}}{C}{}^+ \;+\; AlCl_4{}^-$$

Ffurfiant yr
electroffil

◀ *Ffigur 4.5.19*
*Mecanwaith alcyleiddiad
Friedel-Crafts. Carbocation a
ffurfiwyd trwy adwaith
halogenoalcan gyda'r
alwminiwm clorid yw'r
electroffil yn yr enghraifft hon*

Ymosodiad electroffilig
ac amnewidiad

Adwaith Friedel-Crafts i ffurfio ethyl bensen yw'r cam cyntaf wrth gynhyrchu'r polymer adio poly(ffenylethen), a elwir gan amlaf yn bolystyren (gweler tudalen 204). Yn yr achos hwn caiff y carbocation ei ffurfio o ethen ym mhresenoldeb hydrogen clorid ac alwminiwm clorid.

◀ *Ffigur 4.5.20*
Synthesis ffenylethen

Prawf i chi

11 Pam mae'n rhaid i gymysgedd yr adwaith fod yn hollol sych yn ystod adwaith Friedel-Crafts?

12 a) Dangoswch fod alwminiwm clorid yn gweithredu fel asid Lewis o'i ddefnyddio fel catalydd mewn adwaith Friedel-Crafts (gweler tudalen 100).

   b) Dangoswch sut y bydd adwaith gydag H^+ o gam olaf yr adwaith yn atgynhyrchu'r catalydd o $AlCl_4{}^-$.

13 Lluniwch adeileddau cynhyrchion adwaith Friedel-Crafts bensen gydag

   a) propanoyl clorid

   b) 2-ïodo-2-methylpropan.

14 Awgrymwch reswm dros ddefnyddio ïodoalcan yn lle cloroalcan mewn adwaith Friedel-Crafts.

Cemeg Organig

Adran pedwar

4.6 Ffenolau

Mae ffenol yn enghraifft o gyfansoddyn sydd â grŵp gweithredol wedi'i gysylltu'n uniongyrchol â chylch bensen. –OH yw'r grŵp gweithredol mewn ffenol. Mae'n debyg bod y grŵp –OH yn effeithio ar ymddygiad y cylch bensen tra bo'r cylch bensen yn addasu priodweddau'r grŵp –OH. O ganlyniad mae gan ffenol, a chyfansoddion perthynol, briodweddau amlwg a defnyddiol.

Ffigur 4.6.1 ▲
Grisialau o ffenol

Prawf i chi D

1 Esboniwch y canlynol yn nhermau grymoedd rhyngfoleciwlaidd:

  a) mae ffenol yn solid tra bo bensen yn hylif

  b) mae ffenol, yn wahanol i fensen, yn hydawdd mewn dŵr, ond ni fydd yn cymysgu mor hawdd gyda dŵr ag y bydd ethanol.

2 Caiff ffenol ei gynhyrchu o fensen, propen ac ocsigen. Proses tri cham yw hon sy'n cynhyrchu symiau molar hafal o ffenol a phropanon. Mae canran y cynnyrch oddeutu 86%. Cyfrifwch fàs y bensen sydd ei angen i gynhyrchu 8 tunnell fetrig o ffenol a màs y propanon fydd yn cael ei ffurfio fel y cynnyrch arall.

3 Beth fyddech chi'n disgwyl ei weld wrth wresogi ffenol nes iddo losgi?

Adeileddau ac enwau

Yn gyffredinol cyfansoddion ag un grŵp –OH neu ragor wedi cysyllu'n uniongyrchol â'r cylch bensen yw ffenolau.

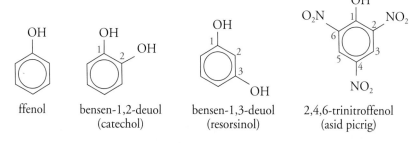

ffenol   bensen-1,2-deuol (catechol)   bensen-1,3-deuol (resorsinol)   2,4,6-trinitroffenol (asid picrig)

Ffigur 4.6.2 ▲

Adeiledd ffenol a ffenolau eraill. Wrth enwi ffenol, rhaid rhifo'r atomau carbon yn y cylch bensen o grŵp –OH a symud i'r cyfeiriad sy'n rhoi'r rhifau isaf posib i'r grwpiau eraill sydd wedi'u hamnewid yn y cylch

Adweithiau'r grŵp –OH mewn ffenol
Adwaith gyda sodiwm

Mae ffenol yn adweithio gyda sodiwm mewn modd tebyg i ethanol. Bydd swigod o hydrogen yn ffurfio wrth ychwanegu ciwb bach o sodiwm at ffenol tawdd neu at hydoddiant o ffenol mewn hydoddydd anadweithiol.

sodiwm ffenocsid

Ffigur 4.6.3 ▲
Adwaith ffenol gyda sodiwm

Ffenol fel asid

Mae'r cylch bensen yn peri i'r grŵp –OH fod yn fwy asidig mewn ffenol nag ydyw mewn alcoholau. Fodd bynnag, nid yw ffenol mor asidig ag asidau carbocsylig (gweler tudalen 177). Ni fydd yn ïoneiddio rhyw lawer mewn dŵr, ac nid yw'n adweithio gyda charbonadau i gynhyrchu carbon deuocsid.

Mae ffenol yn ddigon asidig i ffurfio halwynau hydawdd gydag alcalïau. Felly bydd ffenol yn hydoddi'n hawdd mewn hydoddiant o sodiwm hydrocsid.

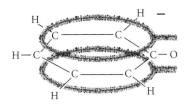

OH(s) + NaOH(d) ⟶ O⁻Na⁺(d) + H_2O(h)

◄ *Ffigur 4.6.4*
Adwaith ffenol gydag alcali

Caiff yr ïon ffenocsid ei sefydlogi oherwydd gellir lledaenu'r wefr negatif trwy ei dadleoli ledled y moleciwl. Ni all hyn ddigwydd mewn alcoholau.

◄ *Ffigur 4.6.5*
Yr ïon ffenocsid yn dangos sut caiff y wefr negatif ei dadleoli

Esteriad

Ni fydd ffenolau'n adweithio'n uniongyrchol gydag asidau carbocsylig i ffurfio esterau. Fodd bynnag, bydd yr ïon ffenocsid yn adweithio gydag asid clorid i ffurfio ester.

◄ *Ffigur 4.6.6*
Ethanoyl clorid yn adweithio gyda hydoddiant o ffenol mewn sodiwm hydrocsid i ffurfio ester (ffenyl ethanoad)

ïon ffenocsid   ffenyl ethanoad

Adweithiau'r cylch bensen mewn ffenol *CD-ROM*

Mae'r grŵp –OH yn peri i'r cylch bensen fod yn fwy adweithiol. Bydd pâr unig o electronau ar y grŵp –OH yn rhyngweithio gyda'r electronau dadleoledig yn y cylch bensen gan ryddhau electronau i'r cylch, felly mae ymosodiad electroffilig yn haws. O ganlyniad, bydd amnewid electroffilig yn digwydd o dan amodau llawer tynerach gyda ffenol na gyda bensen.

Er enghraifft, wrth ychwanegu bromin dyfrllyd at hydoddiant o ffenol cynhyrchir dyddodiad gwyn o 2,4,6-tribromoffenol ar unwaith wrth i liw'r bromin ddiflannu.

(d) + $3Br_2$(d) ⟶ (s) + 3HBr(d)

2,4,6-tribromoffenol

Ffigur 4.6.7 ▲
Adwaith ffenol gyda bromin. Mae'r adwaith yn gyflym iawn ar dymheredd ystafell a does dim angen catalydd

Nodyn

Gall yr enwau a ddefnyddir o hyd gan gemegwyr ar gyfer cyfansoddion â chylch bensen beri dryswch. Mae'r grŵp ffenyl, C_6H_5–, yn bresennol mewn nifer o gyfansoddion lle mae atom neu grwp arall wedi'i gyflwyno yn lle un o'r atomau hydrogen. Defnyddir ffenyl fel hyn ers astudiaethau cynnar o fensen pan awgrymwyd 'ffen' fel enw arall i'r cyfansoddyn yn seiliedig ar air Groeg sy'n golygu 'rhoi goleuni'. Gwnaed hyn oherwydd darganfuwyd bensen yn y tar a ffurfiwyd wrth wresogi glo i gynhyrchu nwy ar gyfer goleuadau.

Cemeg Organig

Adran pedwar

4 Enwch ddau debygrwydd rhwng adweithiau'r grŵp –OH mewn ffenol ac ethanol, a dau wahaniaeth.

5 Beth fyddech chi'n disgwyl ei weld yn digwydd wrth ychwanegu digon o asid hydroclorig gwanedig at hydoddiant o ffenol mewn sodiwm hydrocsid i wneud y cymysgedd yn asidig?

6 Eglurwch ystyr y termau 'grŵp asyl' ac 'asyleiddio' gan ddefnyddio adwaith ffenol gydag ethanoyl clorid fel enghraifft.

7 Awgrymwch reswm pam nad yw ffenol, yn wahanol i alcoholau, yn adweithio'n uniongyrchol gydag asidau carbocsylig i ffurfio esterau.

8 Bydd asid nitrig gwanedig yn nitradu ffenol yn gyflym ar dymheredd ystafell i ffurfio 2-nitroffenol a 4-nitroffenol. Lluniwch adeileddau'r ddau gyfansoddyn. Cymharwch yr amodau hyn ar gyfer nitradu ffenol â'r amodau ar gyfer nitradu bensen.

Prawf am ffenolau

Bydd ffenol yn ffurfio ïon cymhlyg lliw porffor o'i gymysgu â hydoddiant niwtral o haearn(III) clorid. Bydd cyfansoddion eraill sydd â grŵp –OH wedi'i gysylltu'n uniongyrchol â chylch bensen yn ymddwyn yn yr un modd.

Dibenion ffenolau

Mae diwydiant cemegol Prydain yn cynhyrchu oddeutu 100 000 tunnell fetrig o ffenol bob blwyddyn. Y prif ddibenion yw cynhyrchu'r canlynol:

- plastigion thermosodol megis Bakelite
- plastigion polycarbonad a ddefnyddir yn lle gwydr
- resinau epocsi ar gyfer adlynion
- rhyngolion ar gyfer cynhyrchu neilon (gweler tudalen 206).

Ffigur 4.6.8 ▶
Gwneir Bakelite o ffenol a methanal. Dyma'r plastig cyntaf i fod yn llwyddiant masnachol

Mae ffenol ei hun yn ddiheintydd nerthol, ac fe'i defnyddir i ladd germau byth oddi ar iddo gael ei arunigo o gol-tar yn y bedwaredd ganrif ar bymtheg. Am gyfnod, roedd ffenol yn enwog fel y cemegyn oedd yn gwneud llawdriniaeth yn ddiogel. Yng nghanol y 19eg ganrif roedd meddygon yn anobeithio gan fod heintiadau mewn ysbytai cynddrwg fel bo'r mwyafrif o'u cleifion yn marw o fadredd (*gangrene*) ar ôl derbyn llawdriniaeth i wella clwyfau cas. Yna yn 1865 darllenodd y llawfeddyg ifanc Joseph Lister, a weithiau yn Glasgow, am ymchwil Louis Pasteur i ddamcaniaeth germau clefydau a sylweddolodd y gallai ddefnyddio cemegyn diheintio i atal haint. Datblygodd dechneg o chwistrellu hydoddiant o ffenol dros y clwyfau agored yn ystod llawdriniaeth ac, o ganlyniad, goroesodd tipyn mwy o'i gleifion. Fodd bynnag, fe sylweddolodd yn fuan fod cadw germau draw trwy lendid dipyn yn well na cheisio'u lladd gyda chemegion.

Mae ffenol yn gemegyn annifyr sy'n llosgi'r croen, felly nid yw'n addas fel antiseptig. Er adeg Lister mae cemegwyr wedi darganfod ffenolau amnewidiedig sy'n addas fel antiseptig. Un o'r rhain yw 2,4,6-tricloroffenol (y cynhwysyn gweithredol mewn TCP).

Cemeg Organig

Adran pedwar

Prawf i chi

9 Pa un o'r cyfansoddion hyn fyddech chi'n ei ddisgwyl i roi lliw fioled o'i gymysgu â hydoddiant o haearn(III) clorid?

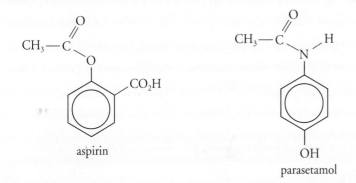

aspirin

parasetamol

10 Lluniwch adeiledd TCP.

4.7 Cyfansoddion carbonyl

Yr aldehydau a'r cetonau yw'r ddau brif ddosbarth o gyfansoddion carbonyl. Mae gan y grŵp carbonyl adweithiol ran bwysig i'w chwarae yng nghemeg pethau byw, mewn cemeg yn y labordy ac mewn diwydiant. Fel y disgwylir gan fond dwbl, adweithiau adio yw'r adweithiau nodweddiadol. Mae'r bond C=O yn bolar oherwydd bod ocsigen yn electronegatif iawn. O ganlyniad, nid yw'r mecanwaith ar gyfer adio at gyfansoddyn carbonyl yr un peth â'r mecanwaith ar gyfer adio at alcenau.

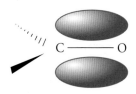

Ffigur 4.7.1 ▲
Cynrychioliadau o'r grŵp carbonyl mewn aldehydau a chetonau. Mae'r bond yn bolar oherwydd bod yr atom ocsigen tipyn yn fwy electronegatif na charbon

citral (lemon): cemegyn persawr

retinal: cyfansoddyn o'r pigment gweledol yn y llygaid

menthon (mintys): cyflasyn

Ffigur 4.7.2 ▲
Fformiwlâu ysgerbydol cyfansoddion naturiol sy'n cynnwys grŵp carbonyl yn eu moleciwlau

Aldehydau
Enwau ac adeileddau

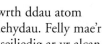

Cyfansoddion carbonyl lle mae'r grŵp carbonyl ynghlwm wrth ddau atom hydrogen neu grŵp hydrocarbon ac atom hydrogen yw aldehydau. Felly mae'r grŵp carbonyl ar ddiwedd cadwyn garbon. Mae'r enwau'n seiliedig ar yr alcan sydd â'r un ysgerbwd carbon gyda'r diwedd wedi'i newid o **–an** yn **–anal**.

> **Nodyn**
>
> Dylid ysgrifennu'r grŵp aldehyd fel –CHO bob tro. Mae –COH yn anghonfensiynol a gall arwain at ddryswch gydag alcoholau.

Ffigur 4.7.3 ▶
Adeileddau ac enwau aldehydau. Y grŵp –CHO yw'r grŵp gweithredol sy'n rhoi i aldehydau eu hadweithiau nodweddiadol

methanal

ethanal

propanal

bensencarbaldehyd (bensaldehyd)

Priodweddau ffisegol

Mae methanal yn nwy ar dymheredd ystafell. Mae ethanal yn berwi ar 21°C felly gall fod yn hylif neu'n nwy ar dymheredd ystafell, yn ôl yr amodau. Mae'r aldehydau cyffredin eraill i gyd yn hylifau. Mae'r aldehydau syml, megis methanal ac ethanal, yn hydoddi'n hawdd mewn dŵr.

Ffurfiant a dibenion

Wrth ocsidio alcoholau cynradd trwy eu gwresogi gyda chymysgedd o asid sylffwrig gwanedig a photasiwm deucromad(VI), cynhyrchir aldehydau o dan amodau sy'n caniatáu i'r aldehyd ddistyllu ymaith wrth iddo ffurfio. Yn wahanol i getonau, caiff aldehydau eu hocsidio ymhellach yn hawdd trwy barhau i'w gwresogi gyda gormodedd o'r adweithydd.

Bydd biolegwyr yn defnyddio hydoddiant methanal i gadw sbesimenau. Ers dechrau'r 20fed ganrif dyma brif gynhwysyn yr hylif a ddefnyddir i eneinio cyrff marw. Mae methanal hefyd yn gemegyn diwydiannol pwysig gan ei fod yn ddefnydd crai ar gyfer gweithgynhyrchu amrywiaeth o blastigion thermosodol.

Ffigur 4.7.4 ▲
Tri aldehyd a ddefnyddir i roi blas i fwyd

Cetonau *CD-ROM*

Enwau ac adeileddau

Mewn cetonau, mae'r grŵp carbonyl ynghlwm wrth ddau grŵp hydrocarbon. Bydd cemegwyr yn enwi cetonau ar ôl yr alcan sydd â'r un ysgerbwd carbon trwy newid y diwedd **-an** yn **-anon**. Os oes angen, defnyddir rhif yn yr enw i ddangos safle'r grŵp carbonyl.

Ffigur 4.7.5 ▲
Adeileddau ac enwau cetonau

Priodweddau ffisegol

Mae'r cetonau cyffredin i gyd yn hylifau â berwbwyntiau tebyg i'r aldehydau cyfatebol. Mae'r ceton symlaf, propanon, yn cymysgu'n hawdd gyda dŵr.

Bodolaeth a dibenion

Wrth ocsidio alcoholau eilaidd gyda photasiwm deucromad(VI) poeth, cynhyrchir cetonau. Ni chaiff y rhain, yn wahanol i aldehydau, eu hocsidio ymhellach yn hawdd.

Prawf i chi

1 Ysgrifennwch adeiledd 2-methylbwtanal.

2 a) Dangoswch fod berwbwyntiau aldehydau yn uwch na'r alcanau sydd â masau moleciwlaidd cymharol tebyg (gweler tudalen 245) ond yn is na'r alcoholau cyfatebol.

   b) Esboniwch werthoedd berwbwyntiau aldehydau o'u cymharu â berwbwyntiau alcanau ac alcoholau yn nhermau grymoedd rhyngfoleciwlaidd.

3 Pam mae aldehyd megis ethanal yn cymysgu'n hawdd gyda dŵr tra bo bensaldehyd tipyn yn llai hydawdd?

4 a) Ysgrifennwch hafaliad ar gyfer ocsidiad propan-1-ol yn bropanal. (Defnyddiwch [O] i gynrychioli'r ocsigen o'r cyfrwng ocsidio.)

   b) Esboniwch pam mae'n rhaid caniatáu i'r cynnyrch yn **a)** ddianc o gymysgedd yr adwaith wrth iddo ffurfio.

   c) Brasluniwch ddiagram o'r cyfarpar y byddech chi'n ei ddefnyddio i baratoi propanal yn y dull hwn.

5 Ysgrifennwch adeiledd 4,4-deumethylpentan-2-on.

6 Dangoswch fod propanon a phropanal yn isomerau grŵp gweithredol.

7 Ysgrifennwch hafaliad ar gyfer ocsidiad bwtan-2-ol i rhoi bwtanon. (Defnyddiwch [O] i gynrychioli'r ocsigen o'r cyfrwng ocsidio.)

8 Enwch yr adweithyddion a'r amodau ar gyfer trawsnewid bensen i'r ceton ffenylethanon. (Gweler tudalen 164)

9 Cyfeiriwch at Ffigurau 4.7.2 a 4.7.4 i ddod o hyd i fformiwla foleciwlaidd:
   a) fanilin
   b) citral.

10 Enwch y grŵp carbonyl ym mhob un o'r cyfansoddion a ddarluniwyd yn Ffigur 4.7.2. Ym mhob achos, dywedwch a yw'r grŵp carbonyl yn debyg i aldehyd neu geton.

Ffigur 4.7.7 ▶
Ocsidio propanal yn asid propanoig

Defnyddir propanon yn helaeth fel hydoddydd. Mae ganddo ferwbwynt isel a bydd yn anweddu'n gyflym, sy'n golygu ei fod yn addas wrth lanhau a sychu darnau o offer tra chywir. Propanon hefyd yw'r defnydd cychwynnol wrth gynhyrchu monomer y polymer adio tebyg i wydr mewn arwyddion arddangos, baddonau plastig a gorchuddion goleuadau ceir.

Adweithiau aldehydau a chetonau
Rhydwythiad

Bydd sodiwm tetrahydridoborad, $NaBH_4$, yn rhydwytho aldehydau yn alcoholau cynradd, a chetonau yn alcoholau eilaidd.

$$CH_3-CH_2-\overset{\displaystyle O}{\underset{\displaystyle H}{C}} \ + \ 2[H] \ \xrightarrow{NaBH_4} \ CH_3-CH_2-CH_2OH$$

propanal

propan-1-ol

$$\underset{\displaystyle CH_3}{\overset{\displaystyle CH_3}{>}}C=O \ + \ 2[H] \ \xrightarrow{NaBH_4} \ CH_3-CH_2OH-CH_3$$

propanon

propan-2-ol

Ffigur 4.7.6 ▲
Rhydwytho propanal a phropanon. Daw'r 2[H] o'r cyfrwng rhydwytho. Dyma ffordd law fer o gydbwyso hafaliad cymhleth sy'n cynnwys rhydwythiad

Ocsidiad

Bydd cyfryngau ocsidio'n trawsnewid aldehydau'n hawdd yn asidau carbocsylig. Mae hi dipyn yn fwy anodd ocsidio cetonau. Ni ellir ocsidio cetonau ond gyda chyfryngau ocsidio nerthol sy'n dadelfennu'r moleciwl. Mae profion cemegol i wahaniaethu rhwng aldehydau a chetonau yn seiliedig ar y gwahaniaeth yn rhwyddineb yr ocsidio.

$$CH_3-CH_2-\overset{\displaystyle O}{\underset{\displaystyle H}{C}} \ + \ [O] \ \xrightarrow[gwres]{Cr_2O_7^{2-}(d)/H^+(d)} \ CH_3-CH_2-\overset{\displaystyle O}{\underset{\displaystyle OH}{C}}$$

Mae potasiwm deucromad(VI) asidiedig yn oren ac mae'n cynnwys ïonau $Cr_2O_7^{2-}$. Ar ôl ocsidio aldehyd yn asid carbocsylig bydd yr adweithydd yn troi'n wyrdd gan roi hydoddiant o ïonau Cr^{3+} gwyrdd (gweler Ffigur 3.7.5 ar dudalen 105).

Adio hydrogen cyanid

Bydd hydrogen cyanid yn adio'n gyflym iawn at gyfansoddion carbonyl ar dymheredd ystafell. Mae hydrogen cyanid yn nwy gwenwynig iawn sy'n ffurfio yng nghymysgedd yr adwaith trwy ychwanegu potasiwm cyanid at asid sylffwrig gwanedig. Rhaid cael gormodedd o botasiwm cyanid i sicrhau bod ïonau cyanid rhydd ar gael i gychwyn yr adwaith.

$$CH_3-\overset{\displaystyle O}{\underset{\displaystyle H}{C}} + HCN \longrightarrow CH_3-\overset{\displaystyle OH}{\underset{\displaystyle H}{C}}-CN$$

2-hydrocsipropan nitril

Mae'r adwaith hwn yn gam defnyddiol mewn llwybrau synthetig tuag at gyfansoddion gwerthfawr, oherwydd gellir hydrolysu'r grŵp –CN yn asid carbocsylig neu ei rydwytho'n amin (gweler tudalennau 190–191). Mae'r adwaith yn ehangu ysgerbwd carbon y moleciwl o un atom carbon.

Adio niwcleoffilig

Mae rhydwythiad cyfansoddyn carbonyl gydag $NaBH_4$ a'r adwaith gyda hydrogen cyanid yn ddwy enghraifft o adweithiau niwcleoffilig. Mae'r atom carbon yn y grŵp carbonyl yn agored i ymosodiad gan niwcleoffilau gan fod yr ocsigen electronegatif yn tynnu electronau oddi arno.

Bydd y niwcleoffil yn defnyddio'i bâr unig o electronau i ffurfio bond newydd gyda'r atom carbon. Bydd hyn yn dadleoli un pâr o electronau yn y bond dwbl ar yr ocsigen. Felly mae'r ocsigen wedi ennill un electron o garbon, ac erbyn hyn mae ganddo wefr negatif.

$$NC:^- \quad \overset{\displaystyle H}{\underset{\displaystyle H_3C}{C}}=O \longrightarrow NC-\overset{\displaystyle H}{\underset{\displaystyle CH_3}{C}}-\ddot{O}^-$$

rhyngolyn

Ffigur 4.7.9 ▲
Cam cyntaf adio niwcleoffilig hydrogen cyanid at ethanal

Er mwyn cwblhau'r adwaith bydd yr ocsigen a'i wefr negatif yn gweithredu fel bas ac yn ennill proton.

$$NC-\overset{\displaystyle H}{\underset{\displaystyle CH_3}{C}}-\ddot{O}^- \quad H-CN \longrightarrow NC-\overset{\displaystyle H}{\underset{\displaystyle CH_3}{C}}-OH + CN^-$$

Ffigur 4.7.10 ▲
Ail gam adio niwcleoffilig hydrogen cyanid at ethanal. Sylwch fod tynnu proton oddi ar HCN yn cynhyrchu ïon cyanid arall

Profion am aldehydau a chetonau
Adnabod cyfansoddion carbonyl

CD-ROM

Gall cemegwyr adnabod aldehydau a chetonau gyda chymorth technegau sy'n defnyddio offer megis sbectromedreg màs a sbectrosgopeg isgoch (gweler tudalennau 226–233). Yn draddodiadol, byddai cemegwyr yn nodweddu'r cyfansoddion hyn trwy fesur eu berwbwyntiau a mesur ymdoddbwyntiau deilliadau grisialog (tudalen 246).

◀ *Ffigur 4.7.8*
Adio hydrogen cyanid at ethanal. Hydrocsinitril yw'r cynnyrch. Sylwch fod yr atom carbon yn y grŵp –CN yn cyfrif fel rhan o'r gadwyn garbon wrth enwi nitril

Prawf i chi

11 Enwch gynhyrchion rhydwytho bwtanal a bwtanon. Pa un sy'n alcohol cynradd a pha un sy'n alcohol eilaidd?

12 Dangoswch fod rhydwytho aldehyd neu geton gydag $NaBH_4$ yn adio hydrogen at y bond dwbl.

13 Dangoswch fod yr ïon cyanid yn gweithredu fel bas yn ystod ffurfiant hydrogen cyanid o botasiwm cyanid.

14 a) Dangoswch fod yr hydrocsinitril sy'n ffurfio o ethanal ac HCN yn foleciwl cirol.

b) Awgrymwch esboniad i'r ffaith nad yw'r hydoddiant hydrocsinitril sy'n ffurfio o ethanal ac HCN yn cylchdroi golau plân polar.

15 Ysgrifennwch yr hafaliad ar gyfer ffurfiant 2-hydrocsi-2-methylpropan nitril o geton.

16 Rhowch enghreifftiau o'r mathau hyn o adwaith o gemeg cyfansoddion carbonyl: ocsidiad, rhydwythiad, adiad.

17 Ysgrifennwch hafaliadau i ddangos mecanwaith rhydwythiad ethanal gan $NaBH_4$. Yr ïon hydrid, H^-, yw'r niwcleoffil. Mae'r adwaith yn digwydd mewn hydoddiant dyfrllyd felly mae moleciwlau dŵr ar gael ar gyfer ail gam y broses.

Cemeg Organig

Adran pedwar

173

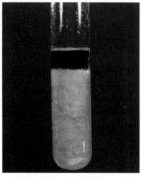

Mae'r adweithydd 2,3-deunitroffenylhydrasin yn adweithio gyda chyfansoddion carbonyl i ffurfio deilliadau 2,4-deunitroffenylhydrason sy'n solet ar dymheredd ystafell ac yn felyn neu'n oren llachar. Does dim diben ymarferol i'r deilliad solet ond gellir ei hidlo ymaith, ei ailrisialu a'i adnabod trwy fesur ei ymdoddbwynt. Mae hyn yn ei gwneud hi'n bosib enwi'r cyfansoddyn carbonyl.

> ### Diffiniad
> Gall cemegwyr ddefnyddio **deilliadau** i adnabod cyfansoddion anhysbys. Trwy drawsnewid cyfansoddyn yn ddeilliad grisialog cynhyrchir cynnyrch y gellir ei buro trwy ailrisialu yna'i enwi drwy fesur ei ymdoddbwynt.

Ffigur 4.7.11 ▲
Deilliad 2,4-deunitroffenylhydrason oren llachar

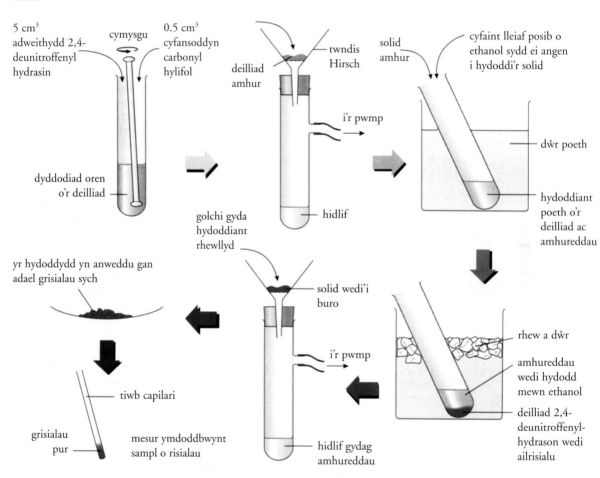

Ffigur 4.7.12 ▲
Camau ffurfio, puro ac enwi deilliad o gyfansoddyn carbonyl

Gwahaniaethu rhwng aldehydau a chetonau

Mae hydoddiant Fehling ac adweithydd Tollen (arian nitrad amoniaidd) yn gyfryngau ocsidio tyner a ddefnyddir i wahaniaethu rhwng aldehydau a chetonau. Caiff aldehydau eu hocsidio'n hawdd, ond nid felly cetonau.

Ni fydd adweithydd Fehling yn cadw, felly caiff ei baratoi pan fod angen trwy gymysgu dau hydoddiant. Copr(II) sylffad mewn dŵr yw un hydoddiant, a hydoddiant o ïonau 2,3-deuhydrocsibwtandeuoad (tartrad) mewn alcali cryf yw'r llall.

Mae'r halwyn 2,3-deuhydrocsibwtandeuoad yn ffurfio cymhlygyn gydag ïonau copr(II) gan eu hatal rhag dyddodi ar ffurf copr(II) hydrocsid gyda'r alcali.

Ffigur 4.7.13 ▲

Adweithydd Fehling cyn (chwith) ac ar ôl (de) ei wresogi gydag aldehyd. Mae'r hydoddiant glas tywyll yn troi'n wyrdd cyn colli ei liw wrth i ddyddodiad oren-goch o gopr(I) ocsid ymddangos. Does dim newid gyda cheton

Mae adweithydd Tollen yn cynnwys hydoddiant alcalïaidd o ïonau deuaminarian(I), $[Ag(NH_3)_2]^+$. Bydd aldehydau'n rhydwytho'r ïonau arian yn arian metelig. Ni fydd cetonau'n adweithio.

Ffigur 4.7.14 ▲

Wrth gynhesu adweithydd Tollen gydag aldehyd ceir dyddodiad o arian sy'n ffurfio haen sgleiniog dros wydr glân, yn union fel drych. Does dim adwaith gyda chetonau

Bydd cyfansoddyn sy'n cynnwys grŵp CH_3CO- yn cynhyrchu dyddodiad melyn o dri-ïodomethan (ïodofform) o'i gynhesu gyda chymysgedd o ïodin a sodiwm hydrocsid. Mae'r prawf yn dangos bod grŵp methyl nesaf at grŵp carbonyl mewn moleciwl organig.

Bydd yr adwaith yn digwydd mewn dau gam.

$$\underset{R}{\overset{H_3C}{>}}C=O \xrightarrow[\text{amnewidiad}]{I_2} \underset{R}{\overset{I_3C}{>}}C=O \xrightarrow[\text{hydrolysis}]{OH^-} \underset{\substack{\text{dyddodiad} \\ \text{melyn}}}{CHI_3(s)} + R-CO_2H$$

Ffigur 4.7.15 ▲

Hafaliad ar gyfer yr adwaith tri-ïodomethan

Prawf i chi D

18 Enwch y cyfansoddyn sy'n berwi ar 80°C, sydd ddim yn adweithio gyda hydoddiant Fehling ac sy'n ffurfio deilliad 2,2-deunitroffenylhydrason sy'n hydoddi ar 115°C.

19 Mae hydrolysis C_4H_9Cl gyda sodiwm hydrocsid dyfrllyd, poeth yn cynhyrchu $C_4H_{10}O$ a gellir ocsidio hwn yn C_4H_8O gyda hydoddiant asidig o botasiwm deucromad(VI). Nid yw'r cyfansoddyn C_4H_8O yn adweithio gyda hydoddiant Fehling ond mae'n rhoi dyddodiad melyn gyda 2,4-deunitroffenylhydrasin. Rhowch enwau ac adeiladau'r cyfansoddion hyn.

20 a) Esboniwch pam bydd alcoholau sy'n cynnwys y grŵp CH_3CHOH- hefyd yn rhoi canlyniad positif gyda'r adwaith tri–ïodomethan.

   b) Esboniwch pam mae cymysgedd o ïodin gyda sodiwm hydrocsid yn gywerth yn gemegol â chymysgedd o hydoddiannau potasiwm ïodid a sodiwm clorad(I).

21 Enwch ac ysgrifennwch fformiwla arddangos y ddau isomer o $C_5H_{10}O$ sy'n ffurfio dyddodiad melyn wrth adweithio gydag ïodin ym mhresenoldeb alcali.

22 Pa un yw'r unig aldehyd i adweithio yn yr adwaith tri–ïodomethan?

Nodyn

Adweithydd arall y gellir ei ddefnyddio ar gyfer yr adwaith ïodofform yw cymysgedd o botasiwm ïodid a sodiwm clorad(I).

4.8 Asidau carbocsylig

Gellir adnabod nifer o asidau organig ar unwaith o'u harogl. Er enghraifft, asid ethanoig sydd yn rhoi i finegr ei flas a'i arogl. Asid bwtanoig sy'n gyfrifol am arogl drwg menyn sur a chymysgedd o dri asid organg di-gangen gyda 6, 8 a 10 atom carbon sy'n gyfrifol am arogl geifr. Mae gan asidau organig ran bwysig i'w chwarae ym miocemeg bywyd oherwydd amrywiaeth eang eu hadweithiau. Mae'r asidau hefyd yn bwysig mewn cemeg labordy a chemeg diwydiannol, gan helpu i gynhyrchu amrywiaeth o ddefnyddiau newydd: yn enwedig ffibrau synthetig a phlastigion.

Adeileddau ac enwau

Cyfansoddion sydd â'r fformiwla R–CO$_2$H yw asidau carbocsylig, lle mae R yn cynrychioli grŵp alcyl neu aryl neu atom hydrogen. Y grŵp asid carbocsylig –CO$_2$H yw'r grŵp gweithredol sy'n rhoi i'r asidau eu priodweddau nodweddiadol.

Ffigur 4.8.1 ▲
Seiliwyd enwau traddodiadol asidau organig ar eu gwreiddiau naturiol. Enw gwreiddiol asid methanoig oedd asid fformig oherwydd fe'i cafwyd yn gyntaf o forgrug coch, a'r enw Lladin ar 'forgrugyn' yw formica. Mae'r asid y peri i bigiad morgrugyn losgi

Ffigur 4.8.2 ▲
Mae nifer o lysiau yn cynnwys asid ethandeuoad, a adnabyddir yn well fel asid ocsalig. Mae lefel yr asid mewn dail rhiwbob yn ddigon uchel i'w gwneud hi'n beryglus eu bwyta. Mae'r asid yn lladd trwy ostwng crynodiad yr ïonau calsiwm mewn gwaed i lefel sy'n beryglus o isel

Gellir ystyried y grŵp asid carbocsylig yn grŵp carbonyl, C=O, ynghlwm wrth grŵp –OH. Fodd bynnag, gwell yw ei ystyried fel un grŵp gweithredol ac iddo briodweddau arbennig.

Bydd cemegwyr yn enwi asidau carbocsylig trwy roi asid o flaen yr alcan cyfatebol a newid y diwedd yn **-oig**. Felly daw ethan yn asid ethan**oig**.

Nodyn

Bydd nifer o bobl yn dangos y grŵp asid carbocsylig yn y ffurf –COOH, ond ar gyfer grŵp â'r adeiledd

$$-\overset{\displaystyle O}{\underset{\displaystyle O-H}{C}}$$

mae –CO$_2$H yn fwy cywir, gan osgoi unrhyw ddryswch rhyngddo â –C–O–O–H.

Ffigur 4.8.3 ▶
Enwau ac adeileddau asidau carbocsylig

asid methanoig   asid ethanoig   asid propanoig

asid ethandeuoig   asid bensencarbocsylig (asid bensoig)

176

Priodweddau ffisegol

Mae hyd yn oed yr asidau mwyaf syml, megis asid methanoig ac asid ethanoig, yn hylifau ar dymheredd ystafell o ganlyniad i fondio hydrogen rhwng grwpiau asid carbocsylig. Hefyd, oherwydd bondio hydrogen, mae'r asidau hyn yn barod iawn i gymysgu gyda dŵr. Mae bondio hydrogen yn peri i asidau carbocsylig baru i ffurfio deumerau mewn hydoddyddion amholar.

Mae asidau carbocsylig sydd â mwy nag wyth carbon yn solidau. Mae asid bensoig yn solet ar dymheredd ystafell. Nid yw ond ychydig yn hydawdd mewn dŵr oer, ond mae ychydig yn fwy hydawdd mewn dŵr poeth.

Ffigur 4.8.4 ▲
Model pêl a ffon o asid organig

Prawf i chi

1 Ysgrifennwch fformiwla adeileddol ar gyfer y tri asid carbocsylig a ddeilliodd yn draddodiadol o'r gair Lladin caper sy'n golygu gafr, a rhowch eu henwau systematig: asid caproig (6C), asid caprylig (8C), asid caprig (10C).

2 Rhowch fformiwla foleciwlaidd, fformiwla arddangos ac enw'r asid a ddangosir yn Ffigur 4.8.4.

3 a) Tynnwch ddiagram i ddangos y bondio hydrogen rhwng moleciwlau asid ethanoig a moleciwlau dŵr.
  b) Mewn hydoddydd amholar, bydd moleciwlau asid ethanoig yn deumeru trwy fondio hydrogen. Tynnwch ddiagram i ddangos sut mae hyn yn digwydd.

Adweithiau cemegol
Adweithiau fel asidau

Mae asidau carbocsylig yn asidau gwan (gweler tudalen 37). Mae asidau carbocsylig yn ddigon asidig i gynhyrchu carbon deuocsid o'u hychwanegu at hydoddiant o sodiwm carbonad neu sodiwm hydrogencarbonad. Mae'r adwaith hwn yn dangos y gwahaniaeth rhwng asidau carbocsylig ac asidau gwannach megis ffenolau.

$$CH_3-C\begin{smallmatrix}O\\OH\end{smallmatrix}(d) + HCO_3^-(d) \longrightarrow CH_3-C\begin{smallmatrix}O\\O^-\end{smallmatrix}(d) + H_2O(h) + CO_2(n)$$

◀ Ffigur 4.8.5
Adwaith asid ethanoig gydag ïonau hydrogencarbonad

Mae'r grŵp –OH yn y grŵp asid carbocsylig yn fwy asidig na'r grŵp –OH mewn alcoholau.

$$CH_3-C\begin{smallmatrix}O\\OH\end{smallmatrix} + H_2O \rightleftharpoons CH_3-C\begin{smallmatrix}O\\O\end{smallmatrix}^- + H_3O^+$$

Ffigur 4.8.6 ▲
Ïoneiddio asid ethanoig

Dadleolir electronau gan sefydlogi'r ïon carbocsylad. Mae hyn yn ffafrio ïoneiddio'r asid ac yn helpu i syflyd yr ecwilibriwm i'r dde.

Nodyn

Fel rheol gyffredinol, mae dadleoliad yn fwy effeithiol mewn ïon negatif a all ddadleoli'r wefr dros fwy o atomau ocsigen. Felly mae asid ethanoig yn fwy asidig na ffenol (gweler tudalennau 166–167).

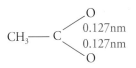

$$CH_3-C\begin{smallmatrix}O & 0.127nm\\O & 0.127nm\end{smallmatrix}$$

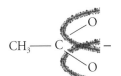

$$CH_3-C\begin{smallmatrix}O\\O\end{smallmatrix}-$$

Ffigur 4.8.7 ▲
Hyd bondiau yn yr ïon ethanoad. Daw rhan o'r dystiolaeth ar gyfer y disgrifiad yma o'r bondio yn yr ïon hwn o'r ffaith bod y ddau fond carbon-ocsigen yr un peth. Maent yn fyrrach na bond C–O normal ond yn hwy na bond C=O

Cemeg Organig

Adran pedwar

177

Ffurfiant asyl cloridau

Mae ffosfforws pentaclorid, PCl_5, yn adweithio gydag asidau carbocsylig ar dymheredd ystafell. Mae'r adwaith yn cyflwyno atom clorin yn lle grŵp –OH.

Ffigur 4.8.8 ▶

Adwaith PCl_5 gydag asid ethanoig

$$CH_3 - \overset{\displaystyle O}{\underset{\displaystyle OH}{C}} \text{(h)} + PCl_5\text{(s)} \longrightarrow CH_3 - \overset{\displaystyle O}{\underset{\displaystyle Cl}{C}} \text{(h)} + POCl_3\text{(h)} + HCl\text{(n)}$$

ethanoyl clorid

Ffurfiant esterau

Mae asidau carbocsylig yn adweithio gydag alcoholau i ffurfio esterau (gweler tudalen 183). Cymysgir y ddau gyfansoddyn organig a'u gwresogi dan adlifiad ym mhresenoldeb ychydig bach o gatalydd asid cryf megis asid sylffwrig crynodedig.

Ffigur 4.8.9 ▶

Ffurfio ester o asid ethanoig a phropan-1-ol

$$CH_3 - \overset{\displaystyle O}{\underset{\displaystyle OH}{C}} \text{(h)} + CH_3CH_2CH_2OH\text{(h)} \underset{\text{gwres}}{\overset{H^+\text{(d)}}{\rightleftharpoons}} CH_3 - \overset{\displaystyle O}{\underset{\displaystyle OCH_2CH_2CH_3}{C}} \text{(h)} + H_2O\text{(h)}$$

asid ethanoig   propan-1-ol   propyl ethanoad

Mae'r adwaith hwn yn gildroadwy. Rhaid trefnu amodau'r adwaith er mwyn cynyddu cynnyrch yr ester. Un posibiliad yw defnyddio gormodedd naill ai o'r asid neu'r alcohol, yn dibynnu ar ba un sydd ar gael nau ba un yw'r rhataf. Gall defnyddio mwy o asid sylffwrig crynodedig nag sydd ei angen ar gyfer ei effaith catalytig helpu hefyd gan fod yr asid yn adweithio gyda dŵr. Mewn rhai adweithiau esteru mae'n bosib distyllu naill ai'r ester neu'r dŵr ymaith wrth iddynt ffurfio.

Rhydwythiad

Mae'n bosib rhydwytho asid carbocsylig yn alcohol gyda'r cyfrwng rhydwytho nerthol $LiAlH_4$. Caiff yr adweithydd ei ddal mewn ether sych. Trwy ychwanegu dŵr wedi'r rhydwythiad caiff gormodedd y cyfrwng rhydwytho ei ddinistrio.

Ffigur 4.8.10 ▶

Rhydwythiad gydag $LiAlH_4$

$$CH_3 - \overset{\displaystyle O}{\underset{\displaystyle OH}{C}} \text{(h)} + 4[H] \xrightarrow[\text{mewn ether}]{LiAlH_4} CH_3CH_2OH\text{(h)} + H_2O\text{(h)}$$

Nodyn

Mae lithiwm tetrahydridoalwminad(III), $LiAlH_4$, yn gyfrwng rhydwytho nerthol a ddefnyddir i rydwytho aldehydau, cetonau, esterau ac asidau carbocsylig yn alcoholau. Mae nifer o gemegwyr yn dal i ddefnyddio'r hen enw, lithiwm alwminiwm hydrid. Yn yr adweithiau gellir ystyried yr ïon tetrahydridoalwminad(III) fel ffynhonnell ïonau hydrid, H^-. Caiff yr adweithydd ei hydrolysu'n gyflym gan ddŵr, felly rhaid ei ddefnyddio mewn hydoddydd anhydrus megis ether sych. Os yn bosib, mae'n well defnyddio sodiwm tetrahydridoborad(III) gan ei fod yn haws ac yn fwy diogel ei ddefnyddio (gweler tudalen 172).

asid

asid anhydrid

halwyn sodiwm

amid

$CH_3 - C \equiv N$
nitril

asyl clorid

◀ *Ffigur 4.8.11*
Cyfansoddion sy'n perthyn i asidau carbocsylig

Prawf i chi

4 Mae asid bensoig ond ychydig yn hydawdd mewn dŵr, ond mae'n barod iawn i hydoddi mewn sodiwm hydrocsid dyfrllyd. Defnyddiwch egwyddor Le Châtelier i esbonio pam mae hyn yn digwydd. Dechreuwch drwy ysgrifennu hafaliad ar gyfer yr ecwilibriwm rhwng asid bensoig a'i ïonau dyfrllyd mewn hydoddiant.

5 Ysgrifennwch hafaliad ar gyfer adwaith asid propanoig gyda sodiwm carbonad.

6 Awgrymwch esboniad, yn nhermau'r effaith anwythol (gweler tudalen 156), am y ffaith fod:
a) asid methanoig yn gryfach asid nag asid ethanoig
b) asid cloroethanoig, CH_2ClCO_2H, yn gryfach asid nag asid ethanoig.

7 Sut gellir defnyddio adwaith asidau carbocsylig (ac alcoholau) gyda PCl_5 fel prawf am bresenoldeb grŵp –OH?

8 Defnyddiwch egwyddor Le Châtelier i esbonio'r dulliau a ddefnyddir i gynyddu swm yr ester sy'n ffurfio o asid ac alcohol.

Cemeg Organig

Adran pedwar

4.9 Asyleiddiad

Mae cemegwyr yn gweld gwerth asid cloridau ac asid anhydridau fel cyfansoddion adweithiol ar gyfer synthesis ar raddfa fechan yn y labordy yn ogystal ag ar raddfa fawr mewn diwydiant. Yr adweithyddion hyn yn aml yw'r ffordd hawsaf o baratoi cynhyrchion gwerthfawr megis esterau. Mae synthesis y sylwedd lladd poen, aspirin, yn enghraifft o asyleiddiad.

Cyfryngau asyleiddio

Adwaith sy'n cyflwyno grŵp asyl yn lle atom hydrogen yw asyleiddiad. Gall yr atom H fod yn rhan o grŵp –OH, grŵp –NH$_2$ neu gylch bensen. Mae cyfryngau asyleiddio naill ai yn asyl cloridau neu'n asid anhydridau.

Ffigur 4.9.1 ▶

Enghreifftiau o grwpiau asyl. Sylwch fod grŵp asyl yn cynnwys pob rhan o'r grŵp asid carbocsylig heblaw am y grŵp –OH

grŵp ethanoyl

grŵp bensencarbonyl (bensoyl)

Ffigur 4.9.2 ▶

Enghreifftiau o asyl cloridau. Bydd asyl cloridau'n ffurfio wrth i asidau carbocsylig adweithio gyda PCl$_5$ (gweler tudalen 178)

ethanoyl clorid

bensencarbonyl (bensoyl) clorid

Ffigur 4.9.3 ▶

Caiff y grŵp gweithredol mewn asid anhydrid ei ffurfio trwy ddileu moleciwl o ddŵr o ddau grŵp asid carbocsylig. Weithiau bydd hyn yn digwydd wrth wresogi'r asid yn unig, ond yn gyffredinol caiff anhydridau eu paratoi mewn ffyrdd eraill

ethanoig anhydrid

bensen-1,2-deucarbocsylig anhydrid

Asyl cloridau

Mae asyl cloridau'n adweithiol dros ben, sy'n golygu eu bod yn gyfryngau asyleiddio nerthol. Mae ethanoyl clorid, er enghraifft, yn hylif di-liw sy'n mygu wrth iddo adweithio gyda lleithder yn yr aer. Mae'r adwaith rhwng ethanoyl clorid a dŵr yn rymus dros ben ar dymheredd ystafell.

Bydd ethanoyl clorid, ac asyl cloridau eraill, hefyd yn adweithio'n gyflym ar dymheredd ystafell gydag alcoholau i ffurfio esterau.

$$CH_3-\overset{\overset{\displaystyle O}{\|}}{C}\underset{Cl}{} + CH_3CH_2CH_2OH \longrightarrow CH_3-\overset{\overset{\displaystyle O}{\|}}{C}\underset{OCH_2CH_2CH_3}{} + HCl$$

◀ **Ffigur 4.9.4**
Ffurfio ester o ethanoyl clorid a phropan-1-ol

Bydd asid cloridau, megis ethanoyl clorid, hefyd yn adweithio gydag amonia ac aminau i ffurfio amidau (gweler hefyd dudalen 188).

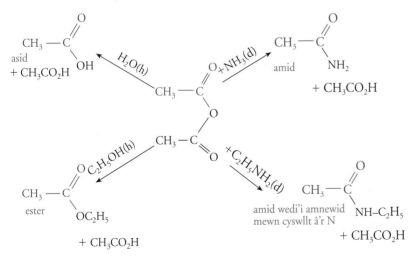

◀ **Ffigur 4.9.5**
Crynodeb o adweithiau ethanoyl clorid. Mae'r adweithiau i gyd yn digwydd yn gyflym iawn ar dymheredd ystafell

Asid anhydridau

CD-ROM

Mae asid anhydridau'n adweithio mewn modd tebyg i asyl cloridau gyda dŵr, alcoholau ac aminau. Fodd bynnag, maent yn llai adweithiol nag asyl cloridau sy'n golygu ei bod yn fwy cyfleus ac yn fwy diogel eu defnyddio. O ganlyniad fe'u defnyddir yn aml mewn synthesisau labordy a diwydiannol. Mantais arall yw nad ydynt yn ffurfio hydrogen clorid wrth adweithio. Mae angen gwresogi adweithiau asid anhydridau mewn fflasg â chyddwysydd adlifo wedi cysylltu â hi.

Ffigur 4.9.6 ▲
Adweithiau ethanoig anhydrid

Prawf i chi

1 a) Dangoswch fod asid bwtendeuoig yn gallu bodoli ar ffurf dau isomer geometrig.

  b) Bydd un isomer yn ffurfio anhydrid yn gymharol hawdd o'i wresogi uwchlaw ei ymdoddbwynt. Pa isomer yw hwn?

2 Ysgrifennwch hafaliad ar gyfer yr adwaith rhwng ethanoyl clorid a dŵr. Dangoswch fod hwn yn enghraifft o hydrolysis.

3 Beth yw'r amodau ar gyfer adwaith ffenol gydag asid clorid? (Gweler tudalen 167)

4 Ysgrifennwch hafaliad ar gyfer ffurfiant ethanamid o ethanoyl clorid. Dangoswch fod angen dau fôl o amonia i adweithio gydag un môl o'r asyl clorid.

Cemeg Organig

Adran pedwar

4.9 Asyleiddiad

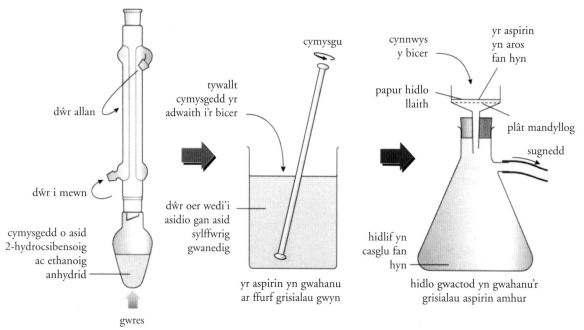

dŵr allan

tywallt cymysgedd yr adwaith i'r bicer

cymysgu

cynnwys y bicer

yr aspirin yn aros fan hyn

papur hidlo llaith

plât mandyllog

dŵr i mewn

sugnedd

cymysgedd o asid 2-hydrocsibensoig ac ethanoig anhydrid

dŵr oer wedi'i asidio gan asid sylffwrig gwanedig

hidlif yn casglu fan hyn

gwres

yr aspirin yn gwahanu ar ffurf grisialau gwyn

hidlo gwactod yn gwahanu'r grisialau aspirin amhur

gwresogi dan adlifiad am 30 munud

Ffigur 4.9.7 ▲
Y camau a ddilynir wrth asyleiddio asid 2-hydrocsibensoig yn aspirin yn y labordy. Gellir puro'r aspirin trwy ailrisialu o ddŵr poeth (gweler Ffigur 4.7.13 ar dudalen 174). **CD-ROM**

Nodyn

Gelwir adweithiau adio-dileu hefyd yn adweithiau cyddwyso gan mai hollti moleciwl bach (megis dŵr) ymaith wrth i ddau foleciwl mwy gyfuno yw'r effaith gyffredinol (gweler tudalen 206).

Prawf i chi

8 Pam mae'r atom carbon sydd ynghlwm wrth yr atom clorin mor agored i ymosodiadau gan niwcleoffilau?

9 Ysgrifennwch y mecanwaith ar gyfer adwaith amonia gydag ethanoyl clorid.

Ffigur 4.9.8 ▶
Mecanwaith adwaith alcohol (ethanol) gydag asyl halid (ethanoyl clorid) i ffurfio ester (ethyl ethanoad)

Prawf i chi

5 Ysgrifennwch hafaliad cytbwys ar gyfer adwaith ethanoig anhydrid gyda phropan-1-ol.

6 Pam mae'n fantais defnyddio cyfrwng asyleiddio sydd ddim yn cynhyrchu hydrogen clorid fel sgil gynnyrch yn yr adwaith?

7 Cyfrifwch ganran y cynnyrch wrth i 10 g o asid 2-hydrocsibensoig adweithio gyda gormodedd o ethanoig anhydrid i roi 8 g o aspirin.

Adweithiau adio-dileu asid cloridau

Adweithiau adio-dileu yw adweithiau asyl cloridau gyda'r niwcleoffilau dŵr, alcoholau, amonia ac aminau.

Yn ystod adwaith adio-dileu, yn gyntaf bydd dau foleciwl yn adio at ei gilydd yna bydd moleciwl bach megis dŵr neu hydrogen clorid yn hollti ymaith ar unwaith.

Mae adweithiau adio-dileu yn digwydd mewn tri cham:

■ adio niwcleoffilig
■ ennill a cholli ïonau hydrogen (protonau)
■ dileu moleciwl bach.

182

4.10 Esterau

Esterau yw nifer o'r cyfansoddion sydd ag arogl melys mewn persawr a chyflasynnau ffrwythau. Mae rhai cyffuriau a ddefnyddir mewn meddygaeth yn esterau, gan gynnwys aspirin, parasetamol a'r anaesthetigau lleol nofocain a bensocain. Mae'r pryfleiddiaid malathion a phyrethrin hefyd yn esterau. Ymysg cyfansoddion sydd â mwy nag un cyswllt ester mae brasterau ac olewau yn ogystal â ffibrau polyester. Mae esterau eraill yn bwysig fel hydoddyddion a defnyddiau plastigio.

Enwau ac adeiladau

CD-ROM

Fformiwla gyffredinol ester yw RCO_2R', lle mae R ac R' yn grwpiau alcyl neu aryl.

methyl ethanoad   ethyl methanoad   ethyl bensencarbocsylad
(ethyl bensoad)

Ffigur 4.10.2 ▲
Enwau ac adeiladau esterau

Priodweddau ffisegol

Mae esterau cyffredin megis ethyl ethanoad yn hylifau anweddol sydd ond ychydig yn hydawdd mewn dŵr.

Ffigur 4.10.1 ▲
Cymysgeddau cymhleth yw blasau naturiol ffrwythau. Mae gan rai esterau syml arogl sy'n debyg i flas ffrwythau. Er enghraifft: propyl ethanoad (gellyg), ethyl bwtanoad (pinafalau), octyl ethanoad (orennau), 2-methylpropyl ethanoad (afalau)

Prawf i chi
D

1 Enwch a dangoswch fformiwlâu arddangos yr esterau sy'n ffurfio wrth i'r canlynol adweithio:
   a) asid bwtanoig a phropan-1-ol
   b) ethanoyl clorid a methanol
   c) ethanoig anhydrid a bwtan-1-ol.

2 Pam mae berwbwynt ethyl ethanoad yn debyg i un ethanol ac yn is nag un asid ethanoig?

3 Yn Ffigur 4.10.3 ar dudalen 184:
   a) Dywedwch beth sy'n digwydd ymhob un o'r camau A, B, C a D.
   b) Beth yw pwrpas yr asid sylffwrig crynodedig?
   c) Beth yw arwyddion gweladwy'r adwaith yn ystod cam C, a pha ragofalon ymarferol sy'n angenrheidiol yn ystod y cam hwn?
   ch) Mae'r calsiwm clorid yng ngham Ch yn symud ethanol sydd heb newid o'r cynnyrch amhur. Pa fath o adwaith fyddech chi'n ei ddisgwyl rhwng yr alcohol a'r $CaCl_2$?
   d) Bydd sgil gynnyrch anweddol yn distyllu ymaith yn yr amrediad berwi 35–40°C cyn yr ester yng ngham D. Awgrymwch adeiledd ar gyfer y sgil gynnyrch hwn sydd â'r fformiwla foleciwlaidd $C_4H_{10}O$.
   dd) Cyfrifwch ganran y cynnyrch os yw'r gwir gynnyrch yn 50 g o 40 g o ethanol a 52 g o asid ethanoig.

Diffiniad

Olewau hanfodol yw'r olewau a echdynnir o blanhigion fel ffynhonnell cemegion ar gyfer persawr, cyflasynnau bwyd a dibenion eraill. Maent yn aml yn cynnwys esterau.

Ffigur 4.10.3 ▶
Y camau a ddilynir wrth
baratoi ethyl ethanoad yn y
labordy

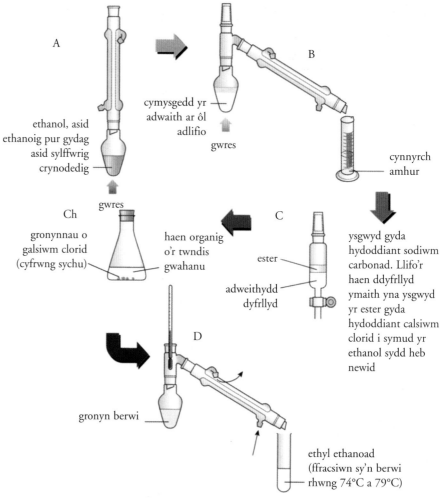

Hydrolysis esterau

Mae hydrolysis yn hollti ester yn asid ac yn alcohol.

Ffigur 4.10.4 ▶
Hydrolysis ester

$$CH_3 - C\underset{O-CH_2CH_3}{\overset{O}{<}} \quad + \quad H_2O \quad \longrightarrow \quad CH_3 - C\underset{OH}{\overset{O}{<}} \quad + \quad CH_3CH_2OH$$

ester   asid   alcohol

Gall asidau neu fasau gatalyddu'r hydrolysis. Hydrolysis wedi'i gatalyddu gan asid yw gwrthdro'r adwaith a ddefnyddir i syntheseiddio esterau o asidau carbocsylig (gweler tudalen 178).

Mae catalysis bas fel rheol yn fwy effeithlon gan nad yw'n gildroadwy. Mae'r asid sy'n cael ei ffurfio yn colli ei broton ac yn troi'n ïon negatif sydd ddim yn adweithio gyda'r alcohol.

Ffigur 4.10.5 ▶
Hydrolysis ethyl ethanoad
wedi'i gatalyddu gan fas

$$CH_3 - C\underset{O-CH_2CH_3}{\overset{O}{<}} \quad + \quad OH^- \quad \longrightarrow \quad CH_3 - C\underset{O^-}{\overset{O}{<}} \quad + \quad CH_3CH_2OH$$

ester   halwyn   alcohol

Brasterau ac olewau

CD-ROM

Mae brasterau ac olewau llysiau yn perthyn i deulu o gyfansoddion a elwir yn lipidau. Yn gemegol, esterau asidau carbocsylig cadwyn hir a'r alcohol propan-1,2,3-triol, a elwir yn glyserol, yw brasterau ac olewau.

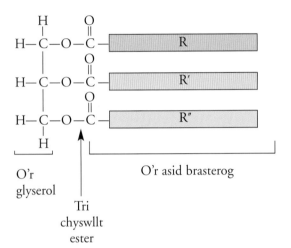

O'r glyserol

Tri chyswllt ester

O'r asid brasterog

◄ **Ffigur 4.10.6**
Adeiledd cyffredinol triglyserid. Mewn brasterau ac olewau llysiau naturiol gall y cadwyni hydrocarbon fod yr un peth neu'n wahanol

Byddwn yn cyfeirio at yr asidau carbocsylig mewn brasterau fel asidau brasterog fel arfer. Nid oes gan asidau brasterog dirlawn fondiau dwbl yn y gadwyn hydrocarbon, ond ceir bondiau dwbl ym moleciwlau asidau brasterog annirlawn.

Asid brasterog	Enw cemegol	Fformiwla	Math
palmitig	hecsadecanoig	$CH_3(CH_2)_{14}CO_2H$	dirlawn
stearig	octadecanoig	$CH_3(CH_2)_{16}CO_2H$	dirlawn
oleig	*cis*-octadec-9-enoig	$CH_3(CH_2)_7CH=CH(CH_2)_7CO_2H$	annirlawn
linoleig	*cis, cis*-octadec-9,12-deuenoig	$CH_3(CH_2)_4CH=CHCH_2CH=CH(CH_2)_7CO_2H$	annirlawn

Ffigur 4.10.7 ▲
Enghreifftiau o asidau brasterog

Mae brasterau yn solet ar dymheredd ystafell (islaw 20°C) gan eu bod yn cynnwys cyfran uchel o asidau brasterog dirlawn. Yn gyffredinol ceir hyd i driglyseridau solet mewn anifeiliaid. Mewn lard, er enghraifft, y prif asidau brasterog yw asid palmitig (28%), asid stearig (8%) a dim ond 56% o asid oleig.

Mae adeileddau'r triglyseridau sydd â brasterau annirlawn yn llai rheolaidd na'r brasterau dirlawn. Nid yw'r moleciwlau'n pacio gyda'i gilydd mor hawdd i ffurfio solidau, felly mae ganddyn nhw ymdoddbwyntiau is a rhaid iddyn nhw fod yn oerach cyn ymsolido. Ceir triglyseridau o'r fath mewn planhigion, ac maent yn hylifau ar dymheredd ystafell. Mewn olew llysiau, megis olew olewydd, asid oleig (80%) ac asid linoleig (10%) yw'r prif asidau brasterog.

Cemeg Organig

Adran pedwar

Ffigur 4.10.8 ▲
Olifau gwyrdd wedi'u cynaeafu am eu holew, California, UDA

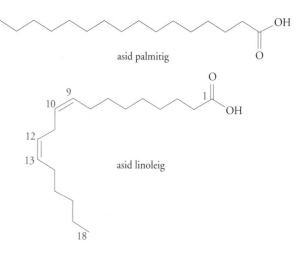

asid palmitig

asid linoleig

Ffigur 4.10.9 ▲
Fformiwlâu ysgerbydol i gymharu siapiau asid palmitig ac asid linoleig

Cemegion o frasterau ac olewau

Caledu

Defnyddir hydrogeniad yn ddiwydiannol i adio hydrogen at fondiau dwbl mewn olewau. Mae hyn yn cynhyrchu brasterau dirlawn sy'n solet ar dymheredd ystafell. Felly gelwir y broses weithiau yn 'galedu'. Nicel wedi'i fân-hollti yw'r catalydd. Cymysgedd o olewau llysiau gyda chyfran ddigon uchel o frasterau rhannol-solet i wneud y cynnyrch yn solid y gellir ei daenu yw pâst taenu megis margarin.

Hydrolysis

Cynhyrchir sebon a glyserol wrth hydrolysu triglyseridau. Halwynau sodiwm neu botasiwm asidau brasterog yw sebonau.

$$H-\underset{\underset{H}{|}}{\overset{\overset{H}{|}}{C}}-O-\overset{\overset{O}{||}}{C}-(CH_2)_{16}CH_3$$

glyserol   sodiwm stearad (sebon)

Ffigur 4.10.10 ▲
Seboneiddiad – hydrolysis braster neu olew llysiau (triglyserid) gydag alcali i wneud sebon

Mae sebonau yn syrffactyddion sy'n helpu i symud baw seimllyd oherwydd bod ganddyn nhw ben ïonig (dŵr-gar) a chynffon hydrocarbon hir (gwrth-ddŵr). Mae sebonau'n helpu i wahanu baw seimllyd o arwynebau. Yna maen nhw'n cadw'r baw ar wasgar mewn dŵr fel y gellir ei olchi ymaith.

Caiff y mwyafrif o sebonau ymolchi eu paratoi o gymysgedd o fraster anifail ac olew palmwydden goco. Mae sebonau o frasterau anifail yn llai hydawdd ac yn para'n hirach. Mae sebonau o olewau palmwydd yn fwy hydawdd er mwyn iddyn nhw ffurfio trochion yn gyflym a golchi ymaith yn gynt. Bydd bar o sebon hefyd yn cynnwys llifyn a phersawr ynghyd â gwrthocsidyddion i atal y sebon rhag cyfuno gydag aer i ffurfio cemegion llidus.

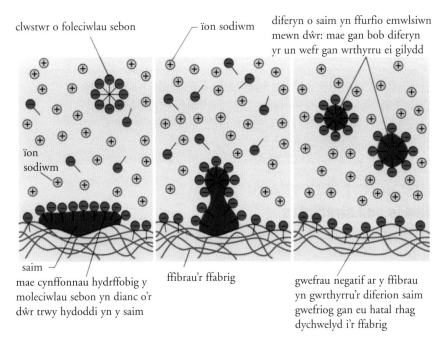

clwstwr o foleciwlau sebon

ïon sodiwm

diferyn o saim yn ffurfio emwlsiwn mewn dŵr: mae gan bob diferyn yr un wefr gan wrthyrru ei gilydd

ïon sodiwm

saim

mae cynffonnau hydrffobig y moleciwlau sebon yn dianc o'r dŵr trwy hydoddi yn y saim

ffibrau'r ffabrig

gwefrau negatif ar y ffibrau yn gwrthyrru'r diferion saim gwefriog gan eu hatal rhag dychwelyd i'r ffabrig

Cemeg Organig

Adran pedwar

Ffigur 4.10.11 ▲
Mae moleciwlau sebon yn helpu i olchi ymaith y saim na fydd fel rheol yn cymysgu gyda dŵr. Bydd cadwyni hydrocarbon y moleciwlau sebon yn hydoddi yn y saim. Yna bydd pennau ïonig y moleciwlau yn amgylchynu'r diferyn saim gan ei wneud yn bolar a'i wefru'n negatif

Prawf i chi

6 Lluniadwch fformiwla ysgerbydol asid *cis,cis,cis*-octadec-9,12,15-trienoig.

7 Ysgrifennwch hafaliad i ddangos hydrogeniad asid oleig. Beth yw enw'r cynnyrch?

8 Pam mae hydrolysis gydag alcali yn well na hydrolysis gydag asid wrth baratoi sebonau o frasterau ac olewau?

4.11 Amidau

Cyfansoddion nitrogen organig sy'n deillio o asidau carbocsylig yw amidau. Mewn amid, bydd y grŵp $-NH_2$ yn cymryd lle grŵp $-OH$ yr asid. Mae cemeg amidau'n bwysig gan mai grwpiau amid sy'n cysylltu'r moleciwlau bychain mewn proteinau yn ogystal â pholymerau synthetig megis neilon a Kevlar.

Enwau ac adeileddau

Ffigur 4.11.1 ▶
Enwau ac adeileddau amidau. Sylwch fod gan N-ethyl propanamid grŵp ethyl sy'n cymryd lle un o atomau hydrogen y grŵp $-NH_2$

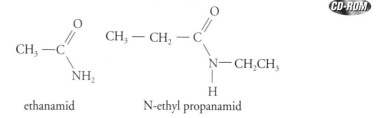

ethanamid   N-ethyl propanamid

1 Enwch a rhowch fformiwla arddangos yr amid sy'n ffurfio wrth i ethanoyl clorid neu ethanoig anhyrid adweithio:

   a) gydag amonia

   b) gydag CH_3NH_2.

Priodweddau ffisegol

Solidau gwyn, grisialog yw amidau ar dymheredd ystafell, heblaw am fethanamid sy'n hylif. Mae'r amidau mwyaf syml yn hydawdd mewn dŵr.

Adweithiau sy'n ffurfio amidau

Mae amidau'n ffurfio'n gyflym iawn ar dymheredd ystafell wrth i asyl cloridau neu asid anhydridau adweithio gydag amonia neu gydag aminau (gweler tudalen 181).

Hydrolysis

Caiff amidau eu hydrolysu o'u gwresogi gydag asid gwanedig neu alcali gwanedig. O dan amodau asid, yr asid carbocsylig cyfatebol a halwyn amoniwm yw'r cynnyrch. O dan amodau alcalïaidd, halwyn yr asid carbocsylig ac amonia yw'r cynnyrch.

Ffigur 4.11.2 ▶
Hydrolysis ethanamid

$$CH_3-C\underset{NH_2}{\overset{O}{<}} + H_3O^+(d) \longrightarrow CH_3-C\underset{OH}{\overset{O}{<}} + NH_4^+(d)$$

Dadhydradiad

Caiff amid ei ddadhydradu o'i wresogi gyda ffosfforws(V) ocsid gan gynhyrchu nitril.

Ffigur 4.11.3 ▶
Dadhydradu propanamid. Sylwch fod gan y nitril sy'n ffurfio dri atom carbon, felly fe'i gelwir yn bropan nitril

$$CH_3CH_2-C\underset{NH_2}{\overset{O}{<}} \xrightarrow[-H_2O]{P_2O_5,\ gwres} CH_3CH_2C\equiv N$$

propan nitril

Diraddiad Hofmann

Adwaith sy'n newid amidau yn aminau cynradd tra bo'n tynnu atom carbon o'r moleciwl yw diraddiad Hofmann. Gall yr adwaith fod yn ddefnyddiol mewn llwybrau synthetig (prosesau creu cynhyrchion) gan ei fod yn byrhau'r gadwyn garbon – dyma lle daw'r term 'diraddiad'. Darganfuwyd yr adwaith gan y cemegydd organig arloesol o'r Almaen August van Hofmann (1818–1892), a oedd yn bennaeth ar y Coleg Cemeg Brenhinol yn Llundain am 20 mlynedd o 1845. Bydd amidau'n adweithio yn y modd hwn o'u trin gyda bromin a hydoddiant crynodedig o sodiwm neu botasiwm hydrocsid.

$$CH_3CH_2CH_2 - C \overset{O}{\underset{NH_2}{\big<}} \xrightarrow[\text{cynhesu}]{Br_2 / KOH} CH_3CH_2CH_2NH_2$$

bwtanamid   propylamin

Nodyn

Bydd cemegwyr yn aml yn enwi mathau o adwaith ar ôl y cemegydd a ddarganfu'r adwaith am y tro cyntaf neu a ddatblygodd y dechneg ymarferol.

◀ *Ffigur 4.11.4*
Hafaliad ar gyfer diraddiad Hofmann amid i roi amin cynradd ac ynddo un carbon yn llai

Prawf i chi

2 Esboniwch y gwahaniaeth yng nghynhyrchion hydrolysis amid o dan amodau asidig ac alcalïaidd.

3 Enwch gynhyrchion hydrolysis:
   a) bwtanamid gydag asid hydroclorig gwanedig
   b) N-methyl propanamid gyda photasiwm hydrocsid dyfrllyd.

4 Enwch a rhowch fformiwlâu cynhyrchion organig gwresogi bwtanamid:
   a) gyda ffosfforws(V) ocsid
   b) gyda bromin mewn hydoddiant sodiwm hydrocsid dyfrllyd.

5 Nodwch yr amodau sydd eu hangen i drawsnewid:
   a) $CH_3CH_2CH_2CONH_2 \longrightarrow CH_3CH_2CH_2NH_2$
   b) $CH_3CONH_2 \longrightarrow CH_3CN$

6 Enwch gyfansoddion P a Q. Hefyd nodwch yr adweithyddion a'r amodau ar gyfer y trydydd cam.

$$CH_3CH_2CO_2H \xrightarrow{PCl_5} P \xrightarrow{NH_3} Q \longrightarrow CH_3CH_2NH_2$$

Ffigur 4.11.5 ▲
Adeiledd wrea. Deuamid asid carbonig yw wrea felly yr enw arno weithiau yw carbamid

Prawf i chi D

7 Ysgrifennwch hafaliad ar gyfer cynhyrchu wrea.

8 a) Pam mae angen ffynonellau nitrogen anorganig yn y pridd ar blanhigion?

   b) Awgrymwch fantais o ddefnyddio'r cyfansoddyn organig wrea fel gwrtaith yn hytrach na'r gwrtaith anorganig amoniwm nitrad.

   c) Cymharwch ganran yn ôl y màs o nitrogen mewn wrea â'r canran yn ôl y màs o nitrogen mewn NH_4NO_3.

Wrea: deuamid naturiol

Solid grisialog, gwyn yw wrea. Dyma gynnyrch terfynol metabolaeth proteinau, a chaiff ei ysgarthu fel cynnyrch gwastraff mewn troeth.

Cynhyrchir wrea ar raddfa fawr trwy wresogi amonia a charbon deuocsid o dan wasgedd. Prif ddiben wrea yw gwrtaith. Mae ganddo'r briodwedd ddefnyddiol o hydrolysu'n araf mewn dŵr i ryddhau amonia.

$$H_2N - C \overset{O}{\underset{NH_2}{\big<}} + H_2O \underset{\substack{\text{gwresogi'r nwyon} \\ \text{o dan wasgedd}}}{\overset{\substack{\text{hydrolysis araf ar} \\ \text{dymheredd ystafell}}}{\rightleftharpoons}} CO_2 + 2NH_3$$

Ffigur 4.11.6 ▲
Hydrolysis a chynhyrchiad wrea

4.12 Nitrilau

Mae grŵp gweithredol nitrilau'n bodoli ym moleciwlau'r polymer sy'n ffurfio'r plastig gwydn ABS a ddefnyddir yn helaeth ar gyfer rhannau o deleffonau, cesys dillad a pheiriannau busnes. Heblaw am hyn, mae nitrilau yn rhyngolion defnyddiol mewn synthesis organig, yn enwedig os oes angen ychwanegu atom carbon at ysgerbwd y moleciwl.

Enwau ac adeileddau

Cyfansoddion organig gyda'r grŵp gweithredol –CN yw nitrilau. Eu fformiwla gyffredinol yw R–CN, lle mae R yn grŵp alcyl neu aryl.

$$CH_3 - CH_2 - C \equiv N \qquad CH_3 - CH_2 - CH_2 - C \equiv N$$

propan nitril   bwtan nitril

Ffigur 4.12.1 ▶
Enwau ac adeileddau nitrilau. Sylwch sut caiff yr atom carbon yn y grŵp –CN ei gynnwys wrth benderfynu enw'r alcan perthynol

Priodweddau ffisegol

Hylifau di-liw sy'n hydawdd mewn dŵr yw'r nitrilau mwyaf syml.

Ffurfiant nitrilau

Ffigur 4.12.2 ▶
Dwy ffordd o baratoi nitrilau

CH_3CH_2I
1-ïodoethan
halogenoalcan

gwresogi dan adlifiad gyda KCN mewn ethanol

CH_3CHC
propanamid
amid

P_2O_5 gwres

CH_3CH_2CN
propan nitril
nitril

Hydrolysis

Bydd hydrolysis yn trawsnewid nitril yn asid carbocsylig. Gall asidau neu alcalïau gatalyddu'r adwaith.

Ffigur 4.12.3 ▶
Hydrolysis nitril o dan amodau asid ac alcalïaidd

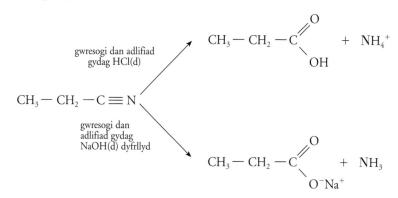

gwresogi dan adlifiad gydag HCl(d)

$CH_3 - CH_2 - C \overset{O}{\underset{OH}{}} \quad + \quad NH_4^+$

$CH_3 - CH_2 - C \equiv N$

gwresogi dan adlifiad gydag NaOH(d) dyfrllyd

$CH_3 - CH_2 - C \overset{O}{\underset{O^-Na^+}{}} \quad + \quad NH_3$

Rhydwythiad

Bydd lithiwm tetrahydridoalwminad(III) yn rhydwytho nitrilau yn aminau (gweler tudalen 193).

$$CH_3CH_2 - C \equiv N \quad + \quad 4\,[H] \quad \xrightarrow[\text{mewn ether sych}]{\text{LiAlH}_4} \quad CH_3 - CH_2 - CH_2 - NH_2$$
$$\text{propylamin}$$

◀ *Ffigur 4.12.4*
Rhydwytho nitril

Prawf i chi

1 Lluniadwch fformiwla arddangos bwtan nitril.

2 Enwch y nitril hwn: CH_3CN.

3 **a)** Tynnwch lun adeiledd acrylonitril o wybod mai propen nitril yw ei enw systematig.

   b) Tynnwch lun darn byr o'r polymer adio y mae propen nitril yn ei ffurfio – polymer a ddefnyddir i wneud ffibrau ar gyfer dillad (gweler tudalen 203).

4 Dosbarthwch yr adweithiau a ddefnyddir i baratoi:

   a) nitrilau o halogenoalcanau

   b) nitrilau o amidau.

5 Enwch a rhowch adeiledd y cyfansoddyn fydd yn ffurfio os caiff bwtan nitril:

   a) ei wresogi dan adlifiad gyda sodiwm hydrocsid dyfrllyd

   b) ei drin gydag $LiAlH_4$ mewn ether sych yna dŵr neu asid.

Cemeg Organig

Adran pedwar

4.13 Aminau

Gall aminau fod yn ddrewllyd iawn. Mae gan ethylamin, er enghraifft, arogl fel pysgod. Fodd bynnag, arwyddocâd y grŵp amin yw ei bwysigrwydd mewn biocemeg oherwydd swyddogaeth ganolog asidau amino (gweler tudalen 197) a phroteinau mewn metabolaeth. O ganlyniad mae'r grŵp gweithredol amin hefyd yn ymddangos mewn nifer o gyffuriau. Yn y diwydiant cemeg, mae gan aminau aromatig (aryl) werth masnachol gan mai dyma sylfaen gweithgynhyrchu amrywiaeth o lifynnau lliwgar.

Enwau ac adeileddau

CD-ROM

Cyfansoddion nitrogen lle ceir grŵp alcyl neu grŵp aryl yn lle un neu ragor o'r atomau hydrogen mewn amonia, NH_3, yw aminau. Bydd nifer y grwpiau alcyl yn penderfynu a yw'r cyfansoddyn yn amin cynradd, yn amin eilaidd neu'n amin trydyddol.

Mae enwau'r aminau wedi'u seilio ar natur a nifer y grwpiau alcyl sydd ynghlwm wrth yr atom nitrogen. Mae gan gemegwyr ddwy system. Byddant yn trin y cyfansoddion symlaf fel cyfuniad o un neu fwy o grwpiau alcyl a grŵp amin. Bydd cemegwyr hefyd yn defnyddio'r rhagddodiad 'amino' mewn cyfansoddion megis asidau amino lle ceir grŵp megis $-CO_2H$ sy'n ymddangos ar ddiwedd yr enw.

Ffigur 4.13.1 ▶

Enwau ac adeileddau aminau cynradd, eilaidd a thrydyddol. Mae ffenylamin yn amin cynradd gyda grŵp $-NH_2$ ynghlwm wrth gylch bensen

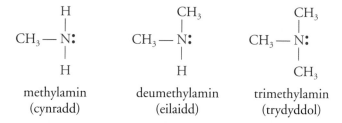

methylamin
(cynradd)

deumethylamin
(eilaidd)

trimethylamin
(trydyddol)

Nodyn

Ar gyfer aminau, mae gan y termau cynradd, eilaidd a thrydyddol ystyr gwahanol i'r hyn sydd ganddynt ar gyfer alcoholau a halogenoalcanau.

Prawf i chi

1 Ysgrifennwch adeiledd:
   a) deuethylamin
   b) hecsan-1,6-deuamin
   c) 1,2-deuaminopentan sy'n cyfrannu at arogl cnawd yn pydru ac sydd â'r enw cyffredin cadaferin
   ch) 1-ffenyl-2-aminopropan, amffetamin sy'n symbylydd caethiwus.

2 Awgrymwch pam mae gan amin ferwbwynt uwch na'r alcen sydd â'r un nifer o atomau carbon.

Priodweddau ffisegol

Mae'r aminau mwyaf syml, megis methylamin ac ethylamin, yn nwyon ar dymheredd ystafell. Mae'r mwyafrif o'r aminau cyffredin eraill yn hylifau, gan gynnwys ffenylamin.

Mae aminau alcyl sydd â chadwyni hydrocarbon byrion yn hydawdd iawn mewn dŵr. Nid yw ffenylamin ond ychydig yn hydawdd.

Ffurfio aminau

Adweithiau i baratoi aminau alcyl

Dyma ddau ddull cyffredin ar gyfer paratoi aminau cynradd:

- rhydwytho nitril (gweler tudalen 191)
- adwaith amnewid lle mae amonia yn cymryd lle halogenoalcan.

Mae amonia yn niwcleoffil. Wrth gynhesu halogenoalcan gyda hydoddiant o amonia mewn ethanol cynhyrchir amin.

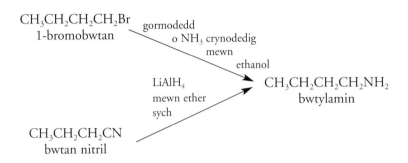

◀ *Ffigur 4.13.2*
Dau adwaith i ffurfio bwtylamin

Prawf i chi

3 a) Awgrymwch fecanwaith ar gyfer adwaith amnewid niwcleoffilig amonia gydag 1-bromopropan (gweler tudalen 157).

   b) Awgrymwch reswm dros ddefnyddio hydoddiant o amonia mewn ethanol yn hytrach na mewn dŵr wrth baratoi amin o halogenoalcan.

Synthesis aminau aryl

Llwybr dau gam yw'r dull labordy arferol o gyflwyno amin i gyfansoddyn aromatig (aryl): nitradiad yn gyntaf i ffurfio cyfansoddyn nitro, yna rhydwythiad.

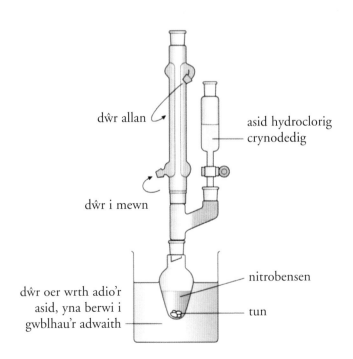

◀ *Ffigur 4.13.3*
Ffurfio ffenylamin o fensen

◀ *Ffigur 4.13.4*
Cyfarpar ar gyfer rhydwytho nitrobensen yn ffenylamin

Adweithiau aminau

Gall aminau cynradd, fel amonia, ymddwyn fel basau, ffurfio ïonau cymhlyg gydag ïonau metel (gweler adran 3.3) ac adweithio fel niwcleoffilau.

Ffigur 4.13.5 ▶
Cymharu methylamin ac amonia

$$
\begin{array}{cc}
\text{H} & \text{CH}_3 \\
| & | \\
\text{H—N—H} & \text{H—N—H} \\
\overset{..}{} & \overset{..}{}
\end{array}
$$

Aminau fel basau

Mae'r pâr unig o electronau ar atom nitrogen yn dderbynnydd protonau.

Ffigur 4.13.6 ▶
Ethylamin yn ymddwyn fel bas

$$CH_3CH_2NH_2(d) + H_2O(h) \rightleftharpoons CH_3CH_2NH_3^+(d) + OH^-(d)$$

Nodyn

Mae'r diwydiant cemegol yn paratoi ffenylamin o ffenol ac amonia gydag alwmina'n gatalydd.

Mae aminau alcyl cynradd yn fasau cryfach nag amonia. Bydd cemegwyr yn esbonio hyn yn nhermau'r effaith anwythol (gweler tudaln 156). Mae symudiad electronau oddi wrth grŵp alcyl yn cynyddu dwysedd yr electronau ar yr atom nitrogen, felly gall ddal proton yn gryfach.

Mae ffenylamin yn fas gwannach nag amonia. Bydd pâr unig o electronau ar yr atom nitrogen yn rhyngweithio ag electronau dadleoledig y cylch bensen. Mae'r dadleoliad estynedig hyn yn sefydlogi'r amin rhydd, yn gwneud y pâr unig yn fwy anodd ei gyrraedd ac felly'n lleihau tueddiad y moleciwl i ffurfio bond cofalent datif gyda phroton.

Ffigur 4.13.7 ▶
Dadleoliad electronau mewn ffenylamin

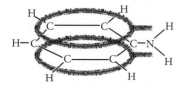

Prawf i chi

4 Trefnwch y cyfansoddion hyn yn ôl eu cryfder fel basau: amonia, bwtylamin, 4-methylffenylamin.

5 Ysgrifennwch hafaliad i ddangos ffurfiant halwyn wrth i ethylamin adweithio gyda nwy hydrogen clorid. Esboniwch pam mae'r ddau asid yn adweithio i ffurfio cynnyrch solet.

Diffiniad

Bydd **catïonau amoniwm cwaternaidd** yn ffurfio pan fydd grwpiau alcyl wedi cymryd lle pob un o'r atomau hydrogen mewn ïon amoniwm.

Aminau fel niwcleoffilau
Adwaith gyda halogenoalcanau

Mae aminau alcyl yn fwy adweithiol nag amonia fel niwcleoffilau. Maent yn adweithio gyda halogenoalcanau. O ganlyniad, wrth i amonia adweithio gyda halogenoalcan bydd y cynnyrch yn gymysgedd o aminau cynradd, eilaidd a thrydyddol. Os oes digon o halogenoalcan bydd halwyn amoniwm cwaternaidd yn ffurfio fel cynnyrch terfynol.

Halwynau amoniwm cwaternaidd, megis dodecyltrimethylamoniwm bromid, $CH_3(CH_2)_{11}N^+(CH_3)_3Br^-$, yw'r syrffactyddion catïonig a ddefnyddir mewn cyflyrwyr (*conditioners*) ffabrig neu wallt.

amin eilaidd

amin trydyddol

catïon amoniwm cwaternaidd

Asyleiddio

Bydd asid anhydridau a hefyd asyl cloridau yn asyleiddio aminau cynradd. Mae'r amin yn ymddwyn fel niwcleoffil yng ngham cyntaf yr adwaith adiodileu hwn (gweler tudalen 182).

Halwynau deuasoniwm a llifynnau aso

CD-ROM

Mae ffenylamin ac arylaminau eraill yn rhyngolion pwysig wrth gynhyrchu llifynnau aso. Maen nhw'n adweithio gydag asid nitrus, HNO_2, islaw 10°C i gynhyrchu halwynau deuasoniwm.

Mae asid nitrus yn ansefydlog ac yn asid gwan. Bydd hydoddiant o asid nitrus yn cael ei ffurfio wrth ychwanegu asid hydroclorig gwanedg at sodiwm nitrit $NaNO_2$. Mae hydoddiant o asid nitrus yn las. Bydd yn dechrau dadelfennu ar dymheredd ystafell gan ryddhau nitrogen monocsid sy'n troi'n frown wrth iddo ddod i gyswllt ag aer a newid yn nitrogen deuocsid.

$HNO_2(d)$
$+ HCl(d)$ ar 5°C

bensen deuasoniwm clorid

Ffigur 4.13.9 ▲
Ffurfio bensendeuasoniwm clorid

Mae halwynau deuasoniwm yn ansefydlog. Gellir sefydlogi halwynau deuasoniwm aminau aryl trwy ddadleoliad felly maent yn adweithyddion defnyddiol o'u cadw'n oer. Mae halwynau deuasoniwm aminau alcyl tipyn yn fwy ansefydlog ac maent yn dadelfennu ar unwaith gan ryddhau nwy nitrogen.

Gan eu bod mor ansefydlog, caiff halwynau deuasoniwm eu paratoi pan fydd eu hangen a'u cadw'n oer. Uwchlaw 10°C, bydd bensen deuasoniwm clorid yn dadelfennu'n ffenol a nitrogen.

Mae pwysigrwydd masnachol halwynau deuasoniwm yn seiliedig ar eu hadweithiau cyplu i ffurfio llifynnau aso. Cynhyrchion adweithiau cyplu rhwng halwynau deuasoniwm a chyfryngau cyplu megis ffenolau neu aminau yw llifynnau aso. Bydd bensen deuasoniwm clorid, er enghraifft, yn cyplu gyda ffenylamin i ffurfio cyfansoddyn aso melyn.

Mae'r mwyafrif o'r llifynnau yn goch, oren neu felyn. Mae'r dangosydd asid-bas methyl oren yn lifyn aso.

Cemeg Organig

Adran pedwar

Prawf i chi

6 Ysgrifennwch hafaliad ar gyfer adwaith 1-aminobwtan (bwtylamin) gydag 1-bromopropan.

7 Pam caiff gormodedd o amonia mewn ethanol ei ddefnyddio wrth baratoi amin cynradd o halogenoalcan?

8 a) Cymharwch ïon amoniwm ag ïon amoniwm cwaternaidd.

   b) Pam mae methylamoniwm clorid cwaternaidd yn solet ar dymheredd ystafell?

9 Ysgrifennwch hafaliadau i ddisgrifio mecanwaith adwaith 1-aminopropan gydag ethanoyl clorid.

bensen
deuasoniwm
clorid

naffthalen-2-ol

llifyn aso

Ffigur 4.13.10 ▲

*Hafaliad ar gyfer adwaith cyplu
i gynhyrchu llifyn aso*

Ffigur 4.13.11 ▶

*Mae'r crys hwn wedi'i liwio â
llifynnau aso*

Prawf i chi

10 Ysgrifennwch hafaliad ïonig ar gyfer ffurfiant asid nitrus mewn hydoddiant.

11 a) Wrth ddadelfennu bydd asid nitrus yn dadgyfrannu i'r cyflyrau +5 a +2.
Ysgrifennwch hafaliad cytbwys ar gyfer yr adwaith dadelfennu hwn.

b) Ysgrifennwch ail hafaliad i ddangos pam mae'r nwy a ryddheir wrth i HNO_2
ddadelfennu yn troi'n frown mewn aer.

12 Ysgrifennwch adeileddau'r amin a'r cyfansoddyn ffenolig y gellir eu defnyddio i
baratoi'r llifyn aso hwn:

4.14 Asidau amino a phroteinau

Mae proteinau'n ffurfio 15 y cant o'r corff dynol. Mae yna nifer o wahanol foleciwlau protein, pob un â'r gallu i gyflawni swyddogaeth arbennig. Mae croen, cyhyr a gwallt yn cynnwys proteinau ffibrog. Proteinau tebyg sy'n ffurfio'r meinweoedd cyswllt sy'n dal y corff ynghyd trwy rwymo cyhyr wrth asgwrn, ac asgwrn wrth asgwrn. Bydd proteinau eraill yn torchi'n siâp globwlaidd ac yn hydoddi yn hylifau'r corff lle byddant yn gweithredu fel ensymau, hormonau a chludwyr ocsigen.

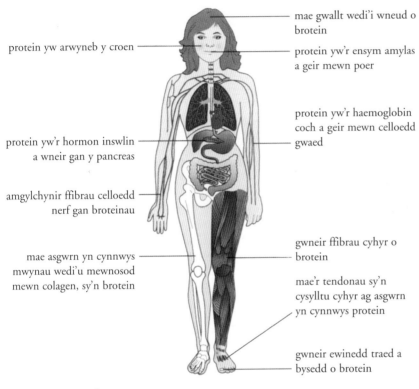

◀ Ffigur 4.14.1
Proteinau yn y corff dynol

mae gwallt wedi'i wneud o brotein

protein yw arwyneb y croen

protein yw'r ensym amylas a geir mewn poer

protein yw'r haemoglobin coch a geir mewn celloedd gwaed

protein yw'r hormon inswlin a wneir gan y pancreas

amgylchynir ffibrau celloedd nerf gan broteinau

mae asgwrn yn cynnwys mwynau wedi'u mewnosod mewn colagen, sy'n brotein

gwneir ffibrau cyhyr o brotein

mae'r tendonau sy'n cysylltu cyhyr ag asgwrn yn cynnwys protein

gwneir ewinedd traed a bysedd o brotein

Asidau amino

Asidau amino yw'r cyfansoddion sy'n cysylltu â'i gilydd mewn cadwyni hir i ffufio proteinau. Cyfansoddion carbon ydynt sydd â dau grŵp gweithredol: grŵp amino a grŵp asid carbocsylig. Mae yna oddeutu 20 gwahanol asid amino sy'n cysylltu â'i gilydd i ffurfio proteinau.

◀ Ffigur 4.14.2
Enghreifftiau o asidau amino mewn proteinau. Sylwch fod y grŵp amino ynghlwm wrth yr atom carbon nesaf at y grŵp asid carbocsylig ym mhob un ohonynt. Mae gan bob asid dalfyriad tair llythyren

Cemeg Organig

Adran pedwar

197

Bydd cemegwyr weithiau'n defnyddio'r term **asid amino-alffa** i ddisgrifio'r asidau amino mewn proteinau. Yn y cyfansoddion hyn mae'r grŵp amino wedi'i gysylltu â'r atom carbon nesaf at y grŵp asid carbocsylig: yr atom carbon-α.

Ffigur 4.14.3 ▶
Ffurfiau drych-ddelwedd yr asid amino alanin

Adeileddau asidau amino

Mae gan bob un o'r asidau amino mewn proteinau atom carbon canolog wedi'i gysylltu â phedwar grŵp arall. Felly, heblaw am glysin, maent yn foleciwlau cirol a all fodoli ar ffurf drych-ddelweddau (gweler tudalen 148).

H_3C CH_3

C ⋯ CO_2H HO_2C ⋯ C

H_2N H   H NH_2

drych

1 Beth yw enw systematig:
   a) glysin
   b) alanin?

2 Esboniwch pam nad yw'r asid amino glysin yn girol.

3 Sut gallech chi wahaniaethu rhwng hydoddiannau o ddwy ffurf ddrych-ddelwedd asid amino mewn arbrawf?

Priodweddau asid-bas

Mae'r grŵp $-NH_2$ yn fasig tra bo'r grŵp $-CO_2H$ yn asidig. Mewn hydoddiant dyfrllyd bydd asidau amino yn ffurfio ïonau wrth i'r grwpiau amino dderbyn protonau a'r grwpiau asid roddi protonau. Mae'r ïonau sy'n ffurfio'n anghyffredin oherwydd bod ganddynt wefrau positif yn ogystal â gwefrau negatif. Bydd cemegwyr yn eu galw'n switerïonau o air Almaeneg sy'n golygu 'mwngrel'.

Ffigur 4.14.4 ▶
Glysin yn ffurfio switerïon

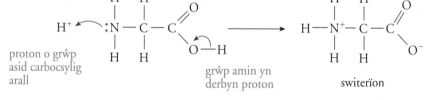

Switerïonau yw ïonau a chanddynt wefrau positif yn ogystal â gwefrau negatif.

Mae asidau amino yn hydawdd dros ben mewn dŵr a byddant yn grisialu'n solidau di-liw o hydoddiant. Mae asidau amino'n bodoli'n bennaf ar ffurf switerïonau mewn grisialau ac mewn hydoddiant dyfrllyd.

4 Esboniwch pam mae alanin yn solid tra bo asid propanoig ac 1-aminopropan yn hylifau.

5 **a)** Ysgrifennwch hafaliadau i ddangos adweithiau alanin gydag:
   (i) asid hydroclorig gwanedig
   (ii) sodiwm hydrocsid dyfrllyd.
   b) Beth yw'r gwahaniaeth rhwng cynhyrchion y ddau adwaith hyn a switerïon glysin wedi'i hydoddi mewn dŵr?

Peptidau

Cyfansoddion sydd wedi'u gwneud o gadwyni o asidau amino yw peptidau. Deupeptid yw'r enghraifft symlaf, gyda dim ond dau asid amino wedi'u cysylltu. I gemegwyr, dyma enghraifft o fond amid (gweler tudalen 188), ond yn draddodiadol bydd biocemegwyr yn ei alw'n 'fond peptid'. Mae ffurfiant bond peptid yn enghraifft o adwaith cyddwyso.

◀ *Ffigur 4.14.5*
Ffurfio bond peptid rhwng dau asid amino

Bydd ensymau treulio yn y stumog yn catalyddu hydrolysis bondiau peptid, gan hollti cadwyni peptid yn asidau amino. Bydd cemegwyr yn cyflawni'r un peth trwy wresogi'r gadwyn bolypeptid (neu brotein) gydag asid hydroclorig dan adlifiad.

Diffiniad

Yn ystod **adwaith cyddwyso** bydd moleciwlau'n cyfuno trwy hollti ymaith moleciwl bach megis dŵr.

Prawf i chi

6 Lluniwch adeileddau'r ddau ddeupeptid y gall alanin a ffenylalanin eu ffurfio.

7 Dangoswch fod hollti deupeptid yn ddau asid amino yn enghraifft o hydrolysis.

8 a) Enwch y grwpiau gweithredol yn y melysydd Aspartam a dangoswch y gwahaniaeth rhyngddo a deupeptid.

Aspartam (Nutrasweet®)

b) Awgrymwch pam na ellir defnyddio Aspartam i felysu bwydydd sy'n rhaid eu coginio.

c) Awgrymwch pam mae rhybudd ar ddiodydd sydd wedi'u melysu ag Aspartam ar gyfer pobl â'r anhwylder genetig sy'n golygu na ddylent fwyta unrhyw ffenylalanin.

Nodyn

Peptidau cadwyn hir yw polypeptidau. Does dim rhaniad pendant rhwng peptidau a pholypeptidau.

Weithiau bydd cemegwyr yn gwahaniaethu rhwng polypeptidau a'r cadwyni asid amino hwy mewn proteinau. Cyfyngir y diffiniad o bolypeptid i gadwyni ac ynddynt oddeutu 10-50 asid amino.

Cemeg Organig

Adran pedwar

Proteinau

Mae moleciwl protein yn cynnwys un gadwyn bolypeptid neu ragor. Bydd biocemegwyr yn disgrifio adeiledd proteinau fel cyfres o lefelau:

- Yr **adeiledd cynradd** yw dilyniant yr asidau amino yn y cadwyni polymer.
- Yr **adeiledd eilaidd** yw'r ffordd y mae'r cadwyni wedi'u trefnu a'u dal yn eu lle gan fondio hydrogen o fewn y cadwyni a rhyngddynt – mae hyn yn cynnwys torchi cadwyni'n helicsau mewn proteinau megis ceratin a ffurfiant haenau o gadwyni paralel fel y llenni protein pletiog mewn sidan.
- Mae'r **adeiledd trydyddol** yn disgrifio sut mae'r cadwyni protein yn plygu mewn tri dimensiwn gan roi i rai proteinau, megis ensymau, siâp tri-dimensiwn pendant a ddelir ynghyd gan fondio hydrogen, bondiau deusylffid a rhyngweithiau rhwng cadwyni ochr asidau amino â moleciwlau dŵr amgylchynol.
- Mae'r **adeiledd cwaternaidd** yn disgrifio cysylltiad dwy gadwyn asid amino neu fwy fel sydd mewn moleciwl o haemoglobin sy'n cynnwys pedair cadwyn.

Ffigur 4.14.6 ▶
Yr helics alffa, enghraifft o adeiledd eilaidd protein. Sylwch ar bwysigrwydd bondio hydrogen rhwng asidau amino yn yr un moleciwl i ddal siâp yr helics

Ffigur 4.14.7 ▼
Pedair lefel adeiledd protein

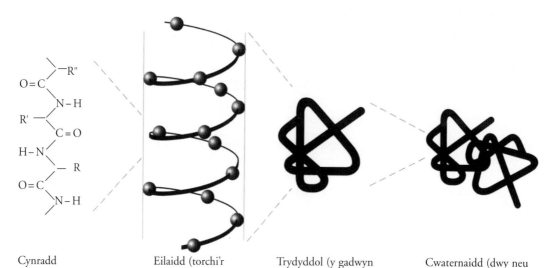

Cynradd (dilyniant yr asidau amino)

Eilaidd (torchi'r gadwyn asid amino)

Trydyddol (y gadwyn dorchog yn plygu i greu safle gweithredol)

Cwaternaidd (dwy neu ragor o gadwyni torchog yn cysylltu)

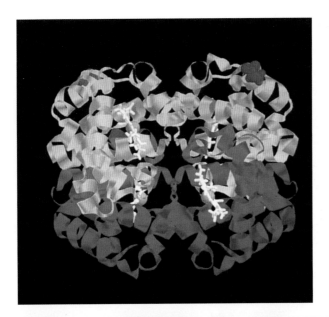

◄ *Ffigur 4.14.8*
Llun cyfrifiadurol o foleciwl o haemoglobin i ddangos yr adeiledd cwaternaidd. Sylwch fod pob un o'r cadwyni protein (glas a melyn) yn dal grŵp haem (gwyn)

Diffiniad

Trawsgysylltiad yw ffurfiant bondiau cemegol rhwng y cadwyni polymer. Gall y trawsgysylltau mewn moleciwlau protein fod ar sawl ffurf, gan gynnwys:

- bondio hydrogen rhwng cadwyni ochr asidau amino
- pontydd deusylffid a ffurfir gan fondio cofalent rhwng cadwyni ochr cystin.

Cemeg Organig

Adran pedwar

Prawf i chi

9 Mae'r adeiledd hwn yn dangos darn byr o foleciwl protein.

(structural formula of a protein chain showing: CH₂OH, H, O, CH₃, H, O groups attached to a backbone of N–C–C–N–C–C–N–C–C–N–C–C units, with H, O, CH₂ (attached to a benzene ring), H, O, CH₂CO₂H groups)

a) Enwch yr asidau amino sydd wedi cysylltu i ffurfio'r gadwyn hon (gweler Ffigur 4.14.2)

b) Pa rai o'r asidau amino hyn sydd â: **(i)** chadwyni ochr sy'n amholar **(ii)** cadwyni ochr polar **(iii)** cadwyni ochr a all ïoneiddio?

10 Dywed biocemegwyr y caiff ensymau eu 'dadnatureiddio' gan asidau cryf, basau cryf neu godiad yn y tymheredd. Awgrymwch pam y bydd ensymau'n colli eu gallu catalytig o'u trin mewn un o'r ffyrdd hyn.

4.15 Polymerau

Moleciwlau cadwyn hir yw polymerau. Ymysg polymerau naturiol mae proteinau, carbohydradau megis startsh a chellwlos, ac asidau niwcleig. Ymysg polymerau synthetig mae polyesterau, polyamidau a'r nifer o bolymerau sy'n cael eu ffurfio trwy bolymeriad adio rhwng cyfansoddion ac ynddynt fondiau carbon-carbon dwbl. Mae priodweddau polymerau yn amrywiol dros ben. Defnyddiau polymerig yw plastigion, elastomerau a ffibrau hefyd.

Cemeg polymerau

Astudiaeth o synthesis, adeiledd a phriodweddau polymerau yw cemeg polymerau. Cangen o gemeg a ddatblygodd yn ystod yr 20fed ganrif ydyw, gan gychwyn pan ddarganfuwyd Bakelite gan Leo Baekland yn 1905 gydag ond ychydig gymorth theoretig. Darganfuwyd y polymer thermosodol cyntaf cyn i gemegwyr ddeall adeiledd moleciwlau mawrion.

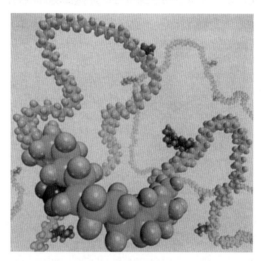

Yn 1922, cyhoeddodd y cemegydd o'r Almaen, Hermann Staudinger, ei ddamcaniaeth bod rwber naturiol, cellwlos a sylweddau perthynol yn cynnwys moleciwlau cadwyn hir. Roedd yn rhaid iddo ymladd yn galed i ddarbwyllo cemegwyr eraill i dderbyn ei ddamcaniaeth, sydd erbyn hyn yn cael ei chymryd yn ganiataol.

Darbwyllwyd y cemegydd diwydiannol o America, Wallace Carothers, gan y ddamcaniaeth newydd, a chyflwynodd y termau polymeriad adio a pholymeriad cyddwyso mewn erthygl a gyhoeddwyd yn 1913. Dyfeisiodd ei dîm ymchwil yn Du Pont y rwber sythetig, Neopren. Darganfuant hefyd y polymer cwbl synthetig cyntaf, neilon, a gynhyrchwyd yn fasnachol am y tro cyntaf yn 1939.

Mae'n siŵr mai'r 1930au oedd y blynyddoedd pwysicaf yn natblygiad y diwydiant plastigion. Dyma'r adeg y datblygwyd y polymerau adio polythen, pvc, polystyren a Phersbecs yn fasnachol am y tro cyntaf. Darganfuwyd a datblygwyd y broses gwasgedd uchel ar gyfer paratoi polythen yng nghanol yr 1930au yn annisgwyl wrth i Eric Fawcett a Reginald Gibson, a weithiai i'r cwmni cemegol Prydeinig ICI, astudio adweithiau nwy ar wasgedd uchel.

Yn gynnar yn yr 1950au darganfu Karl Ziegler, yn yr Almaen, sut i bolymeru ethen ar dymereddau isel trwy ddefnyddio math newydd o gatalydd. Tua'r un pryd darganfu Guilio Natta, yn yr Eidal, fanteision cynhyrchu polymerau adio ac iddynt siâp tri-dimensiwn rheolaidd.

Arweiniodd ymchwil a datblygiadau yn ail hanner yr 20fed ganrif at ddatblygiad nifer o ddefnyddiau polymer arbenigol gan gynnwys y polyamid Kevlar a pholymerau bioddiraddadwy.

Polymeriad adio

CD-ROM

Proses ar gyfer paratoi polymerau o gyfansoddion sy'n cynnwys bondiau dwbl yw polymeriad adio. Bydd nifer o foleciwlau'r monomer yn adio at ei gilydd i ffurfio polymer cadwyn hir. Bydd ethen, er enghraifft, yn polymeru i ffurfio poly(ethen).

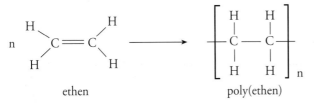

ethen   poly(ethen)

Ffigur 4.15.3 ▲
Ffurfio polythen o ethen. Dangosir yr uned a ailadroddir yn y gadwyn bolymer

Mae un dechneg ar gyfer paratoi polymerau adio yn defnyddio adweithiau cadwynol radicalau rhydd (gweler tudalen 154).

Gall y cychwynnydd fod yn berocsid organig megis bensoyl perocsid sy'n gweithredu fel ffynhonnell o radicalau rhydd, R•. Gall perocsidau organig weithredu fel ffynhonnell o radicalau rhydd i gychwyn polymeriad adio cyfansoddion annirlawn.

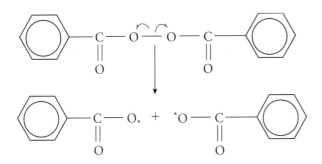

Ffigur 4.15.4 ▲
Moleciwl bensoyl perocsid yn hollti i ffurfio dau radical rhydd. Mae'r bond O–O yn gymharol wan

Mae hyn yn arwain at y camau lledaenu a ailadroddir sawl gwaith i gynhyrchu moleciwl cadwyn hir iawn.

$$RO^{\bullet} \quad H_2C = CH_2 \longrightarrow R-O-CH_2-CH_2^{\bullet}$$

$$R-O-CH_2-CH_2^{\bullet} \quad H_2C = CH_2 \longrightarrow R-O-(CH_2)_3-CH_2^{\bullet}$$

Ffigur 4.15.5 ▲
Lledaenu'r gadwyn

Bydd terfyniad yn digwydd wrth i ddau radical rhydd gyfuno i ffurfio moleciwl.

$$2R-O-(CH_2)_n-CH_2^{\bullet} \longrightarrow R-O-(CH_2)_n-CH_2-CH_2-(CH_2)_n-O-R$$

Ffigur 4.15.6 ▲
Terfyniad y gadwyn

Ffigur 4.15.2 ▲
Micrograff electron sganio lliw ffug o'r ffabrig gwrth-ddŵr sy'n gallu anadlu, Gore-tex. Neilon yw'r haenau allanol pinc. Mae'r haenau melyn a gwyn wedi eu gwneud o defflon (ptfe). Chwyddhad ×100

Prawf i chi

1 Tynnwch lun darn byr o'r gadwyn bolymer a ffurfir gan y monomerau hyn. Enwch y monomerau a'r polymerau a nodwch i ba ddau o Ffigurau 4.15.7-4.15.10 y maen nhw'n perthyn.

a)

$$\begin{array}{c} F \\ \end{array} C = C \begin{array}{c} F \\ F \end{array}$$
F

b)

$$\begin{array}{c} H \\ \end{array} C = C \begin{array}{c} H \\ H \end{array}$$

2 Enwch y polymerau hyn a rhowch fformiwlâu arddangos y monomerau. Enwch y monomerau a'r polymerau a nodwch i ba ddau o Ffigurau 4.15.8-4.15.11 y maen nhw'n perthyn.

a)

$$\left[\begin{array}{cc} H & H \\ C & C \\ CH_3 & H \end{array} \right]_n$$

b)

$$\left[\begin{array}{cc} H & H \\ C & C \\ Cl & H \end{array} \right]_n$$

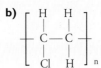

Cemeg Organig

Adran pedwar

203

Ffigur 4.15.7 ▲

Mae'r cromenni hyn yn hecsagonau dur rhyng-gysylltiol wedi'u 'gwydro' â phaneli o ETFE. Plastig a wneir trwy bolymeru cymysgedd o ddau fonomer, ethen a thetrafflworoethen, yw ETFE. Mae'r paneli'n cynnwys tair haen o'r llen bolymer ac wedi eu chwyddo'n unigol i roi defnydd ynysu sy'n ysgafn ac sy'n gadael golau trwyddo yn y sbectrwm cywir ar gyfer planhigion

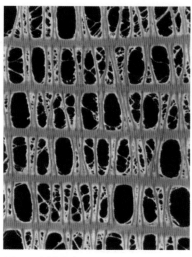

Ffigur 4.15.8 ▲

Poly(propen) a elwir yn aml yn bolypropylen. Micrograff electron sganio lliw o rwyd wedi'i wneud o boly(propen). Defnyddir y polymer cryf hwn i wneud pibellau, dalennau lapio, ffibrau carpedi a rhaffau. Chwyddhad x13

Ffigur 4.15.9 ▲

Poly(ffenylethen) a elwir yn gyffredinol yn bolystyren. Mae gan bolystyren ehangedig ddwysedd isel ac mae'n ynysydd thermol ardderchog. Fe'i defnyddir ar gyfer pacio gan ei fod yn amsugno siociau

Ffigur 4.15.10 ▲

Poly(cloroethen) a elwir yn gyffredinol yn bolyfinylclorid (pvc). Mae upvc heb ei blastigio yn bolymer anhyblyg sy'n addas ar gyfer landeri (cafnau) a fframiau ffenestri. Mae pvc wedi'i blastigio yn hyblyg ac fe'i defnyddir ar gyfer pacio, lloriau ac ynysu ceblau yn ogystal â gwneud bagiau gwaed

◀ *Ffigur 4.15.11*
Poly(ethen) a elwir yn gyffredinol yn bolythen. Allwthio poly(ethen) wedi'i ailgylchu i wneud llenni plastig ar gyfer y diwydiant adeiladu. Bydd proses gwasgedd uchel, tymheredd uchel, ym mhresenoldeb cychwynnydd perocsid, yn cynhyrchu poly(ethen) dwysedd isel ac iddo gadwyni canghennog. Bydd proses gwasgedd isel, tymheredd isel, gyda chatalydd Ziegler, yn cynhyrchu poly(ethen) dwysedd uchel lle mae'r cadwyni polymer wedi'u pacio'n fwy tynn gan nad oes ganddynt gadwyni ochr

Diffiniadau

Defnyddiau plastig yw defnyddiau y gellir eu mowldio gan wasgedd ysgafn. Mae clai gwlyb a phlastisin yn enghreifftiau. Wedi'i fowldio, bydd defnydd plastig yn cadw'i siâp newydd; yn wahanol i elastomer sy'n tueddu i neidio'n ôl i'w siâp gwreiddiol.

Plastigion yw defnyddiau a wnaed o foleciwlau cadwyn hir a gellir eu mowldio i siâp. Bydd thermoplastigau yn troi'n ddefnyddiau plastig pan fyddynt yn boeth ac yn caledu wrth oeri. Mae rhai thermoplastigau, megis polystyren a upvc, yn anhyblyg ac yn frau ar dymheredd ystafell. Mae plastigion eraill, megis polythen, yn hyblyg.

Plastigyddion yw ychwanegion a gymysgir gyda defnydd polymer i'w wneud yn fwy hyblyg. Hylif ac iddo ferwbwynt uchel, megis moleciwl ester mawr, yw plastigydd fel rheol. Bydd moleciwlau'r plastigydd yn mynd rhwng y cadwyni polymer ac yn lleihau'r grymoedd rhyngfoleciwlaidd rhwng y cadwyni er mwyn iddynt fedru llithro heibio'i gilydd.

Dull arall o gyflymu polymeriad alcenau megis ethen yw trwy ddefnyddio un o gatalyddion Ziegler-Natta. Mae'r catalyddion hyn yn ei gwneud hi'n bosib i gynhyrchu polymerau adio ar dymereddau a gwasgeddau cymharol isel. Cyfuniadau o ditaniwm(IV) clorid ac alcylau alwminiwm (megis triethyl alwminiwm) mewn hydoddydd hydrocarbon ydynt.

Ni cheir llawer o ganghennu yng nghadwyni'r polymerau felly gall y cadwyni poly(ethen) a ffurfir yn y modd hwn bacio'n dynn i gynhyrchu'r ffurf dwysedd uchel ar boly(ethen).

Mae gan boly(propen) a baratoir gyda chatalydd Ziegler-Natta drefniant rheolaidd o'r cadwyni ochr methyl. Mae pob cadwyn ochr methyl ar yr un ochr i'r gadwyn garbon. Mae'r moleciwlau'n torchi'n siâp helics rheolaidd ac yn pacio'n dynn i ffurfio polymer grisialog iawn sy'n gryf iawn. Y ffurf hon ar y polymer sy'n ddefnyddiol ar gyfer ffibrau sy'n gwisgo'n dda, mowldinau gwydn mewn cerbydau modur a chynwysyddion sy'n gallu dal dŵr berwedig.

3 Esboniwch y termau ymholltiad homolytig a radical rhydd gan ddefnyddio'r defnydd a wneir o fensoyl perocsid fel cychwynnydd yn enghraifft.

4 Mae'r pâst a ddarperir gyda llenwydd pren cartref yn aml yn cynnwys ffenylethen. Darperir tiwb bach o galedydd gyda'r pâst hwn yn aml.
   a) Pam darperir y caledydd mewn tiwb ar wahân a'i gymysgu gyda'r pâst yn union cyn ei ddefnyddio yn unig?
   b) Awgrymwch gemegyn ar gyfer y caledydd.
   c) Pa ffactorau fydd yn penderfynu pa mor gyflym bydd y llenwydd pren yn caledu?

◀ *Ffigur 4.15.12*
Adeiledd poly(propen) isotactig gyda phob grŵp methyl ar yr un ochr i'r gadwyn garbon

$$CH_3 \quad CH_3 \quad CH_3 \quad CH_3 \quad CH_3$$

Diffiniadau

Mewn poly(propen) **isotactig** mae pob cadwyn ochr methyl ar yr un ochr i'r gadwyn garbon.

Mewn polymer **syndiotactig** mae trefniant y cadwyni ochr hefyd yn rheolaidd, ond maen nhw ar y naill ochr a'r llall i'r gadwyn bob yn ail.

Mewn poly(propen) **atactig** mae'r grwpiau ochr ar hyd y gadwyn bolymer wedi'u cyfeirio ar hap. Mae poly(propen) atactig yn bolymer amorffaidd, rwberog. Un diben ar ei gyfer yw gwneud selwyr a defnyddiau hyblyg ar gyfer toeon.

Ffigur 4.15.13 ▶
Darn o gadwyn poly(propen) atactig

Prawf i chi

5 Lluniwch ddarn byr o foleciwl o boly(propen) syndiotactig.

Polymerau cyddwyso

Cynhyrchir polymerau cyddwyso trwy gyfres o adweithiau cyddwyso sy'n hollti moleciwlau dŵr ymaith rhwng grwpiau gweithredol y monomerau. Mae polyamidau a pholyesterau yn enghreifftiau o bolymerau cyddwyso. Os oes gan bob monomer ddau grŵp gweithredol bydd y math hwn o bolymeru yn cynhyrchu cadwyni. Mae trawsgysylltau'n bosib os oes gan un o'r monomerau dri grŵp gweithredol.

Polyesterau

Polymerau a ffurfir trwy bolymeriad cyddwyso rhwng asidau a chanddynt ddau grŵp asid carbocsylig, ac alcoholau a chanddynt ddau neu ragor o grwpiau –OH yw polyesterau. Cysylltir yr unedau yn y gadwyn bolymer gan gyfres o fondiau ester.

Asid bensen-1,4-deucarbocsylig ac ethan-1,2-deuol yw'r monomerau ar gyfer paratoi ffibrau polyester.

Ffigur 4.15.14 ▲
Polymeriad cyddwyso i ffurfio polyester

Enwau traddodiadol y cyfansoddion hyn yw asid tereffthalig ac ethylen glycol. Dyma lle daw'r enw masnachol Terylene ar gyfer un math o bolyester. Enw arall ar y polymer yw polyethylen tereffthalad sy'n rhoi'r enw PET pan ddefnyddir yr un polymer fel plastig i wneud poteli ar gyfer diodydd wedi'u carbonadu.

Polyamidau

Polymerau lle mae'r moleciwlau monomer wedi'u cysylltu gan fondiau amid yw polyamidau. Cynhyrchwyd y polyamidau pwysig cyntaf trwy bolymeriad cyddwyso rhwng deuaminau ac asidau deucarbocsylig.

Ffigur 4.15.15 ▶
Polymeriad cyddwyso i baratoi Neilon-6,6. Mae'r rhifau yn yr enw'n dangos nifer yr atomau carbon yn y ddau fonomer

Bydd cemegwyr yn disgrifio amidau aryl polymerig fel aramidau. Mae aramidau, megis Kevlar, yn bolymerau hynod o gryf, hyblyg, gwrth-dân a chanddynt ddwysedd isel. Gwneir siacedi gwrth-fwled o Kevlar, ac mae teiars beic sy'n cynnwys y polymer yn llai tebygol o gael twll. Mae rhaffau Kevlar tipyn yn gryfach na rhaffau dur o'r un pwysau. Gellir defnyddio'r polymer yn lle dur mewn teiars cerbydau modur hefyd.

Mae'r cadwyni polymer anhyblyg, llinol mewn Kevlar yn alinio'n baralel i'w gilydd ac fe'u delir yn eu lle gan fondiau hydrogen.

Ffigur 4.15.16 ▲
Micrograff electron sganio lliw ffug o fachyn Velcro, gyda chylchoedd wedi'u gwneud o neilon. Chwyddhad ×20

Ffigur 4.15.17 ▲
Adeiledd Kevlar

Prawf i chi

6 Gall y cyfansoddyn hwn ffurfio polymer:

CO_2H ... NH_2

a) Enwch y grwpiau gweithredol yn y monomer.
b) Pa gynnyrch arall sy'n ffurfio yn ystod polymeriad?
c) Lluniwch ddarn byr o'r gadwyn bolymer.

7 Rhowch ddau debygrwydd a dau wahaniaeth rhwng adeileddau neilon ac adeiledd protein (gweler tudalennau 199–200).

8 a) Dangoswch fod Kevlar yn bolymer o fensen-1,4-deuamin ac asid bensen-1,4-deucarbocsylig.
    b) Awgrymwch pam caiff y polymer ei baratoi o fonomerau â grwpiau gweithredol yn y safle 1,4 ac nid o isomerau posib y monomerau hyn.

9 Enwch y mathau o rymoedd rhyngfoleciwlaidd sy'n gweithredu rhwng y cadwyni polymer mewn:
    a) poly(ethen)
    b) neilon.

Priodweddau polymerau

Mae priodweddau polymerau yn amrywiol dros ben. Ymysg defnyddiau polymerig mae plastigion, elastomerau a ffibrau. Wrth i wyddoniaeth bolymerau ddatblygu, mae cemegwyr a gwyddonwyr defnyddiau wedi dysgu sut i ddatblygu defnyddiau newydd â phriodweddau penodol.

Dyma rai dulliau o addasu defnyddiau polymerig:

- newid hyd cyfartalog y cadwyni polymer
- newid adeiledd y monomer o bosib trwy adio grwpiau ochr sy'n cynyddu grymoedd rhyngfoleciwlaidd
- dewis monomer sy'n cynhyrchu polymer bioddiraddadwy
- amrywio graddau'r trawsgysylltu rhwng cadwyni
- cyd-bolymeriad
- newid aliniad y cadwyni polymer, er enghraifft, trwy droelli'r polymer yn ffibrau ac yna estyn y ffibrau
- ychwanegu llenwyddion, pigmentau a phlastigyddion
- gwneud defnyddiau cyfansawdd

Ffigur 4.15.18 ▶
Electromicrograff sganio o ddefnydd cyfansawdd ffibr gwydr yn dangos ffibrau gwydr siâp rhoden wedi'u mewnosod mewn matrics polyester. Chwyddhad ×330

Diffiniadau

Mae **defnyddiau bioddiraddadwy** yn dadelfennu yn yr amgylchedd o ganlyniad i weithgaredd micro-organebau.

Mae **plastigion ffotodiraddadwy** yn dadelfennu ym mhresenoldeb golau haul.

Prawf i chi

10 Gellir defnyddio potel a wnaed o boly(ffenylethen) i gadw potasiwm hydrocsid gwanedig, ond bydd tyllau'n ymddangos yn raddol mewn côt labordy bolyester sydd wedi cael diferion o'r un adweithydd drosti. Esboniwch y gwahaniaeth yn ymddygiad y ddau bolymer.

11 Awgrymwch pam mae nifer o bolyesterau a pholyamidau yn fioddiraddadwy ond nid felly'r poly(alcenau).

12 Pa fath o blastig sy'n ffurfio'r mwyafrif o wastraff plastig cartref: polymerau cyddwyso ynteu adio? Beth yw goblygiadau hyn wrth geisio gwaredu'r gwastraff?

13 Pa anawsterau all godi wrth drin gwastraff o ganlyniad i'r cymysgedd o bolymerau mewn gwastraff plastig cartref?

Polymerau ar ôl eu defnyddio

Dim ond 8% o wastraff cartref sy'n blastig yng Ngorllewin Ewrop. Er hynny, ystyrir plastigion yn broblem nawr ei bod hi'n mynd yn fwyfwy drud i gael gwared ar wastraff mewn safleoedd tirlenwi. Gellir delio â gwastraff plastig trwy ailgylchu neu adfer egni.

Ailgylchu mecanyddol

Mae rhai plastigion yn haws eu hailgylchu nag eraill. Erbyn hyn mae systemau awtomatig ar gael i wahanu poteli ac, o ganlyniad, mae canran y plastig a adferir o wastraff wedi cynyddu'n sylweddol. Mae'r poteli a ddefnyddir ar gyfer diodydd wedi'u carbonadu yn arbennig o werthfawr oherwydd gellir aildoddi'r polyester (PET) a'i droelli'n ffibrau. Gellir ailgylchu pvc i gynhyrchu pibellau carthion a theils llawr.

Ailgylchu cemegol

Mae gwyddonwyr wrthi'n datblygu sawl proses i adfer cemegion defnyddiol o blastigion gwastraff. Mae un dechneg yn cynnwys cracio'r gwastraff yn foleciwlau hydrocarbon bychain. Mae techneg arall yn dadbolymeru'r plastig i adfer y monomer.

Adfer egni

Anodd yw profi'r budd amgylcheddol ac economaidd a ddaw o ailgylchu plastigion. Mae'n bosib bod yr egni sydd ei angen i gludo gwastraff plastig i weithfeydd prosesu ac yna i ddidoli a glanhau'r holl ddefnydd yn fwy na'r egni ar gyfer paratoi plastig ffres o olew crai.

Gall yr egni o losgi gwastraff plastig fod bron mor uchel â'r egni o'r un màs o olew. Dim ond oddeutu 4% o'r olew a ddefnyddir yn Ewrop a drawsnewidir yn blastig. Felly gellir ystyried cynhyrchu plastigion fel dull o ddefnyddio olew yn well cyn ei losgi fel tanwydd.

Ceir gwrthwynebiad cryf gan y cyhoedd bob tro y cyhoeddir cynlluniau i adeiladu gweithfeydd llosgi. Rhaid i weithfeydd llosgi modern gwrdd â safonau amgylcheddol uchel iawn, ac mae buddsoddi mewn offer i gynhyrchu trydan a rheoli llygredd yn gyfrifol am dipyn o'r gost. Fodd bynnag, er gwaetha'r safonau uwch mae nifer o bobl yn dal i fod yn amheus o allyriannau a ddaw o losgwyr, gan boeni eu bod yn berygl i iechyd. Maen nhw'n poeni y bydd y llosgwyr yn allyrru cemegion cyrydol neu wenwynig, megis hydrogen clorid neu ddeuocsinau, os yw'r gwastraff yn cynnwys cyfansoddion clorin megis pvc.

Ffigur 4.15.19 ▲
Rheolwr-gyfarwyddwr cwmni ailgylchu o'r Iseldiroedd yn sefyll ar domen o gaeadau poteli ac yn dal rholyn o blastig a wnaed o gapiau wedi eu hailgylchu

Ffigur 4.15.20 ▲
Seiffno olew o weithfeydd sy'n dadelfennu gwastraff plastig trwy ei wresogi dros 400°C. Gellir defnyddio'r cynnyrch yn lle olew crai fel defnydd crai ar gyfer purfeydd olew a'r diwydiant petrocemegol

Cemeg Organig

Adran pedwar

4.16 Synthesis

Synthesis yw gwraidd yr holl ymchwil sy'n datblygu cyffuriau newydd. Synthesis sy'n darparu lliwiau newydd i'r diwydiant ffasiwn ac yn darparu'r cemegion i lanhau ac addurno ein hunain a'n cartrefi. Mae synthesis hefyd yn bwysig wrth i ni geisio deall moleciwlau organig. Ni fydd cemegwyr yn sicr eu bod yn adnabod adeiledd moleciwl yn berffaith nes i rywun ei syntheseiddio.

Llwybrau organig

Bydd cemegwyr organig yn syntheseiddio moleciwlau newydd trwy ddefnyddio eu gwybodaeth am grwpiau gweithredol, mecanweithiau adweithiau a siapiau moleciwlau, yn ogystal â'r ffactorau sy'n rheoli cyfeiriad a chynnydd newid cemegol.

Bydd y llwybr synthesis yn arwain o'r adweithyddion at y cynnyrch a ddymunir mewn un cam neu mewn sawl cam. Bydd cemegwyr organig yn aml yn dechrau trwy archwilio'r moleciwl 'targed', yna byddant yn gweithio am yn ôl trwy gyfres o gamau er mwyn dod o hyd i gemegion cychwyn sydd yn ddigon rhad ac sydd hefyd ar gael. Yn ddiweddar mae cemegwyr wedi datblygu rhaglenni cyfrifiadurol i helpu gyda'r broses o weithio am yn ôl o'r moleciwl targed i amrywiaeth o wahanol fannau cychwyn mewn modd systematig.

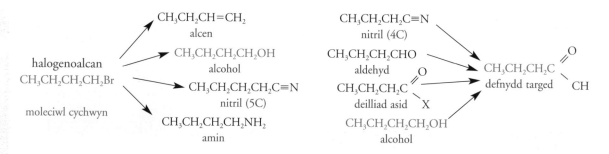

Ffigur 4.16.1 ▲
Gweithio'n ôl o'r moleciwl targed i ddod o hyd i synthesis dau gam ar gyfer asid bwtanoig o 1-bromobwtan

Mae cemegwyr yn chwilio am y llwybr synthesis sydd â'r nifer lleiaf o gamau ac sy'n cynhyrchu llawer o'r cynnyrch (gweler tudalen 219). Po fwyaf yw graddfa'r cynhyrchiad, y pwysicaf yw hi i gadw swm y cynnyrch yn uchel er mwyn osgoi cynhyrchu symiau mawr o sgil gynnyrch gwastraff.

Ffigur 4.16.2 ▶
Mae cemeg gyfuniadol yn awtomeiddio synthesis nifer fawr o gyfansoddion newydd. Gellir paratoi a phrofi niferoedd enfawr o gyfansoddion newydd mewn cyfnod byr

Newid y grwpiau gweithredol

Mae pob adwaith mewn cemeg organig yn trawsnewid un cyfansoddyn yn un arall, ond mae rhai adweithiau sy'n arbennig o ddefnyddiol ar gyfer datblygu llwybr synthesis, megis:

- adio halidau hydrogen at alcenau
- adweithiau amnewid i gyflwyno grwpiau gweithredol eraill megis –OH neu –NH₂ yn lle atomau halogen
- cyflwyno atom clorin yn lle grŵp –OH mewn alcohol neu asid carbocsylig
- dileu hydrogen halid o halogenoalcan i gyflwyno bond dwbl
- ocsidio alcoholau cynradd yn aldehydau ac yna'n asidau carbocsylig
- rhydwytho cyfansoddion carbonyl yn alcoholau.

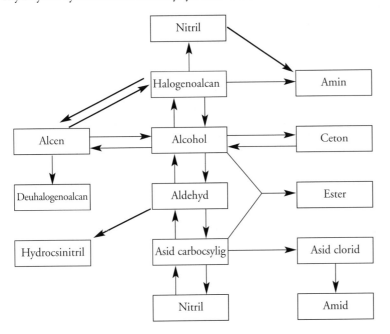

◄ *Ffigur 4.16.3*
Diagram llif i grynhoi'r dulliau ar gyfer trawsnewid un grŵp gweithredol yn un arall

Cemeg Organig

Adran Pedwar

Prawf i chi

1 Rhowch fformiwla adeileddol prif gynnyrch organig yr adweithiau hyn. Dosbarthwch bob adwaith yn adwaith adio, amnewid neu ddileu. Hefyd, dosbarthwch yr adweithydd yn radical rhydd, niwcleoffil, electroffil neu fas.

a) $CH_3CHBrCH_3$ $\xrightarrow{\text{KOH mewn ethanol}}$

b) $CH_2 = CH_2$ $\xrightarrow{\text{HBr}}$

c) $CH_3CH_2CH_2Br$ $\xrightarrow{\text{KOH (d)}}$

ch)  $\xrightarrow{\substack{HNO_3 \text{ cryn.} \\ H_2SO_4 \text{ cryn.}}}$

2 Copïwch y siart llif yn Ffigur 4.16.3. Wrth ymyl pob saeth, ysgrifennwch yr adweithyddion a'r amodau ar gyfer y trawsnewidiad.

3 Awgrymwch synthesisau ar gyfer trawsnewid:
   a) ethen yn asid ethanoig
   b) bwtan-1-ol yn fwtan-2-ol
   c) ethanol yn ethyl ethanoad (trwy ddefnyddio ethanol fel yr unig gyfansoddyn carbon).

Adio at ysgerbwd carbon

Mae'r angen i greu'r ysgerbwd cywir o atomau carbon yn sylfaenol i unrhyw synthesis. Mae gan gemegwyr heddiw ddewis eang o adweithiau ar gyfer cyrraedd y nifer angenrheidiol o atomau carbon yn y drefn gywir mewn moleciwl. Un o'r ffyrdd hysbys gorau o gynyddu nifer yr atomau carbon yw adio un atom carbon at y gadwyn garbon trwy ffurfio nitril o halogenoalcan. Nid yw nitrilau eu hunain yn ddefnyddiol ond gellir eu trawsnewid yn asidau carbocsylig ac yn aminau (gweler tudalen 190–191).

Yn 1924 cyhoeddodd dau gemegydd, Levine a Taylor, bapur yn disgrifio'r dulliau a ddefnyddiwyd i syntheseiddio samplau pur o asidau brasterog dirlawn cadwyn syth (gweler tudalen 185). Roedden nhw am fesur y berwbwyntiau'n fanwl gywir. Dechreuon nhw gydag asid octadecanoig (asid stearig) gan adio un atom carbon ar y tro i ffurfio pob asid hyd at asid docosanoig, $CH_3(CH_2)_{20}CO_2H$. Yna defnyddion nhw ffynhonnell naturiol o asid docosanoig i barhau hyd at asid hecsacosanoig. Roedd trawsnewid un asid i'r nesaf yn cymryd sawl diwrnod.

Ffigur 4.16.4 ▶

Y cynllun adwaith a ddefnyddiwyd gan Levine a Taylor i drawsnewid un asid brasterog i roi aelod nesaf y gyfres

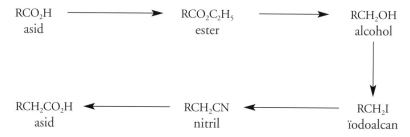

Dull arall o adeiladu'r ysgerbwd carbon yw defnyddio adweithydd Grignard (gweler adran 4.17).

Mae'r adwaith Friedel-Crafts yn dechneg werthfawr ar gyfer adio atomau carbon at gyfansoddion aromatig (aryl) (gweler tudalen 164).

Lleihau'r ysgerbwd carbon

Un dull o fyrhau'r gadwyn garbon yw gwresogi amid gyda bromin a sodiwm hydrocsid dyfrllyd. Dyma'r adwaith diraddio a enwyd ar ôl Hofmann (gweler tudalen 189).

Gall ocsidiad grymus gyda photasiwm manganad(VII) leihau nifer yr atomau carbon mewn cyfansoddyn aromatig trwy drawsnewid unrhyw gadwyni ochr hydrocarbon yn grwpiau asid carbocsylig (gweler tudalen 162).

Prawf i chi

4 Rhowch yr adweithyddion, yr amodau ac adeileddau'r cyfansoddion organig ar gyfer trawsnewid:
  a) ethanol yn bropylamin mewn tri cham
  b) propan-1-ol yn asid bwtanoig mewn tri cham.

5 Cwblhewch y diagram llif hwn ar gyfer synthesis asid bensencarbocsylig mewn dau gam.

6 a) Awgrymwch adweithyddion ac amodau ar gyfer pob un o gamau'r adwaith a ddefnyddiwyd gan Levine a Taylor.
  b) Esboniwch bwysigrwydd tablau manwl gywir o ymdoddbwyntiau cyfansoddion pur i gemegwyr.
  c) Pam roedd y cemegwyr yn poeni mwy ynghylch paratoi cynnyrch pur na chael swm mawr o'r cynnyrch?

7 Rhowch yr adweithyddion a'r amodau ar gyfer trawsnewid asid bwtanoig yn bropylamin.

4.17 Adweithyddion Grignard

Cyfansoddion organig adweithiol sy'n cynnwys atomau magnesiwm yw adweithyddion Grignard, ac fe'u defnyddir i ffurfio bondiau C—C mewn synthesis organig. Dyma enghreifftiau o gyfansoddion organometelig. Darganfuwyd yr adweithyddion gan y cemegydd organig o Ffrainc, Victor Grignard (1871–1935). Roedd yn fyfyriwr graddedig yn labordai'r Athro Barbier ym Mhrifysgol Lyon ar y pryd. Yn hwyrach, daeth yn Athro yn lle Barbier yn Lyon ac enillodd wobr Nobel am ei waith yn 1912.

Dangosodd Grignard fod halogenoalcanau yn adweithio gyda magnesiwm mewn ether (ethocsiethan) sych.

RBr + Mg → RMgBr, lle mae R yn cynrychioli grŵp alcyl.

Mae'r bond carbon-magnesiwm mewn adweithydd Grignard yn bolar gyda'r atom metel ar ben positif y deupol a'r atom carbon ar y pen negatif. O ganlyniad mae'r atom carbon sydd ynghlwm wrth y magnesiwm yn niwcleoffil. Mae hyn yn golygu y bydd bondiau C—C yn ffurfio wrth i adweithyddion Grignard gymryd rhan mewn adweithiau amnewid niwcleoffilig neu adweithiau adio. Dyma sy'n gwneud yr adweithyddion mor ddefnyddiol mewn synthesis.

Diffiniad

Cyfansoddion organometelig yw cyfansoddion carbon sy'n cynnwys atom metel. Mae adweithyddion Grignard yn gyfansoddion organometelig a ffurfiwyd gyda magnesiwm.

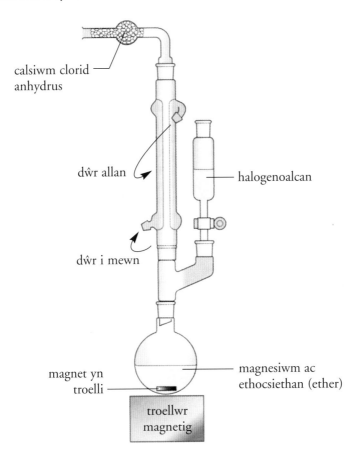

calsiwm clorid anhydrus

dŵr allan

halogenoalcan

dŵr i mewn

magnet yn troelli

magnesiwm ac ethocsiethan (ether)

troellwr magnetig

Ffigur 4.17.1 ▲
Cyfarpar ar gyfer paratoi adweithydd Grignard

Ffigur 4.17.2 ▶
Ffigur 4.17.2 ▶

Adweithydd Grignard yn gweithredu fel niwcleoffil wrth adweithio gyda chyfansoddyn carbonyl

Synthesis alcanau trwy hydrolysis

Bydd hydrolysis yn trawsnewid adweithydd Grignard yn alcan. Bydd cemegwyr fel arfer yn ceisio atal hyn rhag digwydd wrth weithio gydag adweithyddion Grignard trwy gadw lleithder allan. Fodd bynng, mae adegau pan fydd adwaith halogenoalcan gyda magnesiwm wedi'i ddilyn gan hydrolysis gyda dŵr yn gallu bod yn ddull cyfleus o gyflwyno atom hydrogen yn lle atom halogen.

Ffigur 4.17.3 ▶

Trawsnewid 1-bromohecsan yn hecsan

$$CH_3(CH_2)_4CH_2Br \xrightarrow{Mg} CH_3(CH_2)_4CH_2MgBr$$

1-bromohecsan $\qquad$ hecsyl magnesiwm bromid

$$\downarrow H_2SO_4(d)$$

$$CH_3(CH_2)_4CH_3$$

hecsan

Mae'r syniad o wneud cyfansoddion sydd erioed wedi'u paratoi na'u harunigo o ffynonellau naturiol o'r blaen wedi hudo cemegwyr ers amser. Mae cyfansoddion cylchol wedi bod o ddiddordeb mawr. Erbyn diwedd yr 19eg ganrif credai cemegwyr ei bod hi'n annhebygol y gallai cyfansoddion â chylchoedd o 3 neu 4 atom carbon fodoli gan y byddai gormod o dyndra ynddynt.

Yn 1883 William Perkin oedd y cyntaf i gyhoeddi synthesis deilliad o gylchobwtan. Llwyddodd i baratoi asid cylchobwtan carbocsylig mewn proses chwe cham. Bryd hynny ni allai ddod o hyd i ffordd i'w drawsnewid yn gylchobwtan. Ni ddarganfuwyd dull boddhaol o drawsnewid yr asid yn gylchobwtan tan 1949. Roedd y trawsnewidiad yn dibynnu ar ffurfio adweithydd Grignard er mwyn cyflwyno atom hydrogen yn lle atom bromin.

Ffigur 4.17.4 ▶

Proses tri cham i drawsnewid halwyn arian asid cylchobwtan carbocsylig yn gylchobwtan

1 Awgrymwch pam y credai cemegwyr y byddai cylch cylchobwtan yn rhy ansefydlog i fodoli.

$$\begin{array}{c} CH_2 - CH - CO_2^- Ag^+ \\ | \qquad | \\ CH_2 - CH_2 \end{array} \xrightarrow[gwres]{Br_2} \begin{array}{c} CH_2 - CH - Br \\ | \qquad | \\ CH_2 - CH_2 \end{array}$$

$$\downarrow \text{Mg mewn ether}$$

$$\begin{array}{c} CH_2 - CH_2 \\ | \qquad | \\ CH_2 - CH_2 \end{array} \xleftarrow[\text{hydrolysis}]{H_2SO_4(d)} \begin{array}{c} CH_2 - CH - MgBr \\ | \qquad | \\ CH_2 - CH_2 \end{array}$$

cylchobwtan $\qquad\qquad$ adweithydd Grignard

Alcoholau o aldehydau a chetonau

Mae adweithiau adio niwcleoffilig adweithyddion Grignard gydag aldehydau a chetonau yn cynhyrchu alcoholau cynradd, eilaidd a thrydyddol.

◀ *Ffigur 4.17.5*
Mae X yn cynrychioli atom halogen. Mae R ac R ′ yn cynrychioli grwpiau alcyl neu hydrogen. Mae cam cyntaf yr adwaith yn ffurfio rhyngolyn y mae'n rhaid ei ddadelfennu i'r cynnyrch priodol gydag asid gwanedig. Sylwch sut y defnyddir $Mg(OH)X$ i gynrychioli'r halwynau magnesiwm sy'n cael eu ffurfio yn yr ail gam er hwylustod wrth gydbwyso hafaliadau. Mae'r cyfansoddion hyn yn ïonig ac mae'n fwy tebygol mai cymysgeddau o wahanol gyfansoddion megis $Mg(OH)_2$ ac MgX_2 ydynt

Cemeg Organig

Adran pedwar

Prawf i chi

2 a) Rhowch enw ac adeiledd yr alcohol sy'n cael ei ffurfio wrth i adweithydd Grignard a wnaed o 1-bromobwtan adweithio gyda methanal cyn hydrolysu'r cynnyrch gydag asid gwanedig.

   b) Ai alcohol cynradd, eilaidd neu drydyddol yw'r cynnyrch?

3 a) Rhowch enw ac adeiledd yr alcohol sy'n cael ei ffurfio wrth drawsnewid 2-bromopropan yn gyntaf yn adweithydd Grignard ac yna'i gymysgu gydag ethanal, yna hydrolysu'r cynnyrch gydag asid gwanedig.

   b) Ai alcohol cynradd, eilaidd neu drydyddol yw'r cynnyrch?

4 Enwch halogenoalcan a cheton y gellir eu defnyddio i baratoi'r alcohol trydyddol 3-methylhecsan-3-ol trwy ddefnyddio adweithydd Grignard fel rhyngolyn. Ysgrifennwch gynllun adwaith ar gyfer y synthesis.

Asidau casbocsylig o garbon deuocsid

Darganfu Grignard fod hydoddiant o adweithydd Grignard yn amsugno carbon deuocsid. Mae'r adweithydd yn adweithio gyda'r nwy. Cynhyrchir asid carbocsylig wrth ychwanegu asid hydroclorig at y cynnyrch.

◀ *Ffigur 4.17.6*
Ffurfiant asid carbocsylig o adweithydd Grignard

Un dull cyfleus yw trwy dywallt hydoddiant o adweithydd Grignard mewn ether dros iâ sych (carbon deuocsid solet) wedi'i falu; mae hwn yn sychdarthu ar $-78°C$. Mae'r dechneg hon ar gyfer paratoi asidau yn fwy defnyddiol yn gyffredinol na synthesis gyda cyanid. Mae'r dull cyanid yn gweithio'n dda ar gyfer halogenoalcanau cynradd, ond gyda chyfansoddion eilaidd a thrydyddol mae alcenau'n ffurfio fel sgil gynnyrch ac mae swm y cynnyrch yn isel.

Prawf i chi

5 Awgrymwch pam mae swm y nitrilau a gynhyrchir mor isel wrth i ïonau cyanid adweithio gyda halogenoalcanau eilaidd a thrydyddol.

6 Enwch y camau sydd eu hangen i drawsnewid 1-bromopropan yn:
   a) fwtan-1-ol
   b) asid bwtanoig
   c) 3-methylhecsan-3-ol
   ch) 2-methyl-pentan-2-ol
   d) propan.

4.18 Technegau synthetig

Mae cemegwyr wedi datblygu amrywiaeth o dechnegau ymarferol ar gyfer syntheseiddio cynhyrchion organig solet a hylifol. Mae'r dulliau hyn yn ystyried y ffaith bod adweithiau sy'n cynnwys moleciwlau cofalent yn aml yn araf, a'i bod weithiau'n anodd osgoi adweithiau ochr sy'n cynhyrchu sgil gynnyrch.

Mae paratoadau organig yn digwydd mewn pum prif gam.

Cam 1: Cynllunio

Y man cychwyn yw dewis yr adwaith neu'r gyfres o adweithiau addas (gweler adran 4.16). Y cam nesaf yw cyfrifo o'r hafaliad y meintiau addas i adweithio a phenderfynu ar yr amodau ar gyfer yr adwaith.

Mae dadansoddi risg yn rhan bwysig o'r cam cynllunio er mwyn sicrhau nad oes unrhyw beryglon diangen, a hefyd sicrhau y caiff y dull ei weithredu mor ddiogel â phosib.

Cam 2: Gwneud yr adwaith

Yn y cam hwn bydd y cemegydd yn mesur meintiau'r adweithyddion ac yn eu cymysgu mewn cyfarpar priodol. Mae'r mwyafrif o adweithiau organig yn araf ar dymheredd ystafell, felly mae'n rhaid gwresogi'r adweithyddion fel arfer trwy ddefnyddio fflam, mantell wresogi neu blât poeth. Un o'r dulliau mwyaf cyffredin yw gwresogi cymysgedd yr adwaith mewn fflasg sydd wedi'i ffitio â chyddwysydd adlifo (gweler tudalen 182).

Nid yw adweithyddion organig yn cymysgu gydag adweithyddion dyfrllyd, felly mae ysgwyd yr adweithyddion anghymysgadwy mewn fflasg â thopyn yn dechneg gyffredin arall.

Cam 3: Gwahanu'r cynnyrch o gymysgedd yr adwaith

Bydd cemegwyr yn sôn am 'weithio' cymysgedd yr adwaith i gael y cynnyrch crai. Os yw'r cynnyrch yn solet gellir ei wahanu, ar ôl iddo oeri, trwy hidlo gwactod (gweler Ffigur 4.9.7, tudalen 182).

Yn aml, gellir gwahanu hylifau trwy ddistyllu syml (gweler tudalen 184) neu ddistyllu ager. Mae distyllu gydag ager ar 100°C yn ei gwneud hi'n bosib gwahanu cyfansoddion sy'n dadelfennu o'u gwresogi hyd at eu berwbwyntiau. Bydd y dechneg hon ond yn gweithio gyda chyfansoddion nad ydynt yn cymysgu gyda dŵr. Trwy ddefnyddio distyllu ager i wahanu cynhyrchion paratoadau organig, caiff unrhyw adweithyddion a chynhyrchion sy'n hydawdd mewn dŵr eu gadael ar ôl.

1 Mewn synthesis dau gam posib ar gyfer methyl bwtanoad, yn gyntaf caiff asid carbocsylig ei drawsnewid yn asyl clorid, yna caiff yr asid clorid ei gymysgu gydag alcohol.

   a) Ysgrifennwch gynllun adwaith ar gyfer y synthesis gan roi'r adweithyddion a'r amodau.

   b) Cyfrifwch y meintiau angenrheidiol i baratoi 10 g o'r ester gan dybio cynnyrch o 55% ymhob cam. Pa gemegion dylid eu defnyddio mewn gormodedd?

   c) Pa gamau diogelwch dylid eu cymryd yn ystod yr adwaith?

◀ Ffigur 4.18.1
Gosod cyfarpar distyllu i wahanu cemegion a syntheseiddiwyd yn ystod ymchwiliad i ddatblygu cyffuriau gwrth-ganser newydd

Cam 4: Puro'r cynnyrch

Mae'r cynnyrch 'crai' a wahenir o gymysgedd yr adwaith fel arfer wedi'i halogi'n ddrwg gydag adweithyddion a sgil gynhyrchion.

Puro solidau

Ailrisialu yw'r dechneg arferol ar gyfer puro solidau (gweler Ffigur 4.7.12, tudalen 174). Mae'r dull ar gyfer ailrisialu'n seiliedig ar hydoddydd sy'n hydoddi'r solid pan yw'n boeth ond ddim pan yw'n oer. Caiff yr hydoddydd ei ddewis trwy gynnig a chynnig fel arfer. Gellir cyflymu'r hidlo trwy ddefnyddio twndis Buchner neu Hirsch a fflasg, ac mae'n haws adfer y solid pur o'r papur hidlo.

Dyma'r dull gweithredu:

■ cynhesu'r solid amhur gyda'r hydoddydd poeth

■ os nad yw'r hydoddiant yn glir, dylid hidlo'r hydoddiant trwy dwndis cynnes er mwyn cael gwared ar unrhyw amhureddau anhydawdd

■ oeri'r hydoddiant fel bo'r cynnyrch yn ailrisialu gan adael y symiau llai o amhureddau hydawdd mewn hydoddiant

■ hidlo i adfer y cynnyrch pur

■ golchi'r solid gydag ychydig bach o hydoddydd pur er mwyn golchi ymaith amhureddau o'r hydoddiant

■ gadael i'r hydoddydd anweddu mewn llif o aer ac yna mewn sychiadur.

Puro hylifau

Bydd cemegwyr yn aml yn puro hylifau trwy eu hysgwyd gydag adweithyddion mewn twndis gwahanu i dynnu unrhyw amhureddau ohonynt. Dilynir hyn gan sychu a distyllu ffracsiynol.

Mae distyllu ffracsiynol yn gwahanu cymysgeddau o hylifau a chanddynt wahanol ferwbwyntiau. Ar raddfa labordy, gellir gwneud hyn mewn offer distyllu ac ynddo golofn ffracsiynu wydr rhwng y fflasg a'r distyllben. Gellir gwella'r gwahanu trwy bacio'r golofn â gleiniau neu gylchoedd gwydr anadweithiol i gynyddu arwynebedd yr arwyneb lle gall yr anwedd sy'n codi gymysgu â'r hylif cyddwysedig sy'n llifo yn ôl i'r fflasg. Mae'r golofn yn boethach ar y gwaelod ac yn oerach ar y brig. Bydd y thermomedr yn mesur tymheredd berwi'r cyfansoddyn sy'n mynd i'r cyddwysydd.

Ffigur 4.18.2 ▶

Cyfarpar ar gyfer distyllu ffracsiynol cymysgedd o fethanol a dŵr. Mae methanol yn berwi ar dymheredd is felly dyma'r sylwedd mwyaf anweddol. Trwy ferwi unrhyw gymysgedd o'r hylifau cynhyrchir anwedd sy'n fwy cyfoethog mewn methanol. Mae'r graff ar y dde yn ddiagram berwbwynt-cyfansoddiad sydd wedi ei wrthdroi i fod yn boethach ar y gwaelod na'r brig

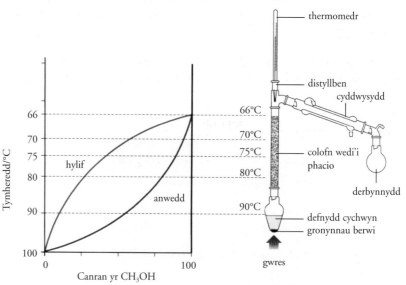

Os yw'r fflasg yn cynnwys cymysgedd o ddau hylif bydd yr hylif berwedig yn y fflasg yn cynhyrchu anwedd sy'n fwy cyfoethog yn yr hylif mwyaf anweddol (yr un sydd â'r berwbwynt isaf).

Bydd y rhan fwyaf o'r anwedd yn cyddwyso yn y golofn ac yn llifo'n ôl. Wrth wneud hyn bydd yn dod i gyswllt â rhagor o'r anwedd sy'n codi. Bydd ychydig o'r anwedd yn cyddwyso, ac ychydig o'r hylif yn anweddu. Yn y modd hwn bydd y cymysgedd yn anweddu ac yn cyddwyso drosodd a thro wrth godi i fyny'r golofn. Mae hyn yn debyg i gyflawni cyfres o ddistylliadau syml. Gellir cynrychioli hyn fel cyfres o gamau ar y diagram berwbwynt-cyfansoddiad. Mae llinell lorweddol ar y diagram yn dangos cyfansoddiad yr anwedd sy'n ffufio wrth i hylif penodol anweddu. Mae llinell fertigol yn dangos bod anwedd yn cyddwyso'n hylif â'r un cyfansoddiad.

Cam 5: Mesur swm y cynnyrch a gwirio ei enw a'i burdeb

Cynhyrchion

Mae cymharu gwir swm y cynnyrch â'r swm a ddisgwylir yn ôl yr hafaliad cemegol yn fesur da o effeithlonedd y broses.

Diffiniadau

Y **cynnyrch damcaniaethol** yw màs y cynnyrch a ddisgwylir o dybio bod yr adwaith yn digwydd tuag ymlaen yn ôl yr hafaliad cemegol, a bod y synthesis yn 100% effeithlon.

Gwir swm y cynnyrch yw màs y cynnyrch a gynhyrchir.

Dangosir **canran y cynnyrch** gan y berthynas:

$$\text{canran y cynnyrch} = \frac{\text{gwir fàs y cynnyrch}}{\text{cynnyrch damcaniaethol}} \times 100\%$$

Datrysiad enghreifftiol

Beth yw cynnyrch damcaniaethol yr asid amino glysin wrth adweithio 15.5 g o asid cloroethanoig gyda gormodedd o amonia dyfrllyd? Beth yw canran y cynnyrch os yw gwir swm cynnyrch y glysin yn 7.9 g?

Nodiadau ar y dull

Dechreuwch drwy ysgrifennu'r hafaliad ar gyfer yr adwaith. Does dim rhaid defnyddio'r hafaliad cytbwys llawn cyn belled â bod yr hafaliad yn cynnwys yr adweithydd cyfyngol a'r cynnyrch.

Gan fod yr amonia mewn gormodedd, yr asid cloroethanoig yw'r adweithydd cyfyngol. Mae hyn yn golygu y gellir anwybyddu'r amonia yn ystod y cyfrifiad.

Ateb

Yr hafaliad: $ClCH_2CO_2H \xrightarrow{NH_3(d)} H_2NCH_2CO_2H$

Màs molar asid cloroethanoig, $ClCH_2CO_2H = 94.5$ g mol^{-1}

Swm yr asid cloroethanoig ar gychwyn y synthesis

$$= \frac{15.5 \text{ g}}{94.5 \text{ g mol}^{-1}} = 1.164 \text{ mol}$$

Mae 1 mol o asid yn cynhyrchu 1 mol o glysin. Màs molar glysin, $H_2NCH_2CO_2H = 75$ g mol^{-1}

Cynnyrch damcaniaethol glysin = 0.164 mol $\times$ 75 g mol^{-1} = 12.3 g

Canran y cynnyrch = $\dfrac{7.9 \text{ g}}{12.3 \text{ g}}$ = 100% = 64%

Cemeg Organig

Adran pedwar

Diffiniadau

Mae **hylif anweddol** yn anweddu'n hawdd.

Anweddau yw nwyon sy'n ffurfio wrth i sylweddau sydd fel arfer yn hylifau neu'n solidau anweddu ar dymheredd ystafell. Bydd cemegwyr yn sôn am 'nwy hydrogen' ond 'anwedd dŵr'. Gellir cyddwyso anweddau'n rhwydd trwy eu hoeri neu gyda gwasgedd uwch oherwydd eu grymoedd rhyngfoleciwlaidd cymharol gryf.

Prawf i chi D

2 Esboniwch pam mae gwir swm y cynnyrch mewn synthesis organig bob tro'n is na'r cynnyrch damcaniaethol. Rhowch dri neu bedwar rheswm.

3 Mewn synthesis dau gam, caiff 18 g o fensen ei drawsnewid yn gyntaf yn 22 g o nitrobensen ac yna'n 12 g o ffenylamin.

   a) Nodwch yr adweithyddion a'r amodau ar gyfer pob cam.

   b) Cyfrifwch y cynnyrch damcaniaethol a gwir swm y cynnyrch ar gyfer y ddau gam.

   c) Beth yw canran y cynnyrch?

Enwi'r cynnyrch

■ Profion ansoddol

Gall profion syml ar gyfer grwpiau gweithredol helpu i gadarnhau enw'r cynnyrch (gweler *Cemeg UG* tudalen 246).

■ Mesur ymdoddbwyntiau a berwbwyntiau

Mae gan solidau pur ymdoddbwyntiau pendant. Bydd solidau amhur yn meddalu dros ystod o dymereddau. Felly gellir dangos a yw solid yn bur ai peidio trwy ei wylio'n ymdoddi. Erbyn hyn mae cronfeydd data'n rhestru ymdoddbwyntiau pob cyfansoddyn hysbys, felly mae'n bosib gwirio enw a phurdeb unrhyw gynnyrch trwy wirio ei fod yn ymdoddi'n amlwg ar y tymheredd disgwyliedig.

Gellir defnyddio berwbwyntiau yn yr un modd ar gyfer hylifau. Gall cemegwyr ddarllen berwbwynt cynnyrch hylifol wrth iddo ddistyllu drosodd yn ystod distyllu ffracsiynol.

■ Cromatograffaeth

Mae cromatograffaeth haenen denau (tlc – *thin layer chromatography*) yn gyflym, yn rhad a dim ond sampl bach sydd ei angen ar gyfer dadansoddi. Defnyddir y dechneg yn eang mewn labordai ymchwil a hefyd mewn diwydiant. Gellir defnyddio tlc yn gyflym i wirio bod adwaith cemegol yn mynd rhagddo fel y disgwylir ac yn cynhyrchu'r cynnyrch a ddymunir. Wedi ceisio puro cemegyn, gall tlc ddangos a yw'r amhureddau i gyd wedi eu gwaredu ai peidio.

Yn y math hwn o gromatograffaeth, haenen denau o solid ar blât gwydr neu blastig yw'r wedd sefydlog. Yr hylif yw'r wedd symudol. Mae pa mor gyflym y bydd sampl yn symud i fyny plât tlc yn dibynnu ar yr ecwilibriwm rhwng adsugniad ar y solid a hydoddiant yn yr hydoddydd. Bydd safle'r ecwilibriwm yn amrywio o un cyfansoddyn i'r nesaf ac felly dydd cydrannau cymysgedd yn gwahanu.

Ffigur 4.18.3 ▶
Cromatograffaeth haenen denau. Gosodir smotyn o sampl o'r cynnyrch yn Q. Cyfansoddion cyfeirio yw'r smotiau o hydoddiant yn P, R ac S **CD-ROM**

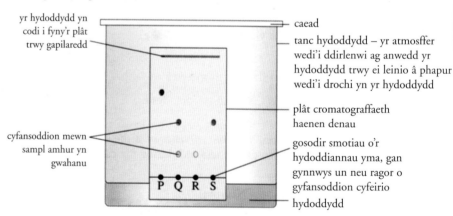

yr hydoddydd yn codi i fyny'r plât trwy gapilaredd — caead

tanc hydoddydd – yr atmosffer wedi'i ddirlenwi ag anwedd yr hydoddydd trwy ei leinio â phapur wedi'i drochi yn yr hydoddydd

plât cromatograffaeth haenen denau

cyfansoddion mewn sampl amhur yn gwahanu

gosodir smotiau o'r hydoddiannau yma, gan gynnwys un neu ragor o gyfansoddion cyfeirio

hydoddydd

P Q R S

Mae'n hawdd gweld cyfansoddion lliw ar blât tlc. Fodd bynnag, defnyddir y dechneg yn aml gyda chyfansoddion di-liw hefyd. Gellir canfod safle smotiau organig di-liw yn gyflym trwy osod y plât i sefyll mewn bicer â chaead gyda grisialau ïodin. Bydd yr anwedd ïodin yn staenio'r smotiau.

Dull arall yw trwy ddefnyddio plât tlc wedi'i drwytho â chemegyn fflwroleuol. O dan lamp uwchfioled bydd y plât cyfan yn goleuo heblaw am yr ardaloedd hynny lle mae cyfansoddion organig yn amsugno pelydriad gan ymddangos fel smotiau tywyll.

■ Sbectrosgopeg isgoch

Defnyddir sbectrosgopeg isgoch yn rheolaidd i adnabod cynhyrchion a gwirio pa mor bur ydynt (gweler tudalennau 231–233). Mae cemegwyr wedi adeiladu llyfrgelloedd o sbectra y gellir eu storio'n electronig erbyn hyn a'u cyrchu ar y Rhyngrwyd. Trwy wirio bod sbectrwm cynnyrch yn cyfateb i'r fersiwn yn y gronfa ddata gellir dangos mai'r cynnyrch a ddisgwylir a gafwyd ac nad oes amhureddau ynddo.

Ysgwyd 20 cm³ o 2-methylpropan-2-ol gyda 70 cm³ o asid hydroclorig crynodedig mewn fflasg â thopyn am oddeutu 20 munud nes i haenen o'r cynnyrch ffurfio ar yr wyneb.	Trosglwyddo i dwndis gwahanu a llifo'r haen ddyfrllyd ymaith. Ychwanegu 20 cm³ o sodiwm hydrogencarbonad 0.1 mol dm⁻³. Dychwelyd y topyn ac ysgwyd, gan ofalu rhyddhau'r nwy wrth i'r gwasgedd gynyddu yn y twndis. Llifo'r haen ddyfrllyd ymaith ac ailadrodd y driniaeth nes bo dim nwy yn ffurfio.	Trosglwyddo'r cynnyrch i fflasg gonigol fechan ac ychwanegu ychydig sodiwm sylffad anhydrus. Rhoi topyn arni a'i gadael i sefyll am ychydig funudau.	Hidlo'r cynnyrch i fflasg ddistyllu fechan. Distyllu'r hylif a chasglu'r ffracsiwn sy'n berwi rhwng 50°C a 52°C.

▲ Ffigur 4.18.4
Diagram llif i ddisgrifio sut i baratoi 2-cloro-2-methylpropan

Prawf i chi

4 **a)** Troswch Ffigur 4.18.4 yn ddiagramau wedi'u labelu i ddisgrifio'r broses.
  b) Ysgrifennwch hafaliad ar gyfer yr adwaith ac enwch y math o adwaith.
  c) Esboniwch bwrpas:
    (i) ychwanegu hydoddiant sodiwm hydrogencarbonad
    (ii) ychwanegu sodiwm sylffad anhydrus
    (iii) hidlo.
  ch) Awgrymwch brofion cemegol i ddangos bod y cynnyrch:
    (i) yn gloroalcan
    (ii) yn rhydd o'r alcohol cychwynnol.

4.19 Cyffuriau ar gyfer meddyginiaethau

Mae cemegwyr yn ceisio darganfod a syntheseiddio cyffuriau sy'n atal neu'n gwella clefydau, neu o leiaf rhai sy'n gwella'r symptomau. Mae popeth byw wedi'i wneud o gelloedd. Bydd cyffuriau'n gweithredu ar gelloedd a'r moleciwlau y tu mewn iddynt.

Cyffuriau a phroteinau

Mae'r mwyafrif o gyffuriau'n rhyngweithio â moleciwlau protein. Mae dau brif reswm dros hyn. Un rheswm yw y caiff pob adwaith cemegol mewn organeb fyw ei reoli gan ensymau, sy'n gatalyddion naturiol yn cynnwys proteinau. Y rheswm arall yw mai protein sy'n ffurfio'r derbynyddion sensitif ar arwyneb celloedd. Y derbynyddion hyn sy'n peri i gelloedd ymateb i'r negesyddion o derfynau nerfau ac i hormonau.

Mae adeiledd proteinau (gweler tudalen 200) yn golygu bod gan ensymau a derbynyddion safleoedd gweithredol. Siâp y safle gweithredol a'r grwpiau gweithredol sydd wedi'u trefnu o'i gwmpas sy'n rhoi i brotein ei briodweddau cemegol.

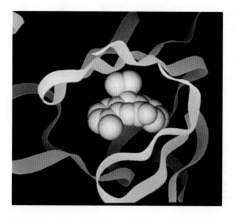

Ffigur 4.19.1 ▶

Darlun cyfrifiadurol o gyffur gwrth-HIV (melyn) yn blocio safle gweithredol yr ensym trawsgrifas gwrthdro (gwyrdd). Mae'r cyffur y atal y firws rhag atgynhyrchu

Un ffordd y bydd cyffuriau yn gweithredu yw trwy dargedu safle gweithredol protein penodol. Bydd nifer o gyffuriau'n lladd bacteria neu'n atal eu gwaith twf trwy dargedu ensymau. Mae'r cyffuriau sylffonamid a gwrthfiotigau penisilin yn gweithredu yn y modd hwn. Mae'n rhaid i'r cyffur effeithio ar ensym sy'n hanfodol i fiocemeg bacteria heb niweidio unrhyw ensymau dynol.

Mae cyffuriau sy'n targedu proteinau derbyn yn bwysig iawn hefyd, ac yn eu mysg mae'r cynhwysion gweithredol mewn meddyginiaethau i drin poen, methiant y galon, asthma a chlefyd Parkinson.

Stereocemeg a chyffuriau

Mae'r moleciwlau negesydd a chludydd yn y corff i gyd yn gweithio'n ddetholus gyda safleoedd gweithredol ensymau a derbynyddion protein. Mae'r moleciwlau hyn i gyd yn girol (gweler tudalen 149), ond dim ond gydag un o'r ffurfiau drych-ddelwedd y bydd cemeg y corff yn gweithio. Mae hyn yn golygu bod y rhan fwyaf o gyffuriau hefyd yn girol, ac yn aml bydd y ddau isomer optegol yn ymddwyn mewn gwahanol ffyrdd yn y corff. Yn aml bydd un isomer yn weithredol tra bo'r llall yn anweithredol, ond nid dyma'r achos bob tro (gweler Ffigur 4.3.11 ar dudalen 151).

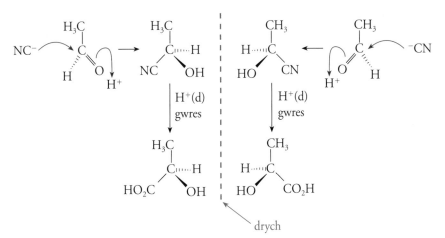

salbwtamol
(a ddefnyddir i drin asthma)

lefodopa (un o'r isomerau optegol a
ddefnyddir i drin clefyd Parkinson)

cloramffenicol (isomer optegol sy'n wrthfiotig gweithredol a
ddefnyddir i drin teiffoid)

◀ *Ffigur 4.19.2*
Cyffuriau sy'n girol

Cemeg Organig · **Adran Pedwar**

Cafodd y diwydiant fferyllol rybudd ynghylch pwysigrwydd ciroledd yn yr 1960au. Ymddangosodd cyffur newydd, thalidomid, ar y farchnad mewn rhai gwledydd fel tawelydd a chyffur cysgu newydd, diogel. Cyn hir daeth hi'n amlwg y gallai thalidomid achosi camffurfiadau difrifol mewn babanod pe bai merched yn ei gymryd yn gynnar yn eu beichiogrwydd.

Mae thalidomid yn girol. Cymysgedd racemig o'r ddau isomer (gweler tudalen 150) oedd y cyffur. Erbyn hyn mae fferyllwyr wedi darganfod bod un isomer optegol (y ffurf +) yn dawelydd effeithiol, diniwed tra bo'r isomer arall (y ffurf −) yn deratogenig. Mae'n debyg na fyddai darparu'r ffurf + yn unig fel cyffur wedi bod yn ddiogel chwaith oherwydd gall y corff drawsnewid un ffurf i'r llall.

Erbyn hyn mae awdurdodau trwyddedu'n mynnu bod cwmnïau fferyllol yn gwahaniaethu rhwng isomerau optegol cyffuriau ac yn eu profi ar wahân. Erbyn hyn mae mwyfwy o gyffuriau'n cynnwys un o'r ddau isomer optegol yn unig. Mae hyn yn golygu y gall y dos fod yn llai, caiff sgil effeithiau'r isomer diangen eu dileu a gall cyfanswm y dos gael ei leihau.

> **Diffiniad**
> Mae cemegyn **teratogenig** yn niweidiol i fabanod yn y groth.

◀ *Ffigur 4.19.3*
Mae synthesis asid 2-hydrocsipropanoig (asid lactig) yn y labordy yn cynhyrchu cymysgedd racemig

> **Prawf i chi**
> 1 Dangoswch ganolfannau cirol y moleciwlau a ddangosir yn Ffigur 4.19.2.
> 2 Esboniwch mewn geiriau, gyda chymorth Ffigur 4.19.3, pam mae synthesis cyfansoddyn cirol mewn labordy fel arfer yn cynhyrchu cymysgedd racemig.

223

Amsugno a dosbarthu cyffuriau yn y corff

Mae'n rhaid i gyffur fod yn fwy nag effeithiol wrth wella clefyd. Rhaid iddo hefyd feddu ar y priodweddau cywir i gael ei amsugno i lif y gwaed, ei gludo o amgylch system cylchrediad gwaed y corff a chroesi'r rhwystrau biolegol ar ei ffordd i'r ensymau neu'r derbynyddion targed.

Ffigur 4.19.4 ▶
Llun moleciwlaidd o gellbilen

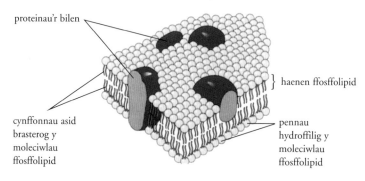

proteinau'r bilen

haenen ffosffolipid

cynffonnau asid brasterog y moleciwlau ffosffolipid

pennau hydroffilig y moleciwlau ffosffolipid

Yn ddelfrydol, caiff cyffuriau eu cymryd trwy'r geg ar ffurf tabledi neu gapsiwlau. Nid yw hyn yn bosib oni all y cyffur oroesi yn y stumog, sy'n asidig dros ben, croesi o'r coludd i lif y gwaed ac yna cyrraedd y targed heb gael ei ddadelfennu yn yr afu/iau neu ei ysgarthu gan yr arennau.

Mae cellbilenni'n cynnwys braster yn bennaf. Mae hyn yn golygu bod yn rhaid i'r cyffur fod yn ddigon lipoffilig (hoff o fraster) i groesi o'r coludd i lif y gwaed. Fodd bynnag, bydd braster y corff yn tynnu unrhyw gyffur sy'n rhy lipoffilig o lif y gwaed fel na fydd ar gael fel cemegyn gweithredol.

Ymysg y grwpiau gweithredol sy'n peri i foleciwl fod yn hydroffilig (hoff o ddŵr) mae: $-OH$, $-NH_2$, $-CO_2H$, $-CO_2^-$.

Ymysg y grwpiau gweithredol sy'n peri i foleciwl fod yn lipoffilig (hoff o fraster) mae: cadwyni ochr alcyl ac aryl (hydrocarbon).

Mae'n bosib na fydd cyffur sy'n rhy hydroffilig (hoff o ddŵr) yn gallu croesi rhwystrau brasterog y cellbilenni. Mae'n bosib hefyd i'r arennau ei ysgarthu i'r troeth.

Felly mae'n rhaid cyfaddawdu wrth ddylunio cyffuriau. Un ateb yw cael moleciwl sy'n asid gwan neu'n fas gwan gyda pK_a yn yr amrhediad 6-8. Mae hyn yn golygu bydd y cyffur mewn hydoddiant, ar pH gwaed, yn gymysgedd ecwilibriwm o'r ffurfiau ïoneiddiedig a di-ïoneiddiedig. Yn ei ffurf ddi-ïoneiddiedig bydd yn gallu croesi pilenni. Yn ei ffurf ïoneiddiedig bydd yn gallu hydoddi yn hylifau'r corff a rhwymo ei hun wrth safle gweithredol.

Mae penisilin yn effeithiol dros ben wrth ladd bacteria. Mae'n gweithredu trwy atal bacteria rhag syntheseiddio eu cellfuriau. Bydd y celloedd bacteriol yn rhwygo ac yn marw. Nid oes gan gelloedd dynol gellfur, felly ni chânt eu heffeithio gan benisilin sy'n rhyfeddol o ddiwenwyn.

Roedd y penisilin–G gwreiddiol, a arunigwyd o ffwng, yn hydroffilig a châi ei hydrolysu gan ddŵr. O ganlyniad nid oedd yn bosib ei gymryd trwy'r geg a châi ei ysgarthu'n gyflym gan yr arennau.

Mae cemegwyr a fferyllwyr wedi datblygu pob math o amrywiadau lled-synthetig o'r moleciwl penisilin sylfaenol. Gall yr addasiadau hyn wneud y moleciwl yn fwy sefydlog i asidau ac yn llai hydroffilig. Mae Pifampisilin yn enghraifft.

Prawf i chi

3 Dyma adeiledd aspirin:

CO_2H O
‖
O—C—CH₃

Caiff aspirin ei gymryd yn aml yn ei ffurf fwyaf hydawdd sef fel halwyn sodiwm.

a) A yw aspirin yn asid cryf neu'n asid gwan?

b) Rhagfynegwch beth fydd yn digwydd i aspirin hydawdd o dan amodau asidig y stumog. Ysgrifennwch hafaliad ar gyfer yr adwaith cildroadwy.

c) Pa ffurf ar aspirin, yn eich barn chi, gaiff ei hamsugno gyflymaf o'r stumog i lif y gwaed?

ch) Pa ffurf ar aspirin, yn eich barn chi, gaiff ei hysgarthu gyflymaf o'r arennau i'r troeth?

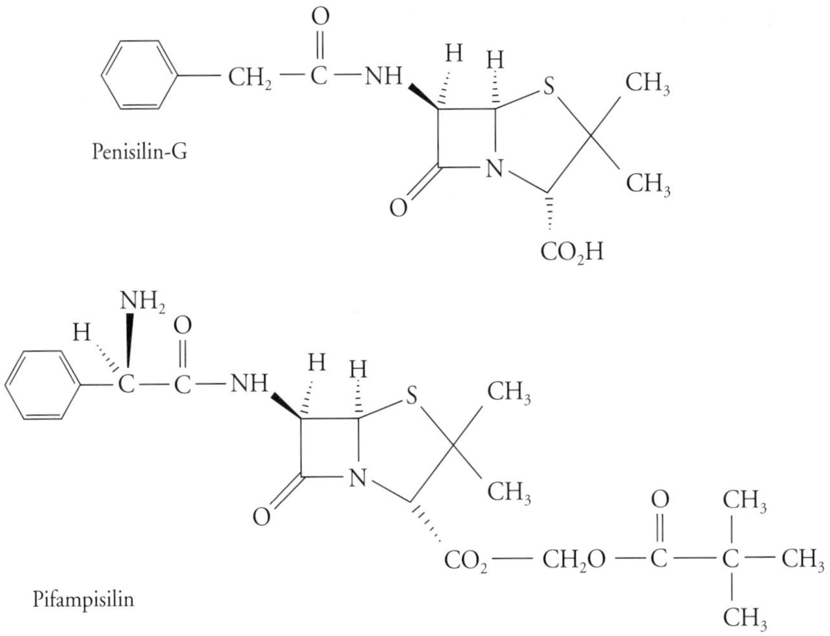

Penisilin-G

Pifampisilin

Gellir cymryd Pifampisilin trwy'r geg gan fod yr addasiadau a wnaed i'r adeiledd yn golygu na chaiff ei ddadelfennu gan asid. Mae'r atom nitrogen electronegatif yn y grŵp amin yn sefydlogi tipyn ar y cyffur o dan amodau asid. Mae newid y grŵp asid carbocsylig polar yn ester wedi gwneud y moleciwl yn llai hydroffilig felly caiff ei amsugno i'r stumog. Wedi ei amsugno i lif y gwaed, caiff y cyswllt ester ei hydrolysu gan ryddhau'r cyffur gweithredol (Ampisilin).

Prawf i chi

4 a) Dangoswch y grwpiau gweithredol hyn mewn penisilin–G: amid, asid carbocsylig.

b) Dangoswch y grwpiau gweithredol hyn mewn Pifampisilin: ester, amid, amin.

c) Tynnwch lun adeiledd Ampisilin. Beth yw'r gwahaniaeth rhwng y cyffur hwn a Phenisilin–G?

Cemeg Organig

Adran Pedwar

Mewn labordy modern, mae dadansoddi organig yn seiliedig ar amrywiaeth o dechnegau wedi'u hawtomeiddio a thechnegau sy'n defnyddio offer gan gynnwys sbectromedreg màs, sbectrosgopeg uwchfioled, sbectrosgopeg isgoch a sbectrosgopeg cyseiniant magnetig niwclear.

CD-ROM

Sbectromedreg màs

Techneg dra chywir ar gyfer mesur masau moleciwlaidd cymharol yw sbectromedreg màs. Gall sbectromedreg màs hefyd helpu i bennu adeileddau moleciwlaidd ac adnabod cyfansoddion anhysbys. Mae'r dechneg yn hynod o sensitif, a dim ond samplau bychain sydd eu hangen, cyn lleied ag un nanogram (10^{-9} g).

Mae cyfuniad o gromatograffaeth hylif-nwy (glc – *gas-liquid chromatography*) a sbectromedreg màs yn bwysig iawn mewn dadansoddi cemegol modern. Yn gyntaf caiff y cemegion mewn cymysgedd anhysbys, megis sampl o ddŵr llygredig, eu gwahanu trwy glc; yna bydd sbectromedreg màs yn adnabod y cydrannau.

Yr offeryn

Y tu mewn i sbectromedr màs ceir gwactod uchel sy'n ei gwneud hi'n bosib cynhyrchu ac astudio moleciwlau ïoneiddiedig a darnau o foleciwlau sydd ddim fel arfer yn bodoli.

Ffigur 4.20.1 ▶

Diagram o sbectromedr màs i ddangos y camau wrth gynhyrchu sbectrwm màs. Graddnodir yr offer gyda chyfansoddyn cyfeirio ac iddo adeiledd a màs moleciwlaidd hysbys er mwyn i'r cyfrifiadur fedru argraffu graddfa ar y sbectrwm màs

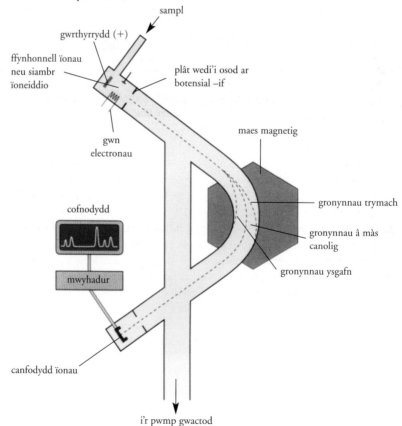

sampl
gwrthyrrydd (+)
ffynhonnell ïonau neu siambr ïoneiddio
plât wedi'i osod ar botensial –if
gwn electronau
maes magnetig
cofnodydd
gronynnau trymach
gronynnau â màs canolig
gronynnau ysgafn
mwyhadur
canfodydd ïonau
i'r pwmp gwactod

Mae'r electronau egni uchel yn peledu moleciwlau'r sampl ac yn eu newid yn ïonau trwy daro un neu ragor o electronau allan.

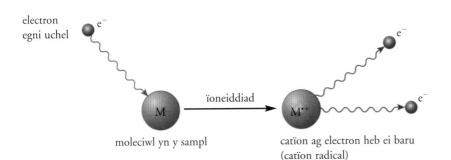

◀ *Ffigur 4.20.2*
Electronau egni uchel yn ïoneiddio moleciwl. Trwy daro un electron allan, caiff electron heb gymar ei adael ar ôl ac o ganlyniad ceir ïon positif sydd hefyd yn radical rhydd. Felly'r symbol yw M·⁺

Masau moleciwlaidd cymharol

Wrth ddadansoddi cyfansoddion moleciwlaidd, brig yr ïon sydd â'r màs mwyaf yw'r moleciwl cyfan wedi'i ïoneiddio fel arfer. Felly màs y 'rhiant-ïon' hwn, M, yw màs moleciwlaidd cymharol y cyfansoddyn.

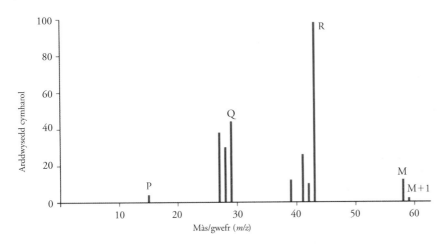

◀ *Ffigur 4.20.3*
Sbectrwm màs bwtan, C_4H_{10}, yn dangos y rhiant-ïon, M, gyda gwerth 58. Mae hwn yn cyfateb i'r màs moleciwlaidd cymharol o 58. Mae patrwm y darnau yn nodweddiadol o'r cyfansoddyn hwn

Isotopau

Y brig 'M + 1' yw'r brig bach iawn yn 59 yn sbectrwm bwtan (Ffigur 4.20.3). Mae hwn yn bresennol gan fod ychydig o foleciwlau bwtan yn cynnwys atomau carbon-13. Mae carbon-13 yn ffurfio 1.1% o garbon naturiol, felly mewn moleciwl sy'n cynnwys 4 atom carbon bydd y brig 'M + 1' yn 4.4% o frig yr ïon moleciwlaidd.

Mae presenoldeb isotopau tipyn yn fwy amlwg mewn sbectra ar gyfer cyfansoddion organig sy'n cynnwys atomau clorin neu fromin. Mae gan glorin ddau isotop, ^{35}Cl a ^{37}Cl. Mae clorin-35 dair gwaith yn fwy helaeth na chlorin-37. Os yw moleciwl yn cynnwys un atom clorin bydd yr ïon moleciwlaidd yn ymddangos fel dau frig wedi'u gwahanu gan ddau uned màs. Bydd y brig â'r gwerth m/z is dair gwaith mor uchel â'r brig â'r gwerth uwch.

Mae bromin yn cynnwys dau isotop yn bennaf, ^{79}Br ac ^{81}Br, sydd fwy neu lai yr un mor helaeth. Os yw moleciwl yn cynnwys un atom bromin bydd yr ïon moleciwlaidd yn ymddangos fel dau frig wedi'u gwahanu gan ddau uned màs. Bydd gan y ddau frig fwy neu lai yr un dwysedd.

Cemeg Organig

Adran pedwar

Prawf i chi D

1 a) Awgrymwch enwau'r darnau a labelwyd P, Q ac R yn sbectrwm màs bwtan.

   b) Awgrymwch pam mae'r brig yn m/z = 15 yn gymharol wan.

   c) Defnyddiwch symbolau i ddangos sut bydd ïon moleciwlaidd bwtan yn darnio.

Ffigur 4.20.4 ▶
Sbectra màs dau gyfansoddyn sy'n cynnwys atomau halogen

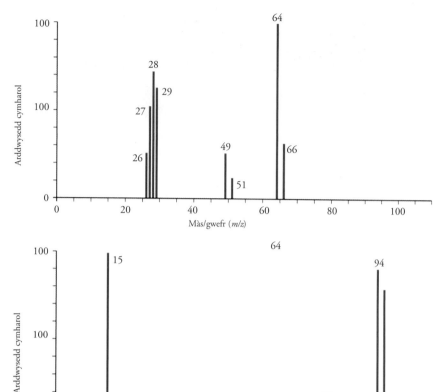

2 Esboniwch y ffeithiau hyn am sbectrwm màs deucloroethan:

   a) Mae'n cynnwys tri brig ar werthoedd *m/z* o 96, 98 a 100 gyda'r arddwyseddau yn y gymhareb 9:6:1.

   b) Mae'n cynnwys dau frig ar werthoedd *m/z* o 61 a 63 ag arddwyseddau yn y gymhareb 3:1.

3 Methyl bromid yw un o'r sbectra màs yn Ffigur 4.20.4, a chloroethan yw'r llall. Cysylltwch y sbectra â'r cyfansoddion ac enwch gymaint o'r darnau yn y sbectra ag y medrwch.

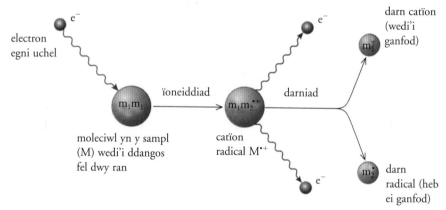

Darniad

Trwy beledu moleciwlau ag electronau egni uchel, nid yn unig cânt eu hïoneiddio, ond cânt eu hollti'n ddarnau hefyd. O ganlyniad mae'r sbectrwm màs yn cynnwys 'patrwm darnio'.

Ffigur 4.20.5 ▲
Ïoneiddiad a darniad. Sylwch mai rhywogaethau wedi gwefru yn unig sy'n ymddangos yn y sbectrwm màs. Ni chaiff meysydd trydan na meysydd magnetig unrhyw effaith ar ddarnau niwtral

Bydd moleciwlau'n torri'n haws ar fondiau gwan neu ar fondiau sy'n rhoi darnau sefydlog. Mae'r brigau uchaf yn cyfateb i ïonau positif sy'n fwy sefydlog yn gymharol, megis carbocatïonau trydyddol neu ïonau megis RCO^+ (yr ïon asyliwm) neu'r darn $C_6H_5^+$ o gyfansoddion aromatig.

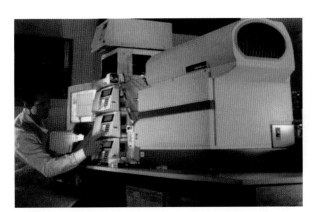

◀ *Ffigur 4.20.6*
Defnyddir sbectromedreg màs yma i fesur lefel cuffuriau mewn gwaed fel rhan o raglen ymchwil i ganser. Mae'r teclyn hwn yn cyfuno cromatograffaeth hylif i wahanu'r cymysgeddau a sbectromedreg màs i adnabod a mesur y cydrannau

Bydd cemegwyr yn cadw hyn mewn cof wrth astudio sbectra màs, ac o ganlyniad cânt oleuni pellach ar adeiledd moleciwlau. Byddant yn adnabod y darnau o'u masau ac yna'n ceisio creu adeileddau tebygol gyda chymorth tystiolaeth a gafwyd o ddulliau eraill o ddadansoddi, megis sbectrosgopeg isgoch a sbectrosgopeg cyseiniant magnetig niwclear (nmr).

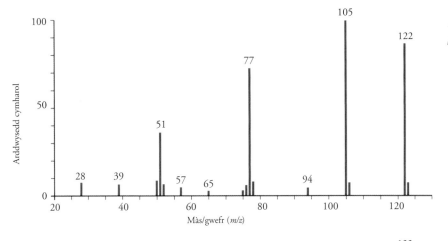

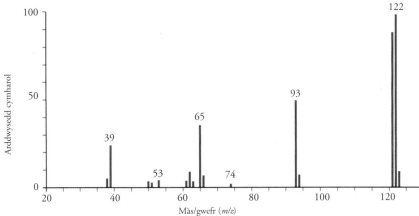

◀ *Ffigur 4.20.7*
Dau sbectrwm màs

Prawf i chi **D**

4 Mae Ffigur 4.20.7 yn dangos sbectra màs dau isomer: asid bensoig a 3-hydrocsibensaldehyd.

   a) Cysylltwch y cyfansoddion â'u sbectra gan roi rhesymau.

   b) Enwch y brigau yn 77 a 105 yn y sbectrwm uchaf.

   c) Enwch y brigau yn 39 a 93 yn y sbectrwm gwaelod.

Sbectrosgopeg

Term sy'n disgrifio amrywiaeth o dechnegau ymarferol ar gyfer astudio cyfansoddiad, adeiledd a bondio cyfansoddion yw sbectrosgopeg. Erbyn hyn mae'r technegau sbectrosgopeg yn 'llygaid' hanfodol mewn cemeg.

Sbectrwm amsugniad yw plot sy'n dangos pa mor gryf mae sampl yn amsugno pelydriad dros ystod o amleddau. Mae sbectra amsugniad o sbectrosgopeg uwchfioled, gweledol ac isgoch yn rhoi gwybodaeth werthfawr i wyddonwyr ynghylch cyfansoddiad ac adeiledd cemegion.

Gelwir yr offer a ddefnyddir yn **sbectrosgopau** (gan bwysleisio diben y technegau ar gyfer gwneud arsylwadau) neu'n **sbectromedrau** (gan bwysleisio pwysigrwydd mesuriadau).

Ffigur 4.20.8 ▲
Dibenion y sbectrwm electromagnetig mewn sbectrosgopeg

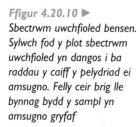

Ffigur 4.20.9 ▲
Nodweddion hanfodol sbectromedr un paladr

Sbectrosgopeg uwchfioled

Mae sbectrosgopeg uwchfioled yn arbennig o ddefnyddiol ar gyfer astudio moleciwlau organig di-liw sydd â grwpiau gweithredol annirlawn megis C=C ac C=O. Mae'r moleciwlau'n amsugno pelydriad uwchfioled ar donfeddi sy'n cynhyrfu electronau sydd wedi'u rhannu mewn bondiau dwbl. Bydd sbectromedr uwchfioled yn cofnodi i ba raddau mae samplau'n amsugno pelydriad uwchfioled ar draws ystod o donfeddi.

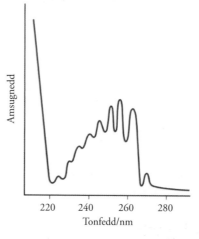

Ffigur 4.20.10 ▶

Sbectrwm uwchfioled bensen. Sylwch fod y plot sbectrwm uwchfioled yn dangos i ba raddau y caiff y pelydriad ei amsugno. Felly ceir brig lle bynnag bydd y sampl yn amsugno gryfaf

Caiff sbectra uwchfioled eu cofnodi mewn hydoddiant. Bydd y sbectra gan amlaf yn ymddangos fel bandiau llydan gydag un neu ddau frig a chafn. Weithiau, fel gyda bensen, ceir adeiledd mân wedi'i arosod ar y bandiau llydan. Bydd cemegwyr yn nodi tonfedd rhan uchaf pob brig a gradd gymharol yr amsugniad.

Bydd uchder y brig amsugniad ar donfedd benodol yn amrywio gyda chrynodiad y sylwedd sy'n amsugno. Mae hyn yn golygu y gellir defnyddio sbectrosgopeg uwchfioled i amcangyfrif symiau o sylwedd mewn hydoddiant ar gyfer sylweddau di-liw yn yr un modd ag y gellir defnyddio lliwfesuriaeth ar gyfer moleciwlau ac ïonau lliw (gweler tudalen 127–128).

Mewn moleciwlau organig sydd â systemau cyfunedig bydd y brig amsugniad uwchfioled yn symud tuag at donfeddi hwy wrth i nifer y bondiau dwbl a sengl, sy'n ymddangos bob yn ail, gynyddu.

System gyfunedig yw system o fondiau dwbl a sengl bob yn ail mewn moleciwl. Bydd moleciwlau organig a chanddynt systemau cyfunedig estynedig yn amsugno pelydriad yn rhan weledol y sbectrwm, felly maent yn sylweddau lliw.

Mae amsugniad uchaf ethen ar $\lambda_{uchaf} = 185$ nm, bydd hwn yn syflyd i $\lambda_{uchaf} = 220$ nm ar gyfer bwta-1,3-deuen ac i $\lambda_{uchaf} = 263$ nm ar gyfer octa-2,4,6-trien. Dyma dri chyfansoddyn di-liw.

Po hiraf yw'r gadwyn gyfunedig, y cryfaf yw'r amsugniad. Mae beta-caroten, gydag un ar ddeg bond carbon-carbon dwbl cyfunedig, yn amsugno'n gryf iawn gyda'r brig wedi'i syflyd mor bell fel nad yw mwyach yn yr ardal uwchfioled ond yn ardal las y sbectrwm gweledol ($\lambda_{uchaf} = 450$ nm) felly mae caroten yn oren llachar.

◀ **Ffigur 4.20.11**
Adeiledd β–caroten

Gall electronau sydd ddim yn bondio yn yr atomau ocsigen a nitrogen, mewn grwpiau gweithredol megis $-OCH_3$, $-NO_2$ ac $-CO_2CH_3$, hefyd estyn y system gyfunedig ac felly syflyd y brig amsugniad tuag at donfeddi hwy.

Mae sbectromedrau uwchfioled yn ei gwneud hi'n bosib ehangu technegau lliwfesuriaeth i gyfansoddion di-liw. Yn y diwydiant fferyllol, er enghraifft, bydd gwyddonwyr yn defnyddio sbectrosgopeg uwchfioled i wirio bod meddyginiaethau yn cynnwys y symiau cywir o gyffuriau a hefyd nad yw'r cynhyrchion yn dirywio o'u storio.

Prawf i chi

5 Amcangyfrifwch λ_{uchaf} ar gyfer y polyalcan $C_{10}H_{14}$ â phedwar bond dwbl cyfunedig, a phenderfynwch a fyddech chi'n disgwyl i'r cyfansoddyn fod yn ddi-liw ai peidio.

6 Graddnodwyd sbectromedr uwchfioled gyda chyfres o hydoddiannau nafftthalen safonol. Dyma ganlyniadau'r graddnodi:

Crynodiad/mol dm^{-3}	Amsugnedd
3.00×10^{-4}	0.232
5.00×10^{-4}	0.379
7.00×10^{-4}	0.524
9.00×10^{-4}	0.672

Roedd y darlleniad yn 0.472 mol dm^{-3} ar gyfer sampl anhysbys. Amcangyfrifwch grynodiad y nafftthalen yn y sampl hwn.

Sbectrosgopeg isgoch

Techneg ddadansoddol a ddefnyddir i adnabod grwpiau gweithredol mewn moleciwlau organig yw sbectrosgopeg isgoch. Mae'r rhan fwyaf o gyfansoddion yn amsugno pelydriad isgoch. Mae'r donfedd a amsugnir yn cyfateb i'r amleddau naturiol sy'n peri i fondiau sy'n dirgrynu yn y moleciwl blygu ac ymestyn. Bondiau polar sy'n amsugno gryfaf wrth iddyn nhw ddirgrynu. Mae O–H, C–O ac C=O yn enghreifftiau o fondiau polar mewn moleciwlau organig.

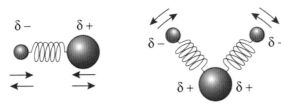

◀ **Ffigur 4.20.12**
Dirgryniadau bondiau sy'n achosi amsugniad yn yr ardal isgoch

Mae **tonrifau** isgoch yn amrywio o 400 cm^{-1} i 4500 cm^{-1}. Mae'r rhifau'n fwy cyfleus i sbectrosgopegwyr na thonfeddi. Y tonrif yw nifer y tonnau mewn 1 cm. Mae **trawsyriad** ar yr echelin fertigol yn mesur canran y pelydriad sy'n mynd trwy'r sampl. Mae'r cafnau'n ymddangos ar y tonrifau y mae'r cyfansoddyn yn eu hamsugno'n gryf.

Mae bondiau'n dirgrynu mewn ffyrdd penodol ac yn amsugno pelydriad ar donfeddi penodol. Mae hyn yn golygu ei bod hi'n bosib edrych ar sbectra isgoch ac adnabod grwpiau gweithredol arbennig.

Mae sbectrosgopegwyr wedi darganfod ei bod hi'n bosib cydberthyn yr amsugniadau yn yr ardal 4000–1500 cm^{-1} â dirgryniadau ymestyn a phlygu bondiau penodol. O ganlyniad, bydd sbectra isgoch yn rhoi cliwiau gwerthfawr ynghylch presenoldeb grwpiau gweithredol penodol mewn moleciwlau organig (gweler Ffigur 4.20.13 a thudalen 251 yn yr adran gyfeirio).

Mae bondio hydrogen yn lledu brigau amsugniad grwpiau –OH mewn alcoholau a hyd yn oed yn fwy mewn asidau carbocsylig.

Gall moleciwlau â nifer o atomau ddirgrynu mewn sawl ffordd gan fod dirgryniadau un bond yn effeithio ar rai eraill sy'n agos ato. Gellir defnyddio'r patrwm cymhleth o ddirgryniadau fel 'ôl bys' i'w gymharu yn erbyn y sbectrwm isgoch sydd wedi'i gofnodi mewn cronfa ddata. Gellir cymharu sbectrwm isgoch cynnyrch synthesis â sbectrwm y cyfansoddyn pur er mwyn gwirio bod y cynnyrch yn bur.

Ffigur 4.20.14 ▶
Siart i ddangos ardaloedd y sbectrwm isgoch a chydberthyniadau rhwng bondiau ac amsugniadau a arsylwyd (gweler hefyd dudalen 251)

Amrediad y tonrifau

Prawf i chi D

7 Mae Ffigur 4.20.13 yn dangos sbectra isgoch ethanol, asid ethanoig, propan nitril ac ethyl bwtanoad.
 a) Pa ddirgryniadau sy'n achosi'r brigau a ddynodwyd gan lythrennau?
 b) Pa sbectrwm sy'n perthyn i ba gyfansoddyn?

8 Mae cyfansoddyn P yn hylif sydd ddim yn cymysgu gyda dŵr; mae ganddo'r fformiwla foleciwlaidd C_7H_6O ac mae ganddo sbectrwm isgoch ac ynddo frigau cryf, amlwg ar 2800 cm^{-1}, 2720 cm^{-1} ac 1700 cm^{-1} a brig amsugniad gwannach rhwng 3000 cm^{-1} a 3100 cm^{-1}. Bydd ocsidio P yn rhoi solid gwyn, grisialog Q gyda band amsugniad isgoch cryf, llydan yn yr ardal 2500–3300 cm^{-1} ac amsugniad cryf arall yn yr ardal 1680–1750 cm^{-1}.
 a) Awgrymwch adeileddau posib ar gyfer P a Q.
 b) Pa brofion cemegol allech chi eu cynnal i wirio eich awgrymiadau?

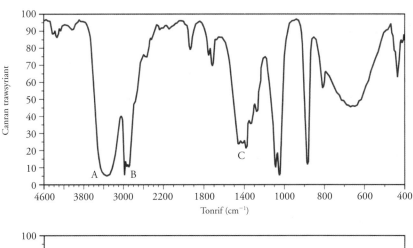

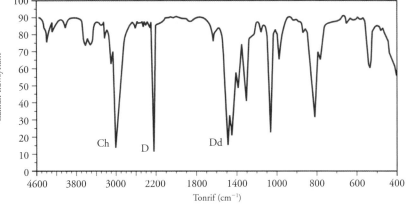

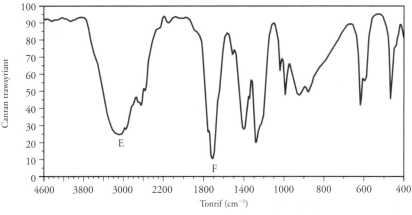

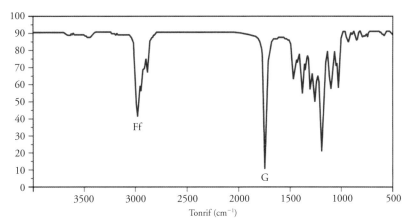

◄ *Ffigur 4.20.13*
Sbectra isgoch pedwar cyfansoddyn organig. Tonrifau yw'r unedau ar hyd y gwaelod (mewn cm⁻¹). Sylwch mai trawsyriant yw'r mesur a blotiwyd ar yr echelin fertigol. Mae hyn yn golygu bod y llinell yn gostwng ar y tonrifau lle mae'r moleciwlau'n amsugno pelydriad. Bydd cemegwyr yn aml yn cyfeirio at y gostyngiadau hyn fel 'brigau' gan eu bod yn dangos lefel uchel o amsugniad

Nodyn

Mewn meddygaeth, bydd delweddu cyseiniant magnetig yn defnyddio nmr i ganfod niwclysau hydrogen yn y corff dynol, yn enwedig mewn dŵr a lipidau. Bydd cyfrifiadur yn trosi'r wybodaeth o sgan o'r corff yn ddelweddau 3-D o'r meinweoedd meddal a'r organau mewnol sydd fel arfer yn dryloyw i belydrau X.

Ffigur 4.20.15 ▶

Diagram o sbectromedr nmr yn dangos nodweddion allweddol y dechneg

Sbectrosgopeg cyseiniant magnetig niwclear (nmr)

Mae sbectrosgopeg cyseiniant magnetig niwclear (nmr – *nucler magnetig resonance*) yn dechneg dadansoddi bwerus ar gyfer darganfod adeileddau cyfansoddion carbon. Defnyddir y dechneg i adnabod cyfansoddion anhysbys, i wirio am amhureddau ac i astudio siapiau moleciwlau.

Nmr protonau

Mae'r math hwn o sbectrosgopeg yn astudio ymddygiad niwclysau atomau mewn meysydd magnetig. Fe'i cyfyngir i'r niwclysau hynny sy'n ymddwyn fel magnetau bychain. Mewn cyfansoddion organig cyffredin, y proton, ^1H, yw'r unig niwclews sy'n gwneud hyn. Ni fydd niwclysau carbon-12, ocsigen-16 na nitrogen-14 yn ymddangos mewn sbectra nmr.

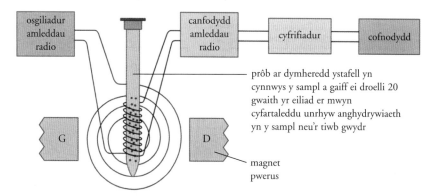

Pan gânt eu gosod mewn maes magnetig, gall niwclysau atomau hydogen-1 alinio naill ai yn yr un cyfeiriad neu mewn cyfeiriad dirgroes i faes magnetig allanol. Ceir naid egni bychan wrth i'r protonau newid o un aliniad i'r llall. Mae meintiau'r neidiau egni yn cyfateb i egnïon cwanta o donnau radio.

Caiff y sampl ei hydoddi mewn hydoddydd heb unrhyw atomau hydrogen-1. Hefyd yn yr hydoddydd mae ychydig o detramethyl silan (TMS) sy'n gyfansoddyn cyfeirio safonol sy'n cynhyrchu un brig amsugniad amlwg ymhell o'r brigau a gynhyrchir gan y samplau i'w dadansoddi.

Cynhelir y tiwb gyda'r sampl mewn maes magnetig cryf. Mae'r sawl sy'n gwneud yr arbrawf yn cynnau osgiliadur sy'n cynhyrchu pelydriad ar amleddau radio. Mae'r canfodydd amleddau radio'n cofnodi arddwysedd y signalau wrth i'r osgiliadur sganio ar draws ystod o donfeddi. Mae'r cofnodydd yn argraffu sbectrwm gyda brigau lle bynnag mae'r sampl yn amsugno pelydriad yn gryf. Sefydlogir y sero ar y raddfa gan amsugniad atomau hydrogen yn y cemegyn cyfeirio TMS. Gelwir pellter y brigau sampl o'r sero hwn yn 'syfliad cemegol' (δ).

Mae pob brig yn cyfateb i un neu ragor o niwclysau hydrogen mewn amgylchedd cemegol penodol. Bydd niwclysau mewn gwahanol rannau o'r moleciwl yn profi meysydd magnetig ychydig yn wahanol mewn peiriant nmr. Bydd y meysydd magnetig bychain a ffurfir gan electronau bondiau ac atomau cyfagos yn cysgodi'r niwclysau i ryw raddau rhag y maes a roddir gan y sbectromedr.

Mae'r arwynebedd o dan y brig mewn cyfrannedd â nifer y niwclysau ymhob amgylchedd cemegol. Gall y teclyn integru'r gromlin yn awtomatig a phlotio llinell i ddangos nifer cymharol y protonau ymhob amgylchedd cemegol o fewn y moleciwl.

Mae cemegwyr wedi mesur syfliadau cemegol ar gyfer protonau mewn nifer o gyfansoddion organig ac wedi rhoi'r gwerthoedd mewn tablau (gweler tudalen 251).

Ffigur 4.20.16 ▲

Gwyddonwyr yn trin sbectromedr nmr sy'n cael ei ddefnyddio i astudio asid carbocsylig

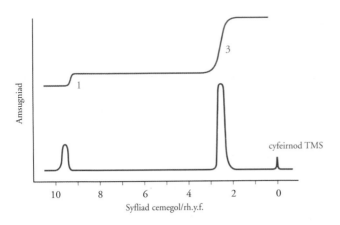

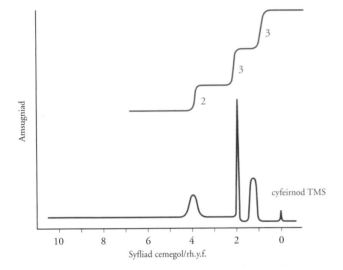

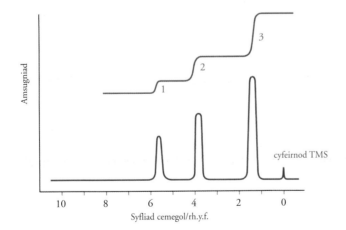

◀ *Ffigur 4.20.17*

Sbectrwm nmr manylder isel o dri chyfansoddyn organig. Sylwch ar y llinell werdd, sef canlyniad integru'r signal o'r offeryn er mwyn mesur yr arwynebedd cymharol o dan bob brig

Cemeg Organig

Adran pedwar

9 Nodwch ba sbectra nmr yn Ffigur 4.20.17 sy'n cyfateb i'r cyfansoddion hyn: ethanol, ethanal ac ethyl ethanoad. Rhowch resymau.

10 Pam mae'r cyfansoddyn cyfeirio tetramethyl silan, $(CH_3)_4Si$, yn achosi un brig nmr pigog?

11 Gyda chymorth y tabl syfliadau cemegol ar dudalen 251, brasluniwch y sbectrwm nmr manylder isel y byddech chi'n ei ddisgwyl ar gyfer:

   a) bwtanon

   b) 2-methylpropan-2-ol.

Ffigur 4.20.18 ▶

Sbectrwm nmr manylder uchel ar gyfer hydrocarbon aromatig. Sylwch ar y brigau ychwanegol o gymharu â'r sbectrwm manylder isel

Ffigur 4.20.19 ▶

Mae triongl Pascal yn rhagfynegi patrwm y brigau ac uchderau perthynol y brigau

Cyplu

Gyda manylder uchel mae'n bosib cynhyrchu sbectra nmr manylach sy'n darparu hyd yn oed mwy o wybodaeth ynglŷn ag adeileddau moleciwlaidd. Mae protonau sy'n gysylltiedig ag atomau cyfagos yn rhyngweithio gyda'i gilydd. Mae cemegwyr yn galw hyn yn 'gyplu' rhyngweithiol, a chanfuwyd mai'r effaith yw hollti'r brigau yn nifer o linellau.

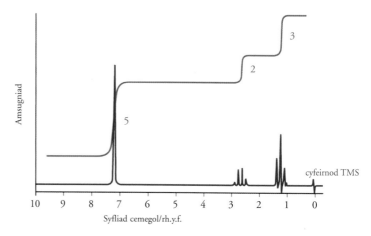

Mewn enghreifftiau syml, mae'r rheol 'n + 1' yn ei gwneud hi'n bosib cyfrifo nifer y protonau cypledig. Bydd brig o brotonau sydd wedi bondio at atom sy'n gymydog i atom ac arno ddau broton yn hollti'n dair llinell. Bydd brig o brotonau sydd wedi bondio at atom sy'n gymydog i atom ac arno dri phroton yn hollti'n bedair llinell.

nifer y protonau cywerth sy'n achosi'r hollti	patrwm yr hollti a dwysedd cymharol y brigau
1	1 1
2	1 2 1
3	1 3 3 1
4	1 4 6 4 1

Prawf i chi   D

12 Defnyddiwch y tabl syfliadau cemegol ar dudalen 251 i enwi'r cyfansoddyn yn Ffigur 4.20.18.

13 Brasluniwch y sbectrwm nmr manylder uchel y byddech chi'n ei ddisgwyl gyda:
 a) phropan
 b) ethocsiethan.

Protonau cyfnewidiol

Mae bondio hydrogen yn effeithio ar briodweddau cyfansoddion ag atomau hydrogen ynghlwm wrth atomau electronegatif iawn, megis ocsigen neu nitrogen. Gall y moleciwlau hyn gyfnewid protonau'n gyflym wrth symud o un atom electronegatif i un arall. Dywed cemegwyr fod y protonau hyn yn gyfnewidiol.

Diffiniad

Mae atom neu gyfansoddyn yn **gyfnewidiol** os ydyw'n symud neu'n adweithio'n gyflym ac yn hawdd.

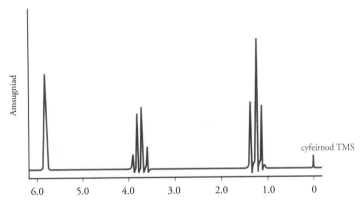

◄ **Ffigur 4.20.20**
Bondio hydrogen mewn ethanol

Ni fydd protonau cyfnewidiol yn cyplu gyda phrotonau sydd wedi cysylltu ag atomau cyfagos. Mae hyn yn golygu bod y brig nmr ar gyfer proton mewn grŵp —OH yn ymddangos fel un brig mewn sbectrwm manylder uchel.

◄ **Ffigur 4.20.21**
Sbectrwm nmr manylder uchel ethanol. Sylwch nad oes unrhyw gyplu rhwng y proton yn y grŵp —OH a'r protonau yn y grŵp CH₂ drws nesaf

Techneg ddefnyddiol ar gyfer canfod protonau cyfnewidiol yw trwy fesur y sbectrwm nmr ym mhresenoldeb deuteriwm ocsid (dŵr trwm), D_2O. Isotop o hydrogen yw deuteriwm, ^2H. Gall niwclysau deuteriwm gyfnewid yn gyflym iawn gyda phrotonau cyfnewidiol. Ni fydd niwclysau deuteriwm yn ymddangos yn ardal nmr protonau y sbectrwm felly bydd brigau unrhyw brotonau cyfnewidiol yn diflannu.

Prawf i chi

14 Ysgrifennwch hafaliad i ddangos cyfnewid cildroadwy niwclysau deuteriwm a hydrogen rhwng ethanol a deuteriwm ocsid.

15 Mae'r tabl yn dangos prif nodweddion sbectrwm nmr manylder uchel cyfansoddyn sy'n cynnwys carbon, hydrogen ac ocsigen. Mae'r brig sydd â syfliad cemegol o 11.7 yn diflannu ym mhresenoldeb ^2H_2O. Diddwythwch adeiledd y cyfansoddyn.

Syfliad cemegol	Nifer y llinellau	Integriad
1.2	tripled	3
2.4	pedwarawd	2
11.7	sengl	1

Cemeg Organig

Adran pedwar

237

Adolygu

Bydd y canllaw hwn yn eich helpu i drefnu eich nodiadau a'ch gwaith adolygu. Gwiriwch y termau a'r pynciau yn erbyn y fanyleb rydych yn ei hastudio. Efallai na fydd angen i chi astudio pob pwnc ar gyfer eich cwrs.

Termau allweddol

Dangoswch eich bod yn deall y termau hyn trwy roi enghreifftiau. Efallai y gallech ysgrifennu'r term allweddol ar un ochr i gerdyn mynegai ac yna ysgrifennu ystyr y term ac enghraifft ohono ar yr ochr arall. Gwaith hawdd wedyn fydd rhoi prawf ar eich gwybodaeth wrth adolygu. Neu gallech ddefnyddio cronfa ddata ar gyfrifiadur, gyda meysydd ar gyfer y term allweddol, y diffiniad a'r enghraifft. Rhowch brawf ar eich gwybodaeth trwy ddefnyddio adroddiadau sy'n dangos dim ond un maes ar y tro.

- Isomeredd adeileddol
- Isomeredd geometrig
- Isomeredd optegol
- Golau polar
- Cyfansoddion cirol
- Moleciwl anghymesur
- Enantiomer
- Cymysgedd racemig
- Adeiledd Kekulé
- Electronau dadleoledig
- Asid a bas Lewis
- Ymholltiad homolytig
- Ymholltiad heterolytig
- Electroffil
- Carbocatïon
- Nitradiad
- Adwaith Friedel-Crafts
- Grŵp ffenyl
- Antiseptig
- Diheintydd
- Grŵp carbonyl
- Niwcleoffil
- Deilliad grisialog
- Adweithiau adio-dileu
- Hydrolysis
- Seboneiddiad
- Triglyserid
- Braster
- Olew llysiau
- Asid brasterog
- Asid brasterog dirlawn
- Asid brasterog annirlawn
- Diraddiad Hofmann
- Catïon amoniwm cwaternaidd
- Syrffactyddion
- Halwyn deuasoniwm
- Llifyn aso
- Asid amino
- Switerïon
- Polypeptid
- Protein
- Bond peptid
- Bondio hydrogen
- Polymeriad adio
- Radical rhydd
- Adwaith cadwynol
- Adwaith cyddwysiad
- Polymeriad cyddwyso
- Polyamid
- Polyester
- Trawsgysylltu
- Thermoplastig
- Plastig thermosodol
- Ffibr
- Bioddiraddadwy
- Adweithydd Grignard
- Ïon moleciwlaidd
- Cymhareb màs i wefr
- Tonrif
- System gyfiau
- Syfliad cemegol

Symbolau a chonfensiynau

Gwnewch yn siŵr eich bod yn deall y confensiynau bydd cemegwyr yn eu defnyddio wrth ddefnyddio symbolau ac ysgrifennu hafaliadau. Cofiwch roi enghreifftiau yn eich nodiadau.

- Enwau cyfansoddion carbon: alcanau, alcenau, arênau (hydrocarbonau aromatig), halogenoalcanau, alcoholau, ffenolau, aldehydau, cetonau, asidau carbocsylig, esterau, asyl cloridau, asid anhydridau, nitrilau, aminau, asidau amino.
- Dulliau o gynrychioli siâp moleciwlau mewn dau a thri dimensiwn.
- Defnyddio saethau cyrliog i ddangos sut mae bondiau'n torri ac yn ffurfio wrth ddisgrifio mecanwaith adwaith.
- Dulliau o gynrychioli asidau amino a phroteinau.
- Y gwahaniaethau rhwng adeileddau cynradd, eilaidd a thrydyddol proteinau.
- Symbolau a ddefnyddir i gynrychioli monomerau a pholymerau.
- Dulliau o gynrychioli cadwyni polymer atactig, isotactig a syndiotactig.

Ffeithiau, patrymau ac egwyddorion

Defnyddiwch siartiau, hafaliadau gyda nodiadau a diagramau corryn i grynhoi ffeithiau a syniadau allweddol. Ychwanegwch dipyn o liw at eich nodiadau yma ac acw i'w gwneud yn fwy cofiadwy. Sicrhewch eich bod chi'n dangos yn glir yr adweithyddion a'r amodau sydd eu hangen er mwyn i adwaith ddigwydd. Ceisiwch ysgrifennu'r hafaliad ar gyfer adwaith ar un ochr i gerdyn mynegai a'r adweithyddion a'r amodau ar yr ochr arall. Gallwch gario set o gardiau fel y rhain o gwmpas gyda chi er mwyn adolygu a rhoi prawf ar eich hun bob hyn a hyn yn ystod y dydd.

- Y cysylltiad rhwng priodweddau ffisegol cyfres o gyfansoddion organig a'r mathau o rymoedd rhyngfoleciwlaidd sydd rhwng y moleciwlau.
- Effaith cyfansoddion cirol ar olau polar.
- Adeiledd a sefydlogrwydd arênau (hydrocarbonau aromatig) a'u hadweithiau.
- Adweithiau aldehydau a chetonau.
- Adweithiau asidau carbocsylig a dehongliad o asidedd y grwpiau asid carbocsylig yn nhermau dadleoliad electronau.
- Adweithiau deilliadau asidau carbocsylig gan gynnwys asyl cloridau, asid anhydridau, esterau a nitrilau.
- Adweithiau aminau alcyl ac aryl gan gynnwys dehongliad o gryfder basig cymharol aminau â gwahanol adeileddau.
- Mathau o fecanweithiau adwaith: adweithiau cadwynol radical rhydd, adweithiau adio ac amnewid niwcleoffilig, adweithiau adio ac amnewid electroffilig; esboniad o reol Markovnikov; polymeriad adio.

Technegau dadansoddi a synthesis

Defnyddiwch dablau i grynhoi profion cemegol a'u canlyniadau. Tynnwch ddiagramau llif i ddangos y camau allweddol mewn dulliau ymarferol. Chwiliwch am enghreifftiau i ddangos arwyddocâd dulliau sy'n defnyddio offer.

- Profion tiwb profi i adnabod grwpiau gweithredol.
- Distyllu syml a distyllu ffracsiynol.
- Ailrisialu i buro cynnyrch solet.
- Arwyddocâd berwbwyntiau ac ymdoddbwyntiau.
- Sbectromedreg màs i bennu masau moleciwlaidd cymharol ac adeileddau moleciwlaidd.
- Sbectrosgopeg isgoch i adnabod grwpiau gweithredol ac i nodweddu cyfansoddion pur.
- Sbectrosgopeg uwchfioled a gweledol i fesur crynodiadau a dadansoddi lliwiau.
- Sbectrosgopeg cyseiniant magnetig niwclear i bennu adeileddau moleciwlaidd.
- Cynllunio llwybrau synthesis ar gyfer cynhyrchu cyfansoddion organig.

Dehongli data

Rhowch eich datrysiadau enghreifftiol eich hun, gyda chymorth y cwestiynau 'Prawf i chi' a chwestiynau arholiad i ddangos y gallwch gyfrifo'r canlynol o ddata penodol.

- Fformiwlâu empirig a moleciwlaidd.
- Cynnyrch damcaniaethol a chanran y cynnyrch ar gyfer adweithiau organig.
- Adeileddau moleciwlaidd o sbectra màs, sbectra isgoch a sbectra nmr.

Cymwysiadau cemegol

Defnyddiwch siartiau, tablau neu ddiagramau i grynhoi cymwysiadau ymarferol cemeg organig y sonnir amdanynt ym manyleb y cwrs rydych chi'n ei ddilyn.

- Pwysigrwydd cyfansoddion sy'n deillio o fensen ac arênau eraill.
- Pwysigrwydd esterau naturiol a rhai synthetig: persawrau, cyflasynnau, brasterau ac olewau.
- Pwysigrwydd cyfansoddion organig yn gemegion fferyllol ac agrogemegion.
- Diben polymerau mewn perthynas â'u priodweddau ac adeileddau a'r problemau sy'n codi wrth waredu polymerau.

Sgiliau allweddol
Cyfathrebu

Trwy ddarllen, ysgrifennu a siarad am gymwysiadau cemeg organig, byddwch yn dangos y gallwch ddethol a darllen deunydd sy'n cynnwys y wybodaeth angenrheidiol. Gallwch ddangos eich gallu i ddewis y prif bwyntiau ac adnabod y llwybrau rhesymegu cyn trefnu'r wybodaeth mewn dull sy'n briodol i'ch gofynion chi gan ddefnyddio geirfa arbenigol pan fo'n briodol.

Technoleg gwybodaeth

Wrth astudio cemeg organig gallwch ddefnyddio meddalwedd modelu cemegol o CD-ROM neu'r Rhyngrwyd i astudio siapiau'r moleciwlau. Yn y modd hwn gallwch ymchwilio i onglau bondiau, siapiau moleciwlau ac effeithiau isomeredd. Gallwch hefyd ddefnyddio cronfa ddata o sbectra er mwyn ymarfer dehongli'r sbectra o sbectromedrau màs, sbectrosgopau isgoch a pheiriannau nmr.

Adran Pump
Adran Gyfeirio

Cynnwys

Y tabl cyfnodol

Cyfnod

Grŵp

Allwedd:

Rhif atomig
Symbol
Enw
Màs atomig cymharol

Elfennau trosiannol

Cyfnod	1	2											3	4	5	6	7	8
1	1 **H** Hydrogen 1																	2 **He** Heliwm 1
2	3 **Li** Lithiwm 7	4 **Be** Beryliwm 9											5 **B** Boron 11	6 **C** Carbon 12	7 **N** Nitrogen 14	8 **O** Ocsigen 16	9 **F** Fflworin 19	10 **Ne** Neon 20
3	11 **Na** Sodiwm 23	12 **Mg** Magnesiwm 24											13 **Al** Alwminiwm 27	14 **Si** Silicon 28	15 **P** Ffosfforws 31	16 **S** Sylffwr 32	17 **Cl** Clorin 35.5	18 **Ar** Argon 40
4	19 **K** Potasiwm 39	20 **Ca** Calsiwm 40	21 **Sc** Scandiwm 45	22 **Ti** Titaniwm 48	23 **V** Fanadiwm 51	24 **Cr** Cromiwm 52	25 **MN** Manganis 55	26 **Fe** Haearn 56	27 **Co** Cobalt 59	28 **Ni** Nicel 59	29 **Cu** Copr 63.5	30 **Zn** Sinc 65.4	31 **Ga** Galiwm 70	32 **Ge** Germaniwm 73	33 **As** Arsenig 75	34 **Se** Seleniwm 79	35 **Br** Bromin 80	36 **Kr** Crypton 84
5	37 **Rb** Rwbidiwm 85	38 **Sr** Strontiwm 88	39 **Y** Ytriwm 89	40 **Zr** Sirconiwm 91	41 **Nb** Niobiwm 93	42 **Mo** Molybdenwm 96	43 **Tc** Technetiwm	44 **Ru** Rwtheniwm 101	45 **Rh** Rhodiwm 103	46 **Pd** Paladiwm 106	47 **Ag** Arian 108	48 **Cd** Cadmiwm 112	49 **In** Indiwm 115	50 **Sn** Tun 119	51 **Sb** Antimoni 122	52 **Se** Telwriwm 128	53 **I** Îodin 127	54 **Xe** Senon 131
6	55 **Cs** Cesiwm 133	56 **Ba** Bariwm 137	57 **Sc**▶ Lanthanwm 178	72 **Hf** Haffniwm 178	73 **Ta** Tantalwm 181	74 **W** Twngsten 184	75 **Re** Rheniwm 186	76 **Os** Osmiwm 190	77 **Ir** Iridiwm 192	78 **Pt** Platinwm 195	79 **Au** Aur 197	80 **Hg** Mercwri 201	81 **Ga** Thaliwm 204	82 **Pb** Plwm 207	83 **Bi** Bismwth	84 **Po** Poloniwm	85 **At** Astatin	86 **Rn** Radon
7	87 **Fr** Ffranciwm	88 **Ra** Radiwm 226	89 **Ac**▶▶ Actiniwm	104 **Rf** Rutherford-iwm	105 **Db** Dubniwm	106 **Sg** Seaborgiwm	107 **Bh** Bohriwm	108 **Hs** Hassiwm	109 **Mt** Meitneriwm	110 **Uun** Unnunniliwm	111 **Uuu** Unununiwm	112 **Uub** Ununbiwm						

▶ Elfennau Lanthanoid

58 **Ce** Ceriwm 140	59 **Pr** Praseodym-iwm 141	60 **Nd** Neodymiwm 144	61 **Pm** Promethiwm	62 **Sm** Samariwm 150	63 **Eu** Ewropiwm 152	64 **Gd** Gadoliniwm 157	65 **Tb** Terbiwm 159	66 **Dy** Dysprosiwm 163	67 **Ho** Holmiwm 165	68 **Er** Erbiwm 167	69 **Tm** Thwliwm 169	70 **Yb** Yterbiwm 173	71 **Lu** Lwtetiwm 175

▶▶ Elfennau Actinoid

90 **Th** Thoriwm 232	91 **Pa** Protactiniwm 231	92 **U** Wraniwm 238	93 **Np** Neptwniwm 237	94 **Pu** Plwtoniwm	95 **Am** Americiwm	96 **Cm** Curiwm	97 **Bk** Berceliwm	98 **Cf** Californiwm	99 **Es** Einsteiniwm	100 **Fm** Ffermiwm	101 **Md** Mendelev-iwm	102 **No** Nobeliwm	103 **Lr** Lawrensiwm

Nodyn: Dangosir masau atomig cymharol yr elfennau hynny sydd ag isotopau sefydlog neu isotopau â hanner oesoedd hir iawn yn unig.

Priodweddau elfennau a chyfansoddion

Mae'r radiysau atomig ac ïonig mewn picometrau (1 pm = 10^{-12} m). Mae'r radiysau atomig yn radiysau metelig ar gyfer metelau, ac yn radiysau cofalent ar gyfer anfetelau (heblaw am y nwyon nobl; radiysau van der Waals yw'r radiysau ar gyfer y rhain). Mae'r radiysau ïonig wedi'u rhoi ar gyfer yr ïonau syml cyffredin. Os yw elfen yn ffurfio mwy nag un ïon syml, dangosir y wefr ar yr ïon mewn cromfachau.

Priodweddau rhai elfennau

Elfen	Màs molar /g mol⁻¹	Ymdodd-bwynt/°C	Berw bwynt /°C	Egni ïoneiddiad /kJ mol⁻¹	Radiysau atomig/pm	ïonig/pm	Enthalpi ïoneiddiad /kJ mol⁻¹	Entropi molar safonal/ JK⁻¹ mol⁻¹
Grŵp 1								
Lithiwm, Li	7	181	1347	519	155	74	159	29.1
Sodiwm, Na	23	98	883	496	185	113	107	51.2
Potasiwm, K	39	64	774	419	230	133	89	64.2
Grŵp 2								
Beryliwm, Be	9	1278	2970	900	112	41	324	9.5
Magnesiwm, Mg	24	649	1090	738	160	72	148	32.7
Calsiwm, Ca	40	839	1484	590	197	100	178	41.4
Bariwm, Ba	137	729	1637	503	224	136	180	62.8
Grŵp 3								
Boron, B	11	2300	3658	800	98	23	563	5.9
Alwminiwm, Al	27	663	2467	578	143	53	326	28.3
Grŵp 4								
Carbon, C (diemwnt)	12	3550	4827	1086	77	-	717	2.4
Silicon, Si	28	1410	2355	788	118	-	456	18.8
Germaniwm, Ge	73	938	2830	762	139	-	377	31.1
Tun, Sn	119	232	2270	708	143	93 (2+)	302	51.5
Plwm, Pb	207	328	1740	716	175	120 (2+)	195	64.8
Grŵp 5								
Nitrogen, N	14	−210	−196	1402	75	171	473	95.8
Ffosfforws, P (gwyn)	31	44	280	1012	110	190	315	41.1
Grŵp 6								
Ocsigen, O	16	−218	−183	1314	73	140	249	102.5
Sylffwr, S	32	113	445	1000	104	185	279	31.8
Grŵp 7								
Fflworin, F	19	−220	−188	1681	71	133	79	158.6
Clorin, Cl	35.5	−101	−34	1250	99	180	122	165.2
Bromin, Br	80	−7	59	1140	114	195	112	174.9
Ïodin, I	127	114	184	1008	133	215	107	180.7
Grŵp 8								
Heliwm, He	4	−272	−269	2372	140	-	-	126.0
Neon, Ne	20	−249	−246	2081	160	-	-	146.2
Argon, Ar	40	−189	−186	1521	190	-	-	154.7
Elfennau bloc-d								
Scandiwm, Sc	45	1541	2831	631	164	75 (3+)	378	34.6
Titaniwm, Ti	48	1660	3287	658	145	67 (3+)	470	30.6
Fanadiwm, V	51	1887	3377	650	135	64 (3+)	514	28.9
Cromiwm, Cr	52	1857	2672	653	129	62 (3+)	397	23.8
Manganîs, Mn	55	1244	1962	717	137	67 (2+)	281	32.0
Haearn, Fe	56	1535	2750	759	126	61 (2+)	416	27.3
Cobalt, Co	59	1495	2870	758	125	65 (2+)	425	30.0
Nicel, Ni	59	1453	2732	737	125	70 (2+)	430	29.9
Copr, Cu	63.5	1084	2567	746	128	73 (2+)	338	33.2
Sinc, Zn	65.4	420	907	906	137	75 (2+)	131	41.6

Priodweddau rhai cyfansoddion anorganig

Cyfansoddyn	Ymdodd-bwynt/°C	Berw bwynt/°C	$\Delta H_{ff}^{\ominus}$/ kJ mol^{-1}	$\Delta G_{ff}^{\ominus}$/ kJ mol^{-1}	Entropi molar safonol/ J mol^{-1}/K^{-1}
Alwminiwm clorid, $AlCl_3$	sychdarthu	-	−704	−629	111
Alwminiwm ocsid, Al_2O_3	2045	2980	−1676	−1582	51
Amonia, NH_3	−78	−34	−46.1	−16	192
Bariwm clorid, $BaCl_2$	963	1560	−859	−810	124
Bariwm ocsid, BaO	1917	2000	−554	−525	70
Calsiwm carbonad, $CaCO_3$	dadelfennu	-	−1207	−1129	93
Calsiwm clorid, $CaCl_2$	782	1600	−796	−748	105
Calsiwm ocsid, CaO	2600	2850	−635	−604	40
Carbon monocsid, CO	−190	−191	−110	−137	198
Carbon deuocsid, CO_2	sychdarthu	-	−394	−394	214
Clorin ocsid, Cl_2O	−20	ffrwydrol	+80.3	+98	266
Copr(II) ocsid, CuO	1326	-	−157	−130	43
Dŵr, H_2O(h)	273	373	−286	−267	70
Dŵr, H_2O(n)	273	373	−242	−229	189
Hydrasin, N_2H_4	2	114	+50.6	+149	121
Hydrogen fflworid, HF	−83	20	−271	−273	174
Hydrogen clorid, HCl	−114	−85	−92.3	−95	187
Hydrogen bromid, HBr	−87	−67	−36.4	−53	199
Hydrogen ïodid, HI	−51	−35	+26.5	+2	206
Lithiwm fflworid, LiF	845	1676	−616	−588	36
Lithiwm clorid, $LiCl$	606	1407	−409	−384	59
Lithiwm ïodid, LiI	449	1171	−270	−270	87
Magnesiwm clorid, $MgCl_2$	714	1418	−641	−592	90
Magnesiwm ocsid, MgO	2800	3600	−602	−596	27
Deunitrogen monocsid, N_2O	−91	−88	+82	+104	220
Nitrogen monocsid, NO	−163	−152	+90.2	+86	211
Nitrogen deuocsid, NO_2	−11	21	+33.2	+51	240
Ffosfforws(III) ocsid, P_4O_6	24	175	−1640	-	-
Ffosfforws(V) ocsid, P_4O_{10}	sychdarthu	-	−2984	−2698	229
Ffosfforws(III) clorid, PCl_3	−112	76	−320	−272	217
Ffosfforws(V) clorid, PCl_5	sychdarthu	-	−444	-	166
Potasiwm clorid, KCl	770	1500	−437	−409	83
Potasiwm ïodid, KI	686	1330	−328	−325	106
Silicon(IV) clorid, $SiCl_4$ (silicon tetraclorid)	−70	58	−687	620	240
Silicon(IV) ocsid, SiO_2	1610	2230	−911	−857	42
Sodiwm fflworid, NaF	993	1695	−574	−544	52
Sodiwm clorid, $NaCl$	801	1465	−411	−384	72
Sodiwm hydrocsid, $NaOH$	318	1390	−426	−379	64
Sodiwm ocsid, Na_2O	sychdarthu	-	−414	−376	75
Sylffwr deuocsid, SO_2	−75	−10	−297	−300	248
Sylffwr triocsid, SO_3	17	43	−441	−368	96
Sylffwr clorid, SCl_2	−78	dadelfennu	−19.7	-	282

Priodweddau cyfansoddion organig dewisol

Cyfansoddyn	Fformiwla	Ymdodd-bwynt/°C	Berw-bwynt/°C	$\Delta H_{ff}^{\ominus}$/ kJ mol^{-1}	$\Delta G_{ff}^{\ominus}$/ kJ mol^{-1}	Entropi molar safonol/ J mol^{-1}/K^{-1}
Alcanau						
Methan	CH_4	−182	−161	−75	−51	186
Ethan	C_2H_6	−183	−89	−85	−33	230
Propan	C_3H_8	−190	−42	−104	−24	270
Bwtan	C_4H_{10}	−138	−1	−126	−16	310
Pentan	C_5H_{12}	−130	36	−173	−9	261
Hecsan	C_6H_{14}	−95	69	−199	−4	296
Decan	$C_{10}H_{22}$	−30	174	−301	+17	426
2-methylpropan	C_4H_{10}	−160	−12	−135	−18	295
2-methylbwtan	C_5H_{12}	−160	28	−179	−14	260
2-methylpentan	C_6H_{14}	−154	60	−205	−8	291
2,2-deumethylpropan	C_5H_{12}	−17	10	−190	−15	306
Alcenau						
Ethen	C_2H_4	−169	−104	+52	+68	220
Propen	C_3H_6	−185	−48	+20	+75	267
Bwt-1-en	C_4H_8	−185	−6	−0.4	+72	306
cis bwt-2-en	C_4H_8	−139	4	−8	+66	301
trans bwt-2-en	C_4H_8	−106	1	−12	+63	296
Arênau a chyfansoddion perthynol						
Bensen	C_6H_6	6	80	+49	+125	175
Methylbensen	C_7H_8	−95	111	+12	+110	320
Ffenylethen	C_8H_8	31	145	+103	+202	345
Nitrobensen	$C_6H_5NO_2$	6	211	+12	+142	224
Ffenol	C_6H_5OH	43	182	−165	−48	144
Halogenoalcanau						
1-clorobwtan	C_4H_9Cl	−123	78	−188	-	-
2-cloro-2-methylpropan	C_4H_9Cl	−25	51	−191	-	
1-bromobwtan	C_4H_9Br	−112	102	−144	-	327
2-bromobwtan	C_4H_9Br	−112	91	−155	-	-
1-ïodobwtan	C_4H_9I	−103	131	−191	-	-
Alcoholau						
Methanol	CH_3OH	−94	65	−239	−166	240
Ethanol	C_2H_5OH	−117	79	−277	−175	161
Propan-1-ol	C_3H_7OH	−127	97	−303	−171	197
Propan-2-ol	C_3H_7OH	−90	82	−318	−180	180
Bwtan-1-ol	C_4H_9OH	−90	117	−327	−169	228
Aldehydau						
Methanal	HCHO	−92	−21	−109	−113	219
Ethanal	CH_3CHO	−121	20	−192	−128	160
Propanal	C_2H_5CHO	−81	49	−217	−142	213
Bwtanal	C_3H_7CHO	−99	76	−241	−306	243
Bensencarbaldehyd	C_6H_5CHO	−26	178	−87	-	221
Cetonau						
Propanon	CH_3COCH_3	−95	56	−248	−155	200
Bwtanon	$C_2H_5COCH_3$	−86	80	−276	−156	240
Pentan-3-on	$C_2H_5COC_2H_5$	−40	102	−297	-	266
Ffenylethanon	$C_6H_5COCH_3$	21	203	−142	-	228

Adran Gyfeirio

Adran Pump

Cyfansoddyn	Fformiwla	Ymdodd-bwynt/°C	Berw-bwynt/°C	$\Delta H_{ff}^{\ominus}/$ kJ mol^{-1}	$\Delta G_{ff}^{\ominus}/$ kJ mol^{-1}	Entropi molar safonol/ J mol^{-1}/K^{-1}
Aminau						
Methylamin	CH_3NH_2	−93	−6	−23.0	+32.1	243
Deumethylamin	$(CH_3)_2NH$	−93	7	−18.5	+59.2	280
Trimethylamin	$(CH_3)_3N$	−117	3	−47.5	-	-
Ethylamin	$C_2H_5NH_2$	−80	17	−47.5	-	-
Bwtylamin	$C_4H_9NH_2$	−49	78	−128	−81.8	-
Ffenylamin	$C_6H_5NH_2$	−6	184	+31.3	-	-
Asidau carbocsylig						
Asid methanoig	HCO_2H	8	101	−425	−361	129
Asid ethanoig	CH_3CO_2H	17	118	−484	−390	160
Asid propanoig	$C_2H_5CO_2H$	−21	141	−511	−384	-
Esterau						
Methyl methanoad	HCO_2CH_3	−99	32	−386	-	-
Methyl ethanoad	$CH_3CO_2CH_3$	−98	57	−446	-	-
Ethyl methanoad	$HCO_2C_2H_5$	−80	55	−371	-	-
Ethyl ethanoad	$CH_3CO_2C_2H_5$	−83	77	−479	-	-
Deilliadau eraill asidau carbocsylig						
Ethanoyl clorid	CH_3CO_2Cl	−112	51	−273	−208	201
Ethanamid	$CH_3CO_2NH_2$	82	221	−317	-	-
Ethanoig anhydrid	$(CH_3CO_2)_2O$	−73	140	−637	-	-
Nitrilau						
Ethan nitril	CH_3CN	46	82	+31.4	-	-
Propan nitril	C_2H_5CN	93	97	+15.5	-	-
Asidau amino						
asid 1-aminoethanoig (glysin)	$NH_2CH_2CO_2H$	dadelfennu	-	−529	-	-

Deilliadau 2,4-deunitroffenylhydrasin cyfansoddion carbonyl

Cyfansoddyn carbonyl	Ymdoddbwynt y deilliad 2,4-deunitroffenylhydrasin/°C
methanal	166
ethanal	168
propanal	155
bwtanal	126
bensencarbaldehyd	237
propanon	126
bwtanon	115
pentan-3-on	156
ffenylethanon	250

Data thermodynamig ar gyfer cylchredau egni

Hyd bondiau ac egnïon bondiau

Bond	Hyd y bond/pm	Enthalpi bond cyfartalog/kJ mol^{-1}
H—H	74	435
F—F	142	158
Cl—Cl	199	243
Br—Br	228	193
I—I	267	151
H—F	92	568
H—Cl	127	432
H—Br	141	366
H—I	161	298
O=O	121	498
O—H	96	464
C—H	109	435
C—C	154	347
C=C	134	612
C≡C	120	838
C—Cl	177	346
C—Br	194	290
C—I	214	228
N≡N	110	945
N—N	145	158
N—H	101	391

Affinedd electronol

Rhywogaeth	Affinedd electronol/kJ mol^{-1}
O	-141
O$^-$	$+798$
F	-328
Cl	-349
Br	-325

Enthalpïau dellt ar gyfer cyfansoddion ïonig

Gweler hefyd y gwerthoedd ar dudalen 67

Cyfansoddyn	Enthalpi dellt/kJ mol^{-1}
Halid	
LiF	-1046
LiCl	-861
LiBr	-818
LiI	-759
NaF	-929
KF	-826
MgF$_2$	-2961
MgCl$_2$	-2524
Ocsid	
MgO	-3850
CaO	-3461
BaO	-3114
Sylffid	
MgS	-3406
BaS	-2832

Adran Gyfeirio

Adran Pump

Enthalpïau hydradiad

Catïon	Enthalpi hydradiad/ kJ mol^{-1}	Anïon	Enthalpi hydradiad/ kJ mol^{-1}
Li$^+$	-559	F$^-$	-483
Na$^+$	-444	Cl$^-$	-340
K$^+$	-361	Br$^-$	-309
Mg^{2+}	-2003	I$^-$	-296
Ca^{2+}	-1657		
Al^{3+}	-2537		

Ecwilibria cemegol

Cysonion daduniad ar gyfer asidau gwan

Asid	K_a/mol dm^{-3}	pK_a
Asid carbonig	4.5×10^{-7}	7.4
Asid clorig(I)	3.7×10^{-8}	7.4
Asid ethanoig	1.7×10^{-5}	4.8
Asid ffosfforig(V)	7.9×10^{-3}	2.1
Asid hydrocyanig	4.9×10^{-10}	9.3
Asid hydrofflworig	5.6×10^{-4}	3.3
Asid methanoig	1.6×10^{-4}	3.8
Asid nitrus	4.7×10^{-4}	3.3
Asid propanoig	1.3×10^{-5}	4.9
Asid sylffwrus	1.5×10^{-2}	1.8
Ffenol	1.3×10^{-10}	9.9
Hydrogen sylffid	8.9×10^{-8}	7.1
Ïon amoniwm	5.6×10^{-10}	6.4
Ïon alwminiwm hydradol	1.0×10^{-5}	5.0
Ïon haearn(III) hydradol	6.0×10^{-3}	2.2
Ïon hydrogencarbonad	4.8×10^{-11}	10.3
Ïon hydrogensylffad	1.0×10^{-2}	2.0

Potensialau electrod safonol

Tabl gyda'r gwerthoedd mwyaf negatif ar y brig a'r gwerthoedd mwyaf positif ar y gwaelod.

Hanner cell	Hanner adwaith	$E^{\ominus}/V$
$Li^+(d) \mid Li(s)$	$Li^+(d) + e^- \rightarrow Li(s)$	-3.03
$K^+(d) \mid K(s)$	$K^+(d) + e^- \rightarrow K(s)$	-2.92
$Ca^{2+}(d) \mid Ca(s)$	$Ca^{2+}(d) + 2e^- \rightarrow Ca(s)$	-2.87
$Na^+(d) \mid Na(s)$	$Na^+(d) + e^- \rightarrow Na(s)$	-2.71
$Mg^{2+}(d) \mid Mg(s)$	$Mg^{2+}(d) + 2e^- \rightarrow Mg(s)$	-2.37
$Al^{3+}(d) \mid Al(s)$	$Al^{3+}(d) + 3e^- \rightarrow Al(s)$	-1.67
$Zn^{2+}(d) \mid Zn(s)$	$Zn^{2+}(d) + 2e^- \rightarrow Zn(s)$	-0.76
$Cr^{3+}(d) \mid Cr(s)$	$Cr^{3+}(d) + 3e^- \rightarrow Cr(s)$	-0.74
$Fe^{2+}(d) \mid Fe(s)$	$Fe^{2+}(d) + 2e^- \rightarrow Fe(s)$	-0.44
$Cr^{3+}(d), Cr^{2+}(d) \mid Pt$	$Cr^{3+}(d) + e^- \rightarrow Cr^{2+}(d)$	-0.41
$V^{3+}(d), V^{2+}(d) \mid Pt$	$V^{3+}(d) + e^- \rightarrow V^{2+}(d)$	-0.26
$Sn^{2+}(d) \mid Sn(s)$	$Sn^{2+}(d) + 2e^- \rightarrow Sn(s)$	-0.14
$Pb^{2+}(d) \mid Pb(s)$	$Pb^{2+}(d) + 2e^- \rightarrow Pb(s)$	-1.13
$2H^+(d), H_2(n) \mid Pt$	$2H^+(d) + 2e^- \rightarrow H_2(n)$	-0.00
$Sn^{4+}(d), Sn^{2+}(d) \mid Pt$ (mewn asid)	$Sn^{4+}(d) + 2e^- \rightarrow Sn^{2+}(d)$	-0.15
$Cu^{2+}(d) \mid Cu^+(d)$	$Cu^{2+}(d) + e^- \rightarrow Cu^+(d)$	$+0.15$
$Cu^{2+}(d) \mid Cu(s)$	$Cu^{2+}(d) + 2e^- \rightarrow Cu(s)$	$+0.34$
$[O_2(d) + 2H_2O(h)], 4OH^- \mid Pt$	$O_2(d) + 2H_2O_2(h) + 4e^- \rightarrow 4OH^-(d)$	$+0.40$
$Cu^+(d) \mid Cu(s)$	$Cu^+(d) + e^- \rightarrow Cu(s)$	$+0.52$
$I_2(d), 2I^-(d) \mid Pt$	$I_2(d) + 2e^- \rightarrow 2I^-(d)$	$+0.54$
$[O_2(n) + 2H^+(d)], H_2O_2(h) \mid Pt$	$O_2(n) + 2H^+(d) + 2e^- \rightarrow H_2O_2(h)$	$+0.68$
$Fe^{3+}(d), Fe^{2+}(d) \mid Pt$	$Fe^{3+}(d) + e^- \rightarrow Fe^{2+}(d)$	$+0.77$
$Ag^+(d) \mid Ag(s)$	$Ag^+(d) + e^- \rightarrow Ag(s)$	$+0.80$
$[ClO^-(d) + H_2O(h)], [Cl^-(d) + 2OH^-(d)] \mid Pt$	$ClO^-(d) + H_2O(h) + 2e^- \rightarrow Cl^-(d) + 2OH^-(d)$	$+0.89$
$Br_2(d), 2Br^-(d) \mid Pt$	$Br_2(d) + 2e^- \rightarrow 2Br^-(d)$	$+1.09$
$[O_2(n) + 4H^+(d)], 2H_2O(h) \mid Pt$	$O_2(n) + 4H^+(d) + 4e^- \rightarrow 2H_2O(h)$	$+1.23$
$Au^{3+}(d), Au^+(d) \mid Pt$	$Au^{3+}(d) + 2e^- \rightarrow Au^+(d)$	$+1.29$
$[Cr_2O_7^{2-}(s) + 14H^+(d)], [2Cr^{3+}(d) + 7H_2O(h)] \mid Pt$	$Cr_2O_7^{2-}(s) + 14H^+(d) + 6e^- \rightarrow 2Cr^{3+}(d) + 7H_2O(h)$	$+1.33$
$Cl_2(d), 2Cl^-(d) \mid Pt$	$Cl_2(d) + 2e^- \rightarrow 2Cl^-(d)$	$+1.36$
$[PbO_2(s) + 4H^+(d)], [Pb^{2+}(d) + 2H_2O(h)] \mid Pt$	$PbO_2(s) + 4H^+(d) + 2e^- \rightarrow Pb^{2+}(d) + 2H_2O(h)$	$+1.46$
$[MnO_4^-(s) + 8H^+(d)], [Mn^{2+}(d) + 4H_2O(h)] \mid Pt$	$MnO_4^-(s) + 8H^+(d) + 5e^- \rightarrow Mn^{2+}(d) + 4H_2O(h)$	$+1.51$
$Au^+(d) \mid Au(s)$	$Au^+(d) + e^- \rightarrow Au(s)$	$+1.69$
$[H_2O_2(d) + 2H^+(d)], [2H_2O(h)] \mid Pt$	$H_2O_2(d) + 2H^+(d) + 2e^- \rightarrow 2H_2O(h)$	$+1.77$
$S_2O_8^{2-}(d), 2SO_4^{2-}(d) \mid Pt$	$S_2O_8^{2-}(d) + 2e^- \rightarrow 2SO_4^{2-}(d)$	$+2.01$

Adran Gyfeirio

Adran Pump

Potensialau electrod safonol

Tabl gyda'r gwerthoedd mwyaf positif ar y brig a'r gwerthoedd mwyaf negatif ar y gwaelod.

Hanner cell	Hanner adwaith	$E^\ominus/V$
$S_2O_8^{2-}(d)$, $2SO_4^{2-}(d)$ | Pt	$S_2O_8^{2-}(d) + 2e^- \rightarrow 2SO_4^{2-}(d)$	+2.01
$[H_2O_2(d) + 2H^+(d)],[2H_2O(h)]$ | Pt	$H_2O_2(d) + 2H^+(d) + 2e^- \rightarrow 2H_2O(h)$	+1.77
$Au^+(d)$ | Au(s)	$Au^+(d) + e^- \rightarrow Au(s)$	+1.69
$[MnO_4^-(s) + 8H^+(d)]$, $[Mn^{2+}(d) + 4H_2O(h)]$ | Pt	$MnO_4^-(s) + 8H^+(d) + 5e^- \rightarrow$ $Mn^{2+}(d) + 4H_2O(h)$	+1.51
$[PbO_2(s) + 4H^+(d)]$, $[Pb^{2+}(d) + 2H_2O(h)]$ | Pt	$PbO_2(s) + 4H^+(d) + 2e^- \rightarrow$ $Pb^{2+}(d) + 2H_2O(h)$	+1.46
$Cl_2(d)$, $2Cl^-(d)$ | Pt	$Cl_2(d) + 2e^- \rightarrow 2Cl^-(d)$	+1.36
$[Cr_2O_7^{2-}(s) + 14H^+(d)]$, $[2Cr^{3+}(d) + 7H_2O(h)]$ | Pt	$Cr_2O_7^{2-}(s) + 14H^+(d) + 6e^- \rightarrow$ $2Cr^{3+}(d) + 7H_2O(h)$	+1.33
$Au^{3+}(d)$, $Au^+(d)$ | Pt	$Au^{3+}(d) + 2e^- \rightarrow Au^+(d)$	+1.29
$[O_2(n) + 4H^+(d)]$, $2H_2O(h)$ | Pt	$O_2(n) + 4H^+(d) + 4e^- \rightarrow 2H_2O(h)$	+1.23
$Br_2(d)$, $2Br^-(d)$ | Pt	$Br_2(d) + 2e^- \rightarrow 2Br^-(d)$	+1.09
$[ClO^-(d) + H_2O(h)]$, $[Cl^-(d) + 2OH^-(d)]$ | Pt	$ClO^-(d) + H_2O(h) + 2e^- \rightarrow Cl^-(d) + 2OH^-(d)$	+0.89
$Ag^+(d)$ | Ag(s)	$Ag^+(d) + e^- \rightarrow Ag(s)$	+0.80
$Fe^{3+}(d)$, $Fe^{2+}(d)$ | Pt	$Fe^{3+}(d) + e^- \rightarrow Fe^{2+}(d)$	+0.77
$[O_2(d) + 2H^+(d)]$, $H_2O_2(h)$ | Pt	$O_2(d) + 2H^+(d) + 2e^- \rightarrow H_2O_2(h)$	+0.68
$I_2(d)$, $2I^-(d)$ | Pt	$I_2(d) + 2e^- \rightarrow 2I^-(d)$	+0.54
$Cu^+(d)$ | Cu(s)	$Cu^+(d) + e^- \rightarrow Cu(s)$	+0.52
$[O_2(n) + 2H_2O(h)]$, $4OH^-$ | Pt	$O_2(n) + 2H_2O(h) + 4e^- \rightarrow 4OH^-(d)$	+0.40
$Cu^{2+}(d)$ | Cu(s)	$Cu^{2+}(d) + 2e^- \rightarrow Cu(s)$	+0.34
$Cu^{2+}(d)$ | $Cu^+(d)$	$Cu^{2+}(d) + e^- \rightarrow Cu^+(d)$	+0.15
$Sn^{4+}(d)$, $Sn^{2+}(d)$ | Pt (mewn asid)	$Sn^{4+}(d) + 2e^- \rightarrow Sn^{2+}(d)$	−0.15
$H^+(d)$, $H_2(n)$ | Pt	$2H^+(d) + 2e^- \rightarrow H_2(n)$	−0.00
$Pb^{2+}(d)$ | Pb(s)	$Pb^{2+}(d) + 2e^- \rightarrow Pb(s)$	−0.13
$Sn^{2+}(d)$ | Sn(s)	$Sn^{2+}(d) + 2e^- \rightarrow Sn(s)$	−0.14
$V^{3+}(d)$, $V^{2+}(d)$ | Pt	$V^{3+}(d) + e^- \rightarrow V^{2+}(d)$	−0.26
$Cr^{3+}(d)$, $Cr^{2+}(d)$ | Pt	$Cr^{3+}(d) + e^- \rightarrow Cr^{2+}(d)$	−0.41
$Fe^{2+}(d)$ | Fe(s)	$Fe^{2+}(d) + 2e^- \rightarrow Fe(s)$	−0.44
$Cr^{3+}(d)$ | Cr(s)	$Cr^{3+}(d) + 3e^- \rightarrow Cr(s)$	−0.74
$Zn^{2+}(d)$ | Zn(s)	$Zn^{2+}(d) + 2e^- \rightarrow Zn(s)$	−0.76
$Al^{3+}(d)$ | Al(s)	$Al^{3+}(d) + 3e^- \rightarrow Al(s)$	−1.67
$Mg^{2+}(d)$ | Mg(s)	$Mg^{2+}(d) + 2e^- \rightarrow Mg(s)$	−2.37
$Na^+(d)$ | Na(s)	$Na^+(d) + e^- \rightarrow Na(s)$	−2.71
$Ca^{2+}(d)$ | Ca(s)	$Ca^{2+}(d) + 2e^- \rightarrow Ca(s)$	−2.87
$K^+(d)$ | K(s)	$K^+(d) + e^- \rightarrow K(s)$	−2.92
$Li^+(d)$ | Li(s)	$Li^+(d) + e^- \rightarrow Li(s)$	−3.03

Sbectrosgopeg

Data cydberthyniad sbectrosgopeg isgoch

Bond	Tonrif nodweddiadol/cm^{-1}
O—H rhydd	3580–3670
N—H aminau	3500–3300
O—H gyda bondio hydrogen mewn alcoholau a ffenolau	3550–3230
C—H aromatig	3150–3000
C—H aliffatig	3000–2850
O—H gyda bondio hydrogen mewn asidau carbocsylig	2500–3300
C—N	2280–2200
C—C	2250–2070
C=O aldehydau, cetonau, asidau ac esterau	1750–1680
C=C	1680–1610
C—O alcoholau, etherau ac esterau	1300–1000

Syfliadau cemegol ar gyfer sbectrosgopeg nmr

Math o broton	Syfliad cemegol/rh.y.f.
R—CH$_3$	0.9
R—CH$_2$—R	1.3
R$_3$C—H	2.0
CH$_3$—CO$_2$R	2.0
CH$_3$—CO—R	2.1
C$_6$H$_5$—CH$_3$	2.3
R—CH$_2$—CO—R	2.4
R—CH$_2$—Hal	3.2–3.7
R—CH$_2$—O—R	3.4
R—O—CH$_3$	3.8
R—O—H	3.5–5.5
RCH=CH$_2$	4.9
RCH=CH$_2$	5.9
C$_6$H$_5$—OH	7.0
C$_6$H$_5$—H	7.3
R—CHO	9.7
R—CO$_2$H	11.0–11.7

Atebion i'r cwestiynau 'Prawf i chi'

Weithiau nid yw'n bosib rhoi ateb byr synhwyrol – felly ni roddir ateb yn yr achosion hynny. Ni roddir ateb chwaith i'r cwestiynau sy'n galw am ddiagramau, siartiau neu graffiau mawr.

Adran un Astudio cemeg

1.2 Dangos beth rydych chi'n ei wybod ac yn gallu ei wneud

Mae'r cwestiynau yn yr adran hon yn defnyddio enghreifftiau o'r llyfr *Cemeg UG* i ddangos y math o wybodaeth a dealltwriaeth sydd eu hangen i lwyddo mewn cyrsiau Cemeg Safon Uwch. Chwiliwch am y cyfeiriadau canlynol at y llyfr *Cemeg UG* i ddod o hyd i'r atebion.

1 **a)** *Cemeg UG* tudalen 153
   b) tud 212   **c)** tud 204
2 **a)** tud 212   **b)** tud 136   **c)** tud 100
3 **a)** tud 59–60   **b)** tud 113–116   **c)** tud 109–110
   ch) tud 100–101
4 **a)** tud 67–68   **b)** tud 85–86   **c)** tud 185
5 **a)** tud 45–46   **b)** tud 245   **c)** tud 213
6 **a)** tud 116   **b)** tud 222   **c)** tud 167–168
   ch) Gweler adran 4.19 yn y llyfr **hwn**
   d) tud 204 yn y llyfr hwn
7 **a)** *Cemeg UG* tud 38
   b) tud 139   **c)** tud 80
8 **a)** tud 119   **b)** tud 130–131   **c)** tud 45–46
   ch) tud 160–163 **d)** tud 205.

Adran dau Cemeg ffisegol

2.2 Cineteg adweithiau – effaith newid crynodiadau

1 **a)** Mae asid hydroclorig crynodedig yn adweithio tipyn yn gynt nag asid hydroclorig gwanedig gyda sglodion marmor.
   b) Unrhyw adwaith sy'n cynnwys nwyon megis cynhyrchu amonia o nitrogen a hydrogen. Drwy gynyddu'r gwasgedd, caiff y moleciwlau eu gyrru'n nes at ei gilydd gan gynyddu cyfradd y gwrthdrawiadau sy'n arwain at adwaith.
   c) Mae powdr magnesiwm yn adweithio tipyn yn gynt na rhuban magnesiwm gydag asid hydroclorig gwanedig.
   ch) Mae trawsnewidwyr catalytig yn effeithiol wrth gyflymu'r adweithiau sy'n gwaredu llygryddion o nwyon gwacáu ceir ond dim ond pan ydynt yn boeth.
   d) Mae aloi platinwm-rhodiwm yn catalyddu ocsidiad amonia yn nitrogen ocsid.
2 Gweler *Cemeg UG* tud 117–119.
3 **a)** Casglu'r nwy mewn chwistrell raddedig.
   b) Dilyn diflaniad lliw bromin gyda lliwfesurydd.
   c) Tynnu samplau yn ysbeidiol, atal yr adwaith drwy ei oeri yna titradu'r asid a gynhyrchir gan yr adwaith gydag alcali.
   ch) Mesur dargludedd yr hydoddiant er mwyn dilyn y cynnydd yng nghrynodiad yr ïonau.
4 0.0087 mol dm^{-3} s^{-1}
5 **a)** $2N_2O_5(n) \rightarrow 4NO_2(n) + O_2(n)$
   b) 7.0×10^{-4} mol dm^{-3} s^{-1}
6 3.7×10^{-4} s^{-1}
7 0.138 mol^{-1} dm^3 s^{-1}
8 **ch)** $k = 1.8 \times 10^{-5}$ s^{-1}
9 **a)** Cyfradd = $k[RBr][OH^-]$ **b)** Gradd dau
11 **a)** Graffiau tebyg i Ffigur 2.2.11.

b) $2NH_3(n) \rightarrow N_2(n) + 3H_2(n)$
   Cyfradd = k
12 **a)** $2H_2(n) + 2NO(n) \rightarrow N_2(n) + 2H_2O(n)$
   b) Cyfradd = $k[H_2(n)][NO(n)]^2$
13 **a)** Cyfradd = $k[RBr][OH^-]$ **b)** $k = 3400$ mol^{-1} dm^3 s^{-1}
14 **a)** Cyfradd = $k[R'Br]$ **b)** 2020 s^{-1}

2.3 Cineteg adweithiau – effaith newid y tymheredd

1 **a)** Mae maint E_a/RT yn mynd yn llai wrth i T godi, felly mae $\ln k$ yn mynd yn fwy positif. Mae hyn yn golygu bod k yn mynd yn fwy ac mae'r gyfradd yn uwch.
   b) Po fwyaf yw'r egni actifadu, y mwyaf yw gwerth E_a/RT ac felly y lleiaf yw maint $\ln k$. Felly mae k yn mynd yn llai ac mae'r gyfradd yn is.
2 $E_a = 78$ kJ mol^{-1}
3 Ym mhresenoldeb catalydd mae gan y llwybr adwaith egni actifadu sydd dipyn yn is na phan nad oes catalydd yn bresennol. Mae metel twngsten yn adsugno hydrogen i haenen uchaf yr adeiledd grisial ar ffurf atomau unigol. Felly mae'r catalydd yn torri'r bondiau rhwng yr atomau yn un o'r adweithyddion.

2.4 Hafaliadau cyfradd a mecanweithiau adweithiau

1 **a)** $NO_2(n) + CO(n) \rightarrow NO(n) + CO_2(n)$
   b) Cyfradd = $k[NO_2(n)]^2$
   c) Gradd sero
2 **a)** $H_2O_2(d) + 2H^+(d) + 2I^-(d) \rightarrow 2H_2O(h) + I_2(d)$
   b) Cyfradd = $k[H_2O_2(d)][I^-(d)]$
   c) Gradd dau
   ch) Y cam cyntaf sy'n cynnwys y ddwy rywogaeth sy'n ymddangos yn yr hafaliad cyfradd.

2.5 Y ddeddf ecwilibriwm

1 Dylai'r diagram gynnwys: arae rheolaidd o ronynnau yn y solid, gronynnau'n symud o'r solid i'r hydoddiant, gronynnau'r hydoddyn mewn hydoddiant wedi cymysgu gyda nifer mwy o ronynnau hydoddydd wedi'u trefnu'n afreolaidd, gronynnau hydoddyn yn mynd yn ôl i'r wedd solet yr un mor gyflym ag y mae'r gronynnau eraill yn gadael y wedd solet.
2 Ffigur 2.5.1: Dim ond moleciwlau H_2 ac I_2 sydd ar y dechrau. Wrth iddynt wrthdaro ac adweithio mae moleciwlau HI yn ffurfio. Wrth i grynodiadau H_2 ac I_2 ddisgyn, mae cyfradd y blaen-adwaith yn lleihau. Wrth i grynodiad yr HI godi ceir mwyfwy o wrthdrawiadau rhwng y moleciwlau hyn felly mae cyfradd yr ôl-adwaith yn cynyddu. Cyrhaeddir ecwilibriwm pan fydd cyfraddau'r blaen-adwaith a'r ôl-adwaith yn hafal.
   Ffigur 2.5.2: Dim ond moleciwlau HI sydd ar y dechrau. Wrth iddynt wrthdaro ac adweithio mae moleciwlau H_2 ac I_2 yn ffurfio. Wrth i grynodiad y moleciwlau HI ddisgyn, mae cyfradd y blaen-adwaith yn lleihau. Wrth i grynodiadau'r moleciwlau H_2 ac I_2 godi ceir mwyfwy o wrthdrawiadau rhwng y moleciwlau hyn felly mae cyfradd yr ôl-adwaith yn cynyddu. Eto, cyrhaeddir ecwilibriwm pan fydd cyfraddau'r blaen-adwaith a'r ôl-adwaith yn hafal.
3 Y tri gwerth ar gyfer K_c (nid oes ganddo unedau ar gyfer yr adwaith hwn): 46.4, 46.4, 45.1.
4 $K_c = 0.05$ mol dm^{-3}

5 Nid yw'r system mewn ecwilibriwm. Mae yna dueddiad i'r ecwilibriwm syflyd i'r chwith er mwyn cynyddu crynodiad yr NO_2.

6 b) $K_c = 1.26 \times 10^3 \text{ mol}^{0.5} \text{ dm}^{-1.5}$

c) $K_c = 6.25 \times 10^{-7} \text{ ml dm}^{-3}$

7 a) $K_c = \dfrac{[CO(n)][H_2O(n)]}{[CO_2(n)][H_2(n)]}$ dim unedau

b) $K_c = \dfrac{[NH_3(n)]^2}{[N_2(n)][H_2(n)]^3}$ unedau: $\text{mol}^{-2} \text{ dm}^6$

8 a) O dan yr amodau hyn bydd y blaen-adwaith yn tueddu i fynd hyd at ei gwblhau.

b) O dan yr amodau hyn bydd yr ôl-adwaith yn tueddu i fynd hyd at ei gwblhau.

c) O dan yr amodau hyn bydd y cymysgedd ecwilibriwm yn cynnwys symiau sylweddol o adweithyddion a chynhyrchion.

9 Yn gyfatebol fach. (Gwrthdro'r gwerth ar gyfer y blaen-adwaith yw gwerth y cysonyn ecwilibriwm ar gyfer yr ôl-adwaith.)

10 a) $K_c = \dfrac{[H_2(n)]^3}{[H_2O(n)]^3}$

b) $K_c = \dfrac{[H_2S(n)]}{[H_2(n)]}$

c) $K_c = \dfrac{[Fe^{3+}(d)]}{[Ag^+(d)]}$

11 Mae dŵr pur yn cynnwys ($1000 \text{ g} \div 18 \text{ g mol}^{-1}$) = 55.6 mol dm^{-3}. Felly mewn hydoddiannau gwanedig hyd at 1 mol dm^{-3} o adweithyddion hyd yn oed, mae'r newid yng nghrynodiad y moleciwlau dŵr yn ddibwys hyd yn oed os yw'r moleciwlau dŵr yn cymryd rhan yn yr adwaith.

12 Wrth ychwanegu alcali caiff yr ïonau $H^+(d)$ eu niwtralu. Felly mae crynodiad yr ïonau hydrogen dyfrllyd mewn hydoddiant yn disgyn. Fel y mae egwyddol Le Châtelier yn ei ragfynegi bydd yr ecwilibriwm yn syflyd i'r cyfeiriad sy'n ffurfio mwy o ïonau $H^+(d)$. Bydd ïonau deucromad(VI) yn newid yn ïonau cromad(IV), a bydd yr hydoddiant yn newid o oren i felyn.

13 a) Ar yr ecwilibriwm: $K_c = \dfrac{[\text{ester}][\text{dŵr}]}{[\text{alcohol}][\text{asid}]}$

Drwy ychwanegu mwy o ethanol, bydd [alcohol] yn y cymysgedd yn codi.

Dros dro $K_c > \dfrac{[\text{ester}][\text{dŵr}]}{[\text{alcohol}][\text{asid}]}$

Felly bydd ychydig o'r ethanol a ychwanegir yn adweithio gydag ychydig o asid i ffurfio mwy o ester a dŵr nes bod crynodiadau'r ester a'r dŵr wedi codi digon, a chrynodiadau'r alcohol a'r asid wedi disgyn digon nes bod: $\dfrac{[\text{ester}][\text{dŵr}]}{[\text{alcohol}][\text{asid}]} = K_c$ unwaith eto

b) Mae'r ateb i ran **a)** yn dangos bod yr ecwilibriwm yn syflyd i'r dde gan gynhyrchu mwy o gynnyrch. Fel y mae egwyddor Le Châtelier yn ei ragfynegi, mae hyn yn tueddu i wrthweithio effaith ychwanegu rhagor o ethanol.

2.6 Ecwilibria nwyol

1 a) $K_p = \dfrac{P_{SO_3}{}^2}{P_{SO_2}{}^2 P_{O_2}}$

b) $K_p = \dfrac{P_{N_2}{}^2 P_{H_2O}{}^6}{P_{NH_3}{}^4 P_{O_2}{}^3}$

c) $K_p = P_{CO_2}$

2 $K_p = 18 \text{ kPa}$

3 $K_p = 27 \text{ kPa}$

4 a) Mae'r cymysgedd ecwilibriwm newydd yn cynnwys mwy o fethanol a llai o garbon monocsid.

b) Mae'r cymysgedd ecwilibriwm newydd yn cynnwys mwy o fethanol a llai o hydrogen a charbon monocsid.

c) Bydd y cymysgedd ecwilibriwm newydd yn cynnwys llai o fethanol a mwy o hydrogen a charbon monocsid.

2.7 Effaith newidiadau yn y tymheredd a chatalyddion ar ecwilibria

1 Wrth gynyddu'r tymheredd bydd yr ecwilibriwm yn syflyd i'r chwith (gan leihau gwasgedd rhannol HI mewn ecwilibriwm). Dengys hyn fod yr adwaith i ffurfio HI yn ecsothermig.

2 Wrth gynyddu'r tymheredd bydd yr ecwilibriwm yn syflyd i'r dde (gan godi gwasgedd rhannol CO_2 mewn ecwilibriwm). Dengys hyn fod dadelfeniad calsiwm carbonad yn endothermig.

2.8 Asidau, basau a'r raddfa pH

1 a) Bond cofalent datif.

b)   H +

H $\overset{\times}{\underset{\bullet\bullet}{\overset{\bullet\bullet}{O}}}$ H

c)

2 CO_2H CO_2^-
         | (d) + 2OH⁻ → | (d) + 2H₂O(h)
       CO_2H CO_2^-

3 a) Hydrogen clorid a sodiwm hydrogensylffad.

b) Caiff protonau eu trosglwyddo o'r moleciwlau H_2SO_4 i'r ïonau clorid.

c) Mae HCl yn nwy felly bydd yn dianc o gymysgedd yr adwaith wrth ffurfio. Mae hyn yn golygu na fydd yr ôl-adwaith yn cychwyn felly bydd y blaen-adwaith yn parhau hyd nes ei gwblhau.

4 a) Mae'r ïon ocsid yn fas, gan dderbyn protonau o ïonau ocsoniwm mewn asid hydroclorig gwanedig i ffurfio moleciwlau dŵr.

b) Mae ïonau ocsoniwm yn yr asid sylffwrig gwanedig yn rhoddi protonau i'r moleciwlau amonia i ffurfio ïonau amoniwm.

c) Mae ïonau amoniwm yn rhoddwyr protonau gan roddi protonau i ïonau hydrocsid i ffurfio moleciwlau amonia a moleciwlau dŵr.

ch) Mae ïonau ocsoniwm mewn asid hydroclorig gwanedig yn rhoddi protonau i ïonau carbonad. Mae'r asid carbonig sy'n cael ei ffurfio yn dadelfennu'n garbon deuocsid a dŵr.

5 a) Bond cofalent datif.

b)   H +

H $\overset{\bullet\bullet}{\underset{\bullet}{\overset{\times}{N}}}$ H

        H

c) Tetrahedrol. Ongl y bond H—N—H yw 109.5°.

6 Ïon nitrad, ïon ethanoad, ïon hydrogensylffad, ïon carbonad.

7 Ïon hydrocsid, moleciwl dŵr, ïon amoniwm, ïon hydrogencarbonad, asid carbonig, ïon hydrogensylffad.

8 a) pH = 1 **b)** pH = 2 **c)** pH = 3
9 pH = 1.1
10 a) Crynodiad = 5.0×10^{-4} mol dm^{-3}
  b) Crynodiad = 4.0×10^{-6} mol dm^{-3}
  c) Crynodiad = 2.0×10^{-7} mlo dm^{-3}
  ch) Crynodiad = 3.2×10^{-11} mol dm^{-3}
11 a) Mae ïoneiddio yn endothermig.
  b) Bydd maint yr ïoneiddio yn cynyddu wrth i'r tymheredd godi. Mae gwerth rhifiadol y pH yn disgyn.
12 a) pH = 14 **b)** pH = 12.3 **c)** pH = 11.3

2.9 Asidau a basau gwan

1 Gallai hydoddiant a chanddo pH = 3 fod, er enghraifft, yn hydoddiant gwanedig o asid cryf neu'n hydoddiant mwy crynodedig o asid gwan. Er mwyn pennu cryfder asid, mae'n rhaid gwybod crynodiad yr hydoddiant yn ogystal â'r pH.
2 pH = 5.7
3 pH = 3.0
4 K_a = 1.59×10^{-4} mol dm^{-3}
5 K_a = 1.4×10^{-4} mol dm^{-3}
6 pK_a = 3.8
7 K_a = 6.3×10^{-5} mol dm^{-3}
8 asid tricloroethanoig > asid deucloroethanoig > asid cloroethanoig > asid ethanoig

2.10 Titradiadau asid-bas

2 Ar y pwynt cywerthedd mae'r hydoddiant yn cynnwys dim ond halwyn niwtral gydag anïon sydd yn fas gwan iawn a chatïon sydd ddim yn asid. Gydag asid hydroclorig a sodiwm hydrocsid, er enghraifft, mae'r hydoddiant ar y pwynt cywerthedd yn hydoddiant niwtral o sodiwm clorid.
3 a) pH = 3.7 **b)** pH = 10.3
4 pH = 12.2
6 pH = 2.9
7 pH = 4.6
8 Mae'r ïon ethanoad yn fas cyfiau i asid gwan felly mae'n fas cymharol gryf. Bydd ïonau ethanoad mewn hydoddiant yn cymryd protonau oddi ar ddŵr i ffurfio moleciwlau asid ethanoig ac ïonau hydrocsid.
9 Mewn titradiad pennir y pwynt cywerthedd gan grynodiadau'r asid a'r alcali ac nid gan eu cryfderau.
10 Mae'r ïon amoniwm yn asid cyfiau i fas gwan, felly mae'n asid cymharol gryf. Bydd ïonau amoniwm mewn hydoddiant yn rhoddi protonau i ddŵr i ffurfio ïonau ocsoniwm a moleciwlau amonia.
11 $CH_3CO_2H(d) + NH_3(d) \rightarrow CH_3CO_2^-NH_4^+(d)$

2.11 Dangosyddion

1 Mewn hydoddiant mwy asid, mae crynodiad yr ïonau ocsoniwm yn uwch. Mae hyn yn tueddu i syflyd yr ecwilibriwm yn Ffigur 2.11.5 i'r dde gan roi mwy o'r ffurf goch, brotonedig. Mewn hydoddiant llai asid, mae crynodiad yr ïonau ocsoniwm yn is. Mae hyn yn tueddu i syflyd yr ecwilibriwm yn Ffigur 2.11.5 i'r chwith gan roi mwy o'r ffurf felyn di-brotonedig.
2 a) Byddai'r dangosydd yn newid ei liw cyn i'r titradiad gyrraedd y pwynt cywerthedd.
  b) Ni fyddai'r dangosydd yn newid ei liw nes i'r titradiad fynd heibio'r pwynt cywerthedd.
  c) Titradiad asid cryf/bas cryf: methyl oren, methyl coch neu bromothymol glas.
  Titradiad asid gwan/bas cryf; ffenolffthalein.

Titradiad asid cryf/bas gwan: methyl oren neu fethyl coch.
  ch) Dim ond newid bychan, graddol iawn a geir yn y pH ar ddiweddbwynt y titradiad. Mae angen i'r graff gael rhan sy'n codi'n serth dros ystod o ddwy uned pH o leiaf i roi newid lliw amlwg gyda dangosydd.
3 Mae'r ddamcaniaeth sy'n dangos bod dangosydd yn nodweddiadol yn newid ei liw dros ddwy uned pH yn tybio bod y ddau liw mor ddwys â'i gilydd fel bo'r llygad yr un mor sensitif i'r ddau liw.
4 a) $CO_3^{2-}(d) + H^+(d) \rightarrow HCO_3^-(d)$
  $HCO_3^-(d) + H^+(d) \rightarrow H_2CO_3(d)$
  b) Mae crynodiadau cychwynnol y sodiwm carbonad a'r asid hydroclorig yr un peth. Mae 25 cm^3 o'r asid yn darparu un môl o ïonau hydrogen am bob môl o ïonau carbonad. Bydd 50 cm^3 o'r asid yn darparu cyfanswm o ddau fôl o ïonau hydrogen am bob môl o ïonau carbonad.
5 a) $HO_2C-CO_2H(d) + NaOH(d) \rightarrow$
  $ HO_2C-CO_2Na(d) + H_2O(h)$
  $HO_2C-CO_2Na(d) + NaOH(d) \rightarrow$
  $ NaO_2C-CO_2Na(d) + H_2O(h)$
  b) Mae crynodiadau cychwynnol yr asid ethandeuoig a'r sodiwm hydrocsid yr un peth. Bydd 25 cm^3 o'r alcali yn cael gwared ar un môl o ïonau hydrogen am bob môl o asid. Bydd 50 cm^3 o'r asid yn cael gwared ar gyfanswm o ddau fôl o ïonau hydrogen am bob môl o asid.
6 a) pH = pK_a ar gyfer asid ethandeuoig = 1.2
  b) pH = pK_a ar gyfer HO_2C-CO_2Na = 4.2

2.12 Hydoddiannau byffer

1 a) pH = 7.2 **b)** pH = 3.9 **c)** pH = 3.9
2 Cymhareb halwyn:asid = 3.98

2.13 Adweithiau niwtralu

1 a) pH = 7 **b)** pH uwchlaw 7 **c)** pH islaw 7
  ch) pH uwchlaw 7
2 Yn y cyfarpar a ddangosir bydd ychydig o'r egni'n gwresogi'r cynhwysydd a'r amgylchedd ac ni ystyrir hyn yn y cyfrifiad.
3 Mae HCl yn asid cryf sydd wedi'i ïoneiddio'n llwyr cyn cymysgu gyda'r alcali. Nid yw'r asid ethanoig wedi'i ïoneiddio ond ychydig mewn hydoddiant. Mae'n rhaid i'r bas dorri'r bond O—H mewn asid gwan.
4 $HBr(d) + NaOH(d) \rightarrow NaBr(d) + H_2O(h)$
  $ \Delta H^\ominus = -57.6$ kJ mol^{-1}
  $HCl(d) + NH_3(d) \rightarrow NH_4Cl(d)$
  $ \Delta H^\ominus = -53.4$ kJ mol^{-1}
  $CH_3CO_2H(d) + NH_3(d) \rightarrow CH_3CO_2NH_4(d)$
  $ \Delta H^\ominus = -50.4$ kJ mol^{-1}

2.14 Potensialau electrod

1 a) Ocsidir yr atomau Mg: $Mg(s) \rightarrow Mg^{2+}(d) + 2e^-$
  Rhydwythir yr ïonau copr(II): $Cu^{2+}(d) + 2e^- \rightarrow Cu(s)$
  b) Ocsidir yr ïonau bromid: $2Br^-(d) \rightarrow Br_2(d) + 2e^-$
  Rhydwythir y moleciwlau clorin: $Cl_2(d) + 2e^- \rightarrow 2Cl^-(d)$
  c) Ocsidir yr atomau Cu: $Cu(s) \rightarrow Cu^{2+}(d) + 2e^-$
  Rhydwythir yr ïonau arian(I): $2Ag^+(d) + 2e^- \rightarrow 2Ag(s)$
2 a) Ocsidir yr ïonau Cu: $Cu(s) \rightarrow Cu^{2+}(d) + 2e^-$
  Rhydwythir yr ïonau arian: $2Ag^+(d) + 2e^- \rightarrow 2Ag(s)$
  b) $Cu(s) \mid Cu^{2+}(d) \;\vdots\; Ag^+(d) \mid Ag(s)$ $E_{cell}^\ominus = +0.46$ V

3 a) $Sn^{2+}(d) + 2e^- \rightarrow Sn(s)$ $E^{\ominus} = -0.14$ V
b) $Br_2(d) + 2e^- \rightarrow 2Br^-(d)$ $E^{\ominus} = +1.07$ V
c) $Cr^{3+}(d) + 3e^- \rightarrow Cr(s)$
$$E^{\ominus} = (-1.01\text{ V} + 0.27\text{ V}) = -0.74\text{ V}$$

4 $E^{\ominus} = -0.13$ V

5 a) $Zn(s) \mid Zn^{2+}(d) \,\vdots\vdots\, V^{3+}(d), V^{2+}(d) \mid Pt$
$$E_{cell}^{\ominus} = +0.50\text{ V}$$
$Zn(s) + 2V^{3+}(d) \rightarrow Zn^{2+}(d) + 2V^{2+}(d)$
b) $Pt \mid 2Br^-(d), Br_2(d) \,\vdots\vdots\, I_2(d), 2I^-(d) \mid Pt$
$$E_{cell}^{\ominus} = +0.53\text{ V}$$
$Br_2(d) + 2I^-(d) \rightarrow 2Br^-(d) + I_2(d)$
c) $Pt \mid 2Cl^-(d), Cl_2(d) \,\vdots\vdots\, [PbO_2(s) + 4H^+(d)],$
$[Pb^{2+}(d) + 2H_2O(h)] \mid Pt \; E_{cell}^{\ominus} = +0.10$ V
$PbO_2(s) + 4H^+(d) + 2Cl^-(d) \rightarrow$
$$Pb^{2+}(d) + 2H_2O(h) + Cl_2(d)$$

6 a) $Li > K > Ca > Na > Mg$
b) $Zn > Fe > Sn > Pb > Cu$

7 a) $H_2O_2 > MnO_4^- > Cr_2O_7^{2-} > Fe^{3+}$
b) $H_2O_2 > Cl_2 > O_2 > Br_2 > ClO^-$

8 Mae sodiwm yn adweithio'n rymus iawn gyda dŵr ac ni ellir ei ddefnyddio fel electrod gyda hydoddiannau dyfrllyd.

9 a) $Zn(s) + 2Ag^+(d) \rightarrow Zn^{2+}(d) + 2Ag(s)$
b) Dim adwaith
c) $2Cr(s) + 6H^+(d) \rightarrow 2Cr^{3+}(d) + 3H_2(n)$
Araf dros ben o ganlyniad i'r haen ocsid ar arwyneb y metel.
ch) $Ca(s) + 2H^+(d) \rightarrow Ca^{2+}(d) + H_2(n)$
d) Dim adwaith
dd) Dim adwaith
e) $Cl_2(n) + 2I^-(d) \rightarrow 2Cl^-(d) + I_2(d)$

10 Gall hydrogen perocsid ocsidio'i hun. Mae'n tueddu i ddadgyfrannu ond nid yw'r adwaith yn gyflym iawn oni bai bod catalydd yn bresennol.

11 Mae ïonau aur(II) yn tueddu i ddadgyfrannu. Gall ïonau aur(I) sy'n newid yn fetel aur ocsidio ïonau aur(I) yn aur(III).

2.15 Celloedd a batrïau
1 a) (i) metel plwm   **(ii)** plwm a phlwm(IV) ocsid
(iii) asid sylffwrig
b) $Pb(s) + PbO_2(s) + 2SO_4^{2-}(d) + 4H^+(d) \rightarrow$
$$2PbSO_4(s) + 2H_2O(h)$$
c) 2.05 V
ch) Cysylltu chwe chell mewn cyfres
d) $PbSO_4(s) + 2e^- \rightarrow Pb(s) + 2SO_4^{2-}(d)$
$PbSO_4(s) + 2H_2O(h) \rightarrow$
$$PbO_2(s) + SO_4^{2-}(d) + 4H^+(d) + 2e^-$$

2.16 Cyrydiad
1 Mwy negatif: $Fe^{2+}(d) + 2e^- \rightarrow Fe(s)$
$$E^{\ominus} = -0.44\text{ V}$$
Mwy positif: $O_2(d) + 2H_2O(h) + 4e^- \rightarrow 4OH^-$
$$E^{\ominus} = +0.40\text{ V}$$
Felly mae'r cyfrwng ocsidio cryfaf (ocsigen) yn ocsidio'r cyfrwng rhydwytho cryfaf (haearn).

2 Mae ïonau yn yr hydoddiant yn codi dargludedd y dŵr. Mae hyn yn golygu y gall ceryntau cyrydiad lifo'n gynt a bydd y metel yn rhydu'n gyflymach.

3 Mae'r potensialau electrod safonol yn dangos bod magnesiwm a sinc yn gyfryngau rhydwytho cryfach na haearn. Mae'n well ganddynt rydwytho ocsigen na haearn. Hefyd, pan fyddant wedi cysylltu â haearn, maent yn peri i holl arwyneb yr haearn fod yn gatod gan gadw'r metel yn ei gyflwr rhydwythedig.

2.17 Newidiadau enthalpi, bondio a sefydlogrwydd
1 a) $\Delta H_1^{\ominus}$: Newid enthalpi ffurfiant safonol magnesiwm clorid
$\Delta H_2^{\ominus}$: Newid enthalpi atomeiddiad safonol magnesiwm
$\Delta H_3^{\ominus}$: Enthalpi ïoneiddiad cyntaf magnesiwm
$\Delta H_4^{\ominus}$: Ail enthalpi ïoneiddiad magnesiwm
$\Delta H_5^{\ominus}$: Dwywaith newid enthalpi atomeiddiad safonol clorin (hefyd yr enthalpi daduno bond ar gyfer moleciwl clorin)
$\Delta H_6^{\ominus}$: Dwywaith affinedd electronol (enthalpi ychwanegu electronau) clorin
$\Delta H_7^{\ominus}$: Enthalpi dellt magnesiwm clorid
b) Enthalpi dellt = -2552 kJ mol^{-1}

2 Mae cyfrifiadau sy'n seiliedig ar y gylchred Born–Haber yn tybio bod cyfanswm y newid enthalpi ar gyfer ffurfiant cyfansoddyn ïonig o'i elfennau yr un peth p'un ai fydd hyn yn digwydd mewn un cam neu mewn cyfres o gamau trwy atomau nwyol ac ïonau nwyol.

3 Y ddau brif derm enthalpi sy'n penderfynu gwerth newid enthalpi ffurfiant safonol cyfansoddyn ïonig yw cyfanswm y newid enthalpi sy'n angenrheidiol i ïoneiddio'r atomau metel a'r enthalpi dellt.

4 Yr enthalpi atomeiddiad safonol yw'r egni sydd ei angen i gynhyrchu 1 mol o atomau nwyol o'r elfen yn ei ffurf safonol o dan amodau safonol. Mae bromin yn hylif sy'n cynnwys moleciwlau deuatomig. Enthalpi daduniad bond bromin yw'r egni sydd ei angen i hollti 1 mol o foleciwlau nwyol yn 2 mol o atomau nwyol.

5 a) Enthalpi dellt MgCl
Enthalpi atomeiddiad safonol clorin
Affinedd electronol (enthalpi ychwanegu electronau) clorin
Enthalpi atomeiddiad safonol magnesiwm
Gellir cyfrifo'r meintiau hyn i gyd drwy arbrawf ac eithrio'r enthalpi dellt ar gyfer MgCl sydd ddim yn bodoli.
b) Newid enthalpi ffurfiant safonol
MgCl = -92 kJ mol^{-1}
c) $\Delta H_{ff}^{\ominus} = -458$ kJ mol^{-1}
ch) Mae'r newid enthalpi yn dangos bod MgCl yn ansefydlog mewn perthynas â dadelfennu'n Mg ac MgCl$_2$.

6 Mae ffurfiant MgCl$_3$ yn anffafriol iawn yn egnïol am ddau reswm. Yn gyntaf, mae trydydd enthalpi ïoneiddiad magnesiwm dipyn yn fwy na'r enthalpïau ïoneiddiad cyntaf a'r ail oherwydd bod gan electron yn yr ail blisgyn wyth electron cysgodol yn llai, a rhaid ei dynnu o wefr niwclear effeithiol o 10+, tra bo'r ddau electron yn y plisgyn allanol ond yn profi gwefr niwclear effeithiol o 2+. Yn ail, trwy dynnu'r ddau electron allanol ceir gwared ar y plisgyn allanol cyfan gan adael ïon sydd dipyn yn llai na'r atom. Ni fydd tynnu trydydd electron, un o'r wyth electron yn yr ail blisgyn, yn achosi lleihad sylweddol yn y maint. Felly er gwaetha'r wefr 3+ nid yw'r cynnydd yn yr enthalpi dellt yn hanner digon i wneud iawn am yr egni ychwanegol sydd ei angen i ffurfio ïon 3+.

7 Er mwyn ffurfio'r cyfansoddyn sefydlog MgCl$_2$ bydd yr atomau magnesiwm (2.8.2) yn colli'r ddau electron yn y plisgyn allanol gan roi i'r ïonau (2.8) wyth electron yn y plisgyn allanol llawn.

Atebion

Mae Mg^{2+} tipyn yn llai nag Mg^+ sy'n dal i feddu ar un electron yn y plisgyn allanol. Mae maint llai a gwefr fwy Mg^{2+} yn golygu bod enthalpi dellt $MgCl_2$ tipyn yn fwy o ran maint nag enthalpi dellt $MgCl$. Mae hyn yn gwneud iawn am yr egni ychwanegol sydd ei angen i dynnu dau electron o atom Mg.

Mae ffurfiant $MgCl_3$ yn anffafriol iawn yn egnïol fel yr esboniwyd yn yr ateb i gwestiwn 6. Felly'r fformiwla a ragfynegwyd gan y rheol wythawdau yw'r un sy'n sefydlog yn egnïol.

8 Trefn maint yr enthalpïau dellt:
$MgO > MgS > BaO > BaS$

9 a) Mae'r ïon ïodid yn fwy na'r ïon fflworid. Felly mae'r gwefrau $1+$ ac $1-$ yn LiI ymhellach o'i gilydd ac mae'r atyniad rhyngddynt yn wannach. Felly rhyddheir llai o egni i bob môl wrth i 1 mol o LiI ffurfio nag wrth i 1 mol o LiF ffurfio.

b) Mae'r ïon ïodid mwy yn fwy polareiddiadwy na'r ïon fflworid llai. Felly yn LiI mae'n debygol y ceir graddau uwch o rannu electronau yn y bondio. Felly mae'r gwahaniaeth rhwng y ddau werth yn debygol o fod yn fwy ar gyfer LiI.

10 $\Delta H^{\ominus}_{ff} = +143$ kJ mol^{-1}

11 a) $\Delta H^{\ominus}_{ff} = -48$ kJ mol^{-1} b) $\Delta H^{\ominus}_{ff} = -244$ kJ mol^{-1}
c) $\Delta H^{\ominus}_{ff} = -271$ kJ mol^{-1}
Mae'r duedd yn y gwerthoedd yn adlewyrchu dwy duedd arall:
- cryfder y bond triphlyg mewn moleciwlau nitrogen, y bond dwbl gwannach mewn moleciwlau ocsigen a'r bondiau sengl gwan iawn mewn moleciwlau fflworin,
- y cynnydd yng nghryfder y bond X—H o N—H i O—H i F—H.

12 a) a b) Mae'r gwerth o enthalpïau ffurfiant yn fwy trachywir gan fod y data'n cyfeirio at yr elfennau a'r cyfansoddion penodol dan sylw. Cyfartaleddau yw'r egnïon bond cyfartalog sy'n sôn am amrywiaeth o foleciwlau, ac nid ydynt yn addas ond i wneud brasamcanion.

13 a) Mae N_2O yn ansefydlog o'i gymharu â'i elfennau. Mae prennyn sy'n mudlosgi yn ddigon i gyflymu'r adwaith. Mae'r cymysgedd o nwyon a gynhyrchir yn cynnwys un traean o ocsigen yn ôl y cyfaint, ac mae hyn yn gyfran ddigon uchel i beri i'r prennyn gynnau.

b) Mae CCl_4 yn fwy sefydlog na'r elfennau rhydd, fodd bynnag does dim mecanwaith sy'n caniatáu i'r adwaith fynd rhagddo ar gyfradd sylweddol. Efallai mai adeiledd enfawr graffit sydd ar fai.

c) Mae hydrogen ïodid yn ansefydlog o'i gymharu â'i elfennau, ond mae'r egni actifadu yn rhy uchel i ganiatáu i'r adwaith fynd rhagddo ar gyfradd fesuradwy ar dymheredd ystafell. Bydd gwifren grasboeth yn gwresogi'r nwy ac yn cyflymu'r adwaith.

14 a) Mae cydberthynas rhwng y ddwy set o werthoedd. Po fwyaf positif yw gwerth y newid enthalpi, yr uchaf yw'r tymheredd angenrheidiol i ddadelfennu'r cyfansoddyn. Gweler adrannau 2.19 a 2.20 am esboniadau.

b) Na. Gweler adrannau 2.19 a 2.20 am ddamcaniaethau i esbonio'r newid yn sefydlogrwydd y cyfansoddion gyda thymheredd.

15 Mae ïon magnesiwm yn llai nag ïon bariwm. Felly yn MgO mae'r ïonau $2+$ a $2-$ yn nes at ei gilydd ac mae'r grymoedd atyniadol rhyngddynt yn gryfach.

16 Mae gwefr $2-$ ar yr ïonau ocsid a charbonad ill dau, ond mae'r ïon ocsid yn llai. Gydag anïon llai bydd yr ïonau yn yr ocsid yn pacio'n fwy tynn fel bo'r gwefrau'n nes a'r atyniad rhyngddynt yn fwy hefyd. Felly rhyddheir mwy o egni am bob môl wrth i ïonau'r ocsid ddod ynghyd i ffurfio dellten risial.

17 Mae carbonad yn dadelfennu i ffurfio ocsid a charbon deuocsid. Mae angen egni i hollti'r ïon carbonad. Daw'r egni o'r egni a ryddheir wrth i ïonau $2+$ a $2-$ nesáu at ei gilydd wrth i'r ïonau carbonad mwy droi'n ïonau ocsid llai.

2.18 Hydoddedd grisialau ïonig

1 a) $\Delta H^{\ominus}_{hydoddiant}[LiF] = +4$ kJ mol^{-1}
$\Delta H^{\ominus}_{hydoddiant}[LiI] = -96$ kJ mol^{-1}

b) Un wefr sydd ar yr ïonau fflworid a'r ïonau ïodid. Yr ïon ïodid yw'r mwyaf, felly mae'r enthalpi dellt ar gyfer lithiwm ïodid yn llai o faint, fel y mae enthalpi hydradiad yr ïon ïodid.

c) Mae LiI yn fwy hydawdd nag LiF. Bydd cemegwyr yn aml yn defnyddio gwerth ΔH i ragfynegi cyfeiriad y newid. Po fwyaf negatif yw'r ΔH, y mwyaf tebygol ydyw y bydd y newid yn digwydd. Ar gyfer y ddau gyfansoddyn tebyg iawn hyn mae gwerthoedd $\Delta H^{\ominus}_{hydoddiant}$ yn gyson â'r gwahaniaeth yn yr hydoddedd.

2 Yr ïodadau(V), cromadau(V)

3 Y fflworidau.

2.19 Newidiadau entropi

1 a) Digymell, cyflym b) Ddim yn ddigymell
c) Digymell, araf ch) Ddim yn ddigymell
d) Digymell, cyflym

2 a) Nwy bromin b) Dŵr hylifol
c) Nwy amonia a all gylchdroi a dirgrynu mewn ffyrdd mwy cymhleth na HF.
ch) Nwy ethan a all gylchrdroi a dirgrynu mewn ffyrdd mwy cymhleth na methan.
d) Sodiwm clorid dyfrllyd.

3 a) Cynyddu b) Cynyddu c) Disgyn
ch) Cynyddu d) Cynyddu

4 $\Delta S^{\ominus} = +693.3$ kJ mol^{-1}. Mae'r adwaith yn arwain at gynnydd yng nghyfanswm nifer y molau o nwy.

5 a) Mae solid yn adweithio gyda nwy i ffurfio un cynnyrch solet. Mae gan solidau entropïau molar safonol is na nwyon.
b) $-T\Delta S^{\ominus} \approx +65$ K. Mae $\Delta H^{\ominus}$ tipyn yn fwy negatif na hyn felly mae $\Delta G^{\ominus}$ yn gyffredinol yn negatif.

6 a) Mae solid yn newid yn solid a nwy. Mae gan nwyon entropïau molar safonol uwch na solidau.
b) Ar 298 K, mae $\Delta G^{\ominus}$ yn bositif ($\approx +67$ kJ mol^{-1})
c) Ar oddeutu 696 K pan fydd $\Delta H^{\ominus} \approx T\Delta S$.

2.20 Egni rhydd

1 Na. Os yw'r newid entropi yn negatif bydd y newid egni rhydd yn mynd yn fwy positif wrth i'r tymheredd godi.

2 a) $\Delta G^{\ominus} = +218$ kJ mol^{-1}
b) Nac ydy. Mae $\Delta H^{\ominus}$ yn bositif ar 298 K.
c) Oddeutu 1600 K pan fydd maint $T\Delta S$ yn fwy positif na ΔH, fel bo ΔG yn negatif.
ch) Mae tymheredd dadelfennu $BaCO_3$ tipyn yn uwch na thymheredd dadelfennu $MgCO_3$. Mae hyn yn gyson â'r arsylwad bod magnesiwm carbonad yn dadelfennu o'i wresogi gyda fflam Bunsen, a dydy bariwm carbonad ddim. Mae carbonadau grŵp 2 yn mynd yn fwy sefydlog wrth fynd i lawr y grŵp.

3 a) $\Delta H^{\ominus} = -332$ kJ mol^{-1}, $\Delta S^{\ominus} = -114.5$ J mol^{-1}K^{-1}
b) Oddeutu 2900 K (cofiwch weithio mewn unedau cyson gan gofio mai J mol^{-1} K^{-1} yw'r unedau ar gyfer entropi, ond mai kJ mol^{-1} yw'r unedau ar gyfer ΔH).

4 Adweithydd: ager/stêm, cynhyrchion: hydrogen ac ocsigen.
Adweithyddion: hydrogen a chlorin ar 298 K, cynnyrch: hydrogen clorid
Adweithyddion: PCl_5 ar 298 K, cynhyrchion: PCl_3 a chlorin.
Adweithyddion: amonia a hydrogen clorid, cynnyrch: amoniwm clorid.

5 Gweler *Cemeg UG* tudalen 120 Ffigur 3.19.2.

Adran tri **Cemeg anorganig**

3.1 Ïonau metel mewn dŵr

1 Gweler tudalen 89. Caiff y newidiadau a ddangosir ar y dudalen honno eu cildroi. Wrth ychwanegu protonau at $[Al(H_2O)_2(OH)_4]^-$(d) cynhyrchir dyddodiad o $[Al(H_2O)_3(OH)_3]$(s) yn gyntaf a fydd yn ail-hydoddi i roi hydoddiant o ïonau alwminiwm(III) hydrodol.

2 a) Mg^{2+}(d) + CO_3^{2-}(d) → $MgCO_3$(s)
b) Mae'r ïon alwminiwm(III) hydrodol yn asid. Mae'n ddigon asidig i adweithio gydag ïonau carbonad i roi nwy carbon deuocsid.

3 Mae halwynau sodiwm a photasiwm fel rheol yn hydawdd mewn dŵr. Mae'r mwyafrif o halwynau alwminiwm(III) a haearn(III) yn anhydawdd.

4 Polaredd: gall y moleciwlau dŵr polar hydradu ïonau halwynau megis sodiwm clorid. Mae'r egni a ryddheir wrth hydradu ïonau (yr egni hydradu) yn aml yn ddigon mawr i wneud iawn am yr egni sydd ei angen i wahanu'r ïonau o'r ddellten risial (-egni dellt) (gweler tudalen 74).
Parau unig: mae'r parau unig yn caniatáu i'r moleciwlau dŵr weithredu fel ligandau gan ffurfio bondiau cyd-drefnol gydag ïonau metelau trosiannol. Mae halwynau sydd â chymhlygion acwo yn aml yn hydawdd.
Bondio hydrogen: mae hyn yn helpu i hydoddi hydoddion sydd â grwpiau a all gymryd rhan mewn bondio hydrogen. Mae alcoholau, asidau organig, siwgrau ac aminau oll yn hydawdd mewn dŵr oherwydd gallant ffurfio bondiau hydrogen gyda moleciwlau dŵr.

5 Mae alwminiwm hydrocsid yn gymhlygyn niwtral, moleciwl di-wefr i bob pwrpas. Yn gyffredinol, mae moleciwlau yn llai hydawdd mewn dŵr nag yw ïonau.

6 a) Mae'r nerth polareiddio yn cynyddu wrth i'r wefr ar yr ïonau gynyddu tra bo maint yr ïon yn lleihau.
b) Mae'r nerth polareiddio'n lleihau wrth i'r ïonau, â'r un wefr, fynd yn fwy.

3.3 Ffurfio cymhlygion

1 Rhifau ocsidiad yr ïonau metel yn y drefn a ddangosir ar y dudalen: +2, +1, +1, +3, +2.

2 Ag^+(d) + Cl^-(d) → $AgCl$(s) – dyddodiad gwyn
$AgCl$(s) + $2NH_3$(d) → $[Ag(NH_3)_2]^{2+}$(d) + Cl^-(d)
– y dyddodiad yn ail-hydoddi

3 $AgBr$(s) + $2S_2O_3^{2-}$(d) → $[Ag(S_2O_3)_2]^{3+}$(d) + Br^-(d)

4 Defnyddir yr adweithydd i wahaniaethu rhwng aldehydau a chetonau. Mae aldehydau'n rhydwytho'r ïonau arian(I) yn arian metelig. Pe na baent yn bresennol ar ffurf cymhlygyn byddai'r ïonau arian(I) yn dyddodi ar ffurf arian ocsid o dan amodau alcalïaidd.

5 Yn y drefn y mae'r cymhlygion yn ymddangos yn y cwestiwn:
llinol, octahedrol, tetrahedrol

6

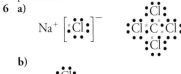

7 a) Mae sefydlogrwydd yn y drefn gildro i ddilyniant y cymhlygion yn y cwestiwn, h.y. mwyaf sefydlog = $[Ni\text{-}edta]^{2-}$
b) Mae cysonion ecwilibriwm yn dangos safle'r ecwilibriwm mewn adwaith cildroadwy (gweler tud 24). Po fwyaf positif yw'r cysonyn ecwilibriwm ar gyfer ffurfiant cymhlygyn, y mwyaf sefydlog fydd y cymhlygyn.

8 a) $[Co(H_2O)_6]^{2+}$(d) + $6NH_3$(d) → $[Co(NH_3)_6]^{2+}$(d) + $6H_2O$(h)
b) $[Co(NH_3)_6]^{2+}$(d) + $4Cl^-$(d) → $[Co(Cl)_4]^{2-}$(d) + $6NH_3$(d)
c) $[Fe(H_2O)_6]^{2+}$(d) + $6CN^-$(d) → $[Fe(CN)_6]^{4-}$(d) + $6H_2O$(h)

9 $[Cu(H_2O)_6]^{2+}$(d) + $2OH^-$(d) → $[Cu(OH)_2(H_2O)_4]$ + $2H_2O$(h)
$[Cu(OH)_2(H_2O)_4]$(s) + $4NH_3$(d) → $[Cu(NH_3)_4(H_2O)_2]^{2+}$(d) + $2H_2O$(h) + $2OH^-$(d)

10 a) Mae'r dŵr caled yn cynnwys 228 mg dm^{-3} o galedwch ar ffurf $CaCO_3$.
b) 10^{-3} g mewn 10^3 g o ddŵr yw 1 mg dm^{-3}. Mae hyn yr un peth ag un rhan yn ôl y màs o galsiwm carbonad mewn 10^6 g o ddŵr.

11 Swm yr edta a ychwanegwyd o'r fwred = 2.290×10^{-4} mol. Mae'r capsiwl yn cynnwys yr un swm o sinc mewn molau. Màs y sinc = 0.1498 g.

3.4 Adweithiau asid-bas

1 Zn(s) + $2H^+$(d) → Zn^{2+}(d) + H_2(n)
– adwaith rhydocs
CuO(s) + $2H^+$(d) → Cu^{2+}(d) + H_2O(h)
– mae'r ïon ocsid yn derbyn dau broton i ffurfio dŵr
$CaCO_3$(s) + $2H^+$(d) → Ca^{2+}(d) + CO_2(n) + H_2O(h)
– mae'r ïon carbonad yn derbyn dau broton i ffurfio asid carbonig sy'n dadelfennu'n garbon deuocsid a dŵr.

2 Mae'r rhain oll yn asidau cryf sy'n ïoneiddio i roi H^+(d) mewn hydoddiant. Mae hydoddiannau gwanedig o'r asidau hyn i gyd yn debyg gan eu bod oll yn dangos adweithiau'r ïon hydrogen dyfrllyd.

3 Gweler yr ateb i gwestiwn 1.

4 Mae'r hafaliadau ar dudalen 91 oll yn adweithiau trosglwyddo protonau, gyda'r protonau'n cael eu tynnu'n olynol o foleciwlau dŵr ligand gan droi H_2O yn OH^-.

5 H_3O^+(d) yw'r rhoddwr protonau yn yr asid hydroclorig dyfrllyd. Yr ïon carbonad yn y calchfaen yw'r derbynnydd protonau.

6 a)

b)

c) Mae gan nwy nobl ffurfwedd electronau allanol o ns^2np^6, felly ar gyfer cyfnodau 2 a 3 mae 8 electron yn y plisgyn allanol. Mewn enghreifftiau syml bydd atomau'n ennill, colli neu rannu electronau er mwyn cyrraedd ffurfwedd electronau ns^2np^6 y nwy nobl agosaf yn y tabl cyfnodol.

7

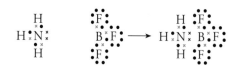

rhoddwr pâr   derbynnydd pâr
o electronau   o electronau

8 Adweithiau asidau dyfrllyd gydag ocsidau metel a charbonadau metel yw'r adweithiau asid-bas Lewis. H^+ yw'r asid ymhob achos. Yr ïon ocsid a'r ïon carbonad yw'r basau Lewis. Ar yr un pryd mae'r ïon metel hefyd yn gweithredu fel asid Lewis gan dderbyn protonau o foleciwlau dŵr (basau Lewis) i ffurfio cymhlygion acwo.

3.5 Adweithiau rhydocs

1 Ocsidiad: carbon yn ennill ocsigen i ffurfio carbon monocsid. Mae hwn yn ennill mwy o ocsigen o'r mwyn haearn a chaiff ei ocsidio'n garbon deuocsid.
Rhydwythiad: haearn ocsid yn y mwyn haearn yn colli ocsigen i ffurfio'r metel rhydd.

2 **a)** Ocsidiad ar yr anod: $2Cl^-(d) \rightarrow Cl_2(n) + 2e^-$
Rhydwythiad ar y catod: $2H^+(d) + 2e^- \rightarrow H_2(n)$
   b) Ocsidiad ar yr anod: $Cu(s) \rightarrow Cu^{2+}(d) + 2e^-$
Rhydwythiad ar y catod: $Cu^{2+}(d) + 2e^- \rightarrow Cu(s)$

3 Caiff rhai o'r ïonau bromid (cyflwr ocsidiad -1) eu hocsidio'n fromin (cyflwr ocsidaid 0).
Yr asid sylffwrig yw'r cyfrwng ocsidio (sylffwr yn y cyflwr ocsidiad $+6$) a gaiff ei rydwytho'n sylffwr deuocsid (sylffwr yn y cyflwr ocsidiad $+4$).
(Gweler hefyd *Cemeg UG* tudalennau 151–2).

4 **a)** $+5$ **b)** $+5$ **c)** $+2$ **ch)** -1 **d)** $+1$

5 **a)** asid sylffwrus (cyflwr $+4$)
   b) asid sylffwrig (cyflwr $+6$)
   c) hydrogen sylffid (cyflwr -2)

6 **a)** Nitrogen:
$+5$ — HNO_3, NO_3^-
$+4$ — NO_2, N_2O_4
$+3$ — HNO_2, NO_2^-
$+2$ — NO
$+1$ — N_2O
0 — N_2
-1 —
-2 — N_2H_4
-3 — NH_3

   b) Clorin:
$+7$ — $KClO_4, ClO_4^-$
$+6$ —
$+5$ — $KClO_3, ClO_3^-$
$+4$ —
$+3$ — $KClO_2, ClO_2^-$
$+2$ —
$+1$ — $HOCl, OCl^-$
0 — Cl_2
-1 — $HCl, NaCl, Cl^-$

7 **a)** Ocsidiedig   **b)** Rhydwythedig
   c) Rhydwythedig **ch)** Ocsidiedig

8 **a)** $Fe^{3+}(d) + e^- \rightarrow Fe^{2+}(d)$
   b) $Br_2(d) + 2e^- \rightarrow 2Br^-(d)$
   c) $H_2O_2(d) + 2H^+(d) + 2e^- \rightarrow 2H_2O(h)$

9 Mae clorin yn ocsidio ïonau ïodid yn ïodin. Bydd ïodin wedyn yn rhoi lliw du-las gyda startsh. Bydd unrhyw gyfrwng ocsidio a all ocsidio ïonau ïodid yn rhoi canlyniad positif.

10 **a)** $Zn(s) \rightarrow Zn^{2+}(d) + 2e^-$
   b) $2I^-(d) \rightarrow I_2(s) + 2e^-$
   c) $SO_2(d) + 2H_2O(h) \rightarrow SO_4^{2-}(d) + 4H^+(d) + 2e^-$

11 **a)** $2IO_3^-(d) + 12H^+(d) + 10I^-(d) \rightarrow$
$6I_2(s) + 6H_2O(h)$
   b) $H_2O_2(d) + 2H^+(d) + 2Fe^{2+}(d) \rightarrow$
$2H_2O(h) + 2Fe^{3+}(d)$
   c) $Cr_2O_7^{2-}(d) + 2H^+(d) + 3SO_2(d) \rightarrow$
$2Cr^{3+}(d) + H_2O(h) + 3SO_4^{2-}(d)$
   ch) $MnO_2(s) + 4H^+(d) + 2Cl^-(d) \rightarrow$
$Mn^{2+}(d) + Cl_2(n) + 2H_2O(h)$
   d) $Cu(s) + 2NO_3^-(d) + 4H^+(d) \rightarrow$
$Cu^{2+}(s) + 2NO_2(n) + 2H_2O(h)$

12 **a)** 2 cm^3
   b) 32 cm^3
   c) 80 cm^3

13 1.54 mol dm^{-3}

14 11.2%

15 72.7%

3.6 Y tabl cyfnodol

1 Ocsigen: $1s^2 2s^2 2p^4$
Fflworin: $1s^2 2s^2 2p^5$
Magnesiwm: $1s^2 2s^2 2p^6 3s^2$
Titaniwm: $1s^2 2s^2 2p^6 3s^2 3p^6 3d^2 4s^2$
Cobalt: $1s^2 2s^2 2p^6 3s^2 3p^6 3d^7 4s^2$

2 **a)** Mae ganddynt oll ffurfwedd electronau neon: $1s^2 2s^2 2p^6$
   b) Mae nifer y protonau yn y niwclews yn cynyddu o un ar hyd y dilyniant o un gronyn i'r nesaf. Felly mae'r wefr ar y niwclews yn cynyddu ar hyd y dilyniant tra bo'r ffurfwedd electronau yn aros yr un peth. Felly o N^{3-} i Mg^{2+} mae'r radiws yn lleihau o 171 pm i 72 pm.

3 Mae radiysau atomig yn lleihau ar draws cyfnod wrth i electronau fynd i'r un prif blisgyn wrth i'r wefr ar y niwclews gynyddu. Ceir naid yn y radiws atomig ar ddechrau pob cyfnod wrth i blisgyn newydd ddechrau llenwi.
Mae metelau ar ochr chwith y tabl yn colli electronau i ffurfio ïonau positif. Mae anfetelau ar yr ochr dde yn ffurfio ïonau negatif drwy ennill electronau. Bydd elfennau yn yr un grŵp fel rheol yn ffurfio ïonau syml gyda'r un wefr.

4 Ar draws cyfnod, bydd yr electronau ychwanegol yn mynd i'r un plisgyn wrth i'r wefr ar y niwclews gynyddu. Cyfyngir ar y cysgodi gan electronau yn yr un plisgyn felly caiff yr electronau yn y plisgyn allanol eu dal yn fwyfwy tynn ar draws y cyfnod. Felly'r duedd gyffredinol yw bod yr enthalpïau ïoneiddiad yn cynyddu ar draws cyfnod.
Mae gan elfennau i lawr grŵp yr un ffurfwedd electronau allanol, ond nifer cynyddol o blisg mewnol llawn. Mae plisg mewnol yn cysgodi'r electronau allanol rhag atyniad llawn y wefr niwclear. O ganlyniad, wrth symud i lawr grŵp mae'r electronau'n mynd yn bellach o'r un wefr niwclear weithredol. Felly mae'r enthalpïau ïoneiddiad yn lleihau i lawr grŵp.

5 **a)** Mae'r haen ocsid ar arwyneb beryliwm yn atal yr aer, dŵr ac asid rhag ymosod ar y metel. Mae beryliwm ocsid yn amffoterig tra bo ocsidau'r metelau eraill yng ngrŵp 2 yn fasig. Mae maint bychan yr ïon beryliwm yn golygu bod bondio yn y clorid yn gofalent polar ac mae gan y solid ddellten haenog.

Mae fflworin yn ocsidio dŵr yn gyflym ac yn ffurfio cyfansoddion ïonig gyda halogenau eraill. Mae bondio hydrogen yn golygu bod gan hydrogen fflworid ferwbwynt dipyn yn uwch nag a ddisgwylir ar gyfer ei faint moleciwlaidd. Mae hydrogen fflworid yn asid gwan tra bo'r halidau hydrogen eraill yn asidau cryf.

b) Dim ond orbitalau 2s a 2p sydd gan yr elfennau yng nghyfnod 2 i fondio, a dim orbitalau d. Mae hyn yn golygu y gallant ffurfio uchafswm o bedwar bond cofalent.

3.7 Cyfnod 3: yr elfennau

1 a) (i) $2Na(s) + 2H_2O(h) \rightarrow 2NaOH(d) + H_2(n)$
(ii) $Mg(s) + 2H_2O(h) \rightarrow Mg(OH)_2(d) + H_2(n)$
(iii) $Cl_2(d) + H_2O(h) \rightarrow HOCl(d) + H^+(d) + Cl^-(d)$

b) (i) Caiff sodiwm ei ocsidio o'r cyflwr 0 i'r cyflwr $+1$. Caiff hydrogen ei rydwytho o $+1$ i 0.
(ii) Caiff magnesiwm ei ocsidio o 0 i $+2$. Caiff hydrogen ei rydwytho o $+1$ i 0.
(iii) Mae clorin yn dadgyfrannu o 0 i'r cyflyrau $+1$ a -1.

2 Mae ymdoddbwyntiau a berwbwyntiau yn codi o sodiwm i silicon. Maent yn disgyn yn gyflym i ffosfforws ac yn aros yn isel ar gyfer yr anfetalau eraill yn y cyfnod.

3

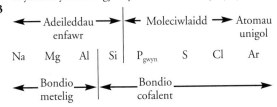

4 Mae gan fetelau ag adeileddau enfawr ferwbwyntiau uchel ac enthalpïau anweddiad uchel. Mae angen llawer o egni i dorri'r rhwydwaith o fondiau cryf wrth anweddu adeiledd enfawr. Mae sylweddau moleciwlaidd dipyn yn haws eu hanweddu gan mai grymoedd rhyngfoleciwlaidd gwan sy'n dal y moleciwlau ynghyd.

5 Mae moleciwlau clorin a hefyd atomau argon yn amholar. Mae moleciwlau deuatomig clorin yn fwy nag atomau argon felly mae arwynebedd arwyneb mwy i'r grymoedd rhyngfoleciwlaidd weithredu drostynt rhwng moleciwlau mewn cysylltiad.

6

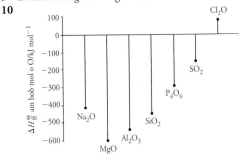

7 Mae'r electronau bondio mewn metelau yn ddadleoledig ac yn rhydd i symud os rhoir gwahaniaeth potensial i'r metel. Mae'r parau o electronau mewn bondiau cofalent fel arfer wedi'u lleoli rhwng dau atom. Does dim electronau rhydd i gludo unrhyw gerrynt.

8 a) $4Na(s) + O_2(n) \rightarrow 2Na_2O(s)$
$2Na(s) + O_2(n) \rightarrow Na_2O_2(s)$
b) $4P(s) + 10O_2(n) \rightarrow P_4O_{10}(s)$

9 Gweler *Cemeg UG* Ffigur 4.3.6 ar dudalen 135.

10

11

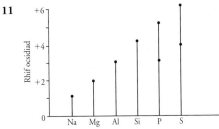

12 a) $2Al(s) + 3Cl_2(n) \rightarrow 2AlCl_3(s)$
b) $Si(s) + 2Cl_2(n) \rightarrow SiCl_4(s)$
c) $2P(s) + 3Cl_2(n) \rightarrow 2PCl_3(s)$
ch) $2P(s) + 5Cl_2(n) \rightarrow 2PCl_5(s)$

13 a) Mae calsiwm clorid yn gyfrwng sychu. Mae'r tiwb yn caniatáu i ormodedd y nwy ddianc o'r cyfarpar ond yn atal lleithder rhag mynd i mewn. Mae dŵr yn hydrolysu alwminiwm clorid poeth.

b) Mae silicon tetraclorid yn hylif. Gellir cyddwyso'r hylif drwy ddefnyddio tiwb cludo (gyda thopynnau) yn lle'r tiwb sampl i gludo'r anweddau i diwb profi â braich ochr wedi'i oeri mewn dŵr rhewllyd. Yna cysylltir y tiwb â'r cyfrwng sychu â'r fraich ochr.

3.8 Cyfnod 3: yr ocsidau

1 a) $Na_2O(s) + 2HCl(d) \rightarrow 2NaCl(d) + H_2O(h)$
b) $MgO(s) + 2HNO_3(d) \rightarrow Mg(NO_3)_2(d) + H_2O(h)$
c) $MgO(s) + H_2O(h) \rightarrow Mg(OH)_2(s)$

2 Gweler tudalen 91.

3 a) Po fwyaf yw'r wefr a'r lleiaf yw'r radiws, y mwyaf yw'r nerth polareiddio. Felly gellir defnyddio cymhareb rifiadol y wefr i'r radiws atomig (mewn nm yma) fel mesur o'r nerth polareiddio. Na^+: 8.8, Mg^{2+}: 27.8, Al^{3+}: 56.6, Si^{4+}: 100.

b) Sylwch fod y nerth polareiddio yn cynyddu ar draws y gyfres hon. Mae nerth polareiddio'r ïon silicon mor fawr fel bo bondiau rhwng atomau silicon ac elfennau eraill yn gofalent.

4 P_2O_5

5 a) $P_2O_5(s) + 3H_2O(h) \rightarrow 2H_3PO_4(d)$
b) $SO_2(n) + H_2O(h) \rightarrow H_2SO_3(d)$
c) $SO_3(s) + H_2O(h) \rightarrow H_2SO_4(d)$

6

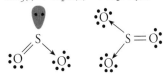

7 a)

b) $\Delta H_{ff}^{\ominus} [Cl_2O(n)] = +80.3$ kJ mol^{-1}. Mae hyn yn dangos bod dadelfeniad y cyfansoddyn hwn i'w elfennau yn ecsothermig. Mae'r cyfansoddyn yn ansefydlog mewn perthynas â dadelfeniad i'w elfennau (ond gweler adran 2.19 a 2.20). Ni ellir defnyddio $\Delta H_{ff}^{\ominus}$ neu'n fwy dibynadwy $\Delta G_{ff}^{\ominus}$, i ragfynegi cyfraddau adweithiau ac felly ni all awgrymu a yw cyfansoddyn yn debygol o ddadelfennu'n ffrwydrol ai peidio.

8 Yng nghyfnod 3: mae gan ocsidau ïonig metelau grwpiau 1, 2 a 3 ymdoddbwyntiau uchel; mae gan silicon ocsid, â'i adeiledd cofalent enfawr, ymdoddbwynt uchel hefyd; mae gan ocsidau moleciwlaidd yr anfetalau eraill ymdoddbwyntiau isel. Nwyon yw ocsidau grwpiau 6 a 7.

9 Mae sodiwm ocsid yn adweithio gyda dŵr i ffurfio sodiwm hydrocsid sydd yn alcali cryf. Bydd magnesiwm ocsid hefyd yn cyfuno gyda dŵr i ffurfio ocsid basig sydd ychydig yn hydawdd ond sy'n peri i'r dŵr fod yn alcalïaidd. Mae ocsidau alwminiwm a silicon yn anhydawdd ac nid ydynt yn effeithio ar pH dŵr. Mae ffosfforws(V) ocsid yn adweithio gyda dŵr i ffurfio ocsoasid hydawdd.

3.9 Cyfnod 3: y cloridau

1 $\left[:\!\overset{..}{\underset{..}{Cl}}\!\times \right]^{-}$ Mg^{2+} $\left[:\!\overset{..}{\underset{..}{Cl}}\!: \right]^{-}$

2 Mae gan y magnesiwm wefr o 2+. Mae'r atyniad rhwng yr ïon metel bychan hwn a'r ïon clorid yn gryfach na'r atyniad rhwng ïonau mwy sodiwm, ac arnynt un wefr, ac ïonau clorid.

3 $Na^+ + e^- \rightarrow Na$
$Cl^- \rightarrow \frac{1}{2}Cl_2 + e^-$

4 Mae gan yr ïon alwminiwm nerth polareiddio uchel (gweler tudalen 68 a'r ateb i gwestiwn 3 yn adran 3.8). Mae'r ïon alwminiwm yn aflunio'r cwmwl electronau o amgylch yr ïon clorid gan beri i'r electronau gael eu rhannu i raddau helaeth.

5 $Al_2Cl_6(n) + 3H_2O(n) \rightarrow Al_2O_3(s) + 6HCl(n)$

6 Mae ïonau alwminiwm(III) yn hydradol mewn hydoddiant dyfrllyd. Mae'r ïon alwminiwm bychan, sydd wedi'i wefru'n nerthol, yn tynnu electronau tuag at ei hun o'r moleciwlau dŵr ligand. Mae hyn yn golygu bod y moleciwlau dŵr ligand yn fwy parod i ïoneiddio na moleciwlau dŵr rhydd. Mae'r ïon hydradol yn asid (gweler tudalen 91).

7 a)

b) $SiCl_4$: tetrahedrol. PCl_3: pyramidol. PCl_5: bipyramid trigonol. S_2Cl_2: aflinol gyda'r ddau ongl Cl—S—S yn llai na 109°.

c) Polar: PCl_3 ac S_2Cl_2.

8 $PCl_3(h) + 3H_2O(h) \rightarrow H_3PO_4(d) + 3HCl(d)$

9 PCl_4^+: tetrahedrol
PCl_6^-: octahedrol.

10 Adweithydd sy'n rhoi atom clorin yn lle grŵp —OH yw PCl_5, a dyma sy'n digwydd wrth iddo adweithio gyda dŵr a hefyd ethanol. Yn y ddau adwaith mae HCl yn un o'r cynhyrchion.

11 Hydrogen clorid: mae'n mygdarthu mewn aer llaith, troi litmws glas yn goch ac yn ffurfio mwg gwyn gyda nwy amonia.

12 Mae gan gloridau ïonig sodiwm a magnesiwm ymdoddbwyntiau uchel. Mae alwminiwm clorid polar, cofalent yn solid sydd yn sychdarthu yn hytrach nag ymdoddi. Hylifau yw'r cloridau cofalent $SiCl_4$, PCl_3 ac S_2Cl_2 ar dymheredd ystafell.

3.10 Grŵp 4

1 Mae tun a phlwm yn amlwg yn fetelau. Maent yn sgleinio ar ôl eu llathru, yn blygadwy ac yn dargludo trydan. Mae golwg sgleiniog ar silicon a germaniwm hefyd ond maent yn frau ac maent yn lled-ddargludyddion pan ydynt yn bur. Mae diemwnt yn amlwg yn ffurf anfetelig ar garbon. Nid oes ganddo sglein arianlliw metel. Mae'n frau ac nid yw'n dargludo trydan. Er bod graffit yn solid brau mae ganddo rai nodweddion metelig; mae'n lliw llwyd-sgleiniog (yn edrych yn debyg i blwm) ac mae'n dargludo trydan.

2 a) Mae'r ymdoddbwyntiau y tueddu i ostwng i lawr y grŵp.
b) Carbon (ar ffurf diemwnt), â'i ddellten enfawr a ddelir ynghyd gan fondiau cofalent cryf, anhyblyg a chyfeiriadol rhwng atomau bychain, sydd â'r ymdoddbwynt uchaf. Mae gan blwm adeiledd enfawr ond mae'r atomau'n fwy a bondio metelig anghyfeiriadol sydd ynddo.

3 Si: $1s^2 2s^2 2p^6 3s^2 3p^2$
Sn: $1s^2 2s^2 2p^6 3s^2 3p^6 3d^{10} 4s^2 4p^6 4d^{10} 5s^2 5p^2$

4 a) Yn gyffredinol mae enthalpïau ïoneiddiad yn tueddu i leihau i lawr y grŵp.
b) Mae'r wefr ar y niwclews yn cynyddu i lawr y grŵp fel y mae nifer y plisg electronau mewnol, llawn. Mae effaith gysgodi'r plisg mewnol llawn yn golygu bod yr electronau allanol yn teimlo'n un wefr niwclear weithredol o +4 fwy neu lai. I lawr y grŵp mae'r electronau allanol yn mynd o'r un bellach o'r un wefr niwclear weithredol felly mae'n haws eu tynnu oddi yno.
c) Mae'r duedd yn golygu ei bod hi'n fwyfwy hawdd i'r elfennau ffurfio ïonau positif ac arddangos priodweddau metelig nodweddiadol.

5 a) $CO_2(n) + OH^-(d) \rightarrow HCO_3^-(d)$
b) $SnO(s) + 2HCl(d) \rightarrow Sn^{2+}(d) + 2Cl^-(d) + H_2O(h)$
c) Pan yw'n oer:
$PbO_2(s) + 2HCl(d) \rightarrow PbCl_4(h) + 2H_2O(h)$
O'i wresogi bydd plwm(IV) ocsid yn ocsidio ïonau clorid yn glorin.
ch) $PbO(s) + 2OH^-(d) + H_2O(h) \rightarrow Pb(OH)_4^-(d)$

6 a) O dan amodau asid mae'r system electrod $Fe^{3+}(d)$, $Fe^{2+}(d) \mid Pt$ yn fwy positif na'r system electrod $Sn^{4+}(d)$, $Sn^{2+}(d) \mid Pt$. Gall haearn(III) ocsidio tun(II) yn dun(IV). Gweler tudalennau 57 a 58.
b) O dan amodau asid mae'r system electrod $[PbO_2(s) + 4H^+(d)]$, $[Pb^{2+}(d) + 4H_2O(h)] \mid Pt$ yn fwy positif na'r system electrod $Cl_2(d)$, $2Cl^-(d) \mid Pt$. Gall plwm(IV) ocsidio ïonau clorid yn glorin.

7 Mae CCl_4 yn gyfansoddyn moleciwlaidd amholar. Canlyniad deupolau dros dro yw'r atyniadau rhwng y moleciwlau. Mae'r grymoedd rhyngfoleciwlaidd rhwng y moleciwlau cymharol fawr hyn yn ddigon i gadw'r cyfansoddyn yn y cyflwr hylifol ar dymheredd ystafell. Ni all moleciwlau CCl_4 gymryd rhan mewn bondio hydrogen felly ni allant ryngweithio'n ddigon cryf gyda moleciwlau dŵr i dorri i mewn i'r system fondiau hydrogen cryf mewn dŵr hylifol.

8 Ymdoddi'r solid mewn crwsibl a phrofi a yw'r sylwedd tawdd yn dargludo trydan. Dylai electrolysis roi tun ar y catod a chlorin ar yr anod.

9 Gweler tudalennau 82–83. Mae hyn yn golygu bod yr adwaith yn tueddu i ddigwydd yn araf iawn. Mae'r newid enthalpi safonol (neu yn well na hynny y newid egni rhydd safonol) ar gyfer yr adwaith yn negatif ond mae'r egni actifadu mor uchel fel bo'r rhwystr egni mawr yn atal yr adwaith rhag mynd yn ei flaen ar gyfradd y gellir ei mesur.

10 Mae gan bob un y ffurfwedd electronau allanol $ns^2 np^2$ ac maent yn ffurfio cyfansoddion yn y cyflyrau +2 a +4.

11 Nodweddir ocsidau, cloridau a hydridau anfetel gan fondio cofalent. Mae cyfansoddion cywerth metelau adweithiol yn ïonig. Byddai ïon 4+ yn dra pholareiddiol, i'r fath raddau fel, pe allai fodoli, fe fyddai'n polareiddio anïon cyfagos gymaint nes y byddai'r bondio yn gofalent (gweler tudalen 68). Does dim cyfansoddion ïonig syml yn bodoli gydag ïonau 4+. Mae nerth polareiddio ïonau 2+ atomau cymharol fawr megis atomau tun a phlwm yn golygu y gall cyfansoddion ïonig yr elfennau hyn fodoli gydag atomau electronegatif megis fflworin, ocsigen a chlorin.

12 Mae gallu carbon i ffurfio cadwyni hir a chylchoedd o atomau (cemeg organig) yn eithriadol. Gall yr atomau carbon bychain hefyd ffurfio bondiau dwbl a thriphlyg gyda'i gilydd (alcenau ac alcynau) a gydag ocsigen (carbon deuocsid a chyfansoddion carbonyl). Mae carbon yn ffurfio ocsidau moleciwlaidd tra bo'r elfennau eraill yn y grŵp yn ffurfio ocsidau a chanddynt adeileddau enfawr. Nid yw carbon tetraclorid yn hydrolysu mewn dŵr, yn wahanol i gyfansoddion cywerth yr elfennau eraill yn y grŵp.

13 Yn fras, y tueddiad i lawr y tri grŵp yw i'r nodweddion metelig fynd yn fwy amlwg a'r nodweddion anfetelig fynd yn llai amlwg. I lawr grŵp 2 mae'r elfennau'n mynd yn fwy adweithiol fel metelau. I lawr grŵp 7 mae'r elfennau'n mynd yn llai adweithio fel anfetelau. I lawr grŵp 4 mae'r elfennau'n tueddu o anfetelau i fetelau.

3.11 Cyfnod 4: elfennau bloc-d

1 a) $1s^22s^22p^63s^23p^63d^64s^2$
   b) $1s^22s^22p^63s^23p^63d^6$
   c) $1s^22s^22p^63s^23p^63d^5$

2 Mae'r egnïon ïoneiddiad cyntaf yn codi'n siarp o Na i Ar. Ar draws y cyfnod caiff yr electronau eu bwydo i'r un plisgyn allanol wrth i'r wefr niwclear gynyddu. Mae'r cysgodi a roddir gan yr electronau ychwanegol yn gyfyngedig iawn, felly bydd yr electronau yn y plisgyn allanol yn teimlo atyniad y wefr niwclear gynyddol. Mae'r egnïon ïonciddiad cyntaf yn codi tipyn yn llai amlwg o Sc i Zn. Ar draws y rhan hon o gyfnod 4 caiff yr electronau eu bwydo i blisgyn-d mewnol wrth i'r wefr niwclear gynyddu. Mae'r cysgodi a roddir gan yr electronau ychwanegol yn golygu nad yw'r electronau 4s allanol yn y 4ydd plisgyn allanol yn teimlo atyniad llawn y wefr niwclear gynyddol.

3 Gall y mwyafrif o elfennau bloc-d fodoli mewn mwy nag un cyflwr ocsidiad. Mae'r cyflwr +2 yn mynd yn fwy sefydlog o'i gymharu â'r cyflwr +3 ar draws y gyfres. O Sc i Mn mae'r cyflwr ocsidiad uchaf yn cyfateb i ddefnyddio pob un o'r electronau 3d a 4s wrth fondio.

4 a) +3: Cr_2O_3 +6: K_2CrO_4
   b) +2: $MnSO_4$ +4: MnO_2 +7: $KMnO_4$
   c) +2: $FeSO_4$ +3: $FeCl_3$
   ch) +1: Cu_2O +2: $CuSO_4$

5 $Cr^{3+}(d)$, $Cr^{2+}(d)$ | Pt $E^\ominus = -0.41$ V.
   $Fe^{3+}(d)$, $Fe^{2+}(d)$ | Pt $E^\ominus = +0.77$ V.
   Mae cromiwm(II) yn rhydwythydd cryfach gan dueddu i newid yn gromiwm(III). Mae haearn(II) yn ocsidydd cryfach gan dueddu i newid yn haearn(III).

6 a) Tetrahedrol (gweler tudalen 95) b) Octahedrol.

7 Zn^{2+}: $1s^22s^22p^63s^23p^63d^{10}$
   Cu^+: $1s^22s^22p^63s^23p^63d^{10}$
   Sc^{3+}: $1s^22s^22p^63s^23p^6$
   Mae'r orbitalau-d naill ai'n llawn neu'n wag ym mhob un o'r tri ïon, felly nid yw'n bosib trosi rhwng lefelau egni-d ac egnïon sydd ychydig yn wahanol.

8 a) Newid cyflwr ocsidiad.
   b) Newid ligand.
   c) Newid ligand.
   ch) Newid cyflwr ocsidiad a newid ligand.

9 Paratoi cyfres o hydoddiannau wedi'u gwanedu'n drachywir o hydoddiant safonol trachywir gyda chrynodiadau yn yr amrediad priodol. Cymryd sampl o bob gwanediad a chymryd darlleniadau oddi ar y lliwfesurydd. Plotio graff o ddarlleniadau'r mesurydd yn erbyn crynodiad.

10 Chwith uchaf: $Cr_2O_7{}^{2-}(d)$ – oren
   De uchaf: $Ni^{2+}(d)$ – gwyrdd
   Chwith gwaelod: $Co^{2+}(d)$ – pinc
   De gwaelod: $Cu^{2+}(d)$ – glas

11 a) Gwresogi'r hydoddiant a/neu ychwanegu ychydig o ïonau Mn^{2+}.
   b) (i) Ar y dechrau byddai'r hydoddiant yn newid yn lliw porffor $KMnO_4$ gwanedig heb adweithio.
   (ii) Cyhyd ag y bo gormodedd o ethandeuoad, wedi i'r adwaith ddechrau bydd y lliw porffor yn diflannu wrth i ïonau manganad(VII) adweithio i ffurfio'r ïonau Mn^{2+} sydd mwy neu lai yn ddi-liw. Bydd swigod o garbon deuocsid yn ffurfio wrth i ddroelli'r hydoddiant.

12 Ar gyfer proses llif di-dor, gall cymysgedd yr adwaith (nwy neu hylif) lifo trwy gatalydd heterogenaidd solet mewn adweithydd fel na cheir unrhyw broblem wrth wahanu'r cynhyrchion o'r catalydd. Ar y llaw arall ar gyfer swp brosesu gellir crogi'r catalydd solet yng nghymysgedd yr adwaith yna'i adfer drwy hidlo.

13 Fanadiwm(V) ocsid.

3.12 Metelau trosiannol

1 V: $1s^22s^22p^63s^23p^63d^34s^2$
   V^{2+}: $1s^22s^22p^63s^23p^63d^2$

2 +4

3 $2VO_2{}^+(d) + 8H^+(d) + 3Zn(s) \rightarrow$
   $2V^{2+}(d) + 4H_2O(h) + 3Zn^{2+}(d)$

4 $Cr_2O_7{}^{2-}(d) + 14H^+(d) + 6Fe^{2+}(d) \rightarrow$
   $2Cr^{3+}(d) + 7H_2O(h) + 6Fe^{3+}(d)$

5 Gweler tudalennau 171–172. Ocsidiad alcoholau yn gyfansoddion carbonyl ac aldehydau yn asidau.

6 Mae sylffwr deuocsid yn gyfrwng rhydwytho. Mae'n rhydwytho ïonau deucromad(VI) oren yn ïonau cromiwm(III) gwyrdd. (Bydd unrhyw nwy rhydwythol yn rhoi canlyniad positif gyda'r prawf hwn ond sylffwr deuocsid yw'r enghraifft fwyaf tebygol.)

7 a) $2MnO_4{}^-(d) + 6H^+(d) + 5H_2O_2(d) \rightarrow$
   $2Mn^{2+}(d) + 8H_2O(h) + 5O_2(n)$
   b) Yn ystod y titradiad caiff yr ïonau manganad(VII) porffor eu rhydwytho'n hydoddiant mor wanedig o ïonau manganîs(II) nes ei fod yn ymddangos yn ddi-liw. Ar y diweddbwynt mae'r gormodedd bychan o $MnO_4{}^-(d)$ yn achosi lliw porffor parhaol.
   c) 0.0438 mol dm^{-3}

8 $3MnO_4{}^{2-}(d) + 4H^+(d) \rightarrow$
   $2MnO_4{}^-(d) + MnO_2(s) + 2H_2O(h)$

9 $Mn(OH)_2(s)$ yw'r dyddodiad cyntaf a gaiff ei ocsidio'n $MnO_2(s)$ brown gan ocsigen yn yr aer.

10 Mae $[Fe(H_2O)_6]^{3+}(d)$ yn colli tri phroton i ffurfio'r cymhlygyn niwtral $[Fe(H_2O)_3(OH)_3](s)$ sy'n anhydawdd ac yn dyddodi ar ffurf solid oren-frown.

11 Mae gan yr ïon haearn(III) sydd â mwy o wefr nerth polareiddio uwch na'r ïon haearn(II). Po fwyaf yw nerth polareiddio'r ïon metel, y mwyaf o electronau a dynnir oddi ar foleciwlau dŵr ligand a'r mwyaf yw tueddiad y moleciwlau dŵr ligand hyn i roddi protonau i foleciwlau dŵr rhydd gan gynyddu crynodiad yr $H_3O^+(d)$ a pheri i'r hydoddiant fod y fwy asidig.

12 Mae'r ïon haearn(III) hydradol yn fwy asidig (gweler yr ateb i gwestiwn 11). Mae mor asidig fel y gall adweithio gydag ïonau carbonad i ffurfio carbon deuocsid.

13 $[Fe(H_2O_6)]^{3+}(d) + SCN^-(d) \rightarrow$
   $[Fe(H_2O)_5(SCN)]^{2+}(d) + H_2O(h)$

14 Mae cyfrwng ocsidio system electrodau mwy positif yn tueddu i ocsidio ffurf rydwythedig system electrodau llai positif (neu fwy negatif). Yma gall ïonau $S_2O_8^{2-}$(d) ocsidio ïonau haearn(II) yn haearn(III) a all wedyn ocsidio ïonau ïodid yn ïodin. Mae'r ail adwaith yn atgynhyrchu ïonau haearn(II) felly does dim ond angen ychydig bach o ïonau haearn i weithredu fel catalydd gan na chânt eu defnyddio.

$$I_2(d) + 2e^- \rightarrow 2I^-(d) \qquad E^\ominus = +0.54 \text{ V}$$
$$Fe^{3+}(d) + 2e^- \rightarrow Fe^{2+}(d) \qquad E^\ominus = +0.77 \text{ V}$$
$$S_2O_8^{2-}(d) + 2e^- \rightarrow 2SO_4^{2-}(d) \qquad E^\ominus = +2.01 \text{ V}$$

15 Defnyddir haearn fel catalydd yn y broses Haber ar gyfer gweithgynhyrchu amonia o nwyon nitrogen a hydrogen.

16 Gweler y rhestr o briodweddau nodweddiadol ar dudalen 131 a dewiswch enghraifft o'r testun ar dudalen 134 a'r atebion i gwestiynau 10 i 15.

17 Mae cobalt(II) mewn cysylltiad ag ïonau clorid yn las. Wrth ychwanegu dŵr at y clorid cynhyrchir ïonau hecsaacwacobalt(II) sy'n binc.

18 Dyma gymhwysiad o egwyddor Le Châtelier. Gweler yr hafaliad ar gyfer yr adwaith cyfnewid ligandau cildroadwy rhwng cobalt(II), moleciwlau dŵr ac ïonau clorid ar dudalen 135. Wrth ychwanegu asid hydroclorig crynodedig, cynyddir crynodiad yr ïonau clorid fel bo'r ecwilibriwm yn syflyd i'r dde gan gynhyrchu mwy o'r ïonau $[CoCl_4]^{2-}$ glas.

19 Gweler y potensialau electrod a ddyfynnir ar dudalen 135. Drwy drawsnewid y cymhlygion acwo yn gymhlygion amin mae'r potensial electrod safonol ar gyfer yr electrod cromiwm(III), cromiwm(II) | Pt yn mynd yn llai positif. Hynny yw, mae cromiwm yn ocsidio'n llai pwerus. Felly mae gan gromiwm(III) dueddfach i newid yn gromiwm(II). Ym mhresenoldeb amonia mae'n haws felly i ocsidio'r cyflwr +2 i'r cyflwr +3.

20 Hydrogeniad olewau annirlawn (gweler tudalen 186).

21 Octahedral, tetrahedrol (gweler tudalen 95).

22 Mae'r potensial electrod ar gyfer yr electrod Cu^+(d), Cu(s) | Pt yn fwy positif na'r potensial electrod ar gyfer y Cu^{2+}(d), Cu^+(d) | Pt. Felly gall copr(I), wrth newid yn gopr, ocsidio'i hun yn gopr(II).

$$Cu^{2+}(d) + 2e^- \rightarrow Cu^+(d) \qquad E^\ominus = +0.15 \text{ V}$$
$$Cu^+(d) + e^- \rightarrow Cu(s) \qquad E^\ominus = +0.52 \text{ V}$$

23 Drwy ychwanegu ychydig ddiferion o gopr(II) sylffad at gymysgedd o sinc ac asid sylffwrig, cyflymir ffurfiant nwy hydrogen yn sylweddol. Bydd ychydig o'r sinc yn dadleoli metel copr sy'n dyddodi ar arwyneb y sinc. Mae nwy hydrogen tipyn yn fwy parod i ffurfio ar arwyneb copr nag ar arwyneb sinc.

24 Gweler tudalen 97.

25 Mae hydoddiant Fehling yn alcalïaidd iawn. Pe na bai'n bresennol ar ffurf cymhlygyn sefydlog, byddai'r ïonau copr(II) yn dyddodi ar ffurf copr(II) hydrocsid.

Adran pedwar Cemeg organig
4.2 Adeiledd moleciwlau organig

1 $C_2H_6O_2$

2 Fformiwlâu empirig yn ogystal â moleciwlaidd: $C_2H_5O_2N$.

3 Fformiwla empirig, CHO_2; fformiwla foleciwlaidd, $C_2H_2O_4$; asid ethandeuoig.

4 Fformiwla empirig, C_2H_5; fformiwla foleciwlaidd, C_4H_{10}; 2-methylpropan.

5 a) 2-bromobwtan   **b)** propyl ethanoad
  c) 3-methylbwtan-2-ol   **ch)** pent-2-en

6 a) alcohol cynradd, alcohol eilaidd, aldehyd
  b) grŵp carbonyl fel mewn ceton, grŵp asid carbocsylig.

7 grŵp carbonyl fel mewn ceton, bond carbon-carbon dwbl, grŵp asid carbocsylig.

8 Isomerau: hecsan; 2-methylpentan; 3-methylpentan; 2,3-deumethylbwtan.

9 Isomerau: 2-bromopentan, 3-bromopentan.

10 Mae'r isomerau'n cynnwys: yr alcohol bwtan-1-ol a'r ether ethocsiethan.

11 Yn gyffredinol po fwyaf o ganghennau sydd i'r hydrocarbon, yr isaf fydd ei ferwbwynt: 2,2-deumethylpropan (10°C); 2-methylbwtan (28°C); pentan (36°C).

4.2 Stereocemeg

1 Dyma'r cyfansoddion sydd ag isomerau geometrig: bwt-2-en ac 1,2-deucloroethen.

2 Gwrthrychau cirol: maneg, esgid, sgriw, rhwymo sbirol y llyfr nodiadau.

3 Moleciwlau cirol: $CH_3CHClBr$, $CH_3CHOHCO_2H$.

4 Isolewsin – yr atom carbon yng nghanol y tetrahedron â phedwar gwahanol grŵp ynghlwm wrtho; carfon – yr atom carbon ar waelod yr hecsagon fel y'i llunir yn ffigur 4.3.10 (peidiwch ag anghofio'r atom hydrogen na ddangosir yn y fformiwla ysgerbydol); decstroproposyffen – sylwch ar y ddwy ganolfan girol ar y ddau atom garbon gyda phedwar grŵp gwahanol yr un wedi'u trefnu'n detrahedol o'u hamgylch fel yn Ffigur 4.3.11.

5 Mae gan glysin blân cymesuredd; mae ganddo ddau atom hydrogen ynghlwm wrth yr atom carbon canolig.

6 Dim ond bwtan-2-ol sy'n girol.

4.4 Mecanweithiau adweithiau organig

1 a) Mae gan niwclews atom ocsigen-18 ddau niwtron yn fwy nag sydd gan atom ocsigen-16.
  b) Mae ganddynt yr un nifer o brotonau yn y niwclews felly mae ganddynt yr un nifer o electronau. O ganlyniad mae gan atomau'r isotopau yr un ffurfwedd electronau ac felly hefyd yr un priodweddau cemegol.

2 a) Y bond $CH_3CO–OC_2H_5$ sy'n torri.
  b) Byddai'r atomau ocsigen-18 wedi ymddangos yn y moleciwlau ethanol yn hytrach nag yn y moleciwlau asid ethanoig.

4 Disgwylir y cynnyrch 1,2-deubromoethan.

5 a) Mae'r adwaith yn cynhyrchu cymysgedd o hylifau ac iddynt wahanol ferwbwyntiau. Gellid gwahanu'r hylifau drwy ddistyllu ffracsiynol ac adnabod y cyfansoddion trwy gofnodi eu berwbwyntiau. Gellid defnyddio sbectromedreg màs a sbectrosgopeg isgoch i gadarnhau enwau'r cyfansoddion.
  b) Mae'r canlyniadau'n dangos y gall ïonau clorid gymryd rhan yn yr adwaith gan arwain at gynnyrch lle ceir atom clorin yn lle un atom bromin. Ni fydd ïonau clorid yn adweithio gydag ethen. Mae hyn yn awgrymu bod moleciwlau bromin yn gyntaf yn adweithio gydag ethen gan arwain at ryngolyn a all adweithio gydag ïonau negatif: ïonau bromid fel rheol ond ïonau clorid hefyd os ydynt yn bresennol.
  c) Disgwylir i ryngolyn sydd wedi'i wefru'n bositif gyfuno gydag ïonau negatif megis ïonau clorid.

6 Mewn halogenoalcanau trydyddol mae'r atom halogen ynghlwm wrth atom carbon sydd yn ei dro ynghlwm wrth dri atom carbon arall.

7 **a)** $(CH_3)_3C—Br(h) + OH^-(d) \rightarrow$
$(CH_3)_3C—OH(d) + Br^-(d)$
b) Asidio gydag asid nitrig, yna ychwanegu hydoddiant arian nitrad. Bydd dyddodiad lliw hufen yn dangos bod ïonau bromid yn bresennol. Mae'r dyddodiad yn ailhydoddi mewn hydoddiant amonia crynodedig (yn wahanol i arian ïodid sydd yn felyn).
c) Nid yw un o'r adweithyddion, sef $OH^-(d)$, yn ymddangos yn yr hafaliad cyfradd. Mae hyn yn awgrymu bod y cam sy'n cynnwys yr ïonau hydrocsid yn gyflym. Felly mae'n rhaid bod o leiaf un cam arall: y cam pennu cyfradd.

8 Mae angen egni i dorri bondiau cofalent. Daw'r egni hwn naill ai o wrthdrawiadau egnïol iawn rhwng moleciwlau sy'n symud yn gyflym neu o ffotonau egni uchel.

9 $CH_3—CH_3 \rightarrow 2CH_3^{\bullet}$

10 Mae'r adwaith yn cynhyrchu halogenoalcanau sy'n ddefnyddiol ar gyfer syntheseiddio cemegion organig eraill. Mae halogenoalcanau yn fwy polar ac felly'n fwy adweithiol nag alcanau.

11 **a)** Cloromethan a hydrogen clorid
b) Ceir cam terfyniad lle mae dau radical methyl yn cyfuno i ffurfio ethan.
c) Gellir newid pob un o'r atomau hydrogen mewn methan yn ei dro trwy roi un, dau, tri neu bedwar atom clorin yn lle hydrogen.

12 Mae'r ail gam lledaeniad yn atgynhyrchu atomau clorin rhydd.

13 Wrth i fond C—Cl dorri bydd yr atom clorin yn cymryd y ddau electron bondio. Daeth un electron yn wreiddiol o'r atom carbon a'r llall o'r atom clorin. Felly ar ôl torri'r bond bydd yr atom clorin wedi ennill electron a chaiff ei wefru'n negatif, a bydd yr atom carbon wedi colli electron a chaiff ei wefru'n bositif.

14 Radicalau rhydd: Cl, Br, CH_3
Niwcleoffilau: H_2O, Br^-, CN^-, OH^-, NH_3
Electroffilau: Br_2, H^+, NO_2^+

15 Dyma'r bondiau polar: C—Cl, C—O, O—H, C=O, C—N ac N–H. Mae'r $\delta-$ ar yr atom mwyaf electronegatif: Cl, O neu N.

16 **a)** Os oes ïonau clorid yn bresennol gallant gystadlu gydag ïonau bromid yn yr ail gam.
b) Moleciwlau bromin yn unig sy'n cymryd rhan yn y cam cyntaf. Ni fydd ïonau clorid yn adweithio gydag ethen. Rhaid i'r cynnyrch gynnwys o leiaf un atom bromin.

17 Yr electronau yn y bond-π sy'n cymryd rhan yn yr adwaith.

18 **a)** 2-bromobwtan   **b)** 2-bromobwtan
c) 2-bromopentan

19 Trefn sefydlogrwydd: $(CH_3)_3C^+ > CH_3CH_2CH^+CH_3 >$ $CH_3CH_2CH_2CH_2^+$

20 Ail-lunio Ffigur 4.4.11 gydag CN^- yn lle OH^-.

21 Bydd halogenoalcan trydyddol yn cynhyrchu carbocatïon trydyddol a gaiff ei sefydlogi gan effaith anwythol tri grŵp alcyl (gweler cwestiwn 19). Hefyd yn y mecanwaith S_N2 mae'r niwcleoffil yn ymosod o'r tu ôl ar yr atom carbon $\delta+$, ac os oes tri grŵp alcyl swmpus o amgylch yr atom carbon hwn efallai na fydd yr adweithydd sy'n dod i mewn yn gallu cyrraedd yr atom carbon.

22 R—Cl yw'r bond mwyaf polar a'r cryfaf. R—I yw'r gwannaf a'r lleiaf polar. Mae'r duedd yn cydweddu'n well â chryfder y bondiau.

4.5 Hydrocarbonau aromatig

1 Y màs molar. Bydd cemegwyr yn defnyddio sbectrosgopeg màs i ddarganfod masau molar cymharol (gweler adran 4.20).

2 Mae $CH_2=CH—C\equiv C—CH=CH_2$ yn adeiledd posib. Yn yr adeiledd hwn nid yw'r chwe atom hydrogen mewn safleoedd cywerth. Hefyd byddai disgwyl i'r bondiau dwbl a thriphlyg fod yn hynod o adweithiol.

3 **a)** C_7H_8 **b)** C_7H_8 **c)** $C_6H_5—CH_3$

4 **b)** Mae bensen oddeutu 150 kJ mol^{-1} yn fwy sefydlog na moleciwlau Kekulé gyda thri bond dwbl tebyg i alcenau.
c) -240 kJ mol^{-1}

5 **a)** Mae'r bondiau i gyd yn gywerth ac o'r un hyd (yn fyrrach na bond C—C normal ond yn hwy na bond C=C normal).
b) Gan fod pob un o'r chwe bond carbon-carbon yn gywerth bydd y moleciwlau â dau atom clorin ar unrhyw bâr o atomau carbon cyferbyn yn unfath.
c) Mae'r electronau dadleoledig yn sefydlogi'r moleciwl. Drwy ffurfio moleciwl adio caiff y cylch o electronau dadleoledig ei dorri gan arwain at gynnyrch sydd yn llai sefydlog yn egnïol.

6 Wrth i foleciwlau bensen wrthdaro yn erbyn ei gilydd caiff y cymylau o electronau eu haflunio gan greu deupolau dros dro (fel gydag unrhyw foleciwlau amholar). Mae'r atyniad rhwng y deupolau dros dro hyn yn arwain at rymoedd rhyngfoleciwlaidd gwan.

7 Mae'r atyniadau rhwng moleciwlau dŵr yn gymharol gryf o ganlyniad i fondio hydrogen. Mae'r bondio hydrogen yn cadw allan y moleciwlau bensen sydd yn amholar ac yn methu â rhyngweithio gyda moleciwlau dŵr polar.

8 Bydd bensen yn cymysgu'n rhwydd gyda hydoddyddion hydrocarbon amholar megis hecsan.

9 **b)** $C_6H_6(h) + Cl_2(n) \rightarrow C_6H_5Cl(h) + HCl(n)$
c) Cl^+ a ffurfir ym mhresenoldeb haearn(III) clorid yw'r electroffil (fel yn Ffigur 4.5.12 ond gydag Cl yn lle Br).

10 Asid sylffwrig yw'r asid. Asid nitrig yw'r bas.

11 Byddai dŵr yn hydrolysu ac yn anactifadu'r catalydd.

12 **a)** Gweler Ffigur 3.4.5. Mae'r alwminiwm clorid yn gweithredu fel derbynnydd pâr o electronau. Felly mae'n asid Lewis.
b) Mae'r proton yn asid Lewis cryfach gan gymryd yr ïon clorid ychwanegol oddi ar $AlCl_4^-$:
$AlCl_4^- + H^+ \rightarrow AlCl_3 + HCl$

13 **a)** $C_6H_5COCH_2CH_3$
b) $C_6H_5C(CH_3)_3$

14 Mae ïodoalcanau yn fwy adweithiol gan fod y bond C—I yn wannach. Bydd y carbocatïon rhyngol yn fwy parod i ffurfio.

4.6 Ffenolau

1 **a)** Mae bondio hydrogen rhwng grwpiau −OH moleciwlau ffenol yn creu grymoedd rhyngfoleciwlaidd tipyn yn gryfach na'r atyniadau gwan rhwng deupolau dros dro mewn bensen.
b) Mae bondio hydrogen rhwng moleciwlau ffenol a moleciwlau dŵr yn golygu bod ffenol yn hydawdd i ryw raddau. Mae cylchoedd bensen amholar, cymharol fawr yn golygu bod ffenol yn llai hydawdd nag ethanol.

2 Mae angen oddeutu 7.8 tunnell fetrig o fensen ac mae swm cynnyrch y propanon oddeutu 5 tunnell fetrig o dybio y ceir hefyd cynnyrch o 86% o hwn.

3 Bydd y ffenol yn gyntaf yn ymdoddi yna'n llosgi gyda fflam fyglyd iawn.

4 Dau debygrwydd: adweithio gyda sodiwm i ffurfio hydrogen, adweithio gydag asyl cloridau i ffurfio esterau.

Gwahaniaethau: yn wahanol i ethanol, mae ffenol yn ddigon asidig i ffurfio halwynau gydag alcalïau dyfrllyd, hefyd ni ellir esteru ffenol yn uniongyrchol gydag asid carbocsylig ym mhresenoldeb catalydd asid.

5 Bydd dyddodiad gwyn, llaethog o ffenol yn gwahanu oddi wrth yr hydoddiant dyfrllyd.

6 Mae CH_3CO- yn grŵp asyl. Bydd adwaith asyleiddiad yn rhoi grŵp asyl yn lle'r H mewn grŵp $-OH$ neu $-NH_2$.

7 Mae'r electronau dadleoledig rhwng y cylch bensen a'r parau unig ar atom ocsigen y grŵp $-OH$ mewn ffenol yn ei gwneud hi'n fwy anodd torri'r bond C—O.

8 Mae ffenol yn fwy parod i gael ei nitradu na bensen. Cymysgedd o asidau nitrig a sylffwrig crynodedig yw'r cyfrwng nitradu ar gyfer bensen.

9 Mae gan barasetamol grŵp $-OH$ ffenolig a bydd yn rhoi lliw fioled. Does gan aspirin ddim un.

4.7 Cyfansoddion carbonyl

1

H—C(H)(H)—C(H)(H)—C(CH₃)(H)—C(=O)(H)

2 a) Mae propanon a phropanal yn hylifau ar dymheredd ystafell, gan ferwi ar 56°C a 49°C yn eu tro. Mae bwtan, sydd â'r un màs moleciwlaidd, yn nwy a chanddo ferwbwynt o −0.5°C. Mae propan-1-ol a chanddo fàs moleciwlaidd tebyg iawn yn berwi ar 97°C.

b) Mae'r bond C=O yn bolar felly mae gan aldehydau ddeupol parhaol. Mae gan foleciwlau sydd â deupolau parhaol rymoedd rhyngfoleciwlaidd cryfach nag alcenau sydd yn amholar. Mae'r bondio hydrogen, fel sydd rhwng grwpiau $-OH$ alcoholau, tipyn yn gryfach na grymoedd rhyngfoleciwlaidd eraill.

3 Mewn unrhyw aldehyd, mae hydoddedd yn gydbwysedd rhwng atyniad yr atom ocsigen electronegatif at foleciwlau dŵr a phriodweddau hydroffobig rhan hydrocarbon y moleciwl. Mae'r cylch bensen yn golygu mai rhan hydrcarbon bensaldehyd yw'r mwyaf amlwg.

4 a) $CH_3CH_2CH_2OH(h) + 2[O] \rightarrow$
$$CH_3CH_2CHO(h) + H_2O(h)$$
b) Gall y cyfrwng ocsidio hefyd ocsidio propanal yn asid propanoig (gweler tudalen 172).
c) Gweler *Cemeg UG* tudalen 216.

5

H—C(H)(H)—C(CH₃)(CH₃)—C(H)(H)—C(=O)(H)—C(H)(H)—H

6 Mae gan y ddau'r fformiwla foleciwlaidd C_3H_8O ond mae un yn geton a'r llall yn aldehyd.

7 $CH_3CH_2CHOHCH_3(h) + 2[O] \rightarrow$
$$CH_3CH_2COCH_3(h) + H_2O(h)$$

8 Adwaith Friedel-Crafts yw hwn. Ethanoyl clorid yw'r adweithydd ac alwminiwm clorid yw'r catalydd. Mae angen gwresogi cymysgedd yr adwaith.

9 a) $C_8H_8O_3$ **b)** $C_{10}H_{16}$

10 Citral a retinal: grwpiau aldehyd; menthon: grŵp ceton

11 Mae bwtanal yn rhoi bwtan-1-ol (cynradd). Mae bwtanon yn rhoi bwtan-2-ol (eilaidd).

12
>C=O yn newid yn —C(|)(H)—O—H

13 Mae'r ïon cyanid yn ennill proton: $CN^- + H^+ \rightarrow$ HCN. Felly mae'n gweithredu fel bas.

14 a) Mae gan y cynnyrch (gweler Ffigur 4.7.10) bedwar gwahanol grŵp o amgylch yr atom carbon canolog felly mae'n anghymesur ac yn girol.
b) Mae siawns gyfartal bydd yr ïon cyanid yn ymosod ar atom carbon y grŵp carbonyl o'r naill ochr neu'r llall i'r moleciwl planar. Bydd hyn yn arwain, ar gyfartaledd, at symiau hafal o'r ddau foleciwl drych-ddelwedd (gweler Ffigur 4.19.3).

15 Yr un peth â Ffigur 4.7.8 ond gyda phropanon yn lle ethanal.

16 Ocsidiad: gweler Ffigur 4.7.7; rhydwythiad: gweler 4.7.6; adiad: gweler Ffigur 4.7.8.

17 Yr un peth â Ffigur 4.7.9 a 4.7.10 ond gyda H:⁻ yn lle NC:⁻ yn y cam cyntaf a H_2O yn lle HCN yn yr ail gam.

18 Bwtanon (gweler yr adran ddata, tudalennau 245–246).

19 Caiff 2-clorobwtan ei hydrolysu'n alcohol eilaidd, sef bwtan-2-ol, a gaiff ei ocsidio'n geton, sef bwtanon.

20 a) Mae'r adweithydd yn gyntaf yn ocsidio'r alcohol yn gyfansoddyn carbonyl a all gymryd rhan yn yr adwaith tri-ïodomethan.
b) Hydoddiant o glorin mewn sodiwm hydrocsid yw sodiwm clorad(I). Mae'r ïonau clorad(I) yn ocsidio ïonau ïodid yn ïodin.

21 Pentan-2-on a 3-methylbwtan-2-on.

22 Ethanal

4.8 Asidau carbocsylig

1 Asid hecsanoig, asid octanoig ac asid decanoig.

2 $C_3H_6O_2$, $CH_3CH_2CO_2H$, asid propanoig.

3 a)

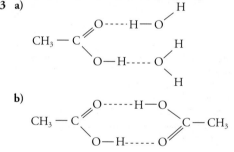

b)

4 $C_6H_5CO_2H(s) + OH^-(d) \rightarrow$
$$2C_6H_5CO_2^-(d) + H_2O(h).$$
Mae'r asid moleciwlaidd, di-wefr yn gymharol anhydawdd. Drwy ei drawsnewid yn ïonau negatif cynhyrchir yr halwyn sodiwm sydd yn fwy hydawdd.

5 $2CH_3CH_2CO_2H(d) + CO_3^{2-}(d) \rightarrow$
$$2CH_3CH_2CO_2^-(d) + CO_2(n) + H_2O(h)$$

6 a) Drwy gyfrwng yr effeithiau anwythol, mae grwpiau alcyl yn tueddu i wthio electronau tuag at grwpiau cyfagos. Felly mae'r grŵp methyl mewn asid ethanoig yn cynyddu dwysedd electronau y grŵp asid carbocsylig gan beri iddo ddal ei afael yn gryfach yn ei broton na'r grŵp asid carbocsylig mewn asid methanoig sydd ag atom hydrogen yn lle grŵp alcyl.
b) Mae atom clorin yn grŵp sy'n tynnu ymaith electronau. Mae'n tueddu i leihau dwysedd electronau'r grŵp asid carbocsylig mewn asid cloroethanoig. Felly mae'r asid yn fwy parod nag asid ethanoig i adael i'w broton fynd.

7 Wrth i PCl$_5$ adweithio gyda chyfansoddyn sy'n cynnwys grŵp −OH, bydd yn rhoi atom clorin yn lle'r grŵp −OH. Caiff HCl ei gynhyrchu hefyd a gellir adnabod hwn fel nwy di-liw sy'n asidig, sy'n mygu mewn aer llaith ac sy'n ffurfio mwg gwyn gyda nwy amonia.

8 Defnyddio gormodedd o un adweithydd: mae defnyddio mwy o un adweithydd yn gwthio'r ecwilibriwm i'r dde gan gynyddu cyfran yr adweithydd arall (mwy gwerthfawr) a drawsnewidir yn ester.
Defnyddio mwy o asid sylffwrig crynodedig nag sydd ei angen ar gyfer ei effaith catalytig: mae asid sylffwrig yn gyfrwng dadhydradu felly mae'n cael gwared ar ddŵr (un o'r cynhyrchion) o gymysgedd yr adwaith; mae hyn yn syflyd yr ecwilibriwm i'r dde.
Distyllu'r cynnyrch ymaith wrth iddo ffurfio: mae hyn yn symud yr ester (y cynnyrch arall) o gymysgedd yr adwaith, ac mae hyn hefyd yn syflyd yr ecwilibriwm i'r dde.

4.9 Asyleiddiad

1 a)

cis   *trans*

b) Yr isomer *cis* gyda'r ddau grŵp asid carbocsylig yn agos at ei gilydd.

2 $CH_3COCl(h) + H_2O(h) \rightarrow CH_3CO_2H(d) + HCl(n)$
Mae'r dŵr (hydro) yn hollti (lysis) yr ethanoyl clorid ar wahân.

3 Mae'r adwaith yn digwydd ar dymheredd ystafell ym mhresenoldeb alcali.

4 $CH_3COCl(h) + 2NH_3(d) \rightarrow$
$$CH_3CO_2NH_2(d) + NH_4Cl(d)$$

5

6 Mae hydrogen clorid yn nwy asidig a chyrydol iawn.

7 Oddeutu 62%.

8 Gan ei fod wedi'i fondio at ddwy elfen hynod o electronegatif: ocsigen a chlorin.

9 Fel yn Ffigur 4.9.8 ond gyda $H_3N\colon$ yn lle'r ethanol. Yn ystod y cam dileu mae'r HCl yn cyfuno gydag amonia i ffurfio amoniwm clorid.

4.10 Esterau

1 a)

propyl bwtanoad

b)

methyl ethanoad

c)

bwtyl ethanoad

2 Mae ethyl ethanoad yn foleciwl mwy nag ethanol a mwy nag asid ethanoig ac mae ganddo ddeupol parhaol ond dim grwpiau −OH, felly ni all moleciwlau'r ester ffurfio

bondiau hydrogen gyda'i gilydd. Mae bondio hydrogen yn gryfach na'r atyniad rhwng deupolau parhaol. Delir moleciwlau ethanol a moleciwlau asid ethanoig ynghyd gan fondio hydrogen. Felly mae gan ethanol ferwbwynt uwch nag y disgwylir o'i faint moleciwlaidd. Gall moleciwlau asid ethanoig ffurfio mwy o fondiau hydrogen na moleciwl ethanol.

3 a) A   Gwresogi'r cymysgedd o adweithyddion dan adlifiad.
B   Distyllu'r cynnyrch ymaith o gymysgedd yr adwaith.
C   Symud ymaith amhureddau asid ac yna'r ethanol sydd heb newid.
Ch   Sychu gyda chyfrwng dadhydradu.
D   Distyllu olaf a mesur y berwbwynt.
b) Dyma'r catalydd.
c) Mae swigod o nwy (carbon deuocsid) yn ffurfio wrth ysgwyd gyda sodiwm carbonad. Mae'n bwysig rhyddhau'r gwasgedd yn y twndis tap.
ch) Ffurfiant ïon cymhlyg.
d) Ether yw hwn, $C_2H_5—O—C_2H_5$, a chanddo ferwbwynt is na'r ester.
dd) Oddeutu 65%.

4 a) Propan-1-ol ac asid bwtanoig.
b) Ethanol a sodiwm methanoad.

5 a) Gormodedd o asid sylffwrig gwanedig fel bo digon o ddŵr.
b) Er mwyn ffurfio'r ester ni ychwanegir dŵr ac mae'r asid yn grynodedig.

6

7 $CH_3(CH_2)_7CH=CH(CH_2)_7CO_2H + H_2(n) \rightarrow$
$$CH_3(CH_2)_{16}CO_2H$$
Asid octadecanoig (stearig) yw'r cynnyrch.

8 Mae hydrolysis alcalïaidd yn anghildroadwy ac yn parhau tan ei gwblhau. Hefyd trwy ddefnyddio alcali cynhyrchir halwyn yr asid brasterog, sef y sebon.

4.11 Amidau

1 a) Ethanamid (gweler Ffigur 4.11.1)
b) N-methyl ethanamid

2 O dan amodau asid y cynhyrchion fydd halwyn amoniwm a'r asid organig. O dan amodau alcalïaidd y cynhyrchion fydd amonia a halwyn yr asid organig.

3 a) Amonia ac asid bwtanoig
b) Methylamin a photasiwm propanoad

4 a) Bwtan nitril
b) Propylamin

5 a) Gwresogi gyda bromin mewn sodiwm hydrocsid dyfrllyd.
b) Gwresogi gyda ffosfforws(V) ocsid.

6 P: propanoyl clorid. Q: propanamid. Ar gyfer y trydydd cam: gwresogi gyda bromin mewn sodiwm hydrocsid dyfrllyd.

7 Gweler Ffigur 4.11.6. Mae'r hafaliad yn mynd o'r dde i'r chwith.

8 a) Er mwyn gwneud proteinau ac asidau niwcleig.
b) Mae hydrolysis araf yn rhyddhau amonia'n araf ar gyfer twf planhigion.
c) Amoniwm nitrad: 28 rhan o N mewn 80 rhan o'r cyfansoddyn (35%). Wrea: 28 rhan o N mewn 60 (47%). Felly gan wrea mae'r gyfran uchaf o nitrogen yn ôl y màs.

Atebion

4.12 Nitrilau

1

2 Ethan nitril

3 a)

b)

4 a) Amnewidiad niwcleoffilig   **b)** Dadhydradiad

5 a) Sodiwm bwtanoad   **b)** Bwtylamin.

4.13 Aminau

1 a)

b)

$$H_2N-CH_2-CH_2-CH_2-CH_2-CH_2-CH_2-NH_2$$

c)

ch)

2 Mae alcanau'n amholar. Mae bondio hydrogen yn cysylltu'r grwpiau $-NH_2$ mewn aminau. Mae bondio hydrogen yn gryfach na'r grymoedd rhyngfoleciwlaidd gwan rhwng moleciwlau amholar.

3 a) Gweler Ffigur 4.4.10 ond gyda H_3N: fel y niwcleoffil ac 1-bromopropan fel yr halogenoalcan.
b) Mae hydoddiant o amonia mewn dŵr yn alcaliaidd. Mae alcali yn catalyddu hydrolysis halogenoalcanau yn alcoholau.

4 Trefn cryfder y basau: bwtylamin > amonia > 4-methylffenylamin.

5 $C_2H_5NH_2(n) + HCl(n) \rightarrow C_2H_5NH_3Cl(s)$
Mae'r adweithyddion yn foleciwlaidd. Mae'r cynnyrch yn ïonig.

6 $CH_3CH_2CH_2CH_2NH_2 + CH_3CH_2CH_2Br \rightarrow$

7 Mae gormodedd o amonia yn ffafrio ffurfiant yr amin cynradd ac yn cyfyngu ar faint bydd yr halogenoalcan yn adweithio gyda cynhyrchion i ffurfio aminau eilaidd a thrydyddol.

8 a) Mae pedwar bond cofalent o'r atom nitrogen canolog yn y ddau. Mae'r pedwerydd bond yn fond cofalent datif. Mae gwefr bositif ar y nitrogen yn y ddau.

b) Mae'n solid ïonig gydag ïon amoniwm cwaternaidd wedi'i wefru'n bositif ac ïon clorid wedi'i wefru'n negatif. Mae bondio ïonig yn fath cryf o fondio.

9 Gweler Ffigur 4.9.8. Yr un mecanwaith ond gydag $CH_3CH_2NH_2$ fel niwcleoffil. Mae pâr unig o electronau ar yr atom nitrogen.

10 $NO_2^-(d) + H^+(d) \rightarrow HNO_2(d)$

11 a) $3HNO_2(d) \rightarrow HNO_3(d) + 2NO(n) + H_2O(h)$
b) $2NO(n) + O_2(n) \rightarrow 2NO_2(n)$. Mae NO yn ddi-liw. Mae NO_2 yn frown.

12

4.14 Asidau amino a phroteinau

1 a) Asid aminoethanoig
b) Asid 2-aminopropanoig

2 Mae dau atom hydrogen ynghlwm wrth yr atom carbon canolog felly mae gan yr atom blân cymesuredd.

3 Mae'r ddwy ffurf yn cylchdroi plân golau polar i gyfeiriadau dirgroes.

4 Mae alanin yn ffurfio switerïon felly mae'r atyniad rhwng y moleciwlau yn cynnwys bondio ïonig cryf yn hytrach na grymoedd rhyngfoleciwlaidd gwan.

5 a) (i)

(ii)

b) Mewn asid mae moleciwlau alanin yn ennill protonau ac yn cael eu gwefru'n bositif. Mewn hydoddiant alcaliaidd mae moleciwlau alanin yn colli protonau ac yn cael eu gwefru'n negatif. Mewn hydoddiant niwtral mae moleciwlau alanin yn bodoli ar ffurf switerïonau sy'n ddi-wefr gyda $-NH_3^+$ a hefyd $-CO_2^-$.

6

7

bond peptid   holti'r asidau amino sydd wedi cysylltu

8 a) Yn ogystal â grŵp asid carbocsylig, grŵp amin, cylch bensen a bond peptid mae gan y moleciwl grŵp ester. Y grŵp ester sy'n golygu nad deupeptid yn unig yw'r melysydd hwn.

b) Mae dŵr poeth yn hydrolysu'r moleciwl gan hollti'r bond peptid a'r bond ester.

c) Byddai hydrolysis yn ystod treuliad yn rhyddhau'r asid amino ffenylalanin.

9 **a)** serin, ffenylalanin, alanin, asid glwtamig.

b) **(i)** ffenylalanin ac alanin   **(ii)** serin ac asid glwtamig   **(iii)** asid glwtamig.

10 Gall newid amodau sy'n newid siâp y moleciwl ensym a'i safle gweithredol beri i ensym golli ei actifedd. Gall codiad yn y tymheredd dorri'r grymoedd rhyng-gadwynol sy'n helpu i gadw siâp y cadwyni polypeptid. Mae pH eithafol yn ei gwneud hi'n bosib i gadwyni ochr asidig neu fasig gael eu protoneiddio neu eu dadbrotoneiddio. Bydd hyn yn newid dosbarthiad y gwefrau ïonig sy'n atynnu neu'n gwrthyrru ei gilydd ac yn helpu i reoli siâp y moleciwl.

4.15 Polymerau

1 **a)**

poly(tetrafflworoethen)

b)

poly(ffenylethen)

2 **a)** Polymer: poly(propen); monomer: propen.

b) Polymer: poly(cloroethen); monomer cloroethen.

3 Ymholltiad homolytig: hollti bond cofalent fel bo pob atom yn cael un o'r electronau. Gweler Ffigur 4.15.4. Radical rhydd: rhywogaeth adweithiol gydag electronau di-gymar.

4 **a)** Mae'r caledydd yn cychwyn polymeriad. Ni ddylai hyn gychwyn tan ychydig funudau cyn defnyddio'r llenwydd.

b) Bensoyl perocsid

c) Ymysg y ffactorau sy'n penderfynu'r gyfradd galedu mae crynodiad y caledydd a'r tymheredd.

5

6 **a)** Grwpiau asid carbocsylig ac amin

b) Dŵr

c)

7 Mae'r monomerau yn y ddau wedi'u cysylltu gan y grŵp hwn:

Mewn neilon mae mwy o atomau carbon rhwng pob grŵp cysylltu (chwech yn aml). Nid oes gan neilon grwpiau ochr ynghlwm wrth yr atomau carbon.

Mewn protein dim ond un atom carbon sydd rhwng pob grŵp peptid. Mae gan bob asid amino mewn cadwyn brotein grŵp ochr.

8 **b)** Mae'r safleoedd 1 a 4 gyferbyn â'i gilydd felly mae'r cadwyni fwy neu lai yn syth. Byddai gan bolymer yn seiliedig ar grwpiau gweithredol yn y safleoedd 1 a 2, neu 1 a 3 siâp afreolaidd dros ben.

9 **a)** Grymoedd rhyngfoleciwlaidd gwan rhwng deupolau anwythol dros dro mewn moleciwlau amholar.

b) Bondio hydrogen rhwng grwpiau N—H ac C=O.

10 Cadwyn o atomau carbon wedi'u cysylltu gan fondiau C—C amholar yw asgwrn cefn moleciwl o boly(ffenylethen), ac mae hwn yn anadweithiol gydag adweithyddion dyfrllyd. Mae gan foleciwlau polyester gysylltau ester y gellir eu hydrolysu gan alcali gan dorri'r gadwyn bolymer.

11 Gall hydrolysis hollti bondiau ester ac amid gan dorri'r cadwyni polymer. Ni fydd adweithyddion dyfrllyd yn effeithio ar y bondiau C—C mewn polyalcenau.

12 Mae polymerau adio megis polythen, polystyren a pvc yn sicr o fod yn fwy cyffredin mewn gwastraff cartref. Nid yw'r polymerau hyn yn fioddiraddadwy ac maent yn aml iawn yn anodd eu hailgylchu. Mae llosgi yn ddewis sy'n werth ei ystyried, ond nid yw'n boblogaidd oherwydd bod pobl yn ofni allyriannau gwenwynig. Mae poteli diodydd meddal yn cynnwys y polymer cyddwyso PET y gellir ei ailgylchu os caiff ei wahanu o wastraff arall.

13 Rhaid didoli plastigion yn ôl eu math cyn y gellir eu hailgylchu'n gynnyrch o werth uchel. Mae plastigion yn aml yn cynnwys pigmentau, llenwyddion a sylweddau plastigio sy'n ei gwneud hi'n anodd eu hadnabod. Mae'n anodd mecaneiddio ac awtomeiddio'r broses o wahanu plastigion.

4.16 Synthesis

1 **a)** propen, dileu, bas

b) bromoethan, adio, electroffil

c) propan-1-ol, amnewid, niwcleoffil

ch) nitrobensen, amnewid, electroffil

3 **a)** Trawsnewid yn ethanol yn gyntaf, defnyddio asid sylffwrig crynodedig yna ychwanegu dŵr i hydrolysu'r cynnyrch adio (gweler *Cemeg UG* tudalen 204); yna ocsidio drwy adlifo gyda gormodedd o botasiwm deucromad(VI) asidiedig (gweler *Cemeg UG* tudalen 216).

b) Yn gyntaf, dadhydradu i bwt-2-en trwy wresogi gydag asid ffosfforig crynodedig (gweler *Cemeg UG* tudalen 214); yna trin gydag asid sylffwrig crynodedig ac wedyn â dŵr i hydrolysu'r cynnyrch adio (yn ôl rheol Markovnikov bydd hyn yn rhoi bwtan-2-ol yn bennaf).

c) Rhannu'r ethanol yn ddwy ran. Ocsidio un rhan yn asid ethanoig drwy adlifo gyda gormodedd o botasiwm deucromad(VI) asidiedig. Yna adlifo'r asid ethanoig gyda gweddill yr ethanol ym mhresenoldeb asid sylffwrig crynodedig a fydd yn gweithredu fel catalydd (gweler tudalen 184).

4 **a)** Cam 1: trawsnewid ethanol yn fromoethan drwy wresogi dan adlifiad gyda sodiwm bromid ac asid sylffwrig crynodedig (gweler *Cemeg UG* tudalen 213). Cam 2: trawsnewid yn bropan nitril drwy wresogi dan adlifiad gyda photasiwm cyanid mewn ethanol. Cam 3: rhydwytho gydag LiAlH$_4$ mewn ether sych i roi propylamin.

b) Cam 1: trawsnewid propan-1-ol yn 1-bromopropan drwy wresogi dan adlifiad gyda sodiwm bromid ac asid sylffwrig crynodedig. Cam 2: Trawsnewid yn fwtan nitril trwy wresogi dan adlifiad gyda photasiwm cyanid mewn ethanol. Cam 3: hydrolysu'n asid bwtanoig trwy wresogi dan adlifiad gydag asid hydroclorig gwanedig.

5 Gallai X fod yn fethyl bensen (neu arên arall gyda chadwyn ochr hydrocarbon). Bydd adwaith Friedel-Crafts gyda chloromethan ym mhresenoldeb alwminiwm clorid yn trawsnewid bensen yn X.

6 a) Dyma'r amodau a ddefnyddiwyd gan Levine a Taylor. Cam 1: gwresogi dan adlifiad gydag ethanol ym mhresenoldeb asid sylffwrig crynodedig. Cam 2: Sodiwm ym mhresenoldeb ethanol fel cyfrwng rhydwytho ar gyfer y cam hwn. Cam 3: trin gyda chymysgedd o ïodin a ffosfforws coch (cywerth â PI_3). Cam 4: Gwresogi dan adlifiad gyda KCN mewn ethanol. Cam 5: Gwresogi dan adlifiad gyda sodiwm hydrocsid dyfrllyd, yna asidio gyda asid hydroclorig gwanedig.

b) Gellir defnyddio ymdoddbwynt sampl pur i adnabod cyfansoddyn. Mewn cyfres o gyfansoddion sy'n perthyn yn agos ni fydd yr ymdoddbwyntiau yn wahanol iawn o un cyfansoddyn i'r nesaf felly mae'n rhaid eu mesur yn drachywir.

c) Dim ond sampl bach iawn sydd ei angen i fesur yr ymdoddbwynt. Bydd amhureddau'n gostwng ymdoddbwynt sampl. Roedd purdeb yn hanfodol ar gyfer gwerthoedd trachywir.

7 Trin gyda PCl_5 ar dymheredd ystafell i ffurfio bwtanoyl clorid; yna ychwanegu hydoddiant amonia i ffurfio bwtanamid. Yn olaf, cynhesu gyda bromin a sodiwm hydrocsid crynodedig (gweler tudalen 188) i ffurfio propylamin.

4.17 Adweithyddion Grignard

1 105° yw ongl arferol y bond C—C—C mewn alcan. Mewn bwtan, mae'r ongl hon yn 90°. Felly mae cylchobwtan yn adeiledd ysig.

2 a) Bwtan-1-ol   **b)** Cynradd

3 a) 3-methylbwtan-2-ol   **b)** Eilaidd

4 Trin bwtanon gyda phropyl magnesiwm bromid, yna hydrolysu'r cynnyrch gydag asid gwanedig. Gweler ffigur 4.17.5: R = CH_3, R' = CH_3CH_2, R''= $CH_3CH_2CH_2$.

5 Mae'r ïon cyanid yn fas cryf gan fod hydrogen cyanid yn asid gwan. Felly gall ïonau cyanid achosi adweithiau dileu yn ogystal ag adweithiau amnewid. Bydd dileu yn digwydd yn haws gyda halogenoalcanau eilaidd a thrydyddol.

6 Ym mhob achos dylid cychwyn trwy baratoi'r adweithydd Grignard o'r 1-bromopropan. Yna dylid adweithio'r adweithydd Grignard gyda'r cyfansoddyn a ddangosir isod. Yn olaf (ac eithrio yn **d**) dylid hydrolysu'r cynnyrch rhyngol gydag asid gwanedig.

a) methanal   **b)** carbon deuocsid

c) bwtanon   **ch)** propanon

d) hydrolysu'r adweithydd Grignard gydag asid gwanedig.

4.18 Technegau synthetig

1 a) Trin asid bwtanoig gyda PCl_5 ar dymheredd ystafell; yna adweithio'r asid clorid gyda methanol ar dymheredd ystafell.

b) Mae angen cynnyrch o oddeutu 0.1 mol. Wedi dau gam bydd y cynnyrch yn:

$(0.55)^2 \times$ swm cychwynnol mewn molau. Felly dylid defnyddio màs cychwynnol o oddeutu 30 g o asid bwtanoig.

c) Mae asid bwtanoig yn gyrydol. Mae PCl_5 yn gyrydol. Mae asid cloridau yn fflamadwy ac yn gyrydol. Mae'r hydrogen clorid a gynhyrchir yn ystod y synthesis yn gyrydol. Dylid cynnal y synthesis hwn mewn cwpwrdd gwyntyllu.

2 Rhesymau posib:

- efallai na fydd yr adwaith yn cael ei gwblhau, ond yn cyrraedd cyflwr o ecwilibriwm
- efallai fod yna adweithiau ochrol sy'n cynhyrchu sgil gynnyrch
- ceir colledion bychain wrth wahanu'r cynnyrch o gymysgedd yr adwaith – efallai nad yw'n bosib gwahanu'r sylweddau'n llwyr

- ceir colledion pellach yn ystod y camau puro wrth drosglwyddo'r cynnyrch o un cynhwysydd i'r llall.

3 a) Cam 1: cynhesu gyda chymysgedd o asidau nitrig a sylffwrig crynodedig. Cam 2: gwresogi dan adlifiad gyda thun ac asid hydroclorig crynodedig (gweler Ffigur 4.13.3).

b) Cam 1: damcaniaethol – 28 g, canran – 78%. Cam 2: damcaniaethol o'r nitrobensen – 17 g, canran 71%.

c) Yn gyfan gwbl: damcaniaethol o'r bensen – 21 g, canran – 57%.

4 b) Amnewidiad niwcleoffilig.

$(CH_3)_3COH(h) + HCl(d) \rightarrow (CH_3)_3CCl(h) + H_2O(h)$

c) (i) Sodiwm hydrogencarbond: niwtralu'r asid hydroclorig a'i drawsnewid yn sodiwm clorid yn yr haen ddyfrllyd.

(ii) Sodiwm sylffad anhydrus: sychu'r cynnyrch drwy gymryd y dŵr i gyd

(iii) Hidlo: tynnu'r cyfrwng sychu oddi yno.

ch) (i) Cynhesu gyda sodiwm hydrocsid dyfrllyd i ryddhau ïonau halid; ychwanegu asid nitrig gwanedig i asidio'r haenen ddyfrllyd; ychwanegu arian nitrad a chwilio am ddyddodiad gwyn (o AgCl) sy'n hydawdd mewn hydoddiant amonia gwanedig.

(ii) Profi'r sampl gyda darn bach iawn o sodiwm (chwilio am swigod o nwy – hydrogen) neu gydag ychydig bach o PCl_5 solet (chwilio am ffurfiant nwy asidig sy'n mygu – HCl).

4.19 Cyffuriau ar gyfer meddyginiaethau

1 Salbwtamol: $-C^*HOH-$

Lefodopa: $-C^*HNH_2$

Cloramffenicol: $-C^*HOH-C^*H(CH_2OH)-$

2 Mewn hydoddiant gall yr adweithydd sy'n ymosod gyrraedd y moleciwl targed o'r defnydd cychwynnol o'r naill ochr neu'r llall. Bydd nesáu o un ochr yn cynhyrchu un isomer optegol. Bydd ymosod o'r ochr arall yn cynhyrchu'r llall. Ar gyfartaledd, gyda nifer o foleciwlau'n adweithio, yr effaith gyffredinol fydd cymysgedd cyfartal o'r ddau isomer optegol.

3 a) Asid gwan.

b) Ym mhresenoldeb asid hydroclorig (asid cryf) yn y stumog, bydd y grŵp $-CO_2^-$ yn yr halwyn sodiwm yn ennill proton ac yn newid yn $-CO_2H$.

c) Y ffurf ddi-ïonig, asidig sydd yn fwy hydawdd mewn braster.

ch) Ffurf ïonig, halwyn y cyffur sydd yn fwy hydawdd mewn dŵr.

4 a) Amid: $-CO-NH-$. Asid carbocsylig: $-CO_2H$.

b) Ester: $-CH_2O-CO-$. Amid: $-CO-NH-$. Amin: $-NH_2$.

c) Ampisilin: i'r chwith i $-CO-NH-$, yr un peth â Phenisilin-G. I'r chwith i $-CO-NH-$, yr un peth â Phifampisilin.

4.20 Defnyddio offer i ddadansoddi

1 a) P: CH_3^+, Q: $C_2H_5^+$, R: $C_3H_7^+$.

b) Mae CH_3^+ yn garbocatïon cymharol ansefydlog. Yn gyffredinol, bydd darniad yn ffafrio carbocatïonau eilaidd a thrydyddol.

c) Er enghraifft:

$CH_3CH_2CH_2CH_3^+ \rightarrow CH_3CH_2CH_3^+ + CH_3\bullet$

2 a) Mae clorin yn cynnwys dau isotop: clorin-35 a clorin-37 gyda helaethrwydd yn y gymhareb 3:1. Mewn ïon moleciwlaidd o $C_2H_2Cl_2$ gyda dau atom clorin dyma'r posibiliadau: y mwyaf tebygol, dau atom o glorin-35 (96), yna un o glorin-35 ac un o glorin-37 (98) a'r lleiaf tebygol fydd dau atom o glorin-37 (100).

Mae gwahaniaeth o ddwy uned màs rhwng y pigau cyfagos a'r gymhareb a ddisgwylir fydd 9:6:1.

b) Darnau a ffurfiwyd wrth golli un atom clorin gan adael un atom clorin yn y darn yw'r brigau hyn, felly mae cymhareb yr helaethrwydd yn cyfateb i gymhareb helaethrwydd yr isotopau.

3 Sbectrwm uchaf: cloroethan. Mae brigau'r ïon moleciwlaidd yn 64 a 66 yn y gymhareb 3:1 sy'n awgrymu mai un atom clorin sy'n bresennol gyda chlorin-35 a chlorin-37 yn bresennol yn y gymhareb hon. Gwelir yr un gymhareb o uchder brigau ar gyfer CH_2Cl^+ yn 49 a 51. Mae'r brig yn 29 yn cyfateb i $C_2H_5^+$. Wrth golli rhagor o hydrogen ceir brigau yn 28, 27 a 26.

Sbectrwm gwaelod: methyl bromid. Y brigau yn 94 a 96 yw brigau'r ïon moleciwlaidd gyda dau isotop o fromin sy'n bodoli gyda mwy neu lai yr un helaethrwydd: bromin-79 a bromin-81. CH_3^+ yw'r brig yn 15. Mae'r brigau yn 79 ac 81 yn cyfateb i'r atomau bromin rhydd isotopig.

4 a) Sbectrwm uchaf: asid bensoig – gweler yr ateb i **b)**. Sbectrwm gwaelod: 3-hydrocsibensaldehyd – gweler yr ateb i **c)**.

b) Brig yn 105: $C_6H_5CO^+$. Brig yn 77: $C_6H_5^+$

c) Brig yn 93: $HO{-}C_6H_4^+$. Brig yn 39: $C_3H_3^+$

5 Oddeutu 300 nm. Di-liw

6 6.28×10^{-4} mol dm^{-3}

7 a) A O—H yn ymestyn, bondio hydrogen
  B C—H yn ymestyn
  C C—H ac O—H yn plygu
  Ch C—H yn ymestyn
  D C—N yn ymestyn
  Dd C—H yn plygu
  E O—H yn ymestyn, bondio hydrogen
  F C=O yn ymestyn
  Ff C—H yn ymestyn
  G C=O yn ymestyn

b) O'r top i'r gwaelod: ethanol, propan nitril, asid ethanoig, ethyl bwtanoad.

8 a) P: C_6H_5CHO. Q: $C_6H_5CO_2H$

b) Mae bensencarbaldehyd yn rhoi dyddodiad oren gyda 2,4-deunitroffenylhydrasin. Mae asid bensen carbocsylig yn hydawdd mewn dŵr poeth gan roi hydoddiant asidig sy'n rhyddhau carbon deuocsid o'i gymysgu gyda sodiwm carbonad.

9 O'r top i'r gwaelod: ethanal, CH_3CHO gydag atomau hydrogen mewn dau amgylchedd cemegol yn y gymhareb 3:1; ethyl ethanoad, $CH_3CO_2CH_2CH_3$, gydag atomau hydrogen mewn tri amgylchedd cemegol yn y gymhareb 2:3:3; ethanol, CH_3CH_2OH, gydag atomau hydrogen mewn tri amgylchedd cemegol yn y gymhareb 1:2:3. Gweler hefyd dudalen 251 am werthoedd syfliadau cemegol.

10 Mae gan TMS 12 atom hydrogen, i gyd yn yr un amgylchedd cemegol.

11 a)

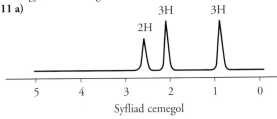

b)

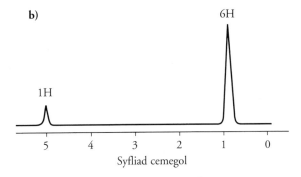

12 $C_6H_5CH_2CH_3$. Mae pum atom hydrogen ar syfliad ychydig dros 7 yn awgrymu 5 atom hydrogen cylch bensen gydag un amnewidyn. Mae dau atom hydrogen gyda syfliad cemegol sy'n cyfateb i atomau hydrogen sydd wedi bondio at atom carbon sydd ynghlwm wrth gylch bensen. Mae tri atom hydrogen a allai fod yn rhan o grŵp methyl.

13 a)

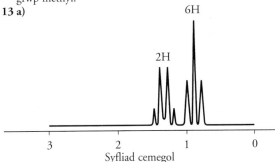

b)

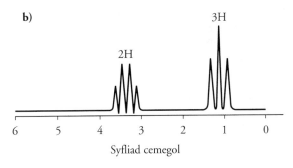

14 $CH_3CH_2OH + D_2O \rightleftharpoons CH_3CH_2OD + HDO$

15 $CH_3CH_2CO_2H$

Mynegai

Cydnabyddiaethau ffotograffau